Patricia Fleischmann

Werner Richter
Bewußte Flötentechnik

Werner Richter

Bewußte Flötentechnik

Die Spieltechnik der Querflöte,
abgeleitet und erklärt aus exakten Grundlagen.

Versuch einer gesamtheitlichen Darstellung.

Überlegungen zur Pädagogik.

ISBN 3-921 729-31-9
© 1986 by Werner Richter, D-6101 Roßdorf 1
Schreibmaschinensatz und Layout durch den Autor
Cover und Grafik: Doris Schäfer, D-6101 Roßdorf 1
Notenbeispiele: NOTENSTICH DARMSTADT, D-6102 Pfungstadt-Eschollbrücken
Druck und Bindearbeiten: May + Co, D-6100 Darmstadt
Vertrieb: Musikverlag Zimmermann, D-6000 Frankfurt a. M.

Inhalt

VORWORT   9

Bibliographische Hinweise   10

1. DER SPIELER UND DAS INSTRUMENT
Regelungsvorgänge. Pädagogische Folgerungen   11

    1. Besonderheiten der Flötentechnik - 2. Regelungsvorgänge - 3. Eignung zum Querflötenspiel - 4. Pädagogische Folgerungen

    LITERATURHINWEISE

2. PHYSIKALISCHE GRUNDLAGEN   19

2.1. „TON" und „KLANG"   19

2.2. EINIGE GRUNDBEGRIFFE DER PHYSIK   19

    1. Kraft, Energie, Arbeit usw. - 2. Periodik, Schwingungen - 3. Elastizität und elastische Schwingungen - 4. Einige Begriffe aus der Schwingungslehre - 5. Dämpfung und Entdämpfung - 6. Gekoppelte Systeme, Resonanz, Mitnahme- oder Zieheffekt

    2.3. BEMERKUNGEN ZUR AKUSTIK   25

    1. Tonhöhe, Lautstärke und Intervalle - 2. Zusammengesetzte Tonschwingungen - 3. Schwebungen und Differenztöne - 4. Partialtonreihe und Obertonspektrum - 5. Schallwellen, Schallgeschwindigkeit - 6. Resonanz bei Musikinstrumenten - 7. Interferenz

2.4. AKUSTIK DER PFEIFEN unter besonderer Berücksichtigung der Flöte   29

    1. Stehende Wellen - 2. Die Frequenz der stehenden Welle. Pfeifenresonanz - 3. Seitenlöcher. Mündungskorrektur - 4. Die Oberschwingungen im Pfeifenrohr - 5. Die gedackte Pfeife - 6. Das Blasinstrument als gekoppeltes System - 7. Selbsterregte Schwingungen in Lufthohlräumen

2.5. FLÖTENSPEZIFISCHES   35

    1. Die Schwingungserregung bei den Flöteninstrumenten - 2. Rang- und Reihenfolge der Schwingungssysteme. Regelwirkungen - 3. Die Frequenz des Schneidentones - 4. Überblas- und Schallöcher - 5. Die Rohrmensur (Weitenmensur) - 6. Zusammenhänge und Wechselwirkungen

3. DER SPIELER   42

3.1. NERVEN, ORGANE UND IHRE FUNKTIONEN   42

    3.1.1. Steuer- und Regelungsfunktion des Nervensystems - 2. Kleine Muskellehre - 3. Die Körperregionen, anatomisch und flötistisch gesehen - 3.1. Rumpf, Basis und Gerüst - 3.2. Becken und Schultergürtel als Problemstellen - 3.2.1. Das Becken und die Muskulatur der Körperrückseite - 3.2.2. Der Schultergürtel - 3.3. Der Hals - 3.3.1. Das Zungenbein - 3.3.2. Der Hals - 3.3.3. Der Kehlkopf - 3.4. Der Kopf - 3.4.1. Die Gesichtsmuskulatur - 3.4.2. Die Lippen - 3.4.3. Die Mundhöhle - 3.4.4. Unterkiefer und Kaumuskulatur - 3.4.5. Die Zunge - 3.4.6. Zähne und Kieferform - 3.5. Arme, Hände, Finger

3.2. VERHALTEN, BEWEGUNG, HALTUNG 56

 1. Lockerheit und Spannung, Schlaffheit und Krampf - 2. Elastizität und Tonus - 3. Bewußtheit und Absichtlichkeit - 4. Motivation, Zielvorstellung, Koordination - 5. Bewegung als Ganzheit - 6. Zweckbewegungen und Mitbewegungen - 7. Ausgleichsbewegungen, Gegenbewegungen - 8. Ausdruckshandlungen - 9. Motorische Steuerung durch den Blick - 10. Umgang mit Werkzeugen (Instrumenten) - 11. Optimierung der Motorik - 11.1. Rationalisierung und Spezialisierung - 11.2. Fehler erkennen und vermeiden - 2.12. Ästhetik der Bewegung

3.3. DIE ATMUNG: FUNKTION, ANATOMIE, MECHANIK 65

 1. Aufgabe und Steuerung der Atmung - 2. Das Atmungssystem - 3. Atemmuskeln, Atembereiche, Atemmechanik - 3.1. Der Bauchbereich - 3.2. Der Oberkörper - 3.3. Totalatmung - 4. Atmung, Haltung und Bewegungsverhalten - 5. Zusatzatmung - 6. Einige spezielle Begriffe

3.4. ATEMVERHALTEN AUS BLÄSERISCHER SICHT 72

 1. Die Ambivalenz der Atmung - 2. Atem und Musik - 3. Atemsteuerung in der Blastechnik - 4. Atemrhythmus. Zeitliche Relationen - 5. Aktive und passive Atemkräfte. Willkürliche und unwillkürliche Atmung - 6. Füll- und Leerspannung. Atemruhelage - 7. Ruhe- und Leistungsatmung - 8. Die Atempausen

4. MOTORIK UND ATEMTECHNIK BEIM FLÖTENSPIEL 77

4.1. AKTIONSBEREICHE 77

4.2. POSITIONEN 79

 1. Haltungsaufbau - 2. Allgemeine Ausrichtung - 3. Fußstellung und Gewichtsverteilung - 4. Die Sitzposition

4.3. DER INSTRUMENTENHALTEBEREICH 83

 1. Der Haltebereich im Ganzen - 2. Schultergürtel und Arme - 3. Hände, Finger und Instrument - 4. Positionen und Bewegungen, die vom Instrumentenhaltebereich ausgehen

4.4. ATEMTECHNIK UND ALLGEMEINE MOTORIK AUS GLEICHER WURZEL 88

 1. Typik der Spann- und Entspannungsbewegungen - 2. Noch einmal: Der Blick! - 3. Die Atemperiodik als Grundlage für ein allgemeines Bewegungsmuster - 3.1. Terminologie - 3.2. Blas- und Ruheteil - 3.3. Die Startatmung - 3.4. Die Verhaltepause - 3.5. Die Blasphase - 3.6. Die Aktionseinatmung - 3.7. Übergang zum Ruheteil - 4. Zusammenfassung

4.5. DIE ATEMSTÜTZE 100

 1. Die Atemstütze (Appoggio) des Sängers als Muster - 2. Die Atemstütze des Bläsers - 2.3. Ein Regelkreismodell der Flöten-Atemstütze

4.6. ATEMFEHLER 105

4.7. ZWEI PROBLEMATISCHE BEGRIFFE: Atemtechnik und Atemübungen 105

4.8. PERMANENT- oder ZIRKULÄRATMUNG: Eine Sondertechnik 106

5. TONERZEUGUNG (Artikulation und Ansatz) 107

5.1. ARTIKULATION ALLGEMEIN 107

 1. Begriffsklärung - 2. Der Zusammenhang zwischen bläserischer und sprachlicher Artikulation - 3. Artikulationsbereich, -organe, -stellen - 4. Die Artikulations-„Laute" - 4.1. Die vokalische Artikulation - 4.2. Die konsonantische Artikulation

5.2. DIE EINHEIT VON ARTIKULATION UND ANSATZ 111

 1. Ein integriertes Ansatz-Artikulations-Lehrmodell

5.3. ANSATZ 113

1. Ansatz und Ansetzen (Anlegen) – 2. Ein Ansatz-Grundmuster – 3. Die Formung des Blasstrahles – 3.1. Aerodynamische Einflüsse – 3.2. Muskelaktivitäten im Ansatzbereich –4. Blasdruck und Strömungsmenge – 4.1. „Druckschwacher" Ansatz? – 5. Die Anlege-Dimensionen – 5.1. Gestaltung der freien Mundlochfläche (Überdeckung und Abschirmung) – 5.2. Anlegestelle in seitlicher Richtung (Verschiebung) – 5.3. Anlegestelle in der Vertikalebene (Versetzung) – 5.4. Winkel zwischen Lippenspalt und Flötenlängsachse (Neigung) – 5.5. Winkel zwischen der Frontalebene der Lippenpartie und der Flötenlängsachse (Schwenkung) – 5.6. Winkel zwischen der Frontalebene der Lippenpartie und der Mundlochebene (Drehung) – 5.7. Die Entfernung Lippenspalt-Mundlochkante (Distanz) – 5.8. Andruck – 6. Der Anblaswinkel – 7. Mundraum und Zungenlage – 8.Überblasregister, „Länge" der Griffe, Schallöcher – 9. Registerausgleich – 10. Überblasen und „Unterblasen". Hysteresis Effekt – 11. Die tiefe Lage – 12. Nebengeräusche – 13. Zusammenfassung. Spezielle Ansatzfragen. Fehlervermeidung und -korrektur

5.4. ARTIKULATIONSTECHNIK 133

1. Der Einschwingvorgang – physikalisch, psychoakustisch und flötentechnisch gesehen – 2. Die Artikulationskonsonanten – 2.1. Feinheiten der d-Artikulation – 2.2. „Zungenstoß" – ein irreführender Terminus – 2.3. Tonauslösung in den Grenzbereichen – 3. Die Artikulationssilbe – 3.1. Verlauf der Artikulationssilbe – 3.2. Das Silbenende – 4. Tonfolgen – 4.1. Gestoßene Tonfolgen – 4.2. Legato, Portamento – 5. Sondertechniken – 5.1. Doppel- und Tripelzungenstoß – 5.2. Das „Einschlag-r" (flap) – 5.3. Weitere Sondertechniken – 5.4. Die Flatterzunge

5.5. DIE TONERZEUGUNG – PÄDAGOGISCH GESEHEN 146

6. TONBEEINFLUSSUNG 147

6.1. WECHSELWIRKUNGEN IN DER ANSATZTECHNIK 148

1. Ansatzfaktoren aus physikalischer Sicht – 2. Spieltechnische Einzelaktivitäten und ihre Wirkungen

6.2. LAUTSTÄRKE 151

6.3. KLANGBILD, KLANGFARBE 157

1. Stationärer Klang und Klangbild – 2. Klangfarbe – 2.1. Formanten – 3. Geräusch- und andere Beimengungen – 4. Spieltechnische Mittel zur Klangbeeinflussung – 4.1. Blasdruck und Lippenspannung – 4.2. Anblaswinkel – 4.3. Der Einfluß des Mundraumes – 4.4. Sondergriffe – 4.5. Flageolett-Töne – 5. Neuartige Klangtechniken – 6. Der Einfluß des Rohrmaterials

6.4. INTONATION 167

1. Intonation als variabler und subjektiver Wert – 2. Stimmungssysteme 2.1. Spezielle Stimmungsanpassung – 3. Gute Stimmung durch Bereitschaft zum Kompromiß – 4. Tonhöhen-Unbestimmtheiten – 5. Intonationshören und -kontrolle – 5.1. Schwebungen – 5.2. Differenztöne – 6. Spezielle Einflüsse auf die Intonation der Flöte – 6.1. Konstruktive Eigenschaften – 6.2. Zusammensetzung und Zustand der im Rohr befindlichen Luft – 6.3. Ausziehen und Einschieben des Kopfstückes – 7. Einstimmen und Nachstimmen – 8. Spontane Stimmungsanpassung während des Spiels – 9. Auftreffgeschwindigkeit (Blasdruck) bei Staccato und Akzenten. – 10. Griffabwandlungen und Sondergriffe – 11. Pädagogisches – 12. Unkonventionelle Techniken

7. VIBRATO — 179
7.1. DEFINITION UND TERMINOLOGIE — 179
7.2. VERZIERUNG, ZUTAT ODER NATÜRLICHER BESTANDTEIL DES MUSIKALISCHEN TONES? — 179
7.3. UNTERSCHIEDE ZWISCHEN DEM GESANGS- UND DEM FLÖTENVIBRATO — 183
1. Vorläufige methodische Folgerungen

7.4. THEORIEN DER VIBRATOENTSTEHUNG — 183
1. Der Tremor als Vergleichsmodell - 2. Die Resonanztheorie - 3. Der neuromuskuläre Anteil - 4. Ein kybernetisches Modell - 5. Das Problem Kehlkopf

7.5. VIBRATOEIGENSCHAFTEN — 190
1. Die Vibratofrequenz - 2. Die Vibratoarten - 3. Die Vibratoform - 4. Individuelle Vibratoqualitäten

7.6. WIRKUNGEN DES VIBRATOS — 195
7.7. METHODIK DER VIBRATOLEHRE — 197
1. Pädagogische Voraussetzungen - 2. Verschiedene Methoden der Vibratovermittlung

7.8. ANDERE VIBRATIONSERSCHEINUNGEN — 202
7.9. WEITERE EINFLÜSSE — 202

8. FINGERTECHNIK UND GRIFFWEISE — 204
1. Der Anteil der Hände und Finger an der Spieltechnik - 2. Die Aufgaben der Hände und Finger - 3. Greifen und Zeigen - 4. Der Griff als Zielvorstellung - 5. Greifverhalten - 6. Aktive und bewußte Fingerbewegungen in besonderen Fällen 7. Griffvarianten, Sondergriffe - 8. Griffdisziplin, Griffehler, Tips - 9. Konstruktive Varianten der Klappenmechanik

. . . über Interpretation und den „schönen" Ton — 214
Anhang: Fremdsprachige Zitate — 216
Namen- und Werkeverzeichnis — 219
Sachwortverzeichnis — 220
Quellennachweis der Abbildungen und Notenbeispiele — 223
Schrifttum — 224
Nachwort — 233
Der Autor — 234

Vorwort

> *Wären diejenigen, die vorzeitig in der Entwicklung steckenbleiben oder zurückgehen, in der Jugend dazu angeleitet worden, sich über alles, was sie mechanisch ausführen, auch geistig Rechenschaft zu geben..., so würden sie später als ihre eigenen Lehrer auch die Straße gefunden haben, die sie wieder ins Freie führt.*
>
> *Carl Flesch*

Wer als Pädagoge mit dem Querflötenspiel befaßt ist, wird immer wieder feststellen, daß seitens der Lernenden, ebenso wie der Lehrenden und Praktizierenden, ein immenses Interesse an Fragen der Flötentechnik besteht, die nicht nur das Wie, sondern auch das Warum ihrer Erscheinungsformen betreffen - sicherlich aus der berechtigten Überzeugung heraus, daß ein fundiertes, d.h. auf exakte Erkenntnisse gegründetes Wissen das Erlernen, den Erhalt und eine Steigerung der Spieltechnik sowie das Vermeiden von Fehlern wesentlich unterstützen kann. Gewöhnlich beschränken sich die Kenntnisse auf tradierte Regeln und - oft genug mühsam und umwegreich erworbene - empirische Erkenntnisse. Damit ist zwar eine bemerkenswert hohe allgemeine Spielkultur erreicht worden; eine Fortentwicklung wäre aber unter diesen Umständen weiterhin Zu- und Glücksfällen überlassen. Angesichts der modernen Möglichkeiten, mit Leichtigkeit Wissensquellen in der ganzen Welt zu erschließen, erscheint es als zwingend und selbstverständlich, auch die theoretischen Erkenntnisse über die Flötentechnik auf den neuesten Stand zu bringen.

Aus diesem Grunde bildet unsere ausführliche Bibliographie einen wesentlichen Bestandteil dieses Buches. Wenn dabei auch Literatur zur Akustik der Orgel und der Blockflöte herangezogen wurde, so muß bedacht werden, daß bei diesen beiden Instrumenten mit ziemlich feststehenden akustischen Verhaltensweisen gerechnet werden kann, während bei der Querflötentechnik nicht nur die mechanische Variabilität der Ansatzregion berücksichtigt werden muß, sondern mit ganz besonderem Nachdruck auch physiologisch und verhaltensbedingte Einflüsse von der Seite des Bläsers her. Gerade diese sind ja das eigentliche Kriterium des Querflötentones, das ihn vom Gros der mehr oder minder mechanisch erzeugten Klänge abgrenzt und ihn zu einem organischen Wesen in unmittelbarer Nähe der Gesangsstimme erhebt. Aus diesem Grunde wurde auch die pädagogische Literatur zur Gesangstechnik besonders intensiv zu Rate gezogen. Die eigenen Kommentare und Wertungen des Verfassers stützen sich auf die Ergebnisse dieser Arbeiten sowie des gesicherten Wissens der Physik, Anatomie, Physiologie, des motorischen Verhaltens, der Phonetik und nicht zuletzt der pädagogischen Werke über das engere Gebiet.

Keinesfalls will dieses Buch als eine Lehrmethode verstanden sein. Das schließt nicht aus, daß pädagogische Überlegungen ausführlich zu Worte kommen, ja eigentlich den Grundtenor bilden. Der Lernende möge sich aber davor hüten, wegen hier ausgesprochener Empfehlungen und Wertungen anderslautende Ratschläge seines Lehrers in Zweifel zu ziehen; die meisten Probleme lassen sich nur am Einzelfall lösen. Die Lehrer wiederum sollten den Rat Hans-Martin LINDEs (30) befolgen: „Der Lehrer muß alle naturgesetzlichen Abläufe kennen, den Schüler aber zunächst, besonders beim Musizieren, von zu starker Selbstbeobachtung ablenken."

Es konnte hier nicht darauf verzichtet werden, auch subjektive Werturteile zu fällen: Eine vollkommen wertfreie Argumentation würde dem Wesen unseres Themas, das ja immer und mit Vorrang auch menschliches Verhalten einberechnen muß, nicht gerecht. Das impliziert aber auch, daß andere Meinungen daneben Platz beanspruchen dürfen. Wichtig scheint vor allen Dingen, daß das Thema überhaupt einmal in seiner Gesamtheit angesprochen wird und verkrustete Meinungen in Frage gestellt werden, auch wenn sie, von Generation zu Generation weitergereicht, als sakrosankt erscheinen mögen.

Wegen der Absicht, keine Behauptung ohne Begründung aufzustellen, wird es häufig notwendig, Grundlagenwissen zu bemühen. Der Leser möge ruhigen Gewissens solche Teile übergehen, die ihm vorderhand unzugänglich oder für sein Verständnis der Materie überflüssig erscheinen. Das gilt besonders für die Gebiete der Physik und der Kybernetik. Im Interesse der Seriosität unseres Vorhabens muß allerdings Klarheit und Übereinstimmung herrschen über Termini, die häufig fehlinterpretiert oder verwechselt werden, wie Kraft/Energie oder Schalleistung/Lautstärke etc. Wer es für richtig hält, sich zuerst einmal mit den ihn vordringlich interessierenden Gebieten zu befassen, der möge das unbedenklich tun; er wird ohnehin durch Querverweise mit den übrigen Themen in Berührung gebracht oder kann sich des Registers bedienen.

Es ist auch nicht beabsichtigt, eine eigene oder neue Version der Flötentechnik zu kreieren, vielmehr, dem Lehrer und dem erfahrenen Bläser Stoff zu bieten zur Entwicklung eigener Methoden des Lehrens, des Fehlervermeidens und der weiteren eigenen Fortbildung, im gleichen Sinne, wie es W.TRENDELENBURG für ein ähnlich konzipiertes Buch über das Streichinstrumentenspiel formuliert hat: „Kein Lehrbuch, sondern ein Hilfsbuch wollen wir geben."

BIBLIOGRAPHISCHE HINWEISE

Zitate und Literaturhinweise im Text sind gewöhnlich nur mit dem Namen des Autors, bei mehreren in diesem Buch erwähnten Veröffentlichungen des gleichen Autors zusätzlich mit einem Identifikationskürzel versehen; Seitenangabe lediglich mit einer Zahl; z.B.: WINCKEL(Phän.45) = Winckel,Fritz: Phänomene des musikalischen Hörens S.45. Vollständige bibliographische Daten unter SCHRIFTTUM Abt. A oder B.

Zitate aus fremdsprachigen Arbeiten sind übersetzt wiedergegeben. Dem Namen ihres Verfassers folgt der Zusatz "FZ" mit einer Nummer. Damit wird auf die Zusammenstellung der FREMDSPRACHIGEN ZITATE IM ORIGINAL, anschließend an den Textteil, verwiesen.

LITERATURHINWEISE am Schluß eines Kapitels wollen als Anregung und Hilfe für die weitere Beschäftigung mit dem betreffenden Gebiet verstanden sein. Auch sie sind in der erwähnten abgekürzten Form aufgeführt.

Die hier anschließend genannten Arbeiten mit allgemeiner oder umfassender Thematik werden bei den Einzelkapiteln gewöhnlich nicht noch einmal genannt.

ARBEITEN MIT UMFASSENDER THEMATIK

Lexikalische Werke: Brockhaus, Meyer-Lex., Musik in Geschichte und Gegenwart, Moser, Rieländer, Riemann

Monographien, Lehrbücher:

Querflöte: Ph. Bate, Galway, Girard, Kölbel, Le Roy, de Lorenzo, Gg.Müller, Rockstro, Scheck(Flöte), Scheck(Weg), Schlenger
Blockflöte: Linde
Gesang: Barth, Fuchs, Gutzmann, Husler, Luchsinger, Lullies, Martienßen, Seidner, Stampa, Thausing, Wängler(Leitf.)

Unterrichtswerke mit ausführlicherem Text: Gümbel(Lern.), Moyse(Gesamtwerk), Porceliijn, Putnik, Richter(Schule), Rieger-U., Schmitz(Flötenl.), Taffanel-G., Wye

Weitere Arbeiten von kleinerem Umfang: Boulton, Castellengo, Chapman, Drexler, Edler-B.(Querfl.), Kemler, Mather, Rampal, Stauffer(Misc.)

Neue Spiel- und Klangtechniken: Artaud-Geay, Bartolozzi, Dick, Gümbel(Spielt.), Heiss, Howell, Nicolet, Read, Stokes, Szalonek

Historisches: Theob.Böhm(Gesamtw.), Hotteterre, Quantz, Schafhäutl, Schwedler(Flöte), Wetzger

Bibliographien: „Bibliographie", Merriman, Miller(Cat.), Pellerite(Handb.), Pierreuse, Taylor, Vester(Rep.), Wilson

1. Der Spieler und das Instrument

Regelungsvorgänge. Pädagogische Folgerungen

1.1. BESONDERHEITEN DER QUERFLÖTENTECHNIK

Flöteninstrumente gehören zu den ursprünglichsten und ältesten Klangwerkzeugen - und in ihren einfacheren Formen zu den Musikinstrumenten mit sehr geringem konstruktivem Aufwand. Auch ohne menschliches Zutun entstehen in der Natur Töne nach den physikalischen Prinzipien der Flöte: als Heulen des Windes oder als Resonanzwirkung von Hohlkörpern. Auch können Töne von vergleichbarer akustischer Herkunft ohne künstliche Hilfsmittel, z.B. durch Pfeifen mit dem Mund (norddeutsch: „Flöten"), hervorgebracht werden.

Dem geringen konstruktiven Aufwand stehen komplizierte physikalische Vorgänge bei der Tonentstehung gegenüber. Sie werden dem Bläser nicht bewußt, bestimmen aber trotzdem das Verhältnis zwischen ihm und seinem Instrument - und damit die Spieltechnik im allgemeinen.

Der Vergleich zwischen dem Anschlagen eines Tasteninstrumentes und dem Anblasen einer Querflöte belegt den fundamentalen Unterschied zwischen den verschiedenen Tonerzeugungsmethoden: Mit dem Betätigen der Taste erklingt beim Klavier ein perfekt entwickelter, musikalisch vollwertig brauchbarer Ton. Der Spieler weckt durch einen einmaligen Impuls von außen her ein konstruktiv vorgegebenes Schwingungssystem zu programmgemäßem Funktionieren. Anders bei der Querflöte: Auf irgendeine beliebige Weise in das Mundloch hineinzublasen, wie es bei der Blockflöte möglich ist, bringt keinen Erfolg. Es bedarf der ganz speziellen Einstellung des Bläsers auf das Instrument sowie permanenter, gezielter Aktivität, um die Tonschwingung anzuregen und aufrechtzuerhalten. Mit einem Blick auf die Welt der Technik könnte man die Querflöte den Hand-Werkzeugen und die Tasteninstrumente den Werkzeug-Maschinen zurechnen. Zwischen beiden Typen gibt es, wie auch bei den Musikinstrumenten, Übergangsformen jeden Grades.

In seinen einfachsten Formen ist das Werkzeug (lat. instrumentum) Verstärkung, Modifikation oder Ersatz eines menschlichen Organs, wobei die körperliche Aktivität seines Benutzers umweglos am Wirkungsort eingesetzt wird. So gesehen, ist jedes Blasinstrument bezüglich der Lauterzeugung als Stellvertreter für den Kehlkopf und den oberhalb von ihm liegenden *Lautgang* (5.1.3.) anzusehen. Alle anderen Funktionen, vor allem die treibende Kraft des Atemstromes, behalten ihre ursprüngliche Funktion bei. Je natürlicher dies gelingt, desto inniger ist die Integration von Spieler und Instrument, und umso mehr nähert sich das Blasinstrumentenspiel dem Gesang - und damit dem Vorbild jeglichen instrumentalen Musizierens.

Bei der Querflöte fehlen die elastischen Materialien (Rohr, Blatt) oder Ansatzhilfen (Schnabel-, Kesselmundstück) der anderen Blasinstrumente. „Zwischen dem Spieler und seinem Instrument besteht kein Zwischenglied" (FLEURY FZ 1) und keinerlei Aufwand an Material oder Technologie. Betrachtet man die Querflöte unter diesem Aspekt, so erkennt man, daß kein Instrument dem Gesang nähersteht. (Die Klappenmechanik dient nicht der Tonerzeugung und steht demgemäß hier nicht zur Debatte.)

Wenn von gesangspädagogischer Seite (HUSLER 29) vermutet wird, daß der Gesang sich „von jedem sogen. ‚toten' Musikinstrument" unterscheide, und daß das „Singenlernen...gar nicht vergleichbar (ist) mit dem Lehrgang, den ein Instrumentalist zu begehen hat", so möge dieser Anschauung mit Nachsicht begegnet werden. Umso bereitwilliger übernimmt der Flötenspieler des genannten Autors Feststellung auch für seine Instrumentaltechnik: daß der Gesang (und mutatis mutandis das Flötenspiel) „ein Mechanismus (ist), der sich vom untersten Ende der Bauchmuskulatur und der Gesäßmuskeln bis über den Gaumen aufwärts erstreckt. Das Gesangsinstrument [und mithin ebenso der Komplex Flöte-Spieler] ist überhaupt erst vorhanden, wenn es sich in Funktion befindet."(a.a.O.)

Betrachten wir das Verhältnis, das zwischen dem Erzeuger eines musikalischen Klanges, sei es ein Sänger oder ein Bläser, und seinem Werkzeug - Stimmapparat, Musikinstrument - besteht, so kann man drei Grenzfälle ausmachen:

   1. Der Sänger trägt sein Werkzeug in sich und bildet mit ihm eine *autonome* (unabhängige, eigengesetzliche) Einheit.

   2. Der Tasteninstrument-Spieler tritt seinem Instrument von außen her gegenüber als (Be-)Dienender oder (Be-)Herrschender. Das Instrument bildet für sich selbst eine geschlossene Einheit, die vom Spieler *gesteuert* wird.

   3. Der Querflötenspieler findet ein Werkzeug vor, das allein durch seine innige Vereinigung mit ihm Funktionsfähigkeit erlangt. Zwischen Spieler und Instrument besteht eine enge Wechselbeziehung, auch *Regelung* genannt.

Die besondere Eigenart und Problematik der Querflötentechnik liegt somit darin, daß sie sich nicht auf ein - sei es auch noch so bescheiden organisiertes - System stützen kann, sondern daß ein solches erst via Spieltechnik geschaffen werden muß.

1.2. REGELUNGSVORGÄNGE

Begriffe wie *Autonomie, System, Regelung oder Steuerung*, wie sie soeben zur Sprache kamen, verweisen auf eine Wissenschaft, die noch sehr jungen Datums ist: das Denkgebäude der *Kybernetik*. Deren Gesetze wurden in den 4oer Jahren unseres Jahrhunderts erstmals formuliert. Von den zahlreichen Definitionen des Begriffes wählen wir eine für unsere Zwecke anschauliche, wenn auch wissenschaftlich nicht ganz umfassende: *Die Kybernetik beschäftigt sich mit dem lebendigen Zusammenwirken und der gezielten Beeinflussung von verschiedenen Systemen miteinander und untereinander, seien es naturwissenschaftliche, biologische, technische, soziologische, ökonomische o.a. Sie ermöglicht die mathematische Erfassung, aber auch eine ganzheitliche, mathematiklose Beschreibung von sich gegenseitig beeinflussenden Vorgängen.*

Ohne dem an unserem Generalthema Interessierten etwa ein ausführliches Studium der Kybernetik zumuten zu wollen, bietet sich eine kybernetisch bestimmte Denk- und Lehrweise gerade für die Erkenntnis und Beurteilung der in der Flötentechnik besonders engen Verflechtung von physikalischen Prozessen und menschlichen Verhaltensweisen an. Früher „beschäftigte sich (die Wissenschaft) möglichst intensiv mit Einzelprozessen; sie schnitt alles, dessen sie habhaft werden konnte, in kleinste Scheibchen und legte sie unters Mikroskop...; damit drang man bis zur Gestalt der winzigsten Zelle und bis zum Atommodell vor. Aber diese Art Wissenschaft hat einen empfindlichen Nachteil: sie kann nur statische Ergebnisse bringen. Was ins Kleinste zerlegt wird, ist tot - sowohl real wie im übertragenen Sinn. Über das Verhalten eines Organismus sagen seine Partikel nichts mehr aus...Im Gegensatz dazu geht der kybernetische Weg das Ganze an, den Zusammenhang, das System. Die größte Schwierigkeit stellt sich bei der Frage ein, wo man die Grenze zieht, was man als einheitliches System betrachtet." (LOHBERG 83)

Genau dies war auch das Manko früherer Darstellungen und Lehrmethoden der Flötentechnik. Ihre bewegten oder beweglichen Vorgänge wurden in einzelne Stationen zerlegt, diese wie in einer Momentaufnahme zur Erstarrung gebracht und in dieser Form an die Lernenden weitervermittelt. Die Gesamtheitlichkeit der Aktion blieb dabei unberücksichtigt. Daraus resultierten krasse Fehlanschauungen und methodische Irrwege. Hier hat sich in den letzten Jahrzehnten ein erfreulicher Wandel angebahnt.

Tatsächlich ist der Begriff des *Systems* und das Verständnis dafür einer der wesentlichen Aspekte einer neuen Betrachtungsweise der Flötentechnik und der Methodik ihrer Vermittlung. „System, grch. ‚Zusammenstellung'..., ganzheitlicher Zusammenhang von Dingen, Vorgängen, Teilen, der entweder in der Natur gegeben...oder vom Menschen hergestellt ist..." (BROCKHAUS). Fr.VESTER(27): „Die wichtigsten Eigenschaften eines Systems sind, daß es erstens aus mehreren Teilen bestehen muß, die jedoch, zweitens, verschieden voneinander sind und, drittens, nicht wahllos nebeneinanderliegen, sondern zu einem bestimmten Aufbau miteinander vernetzt sind." REINISCH(31) - wissenschaftlich exakt: „Ein System ist eine Menge von Elementen (Gliedern), die durch gegenseitige Kopplungen miteinander verbunden sind, sowie die Menge dieser Kopplungen. Durch Abgrenzung können Ein- und Ausgangsgrößen von bzw. zur Umwelt auftreten. Je nachdem, ob keine, wenige oder viele solcher Wechselwirkungen mit der Umwelt bestehen, wird zwischen *autonomen, abgeschlossenen, relativ isolierten und offenen Systemen* unterschieden.

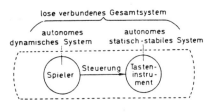

1

Systemtheoretische Einordnung
verschiedener Musiziertechniken

1. Der Spieler eines Tasteninstrumentes nähert sich dem Instrument von außen her als Steuernder.

2. Der Sänger bildet mit seinem Stimmapparat ein sich selbst regelndes, autonomes System.

3. Der Querflötenspieler muß das – nicht autonom funktionierende – Instrument integrieren.

Auf den Umgang mit Musikinstrumenten bezogen, können wir – nunmehr kybernetisch exakter – feststellen:

1. Der Spieler eines Tasteninstrumentes bildet mit diesem (spieltechnisch, nicht interpretatorisch gesehen) ein *lose verbundenes Gesamtsystem*. Das Tasteninstrument ist eine Apparatur, die weitgehend *autonom* funktioniert. Zur Ingangsetzung ist menschliches Zutun nicht unbedingt erforderlich: Ein Gegenstand, der zufällig auf die Tastatur herabfällt, kann allein schon den Mechanismus der Tonproduktion auslösen. – Es handelt sich hierbei um ein *relativ isoliertes System*.

2. Blasinstrumente sind *offene Systeme*, weil sie ohne dauernde Wechselwirkung mit einem anderen System, in diesem Falle dem Spieler, nicht funktionieren. Allen voran gilt das für die Querflöte: Erst wenn sie mit dem Spieler verbunden und quasi ein Teil von ihm geworden ist, entsteht aus dieser Kombination ein übergeordnetes Gesamtsystem, dessen hervorstechendes Merkmal es ist, **lebendig** zu sein.

Eine Maschine steuert man von außen; ein lebendiges System erhält seine Funktionsfähigkeit und Stabilität durch interne Querverbindungen, die wie ein Netz miteinander verknüpft sind (vgl. die Abb. in 6.1.). Wir sprechen in diesem Zusammenhang von *Vernetzung oder Vermaschung* – und bei den in einem solchen System ablaufenden Vorgängen von *Regelung* – im Gegensatz zur *Steuerung* einer Maschine. Das Prinzip der Regelung hat den Vorteil, daß das System sich aus eigener Kraft, durch *Selbststeuerung*, im Gleichgewicht hält und dafür keiner Energiezufuhr von außen bedarf. Es muß nur der Energiebetrag investiert werden, der zur Erbringung der gewünschten Leistung erforderlich ist.

Das einfache Beispiel eines Regelungsprozesses bietet uns der *Thermostat*. Er vergleicht bekanntlich die tatsächliche Temperatur eines Raumes mit der gewünschten und regelt die Wärmezufuhr entsprechend ein. Vereinfacht ausgedrückt handelt es sich dabei um eine Rückmeldung vom Ausgang des Systems an seinen Eingang. Man spricht deshalb von *Rückkopplung oder Feedback* und, da es sich um einen Kreisprozeß handelt (s.Abb.2), von einem *Regelkreis*. – Wenn die Rückkopplung der Herstellung eines Gleichgewichtes dienen soll, muß sie „mit umgekehrtem Vorzeichen" (*negativ, verpolt*) erfolgen, d.h. aus einem zu hohen Wert einen niedrigeren – oder umgekehrt – machen. Zwar kommen auch positive Rückkopplungen vor und sind bis zu einem gewissen Grade notwendig, weil sonst die meisten Abläufe gar nicht in Gang kämen. Wird aber dann aber nicht rechtzeitig eine negative

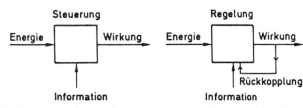

2 Steuern und Regeln

Steuerung erfolgt linear – in einer Richtung.
Regelung ist durch einen Kreisprozeß, die Rückkopplung, bestimmt.

Rückkopplung wirksam, dann „schaukelt" sich das betroffene System „auf", und es kommt zu einer katastrophalen *Übersteuerung.* „Regelkreise, bei denen zwar eine Rückkopplung vorliegt, diese aber keine Verpolung enthält, vielmehr auf die Regelstrecke nach Verstärkung einwirkt...,nennt man *Circulus vitiosus"* (Teufelskreis) (KEIDEL 16) „Aus diesem Grunde gibt es kein lebensfähiges System, das ohne negative Rückkopplung arbeitet." (Fred.VESTER 60).

Die dauernden Wechselwirkungen innerhalb eines Regelkreises verleihen diesem eine reiche innere Dynamik, die jedoch nach außen hin stabilisierend und beruhigend wirkt. Wird diese unterdrückt, so verliert das System an Balance und wird *labil.* „Labilität liegt dann vor, wenn ein System schon durch geringfügige Störungen aus dem Gleichgewicht kommt." (BROCKHAUS)

Der Hang zur Labilität, nicht zuletzt hervorgerufen durch die haltungsbedingt hohe und asymmetrische Schwerpunktslage beim Flötenspiel, ist es, der Regelung und dynamische Stabilisierung zu einem so wichtigen Bestandteil der Flötentechnik macht und den Bläser geradezu dazu zwingt , sich „kybernetisch zu verhalten". - Bevor wir auf die daraus sich ergebenden Konsequenzen für Eignung und Pädagogik eingehen, sei noch auf ein weiteres, kybernetisch bestimmtes Phänomen aufmerksam gemacht:

Die Besonderheit der Spieltechnik von Tasten- (und vergleichbaren) Instrumenten besteht darin, daß der Spieler über die vom Instrument „vorgefertigten" Töne verfügt. Ihn brauchen während des Spiels die Vorgänge im Inneren des Instrumentes nicht zu interessieren, sondern er muß nur wissen, was herauskommt, wenn er dem Instrument durch Tastendruck bestimmte „Befehle", in kybernetischer Sprache *Informationen,* erteilt. Die Eingabe der Informationen, im Falle der Orgel etwa neben dem Tastendruck die Registerwahl, Bedienung des Schwellers, Tremulanten usw., nennt man *input* (Eingabe), das (klangliche) Resultat *output* (Ausgabe). Zwischen beiden liegt ein Bereich, über dessen Aufbau und technologisches Funktionieren der Spieler sich keine Rechenschaft abzulegen braucht, nämlich der umfangreiche Apparat, die „Maschinerie" des Instrumentes. Was darin geschieht, bleibt im Verborgenen - wie in einem „schwarzen Kasten". Deshalb nennt man diesen Teil innerhalb eines Systems *black box.*

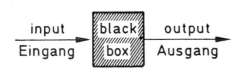

3 Das Prinzip der black box

Der Vorteil einer solchen Betrachtungsweise besteht darin, daß der Benutzer ein geschlossenes,aus sich allein heraus funktionierendes System als gegeben akzeptieren und seine Aufmerksamkeit größeren Zusammenhängen widmen kann.

Das Denkmodell der black box ist universell anwendbar.

Die Folgerungen für die Flötentechnik liegen auf der Hand: Für den Flötenspieler ist das Instrument **nicht** von vornherein eine black box, sondern er muß eine solche erst schaffen, indem er versucht, möglichst viele Einzelabläufe zu automatisieren und untereinander zu verbinden, um dann unbewußt über sie als Ganzes verfügen zu können.

Die das Flötenspiel bestimmenden Regelungsvorgänge haben eine weitere interessante Wirkung: Es ist leicht einzusehen, daß eine Rückmeldung im Regelkreis erst dann erfolgen kann, wenn die Information beim Regler eingetroffen,von ihm verarbeitet und weitergegeben worden ist. Aus der daraus sich ergebenden Verzögerung („Totzeit") folgt ein ständiges Auf und Ab: das System gerät in **Schwingung**. Je nach der Enge der Kopplung und der daraus resultierenden Trägheit sind die Schwingungen schneller oder langsamer. Häufig ist eine enge Kopplung erwünscht, bei der die Schwingung so schnell ist, daß sie kaum noch wahrgenommen wird. - Im allgemeinen wirken Schwingungen stabilisierend - bei Uhren werden sie - als Pendel, Unruh oder Schwingquarz - zur Regulierung des Gleichlaufes verwendet; Radfahren ist ohne leichtes Hin- und Herpendeln nicht möglich. Den positiven Wirkungen von Schwingungen begegnet der Flötenspieler in den verschiedensten Situationen und auf den unterschiedlichsten Ebenen. Die Atemperiodik gehört ebenso dazu, wie die physikalische Tonentstehung - und nicht zuletzt das Vibrato.

Unruhige, große Ausschläge deuten gewöhnlich auf Instabilität hin: der schwankende Gang eines Betrunkenen oder die Schlängelkurven eines unsicheren Radfahrers sind Anzeichen dafür. Die Flötentechnik ist wegen ihrer labilen Vorbedingungen besonders anfällig gegen solche Gefährdungen. Das Netzwerk ihrer Wechselwirkungen (siehe 6.1.) wird schon durch kleine Abweichungen und Störungen in Mitleidenschaft gezogen und muß durch dauernde Reaktionsbereitschaft des Spielers im Gleichgewicht gehalten werden. Es kommt - durch positive Rückkopplungen - häufiger und stärker zu katastrophalen Versagenssituationen als bei anderen Intrumenten, die in sich selbst schon ein selbstregelndes, autonomes und damit stabilisierendes Element enthalten.

Gerade durch den Zwang zu dauerndem Ausbalancieren eröffnet sich für das Querflötenspiel eine ungewöhnliche Chance: Der Bläser ist zu freier Beweglichkeit geradezu gezwungen. Das bedeutet Komplikation, verleiht aber seinem Spiel eben deshalb Biegsamkeit und Reiz - und erfordert (und formt) einen Menschentyp, der die gebotene Freiheit in klangliche und gestalterische Qualitäten umzusetzen weiß.

Zweckmäßiger, intelligenter Umgang mit Regelwirkungen macht die Ausnutzung eines weiteren kybernetischen Prinzips möglich: „das des *Jiu-Jitsu*, wo man - im Gegensatz zur Boxermentalität - die Kräfte der Umwelt nicht mit Gegenkraft zu vernichten versucht, sondern sie mit ein paar Hebeltricks für sich nützt. Es ist das äußerst wirksame Prinzip des gewaltlosen Kampfes . . . Der Erfolg ist, daß gerade bei der Gestaltung funktionsfähiger Systeme außer geringfügigen Steuerenergien kaum eigene Kraft angewandt werden muß, um etwas zu erreichen. Ja diese würde eher stören, mit vorhandenen Kräften kollidieren, und beide gingen in Reibung verloren. Das Jiu-Jitsu-Prinzip ist das Hauptmittel der lebenden Natur, den Energiedurchfluß minimal zu halten und dabei gleichzeitig den für das System harmonischsten Ordnungszustand zu erreichen." (Fred. VESTER 82)

1.3. EIGNUNG ZUM QUERFLÖTENSPIEL

Die enge Verknüpfung der Querflötentechnik mit kybernetischen Denk- und Verhaltensweisen bringt nicht etwa eine Komplikation in die Methodik des Querflötenspiels ein und setzt keineswegs herausragende Eigenschaften oder Fähigkeiten voraus - im Gegenteil: Das Verhalten und die Reaktionen des Menschen sind von Natur aus auf Ausgleich und Balance eingestellt. Das Funktionieren des Nervensystems beruht geradezu auf dem Wirken kompliziertester Regelkreise. Für den besonderen Fall der Flötentechnik gilt es, diese natürliche Veranlagung speziell zu pflegen und auszubauen.

So sehr das Körperliche bei der Flötentechnik im Vordergrund steht, so eindringlich muß davor gewarnt werden, anatomische Eigenschaften überzubewerten. Noch SCHLENGER konnte in seinem Buch über die *Eignung zum Querflötenspiel* behaupten, „daß ein Erlernen des Flötenspiels vor den Entwicklungsjahren für die Entfaltung von Ton und Technik nichts besonderes hinzutut" (99), oder gar: „Die Erscheinung, daß Frauen ein Blasinstrument lernen, konnte außer acht gelassen werden, da die Frau in Europa für die berufsmäßige Ausübung des Blasinstrumentenspiels kaum in Frage kommt." (16) Die heutige
Situation widerlegt diese vor einem halben Jahrhundert noch gängige Meinung (die nichtsdestoweniger noch 1967 von PORTER bekräftigt wurde). Die erstaunlichen Leistungen, die heutzutage von körperlich ganz verschiedenartig ausgestatteten Bläsern, weiblichen und männlichen, erwachsenen und kindlichen, großen und kleinen, kräftigen und zarten, erbracht werden, sind Beispiele dafür, daß die Eignungskriterien anderswo gesucht werden müssen als in der Anatomie, es sei denn, bestimmte pathologische Abweichungen gefährden den Erfolg schwerwiegend oder machen ihn unmöglich. Im übrigen haben gerade die anatomischen Verschiedenheiten den erwünschten Effekt, „für die in stärkerem Maße als bei anderen Instrumenten auftretenden individuellen Unterschiedlichkeiten des Tones der einzelnen Spieler verantwortlich" zu sein (SCHMITZ-Flötenl.I,14). Eignung für das Querflötenspiel manifestiert sich viel stärker, als allgemein angenommen wird, im **psychomotorischen** Bereich.

Zuerst einmal sei festgestellt, daß der Flötenspieler über einen ausgeglichenen Fundus möglichst **normaler**, gesunder Eigenschaften verfügen muß. Die noch immer vielerorts mit dem Etikett „Eignungsprüfung" versehene Beschau von Zähnen, Lippen, Zunge und Brustkorb dient eher der Selbstdarstellung des Prüfenden und hat sicherlich schon manch verheißungsvolles Talent im Keime erstickt. - Will man ein **besonderes** Talent für das Querflötenspiel entdecken, dann fahnde man nach Eigenschaften der Gesamtpersönlichkeit, die geeignet sind, den oben geschilderten Besonderheiten der Querflötentechnik **überdurchschnittlich** gerecht zu werden. Dazu gehören:

1. Physische und psychische Ausgeglichenheit und Lockerheit;
2. eine genügend (aber nicht übertrieben) hohe Ruhespannung;
3. positive Einstellung zur eigenen Körperlichkeit;
4. Vitalität und Selbstsicherheit.

Dazu ist im einzelnen zu ergänzen:

1. Isolierte Bemühung um einen spieltechnischen Einzelaspekt ist gelegentlich nicht zu vermeiden. Sie darf aber nicht verbissen auf Kosten anderer Notwendigkeiten erfolgen. Ein Klavierspieler kann sich gegebenenfalls eine Zeitlang auf bestimmte Fingerübungen konzentrieren und währenddes andere Anforderungen **zeitweise** hintanstellen. Beim Querflötisten wirkt sich einseitige Konzentration auf einen einzelnen Parameter sofort negativ auf die anderen aus - gewöhnlich weil zuerst Haltung und Atmung vernachlässigt werden und dadurch die Gesamtkoordination leidet. - Erfahrene Flötisten wissen, daß schlechter Ansatz gewöhnlich nicht durch noch so große Bemühung verbessert werden kann - im Gegenteil! - , sondern nur durch Korrektur des Allgemeinverhaltens, indem Lockerheit und spieltechnische Balance wiederhergestellt werden.

Mit übertriebener Willenseinstellung ist in der Flötentechnik nicht allzuviel zu erreichen. Förderlich ist eine gesunde Mischung aus Aktivität und Passivität, die Fähigkeit, sich anpassen und überlassen zu können, um im rechten Moment spontan zu reagieren. F.MARTIENSSENs Ratschläge für den Sänger treffen auch auf den Flötenspieler zu: „Die allzu Willentlichen, die ängstlich Gewissenhaften, die Hastigen, ehrgeizig Bemühten - zugleich oft die Allerfleißigsten - sie erreichen am schwersten den Zustand inneren Wachsens und Vertrauens . . . Auf den wunderlichen Kampfplätzen des Daseins gibt es hier ausnahmsweise einen Feind, der durch Nichtbeachtung veranlaßt wird, sich allmählich zurückzuziehen; und die sonst mit Recht verlachte Vogel-Strauß-Politik kann im Seelisch-Körperlichen Wunder wirken: Schutz vor Selbstzerstörung, Besinnung auf die gegebene Konstitution, Stärkung der spielenden Kräfte, Glauben und Zuversicht." (420f.)

2. Die Fähigkeit zu schnellen und richtigen Reaktionen hängt eng zusammen mit einer stets wachen Bereitschaftshaltung. Diese wird gewährleistet durch eine permanent vorhandene, elastisch-lockere Ruhespannung. Wir werden diese gerade für die Querflötentechnik eminent wichtige Verhaltensweise noch näher kennenlernen unter der Bezeichnung *Tonus* (3.1.2. Ziff. 5 und 3.2.2.).

3. Die starke Körperbezogenheit der Querflötentechnik setzt eine sehr positive Beziehung des Spielers zu seiner Körperlichkeit voraus. Nicht bloße Kraft als solche ist gefragt, auch nicht übertriebene Sensibilität, sondern optimaler Umgang mit den körperlichen Möglichkeiten, Bewegungsfreude und -geschick, sowie die Fähigkeit, entschlossen zupacken und gleichzeitig fein differenzieren zu können. „Zimperlichkeit" vor allem ist eine querflöten-feindliche Charaktereigenschaft von besonderer Tragweite.

4. Man könnte einwenden, daß die als nützlich erkannten Eigenschaften für **jede** Art praktischen Musizierens erforderlich sind. Das ist richtig; dennoch steht es außer Frage, daß sie in der hier geforderten Ausgeprägtheit und Ausgeglichenheit mit Vorrang für den Querflötenspieler gelten. Für jedes Instrument ist ein bestimmter Spielertypus charakteristisch. So findet man unter Tasteninstrumentspielern häufiger intellektuell bestimmte Persönlichkeiten; viele Geiger haben eine athletische Konstitution, die der ausgeprägt großmotorischen Tendenz ihrer Spieltechnik zugute kommt; und Flötisten sind vorwiegend vitale, flinke, positiv gestimmte Charaktere. (Es wäre ein eigenes, reizvolles Thema, die gruppentypischen Merkmale der verschiedenen Musikerfamilien - und die darüber bestehenden Vorurteile! - zu diskutieren.)

Es bleibt zu fragen, wie die förderlichen und nachteiligen Eigenschaften eines angehenden Flötenspielers nach solchen Gesichtspunkten zu erkennen seien. Die Antwort könnte lauten: Nachdem der Prüfende sich überzeugt hat, daß keine relevanten pathologischen Unregelmäßigkeiten vorliegen, sollte er sich durch Gespräch und Beobachtung ein Bild von der Gesamtpersönlichkeit des Examinanden machen. Bewegungstyp (drahtig, lässig, flink - schwerfällig, grob, verkrampft?), Auftreten, Intelligenz (nicht zu verwechseln mit Schulbildung), Kritikvermögen (jedoch nicht überzogene Selbstkritik), motorisches Verhalten sind nützliche Anhaltspunkte. Betont intellektuelle Typen und Über-Ästheten bringen gewöhnlich kein besonderes Geschick zum Flötenspiel mit.

Bei Kindern ist es ratsam, auf ihren Entwicklungsstand zu achten. Befinden sie sich noch in einem Stadium kleinkindlicher Weichheit - vor der „2.Streckung", die etwa mit dem 11. Lebensjahr einsetzt - bei Mädchen eher als bei Jungen - , dann wird es gewöhnlich angezeigt sein, Ehrgeiz und Ungeduld noch etwas zu zügeln. Grund dafür ist nicht die „zu kleine Lunge", sondern der noch sehr geringe Tonus. Wie in so vielen anderen Bereichen sind auch in dieser Hinsicht die pädagogischen Maximen anderer Instrumentallehren - z.B. der erwünschte frühe Beginn des Geigenunterrichts - nicht ohne weiteres auf die Flöte zu übertragen. Nebenbei sei bemerkt, daß vorangehendes Blockflötenspiel (mit dem schon sehr früh begonnen werden kann und gegen das grundsätzlich nichts einzuwenden ist) nicht die einzige, optimale oder gar unverzichtbare Vorbereitung auf die Querflöte darstellt. Wegen der Drucklosigkeit der Atemführung und der Mühelosigkeit der Tonbildung kann es sogar zu einer gewissen Fehleinstellung gegenüber den Anforderungen der Querflötentechnik kommen. Doch sollte dies kein Hinderungsgrund sein, wenn einem Kind auf solche Weise Lust und Freude am Musizieren vermittelt werden kann.

1.4. PÄDAGOGISCHE FOLGERUNGEN

Zuvor eine manche Pädagogen womöglich ketzerisch anmutende Bemerkung: Die Querflötenlehre sollte überdurchschnittlich stark das **Spiel** betonen und nicht die Arbeit! Da es aber ohne Fleiß nicht geht, ist es eine vordringliche Aufgabe des Lehrers, den Lernenden zu **motivieren**. Ein Schüler, der mit Angst oder Unlust zum Unterricht kommt, wird schon das Grunderfordernis einer genügend hohen Bereitschaftshaltung (=-spannung) nicht erfüllen, nur unbefriedigende Fortschritte erzielen und bald erlahmen und aufgeben.

Aus den speziellen Anforderungen der Querflötentechnik ergeben sich zwingende Folgerungen für die Disposition des Anfängerunterrichts. So, wie das Flötenspiel den Bläser in seiner Totalität - gerade auch der körperlichen - beansprucht, so kann auch die Vermittlung der Grundfertigkeiten nur gesamtheitlich erfolgen. Das gilt für die Auswahl und Organisation des Lehrstoffes ebenso, wie für die Methodik seiner Vermittlung. Eine isolierte Behandlung von Einzelaspekten - wie es z.B. als Anstreichen leerer Saiten bei den Streichinstrumenten oder in Form von stummen Fingerübungen der Klavierspieler sinnvoll ist, eignet sich für die Querflöte noch weniger als für andere Blasinstrumente die wenigstens das Mundstück als einen materiell faßbaren Anhalt bieten. Zumindest der Grundansatz der Flöte, die Artikulation und Atemführung müssen, da sie sich gegenseitig bedingen, **gleichzeitig** entwickelt werden. Im engen Zusammenhang damit muß auf eine vernünftige Atemeinteilung geachtet werden, welche eine korrekte Atemführung erst ermöglicht. Daraus werden die Überblastechnik und eine gewisse erste (vorsichtige!) Tonpflege abgeleitet. Vorsichtig kann dann der Dynamik Aufmerksamkeit gewidmet und noch zurückhaltender sollte das schwierigste Problem, die Intonationsgestaltung, angesprochen werden, jedoch immer so, daß die zuerst genannten Grundfertigkeiten - auf der absolut unverzichtbaren Basis eines guten und natürlichen Bewegungsverhaltens - in keinem Moment vernachlässigt und gefährdet werden. Der so aufgebaute Gesamtkomplex wird nun in toto fortentwickelt. Das Erlernen der Griffweise, des unkompliziertesten (wenn auch meist überbewerteten) Teiles der Flötentechnik, läuft bei einem solchen Vorgehen beinahe von selbst nebenher. Anfangsschwierigkeiten auf diesem Gebiet (die ebenfalls nicht mit der Fingertechnik der Geiger und Pianisten verwechselt werden sollten - siehe Kap. 8) sind ohnehin zu einem wesentlichen Teil der zu starken Fixierung auf die speziellen Schwierigkeiten der Tonproduktion zurückzuführen. All das schließt nicht aus, daß auch einmal ein besonderes, individuelles Problem gezielt behandelt werden darf; jeder weitergehende Versuch aber, die Flötentechnik quasi schubladenweise zu gliedern und zu behandeln, ist strikt abzulehnen. Besonders schädlich sind vorzeitiges Insistieren auf sauberster Intonation - im Streicherunterricht eines der primären Erfordernisse, wenn nicht das Hauptanliegen - und auf Nebengeräuschfreiheit des Tones. Freilich sind Unvollkommenheiten auf diesen beiden Gebieten besonders leicht zu hören und stören den Gesamteindruck nachhaltig; im ersten Stadium des Lehrganges geht es aber nicht um baldestmögliche Erbringung irgendwelcher separater Hochleistungen, sondern einzig und allein um einen homogenen Fortschritt. Meist ist der Schaden, der aus der genannten, verfehlten Unterrichtsstrategie erwächst, schwerwiegend und lange anhaltend. Es gehört zur Kunst des Lehrers, gerade die nicht ohne weiteres ins Ohr fallenden Schwächen zu erkennen und ihnen gebührende Beachtung zu schenken; und es ist seine Pflicht, ungeduldige Schüler und ehrgeizige Eltern aufzuklären und zu ermutigen.

Die genannten Besonderheiten der Querflötentechnik werfen eine Problematik auf, von der zu hoffen steht, daß sie den leitenden Pädagogen unserer Musikschulen - in Bläserfragen häufig nicht sehr bewandert - bewußter wird und von ihnen mit größerer Differenziertheit behandelt wird: die Verpflichtung der Lehrer, Anfänger der unterschiedlichsten Instrumente so früh wie möglich in Vorspielen auftreten zu lassen. Um die pädagogische Fragwürdigkeit einer solchen Regelung vor Augen zu führen, stelle man sich einen Klavier- und einen Flötenspieler vor, die Stücke von etwa gleicher manueller und musikalischer Schwierigkeit vorzutragen haben: Dem ersten steht ein sorgfältig gestimmtes Instrument zur Verfügung - er kann sich ganz auf fehlerlose Tonfolge, richtigen Rhythmus, korrekte Dynamik und, wenn es gut geht, auf angemessenen Vortrag konzentrieren. Dies alles ist mit Fleiß und Disziplin zu erlernen. Ihm folgt der Querflötenspieler - gegen die Tücken der Tonbildung ankämpfend, ins Zittern und Schwitzen an der Ansatzstelle geratend, sich mehr und mehr verkrampfend und womöglich schließlich einem mehr und mehr rotierenden *Circulus vitiosus* erliegend. Zur Entfaltung auch nur des Anfluges einer Gestaltung kommt es erst gar nicht . . . Von nicht sachverständigen Zuhörern kann man nicht verlangen, daß sie die spezifischen Schwierigkeiten einzelner Instrumente beurteilen können. (Diese sind summa summarum gleich zahlreich, aber sehr verschiedenartig gelagert und von sehr unterschiedlicher akustischer Wirkung.) Für den Flötenspieler kann ein solches Erlebnis, das zu allem Übel oft hinterher weder kompetent noch fair kommentiert wird, ein Schock sein, der sein Verhältnis zum Vorspielen - und letztendlich zum Instrument selbst - lebenslang bestimmt. Den Flötenlehrern sei angeraten, entsprechend auf die Schulleitungen einzuwirken!

LITERATURHINWEISE

Kybernetik: *Johannsen, Keidel, Lohberg, Obermair, Reinisch, Fred.Vester, Winckel(Kyb.)*
Eignung: *Friedrichs, Schlenger*

2. Physikalische Grundlagen

2.1. „TON" und „KLANG"

Musizieren wird im allgemeinen Sprachgebrauch mit der Produktion von „Tönen" verbunden. Der Exaktheit halber muß hier aber darauf hingewiesen werden, daß der Terminus *Ton* vom Physiker enger gefaßt wird. Für ihn ist „Ton. . .die Bezeichnung für einen periodischen Schallvorgang von sinusförmigem Verlauf, im Gegensatz zu Klang ". . .(WINCKEL-Ton 488f.) Klang ist demgegenüber „ein Schall, der aus mehreren Tönen (Teiltönen) zusammengesetzt ist. Der tiefste Teilton bestimmt die subjektiv empfundene Klanghöhe, man bezeichnet ihn deshalb als Grundton. Die übrigen Teiltöne heißen Obertöne."(MEYER-Lex. „Klang") Wir haben es demnach beim vokalen wie beim instrumentalen Ton in physikalischer Terminologie mit einem *Klang* zu tun. Es wäre aber unrealistisch, wollte man den eingeführten Begriff, wie er auch vom Musiker gebraucht wird, negieren. So wird „Ton" auch im weiteren Verlaufe unserer Ausführungen das klingende Ergebnis der Instrumentaltechnik bezeichnen.

Ob *Ton, Klang, Schall* oder auch *Geräusch*: Es handelt sich um physikalische, akustische Erscheinungen. Um diese zu verstehen, muß Konsens über einige Grundbegriffe bestehen und insbesondere müssen etliche Vor- und Fehlurteile richtiggestellt werden. Deshalb möge der Leser es sich nicht verdrießen lassen, je nach Bedarf einen kleinen Einführungs- bzw. Wiederholungskurs zu absolvieren. Wir werden uns auf das Nötigste beschränken und immer wieder den Bezug zur Flötentechnik aufscheinen lassen.

2.2. EINIGE GRUNDBEGRIFFE DER PHYSIK

2.2.1. Kraft, Energie, Arbeit usw.

Jegliche Instrumentaltechnik dient - von der Vermittlung musikalisch-geistigen Inhaltes einmal abgesehen - der Erzielung einer akustischen Wirkung, und zwar durch Übertragung eines Schalles vom Spieler über sein Instrument und durch den Raum zum Hörer.

Jede physikalische *Wirkung* geht aus einer Arbeitsleistung hervor. Beim Instrumentalspiel wird sie vom Musiker erbracht. *Arbeit* setzt eine *Kraft* voraus; diese entspringt aus einem Vorrat an *Energie*.

Der Weg vom Spieler zum Hörer (siehe Abb.4) besteht in der Umwandlung von vorhandener Energie in neue Energiearten oder -erscheinungsformen - oder auch in Arbeit.

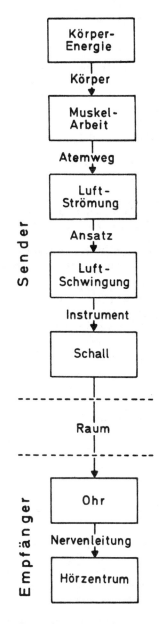

4 Energie- und Informationsverlauf in der Bläsertechnik

Arbeit und Energie sind austauschbar im physikalischen Sinne. Eines kann in das andere übergehen - siehe Abb. 4.

Man unterscheidet potentielle und kinetische Energie. *Potentielle Energie - auch ruhende oder E. der Lage* - steckt z.B. in einer Batterie, im Tankinhalt eines Autos oder auch einfach in dem auf einen erhöhten Standpunkt gehobenen Stein. *Kinetische oder Bewegungsenergie* entfaltet ein bewegter Körper: Fällt unser Stein herunter, dann geht seine Lageenergie in Bewegungsenergie über, und diese verwandelt sich beim Aufprall in Arbeit, etwa als Wellenbewegung des Wassers von der Einschlagstelle aus.

Bei einem jeden solchen Übergang entstehen *Verluste*. Energie kann aber nicht eigentlich verlorengehen, sondern nur mehr oder weniger effektiv in eine andere Energieart oder Arbeit umgewandelt werden. Fast immer wird eine Teil der Ausgangsenergie ungenutzt „verpuffen", meist als „Abwärme", wie z.B. bei der Glühbirne. Der erwünschte Teil der umgewandelten Energie wird als *Nutzleistung*, der in dem speziellen Falle nutzlose Rest als *Verlustleistung* bezeichnet. Das Verhältnis zwischen der Nutzleistung zur gesamten investierten Energie oder Arbeit bezeichnet man als *Wirkungsgrad*. Er ist - beispielsweise - bei einer Glühbirne sehr gering, weil der größere Teil der Energie in - hier unerwünschte - Wärme übergeht. Ein besserer Wirkungsgrad liegt bei der Neonlampe vor, die bekanntlich weniger Wärme erzeugt und entsprechend weniger Strom verbraucht.

Wenn wir als Wirkungsgrad der Querflöte das Verhältnis zwischen der Strömungsenergie des Blasstrahles und der abgestrahlten Schallenergie messen, dann kommen wir beim A=440 Hz auf nur 0,08% (nach COLTMAN-Ac.1968,32); d.h. von 1250 Energieeinheiten gehen 1249 „verloren" und nur eine wird in den Raum abgestrahlt. Dabei sind noch nicht die Verluste berücksichtigt, die zwischen der Muskelarbeit des Bläsers und dem von ihm produzierten Blasstrom entstehen.

Eine bestimmte Arbeit, nehmen wir an: das Abtragen eines Sandhaufens, kann in kürzerer oder längerer Zeit bewältigt werden. Der Einsatz an Energie ist in beiden Fällen gleich; die *Leistung* ist aber bei schnellerer Erledigung größer. *Leistung* ist das Verhältnis zwischen einer bestimmten Arbeit und der Zeit, die dazu benötigt wird.

"Energie (gr.), in einem physikalischen System gespeicherte Arbeit; auch potentielles Arbeitsvermögen derselben. Da E. ein Arbeitsvorrat ist, so wird sie in den gleichen Einheiten wie die Arbeit gemessen." (MEYER-Lex.) Die Formeln lauten:

$$A = Fs \text{ und } E = 1/2 mv^2$$

A=Arbeit, F=Kraft, s=Weg, m=Masse, v=Geschwindigkeit, E=Energie

Der Wirkungsgrad $W = \frac{Nutzeffekt}{inv.Energie}$ ist immer kleiner als 1 und umso günstiger, je größer sein Wert ist.

Leistung: $P = A/t$ (t=Zeit)

Auch in der Akustik spricht man von Leistung. *Schalleistung* stellt sich dem Hörer als Lautstärke dar, ist aber nicht mit ihr identisch - siehe 6.2.1. Es ist ohne weiteres einzusehen, daß größere Schalleistung einen höheren Energieaufwand zur Folge hat bzw. eine größere Arbeit repräsentiert als eine geringere. Die Größenordnungen des Schalles im Hörbereich sind winzig: In ihrem Umkreis mit dem günstigsten Wirkungsgrad (etwa der zweiten Oktave) strahlt die Querflöte eine Leistung von maximal 0,013 Watt ab. Um eine Leistung von 40 Watt, den Energiebedarf einer bescheidenen Haushaltsbirne, zu erzeugen, müßte ein Orchester von 40 000 Geigern fortissimo spielen! (Nach WINCKEL-Schall 1551) Daß die winzigen Energiemengen überhaupt wahrgenommen werden, ist der ungeheuren Empfindlichkeit des menschlichen Gehörs zu verdanken: Es ist in der Lage, noch ein 10-Billiardstel Watt pro Quadratzentimeter (10^{-16} W/cm²) zu registrieren.

Der geringe Wirkungsgrad der Querflöte erweist sich eher als Vor- denn als Nachteil, wird doch auf diese Weise die vergleichsweise grobe, ungefüge Kraft des Spielers in ganz natürlicher Weise auf das Potential der Schallenergie heruntertransformiert.

Energieeinsatz und Arbeitsleistung werden umgangssprachlich gewöhnlich mit „Kraftaufwand" gleichgesetzt. Zum besseren Verständnis der physikalischen Gegebenheiten müssen wir diese Termini genauer definieren. Eine ruhende Kugel übt auf ihre horizontale Unterlage eine **Kraft** aus, die - als Gewicht - durch die Erdanziehung (Gravitation) verursacht wird. Eine Arbeit leistet sie dabei nicht. Kippt man die Unterlage, dann rollt die Kugel abwärts und kann beim Aufprall auf ein Hindernis eine Arbeit leisten, indem sie es verschiebt, verformt oder zerstört. Damit aus Kraft Energie oder Arbeit wird, muß ein Ortswechsel stattfinden oder eine bestimmte Geschwindigkeit vorhanden sein. (Siehe die beiden Formeln auf der vorherigen Seite.)

Kraft ist zwar nicht identisch mit Energie, aber ihre Ursache - und als solche einer der grundlegenden Begriffe der Mechanik. Eine Kraft kann nur wirksam werden beim Vorliegen einer *Gegenkraft*. In das Nichts hinein kann man keine Kraft ausüben, höchstens eine Bewegung vollführen. Die Gegenkraft ist häufig ein Widerstand: eine Mauer, ein schwerer Körper oder ähnliches. Kraft und Gegenkraft sind immer genau gleich groß, wirken aber in entgegengesetzte Richtungen. Vom *3. Newtonschen Axiom*, einem der elementarsten Grund-Sätze der Physik, gibt es keine Ausnahme: *Die von zwei Körpern aufeinander ausgeübten Kräfte haben immer gleiche Beträge und entgegengesetzte Richtung.* Der Querflötenspieler tut gut daran, das Prinzip von Wirkung und Gegenwirkung nie aus den Augen zu verlieren. Kenntnis und Berücksichtigung dieser Erkenntnis verhilft zum Verständnis und zur Realisierung der Feinheiten der Ansatzspannung, der Atemführung wie überhaupt zu einem rationellen Umgang mit Körperkräften und -funktionen.

Daß das Mißverständnis, Kraft und Energie seien das gleiche, aufkommen konnte, hängt offensichtlich mit der Eigenart der menschlichen Physis zusammen: Muskelspannung - als Voraussetzung für eine Kraftentfaltung - ist auch bei Fehlen einer sichtbaren Bewegung tatsächlich mit einem Energieaufwand verbunden und eigentlich eine Arbeit. Das hat jedoch nicht physikalische, sondern muskelphysiologische Gründe - siehe 3.1.2.- Ziff.8. (Der Einsatz an Blasenergie beim Flötenspiel ist sehr gering und liegt - nach BOUHUYS-Lung 973 - bei Werten zwischen 0,1 Watt im pp der tiefen Lage und 2,1 W im ff der hohen Lage. Für die einzelnen Blasinstrumente kommt man zu überraschenden Ergebnissen. So kann die Baßtuba schon bei Leistungswerten, die unter den niedrigsten der Flöte liegen, zum Klingen gebracht werden, erfordert aber andererseits bis zum 9fachen der höchsten Flötenwerte. Dagen ist der Ambitus bei der Oboe gering: 0,2 - 0,6W - woraus ersichtlich wird, daß Blas-**Energie** nicht bloß den Blasdruck, sondern auch den **Luftverbrauch** umfaßt.

Eine Erweiterung des Kraftbegriffes stellt der *Druck* dar. Druck ist die Kraft, die auf eine bestimmte Fläche ausgeübt wird. Die gleiche Kraft, auf eine kleine Fläche verteilt, ergibt einen höheren Druck, als wenn sie auf eine größere wirkt. (Die Einbruchsgefahr auf einer Eisfläche ist geringer, wenn man sich flach hinlegt, als wenn man auf den Füßen steht.)

Auch Luft kann bekanntlich einen Druck ausüben. Im Autoreifen beträgt bei 2 atü die Kraft, die auf einen Quadratzentimeter ausgeübt wird, 2 kp (Kilopond: ungef. kg). Wenn wir vom Blasdruck sprechen, ist immer die **Differenz** zum atmosphärischen Luftdruck gemeint, also **Über- oder Unterdruck** gegenüber der umgebenden Außenluft. Druckdifferenzen haben die Tendenz, sich durch eine Luftströmung (Wind) vom hohen zum niedrigen Druck hin auszugleichen. Damit bilden sie die Grundlage der Atmung und des Blasstromes beim Bläser.

2.2.2. Periodik, Schwingungen

Wir sind im menschlichen Leben, in Natur und Technik, von periodischen Vorgängen umgeben. *Periodik* ist „eine in regelmäßigen räumlichen oder zeitlichen Abständen auftretende Wiederholung bestimmter Erscheinungen." (BROCKHAUS) Periodisch sind so verschiedene Dinge wie die Schwingungen einer Schaukel, der Jahreszeiten- oder Mondwechsel, biologische Vorgänge, die Abfolge von Grün- und Rotphasen der Verkehrsampel - und abertausende anderer natürlicher und künstlich herbeigeführter Abläufe.

Eine der charakteristischsten Formen der Periodik ist die *Schwingung*. Wir sind umgeben von schwingenden bzw. schwingfähigen Gebilden. Die Schwingung sagt Wesentliches über den Aufbau, Zustand und das Funktionieren eines Systems aus. Ein Großteil unserer Sinnesempfindungen beruht auf dem Empfang und der Auswertung von Schwingungen.

Bei mechanischen Schwingungen (zu denen auch die akustischen gehören) wird abwechselnd Bewegungsenergie in potentielle Energie und diese wieder zurück in Bewegungsenergie verwandelt. Besonders augenfällig ist dieser Vorgang bei der *Pendelschwingung* zu beobachten. Dabei findet ein dauernder, beträchtlicher Energiefluß **innerhalb** des Systems statt. Für uns ist diese Erkenntnis wesentlich zur Optimierung des Bewegungsverhaltens, vor allem bei der Atmung: Ausnutzung von Pendelkräften (= „Schwung") erlaubt sehr hohe Mobilität bei geringem Energieaufwand.

Zwei wichtige Komponenten der Schwingung sind die *Ausstell- und die Rückstellkraft*. Die Auslenkung entfernt das Pendel (hier repräsentativ für alle Schwingungssysteme) aus seiner Ruhelage; die Rückstellkraft „sammelt" sich während der Auslenkung, verlangsamt diese und führt schließlich zur Bewegungsumkehr in Richtung auf die Ruhelage. Dort hat das Pendel seine höchste Geschwindigkeit, wird infolgedessen über diesen Punkt hinausgetragen, und das Spiel beginnt in der anderen Hälfte von neuem. Luftwiderstand und andere Verluste reduzieren die Bewegung allmählich bis auf Null, wenn nicht von außen Energie zugeführt wird.

5

Das **Pendel** als Beispiel für den Übergang zwischen potentieller und kinetischer Energie in Schwingungsvorgängen.
An den Umkehrpunkten beträgt die Geschwindigkeit v=0, während die Lageenergie E_{pot} ihren höchsten Wert erreicht. Am tiefsten Punkt sind die Geschwindigkeit und die Bewegungsenergie E_{kin} am höchsten. Bei einer **ungedämpften** Pendelschwingung ist die Summe von E_{pot} und E_{kin} bei jeder beliebigen Auslenkung immer gleich.

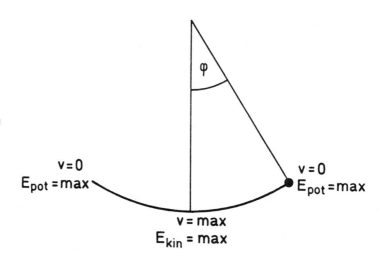

2.2.3. Elastizität und elastische Schwingungen

Elastizität ist ein weiteres Phänomen, dessen Bedeutung für die Flötentechnik weit über seine physikalische Funktion hinausgeht. Exakt definiert ist Elastizität „die Eigenschaft fester Körper, ihre unter äußerer Krafteinwirkung angenommene Formänderung... nach dem Aufhören der Krafteinwirkung wieder rückgängig zu machen."(BROCKHAUS)

Elastisch ist mithin eine Feder, welche nach dem Ausziehen, Zusammendrücken oder Verbiegen wieder in ihre Ausgangsstellung oder -form zurückgeht. Zwischen den Kräften, die auf das Pendel wirken, und der Feder bestehen insofern Parallelen, als die Auslenkung des Pendels der Verformung der Feder entspricht und in beiden Fällen Rückstellkräfte wirken: im einen Falle die Erdanziehung (Schwere), im anderen die Federkraft. Folgerichtig haben auch elastische Systeme die Neigung und Fähigkeit zu schwingen. Beispiele: die Autofederung, ein Baum im Wind, die gespannte Geigensaite.

Wie sich an der Saite erweist, kann das elastische Verhalten eines Materials durch Ein- oder Anspannung beeinflußt werden. Das trifft auch für die Elastizität des menschlichen Körpers zu. Der Zwerchfelltonus und überhaupt der Spannungszustand des gesamten Körpers spielen dabei eine entscheidende Rolle - für die Leistungsfähigkeit des Organismus im allgemeinen und für die Bläser- und Gesangstechnik ganz speziell.

Ein weitverbreitetes Mißverständnis muß hier noch ausgeräumt werden: Wenn eine Stahlkugel und ein Ball aus der gleichen Höhe auf eine harte Unterlage fallengelassen werden, hüpfen beide zurück, die Stahlkugel jedoch deutlich höher und häufiger als der Ball. Im Gegensatz zur allgemeinen Meinung ist die Stahlkugel elastischer als der Ball!

Die übliche Fehlmeinung rührt daher, daß die Elastizität eines Balles „greif"-barer ist. Die Fähigkeit eines Stahlkörpers, seine ursprüngliche Gestalt nach einer Verformung schnellstens wiederzugewinnen, ist aber das eigentliche Kriterium seiner höheren Elastizität. Daraus können wir folgern, daß stärkere Spannung höhere Elastizität verleiht. Das gilt auch für den menschlichen Körper, jedoch mit der Einschränkung, daß es eine Grenze dort gibt, wo Verkrampfung beginnt.

2.2.4. Einige Begriffe aus der Schwingungslehre

Den Verlauf einer kompletten Schwingung zwischen zwei gleich liegenden Schwingungszuständen nennt man *Periode*. Ausgangs- und Endpunkt sind dabei beliebig: es ist gleich, ob man die Jahresperiode vom 1.Januar des einen bis zum gleichen Tag des nächsten Jahres rechnet oder vom Sommeranfang bis zum nächsten Sommeranfang usw.

Frequenz ist die Schnelligkeit, mit der die Perioden aufeinanderfolgen. Die Einheit der Frequenz ist das *Hertz*: 1 Hz = 1 Periode/sec; 1 Kilohertz (kHz) = 1000 Hz. Der Wechselstrom schwingt mit 50 Hz; der Herzschlag hat im Ruhezustand eine Frequenz von ca. 72 Schlägen in der Minute = 1,2 Hz; der Kammerton A^1 hat 440 Hz.

Die *Wellenlänge* hängt unmittelbar mit der Frequenz zusammen - siehe 2.3.5.

Unter *Amplitude* versteht man die Schwingungsweite oder den Ausschlag. Beim Flötenspiel kann sie auch die Tiefe der Ein- und Ausatmung betreffen, den Unterschied zwischen Über- und Unterdruck im Flötenrohr, die Schwankungen des Schalldruckes, der vom Hörer als Lautstärke registriert wird; ferner das Ausmaß der Schwankungen von Tonhöhe, Klangfarbe und Lautstärke beim Vibrato. Die Amplitude (mathematisch präzise: ihr Quadrat) steht im direkten Verhältnis zur Energie der Schwingung und damit der Intensität, mit der sie wahrgenommen wird.

Als *Phasenlage* oder einfach *Phase* bezeichnet man die Lage zweier gleichzeitiger Schwingungen zueinander. Ändert sie sich, dann spricht man von *Phasenverschiebung*.

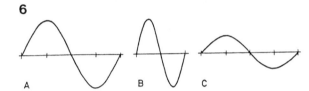

6

Verschiedene Sinusschwingungen (Schwingungsverlauf von ebenmäßig runder Form)

B hat die halbe Wellenlänge (=doppelte Frequenz) und die gleiche Amplitude wie A.

C hat die halbe Amplitude und die gleiche Wellenlänge wie A.

2.2.5. Dämpfung und Entdämpfung

Bei der Pendelbewegung geht bekanntlich dauernd Bewegung in Auslenkung und Auslenkung in Bewegung über. Angenommen, es träten dabei keine Verluste auf, so würde das Pendel ewig schwingen. Die gleiche Überlegung gilt für alle anderen Schwingungsarten. Tägliche Erfahrung lehrt uns aber, daß die meisten Schwingungen mehr oder weniger schnell zur Ruhe kommen. Das hängt damit zusammen, daß diese Schwingungssysteme Energieeinbußen unterliegen. Diese können von zweierlei Art sein:

1. Unerwünschte Verluste, z.B. durch Reibung oder Luftwiderstand;

2. eine beabsichtigte Abgabe von (Nutz-)Leistung - gemäß der technischen Zweckbestimmung des Systems, z.B. beim Uhrpendel, beim Schwingkreis eines Rundfunksenders - oder die Abgabe von Schallenergie bei einem Musikinstrument.

In beiden Fällen spricht man von *Dämpfung* und *gedämpften Schwingungen*. Der durch die Abgabe von Nutzleistung verursachte Anteil der Dämpfung ist systembedingt und damit unvermeidlich. Damit die Schwingung weitergeht, muß sie durch zusätzliche Energiezufuhr von außen unterstützt und aufrechterhalten, in wissenschaftlicher Terminologie: *entdämpft* werden. Das kann auf verschiedene Art geschehen:

Zuerst einmal müssen vermeidbare Verluste erkannt und ausgemerzt, die **schädliche Dämpfung** also so niedrig wie möglich gehalten werden. Das geschieht durch Optimierung der Schwingfähigkeit; beim Pendel genügt es meist, das Achslager gut zu schmieren und den schwingenden Körper aerodynamisch günstig zu gestalten.

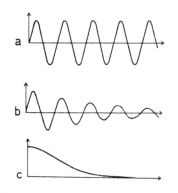

7 Dämpfung
a: ungedämpfte Schwingung
b: gedämpfte Schwingung
c: überstarke Dämpfung läßt eine Schwingung nicht aufkommen

Zweitens kann dem Schwingungssystem eine **stetig wirkende** Energie zugeführt und intern vom System durch *Selbststeuerung* verarbeitet werden. Das ist beispielsweise im Verhältnis Uhrfeder/Pendel der Fall.

Eine besonders wirkungsvolle Entdämpfung kommt dadurch zustande, daß die Entdämpfungsimpulse von außen her **zeitlich, richtungs- und größenmäßig** angepaßt, also nicht als „Gleichstrom", sondern periodisch aufbereitet, zugeführt werden. Hier ein Beispiel für eine solche *phasenrichtige* Entdämpfung (die uns im Kapitel „Vibrato" noch ausführlicher beschäftigen wird): Eine Glocke wird vom Glöckner von Hand - über einen Seilzug - in Schwung gehalten. Des Glöckners Kunst besteht darin, der Glocke, die er nicht sehen kann, nach seinem Gefühl immer im rechten Moment den richtigen Zugimpuls zu geben, um so die Schwingung aufrechtzuerhalten oder ihre Amplitude zu beeinflussen. Er muß dazu den Rhythmus der Glockenschwingung erfühlen und sich ihr anpassen. Das setzt voraus, daß er über das Seil Informationen über den jeweiligen Schwingungszustand der Glocke (ihre Phase) erhält. Er muß den Zug am Seil genau in dem Moment ausüben, wenn die Glocke nach der größten Auslenkung die Rückbewegung begonnen hat. In einem solchen *System Mensch-Maschine* muß sich also der „Regler Mensch" dem System optimal überlassen, um die erwünschte Wirkung zu erzielen. Je perfekter die Anpassung, umso geringer ist der erforderliche Arbeitsaufwand. Auf diese Weise kann die Bewegung einer tonnenschweren Glocke sogar von einem Kind aufrechterhalten, ja gesteigert werden. Wenn der Bediener sich aber *fehlanpaßt*, d.h. zum falschen Zeitpunkt zieht und losläßt, wird die Schwingung gehemmt und hört vorzeitig auf. Dies ist ein typischer Regelvorgang, und an ihm zeigt sich frappant, von welch fundamentaler Wichtigkeit es gerade für den Menschen ist, als Teil oder Träger eines schwingenden Systems für die verschiedenen Signale offen zu sein, sensibel auf sie zu reagieren und automatisch ablaufenden Vorgängen sich zu überlassen bzw. richtig auf sie zu reagieren, statt ihre natürlichen Kraftquellen durch Aktionismus zu verstopfen.

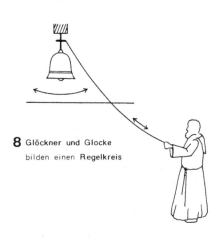

8 Glöckner und Glocke bilden einen Regelkreis

2.2.6. Gekoppelte Systeme, Resonanz, Mitnahme- oder Zieheffekt

Stellen wir uns an der Stelle des Glöckners ein zweites, motorbetriebenes Schwingungssystem vor, welches mit (ziemlich) genau der gleichen Frequenz wie die Glocke schwingt und mit ihr *gekoppelt* ist: dann kann die Schwingung des einen Systems - *Generator* genannt, das zweite ebenso anregen, wie es der Glöckner mit der Glocke tut. Voraussetzung dafür ist, daß die Frequenz des Generators (der ja nicht wie der Glöckner gefühlsmäßig reagieren kann) **genau oder annähernd** mit der *Eigenfrequenz* der Glocke übereinstimmt. Die beiden gekoppelten Systeme stehen dann in *Resonanz* miteinander. Da der Generator ständig neue Energie produziert, kann er dank der Koppelung die Schwingung der Glocke aufrechterhalten.

Wenn die zugeführte Energie ständig die Dämpfung etwas übersteigt, dann „schaukelt" sich die Schwingung „auf", und es kann zur *Resonanzkatastrophe* kommen. Eine solche liegt beispielsweise vor bei *wilden Schwingungen*, die eine Maschine zerstören können. Gewöhnlich nimmt aber die Dämpfung mit zunehmender Amplitude überdurchschnittlich zu, so daß sich die Schwingungsenergie des angeregten Systems auf einen stabilen Höchstwert einpendelt. - Zur musikalischen Resonanz siehe 2.3.6.

Resonanz kann nur auftreten bei ziemlich guter Übereinstimmung der Frequenzen von anregendem und angeregtem System *(Generator und Resonator)*. Sind beide genau gleich, dann ist der Resonanzeffekt, also die Verstärkung, am größten. Überschreitet dagegen die Differenz zwischen beiden ein gewisses Maß, dann kommt nicht nur keine Resonanz zustande, sondern der Gesamtkomplex wird in seiner Funktion behindert bis zum völligen Versagen. Man könnte annehmen, daß auch eine geringe Differenz von Periode zu Periode addiert wird, bis ein nicht mehr toleriertes Maß erreicht ist. Dem steht aber entgegen, daß beide Frequenzen, wenn sie nicht zu sehr differieren, auf einander zugezogen werden und eine Kleinigkeit von ihrem eigentlichen Wert in Richtung auf den Partner hin abweichen. Man nennt dies einen *Mitnahme- oder Zieheffekt*. Auf welchem Wert sich die beiden Schwingungssysteme treffen, hängt von ihrer jeweiligen Dämpfung, der schwingenden Masse und damit ihrem Energieunterschied ab. Stärker gedämpfte Schwingungen haben eine geringere *Trennschärfe* und lassen sich deshalb leichter ziehen. Der Zieheffekt gestattet es dem Flötisten, die Intonation eines Tones durch Ansatzänderung nach unten oder oben zu variieren.

Resonanz im übertragenen Sinne ist ein wichtiges Prinzip auch in anderen Bereichen, so besonders im menschlichen (Zusammen-)Leben und Verhalten, mag man es nun Anpassung, Hingabe oder Koordination nennen. In der Bläsertechnik zumal spielt die so verstandene Resonanz eine bedeutende Rolle als Einregelung und Einfügung in natürliche, periodische Abläufe, wie z.B. bei der Atmung, oder als Vermeidung von Verstößen gegen eine von der Natur vorgegebene Periodik.

2.3. BEMERKUNGEN ZUR AKUSTIK

2.3.1. Tonhöhe, Lautstärke und Intervalle

Auf den physikalischen Unterschied zwischen Ton und Klang sind wir schon im Anfang dieses Kapitels eingegangen. *Klang und Klangbild* werden unter 6.3. behandelt.

Tonhöhe ist die Hörempfindung für die Frequenz der Tonschwingung: Je schneller diese ist, umso höher wirkt der Ton. Das menschliche Hörvermögen reicht von ca. 16 Hz bis günstigenfalls (in der Jugend) 20 kHz. Der Tonumfang der Flöte liegt zwischen h = 246.96 Hz und F^4 = 2793.83 Hz.

Die *Lautstärke* wird bestimmt durch die *Schalleistung*, wobei ersteres ein psycho-akustischer und das zweite ein rein physikalischer Begriff ist.

9 Die Frequenzen und Wellenlängen der temperierten chromatischen Tonleiter im Bereich der Großen Flöte. (Schallgeschwindigkeit c=343,8 m/sec bei 20°C)

	C^1-H^1		C^2-H^2		C^3-H^3		C^4-F^4	
	f(Hz)	(m)	f(Hz)	(m)	f(Hz)	(m)	f(Hz)	(m)
C	261.63	1.31	523.25	0.66	1046.50	0.33	2093.00	0.164
CIS/DES	277.18	1.24	554.37	0.62	1108.73	0.31	2217.46	0.155
D	293.66	1.17	587.33	0.59	1174.66	0.30	2349.32	0.146
DIS/ES	311.13	1.11	622.25	0.55	1244.51	0.28	2489.02	0.138
E	329.63	1.04	659.26	0.52	1318.51	0.26	2637.02	0.130
F	349.23	0.98	698.46	0.49	1396.91	0.25	2793.83	0.122
FIS/GES	369.99	0.93	739.99	0.46	1479.98	0.23		
G	392.00	0.88	783.99	0.44	1567.98	0.22		
GIS/AS	415.30	0.83	830.61	0.41	1661.21	0.21		
A	440.00	0.78	880.00	0.39	1760.00	0.20		
AIS/B	466.16	0.74	932.33	0.37	1864.66	0.18		
H	493.88	0.70	987.77	0.35	1975.53	0.17		

10 Die reinen Intervalle ergeben sich aus der Naturtonreihe. (Die Intervalle der temperierten Stimmung weichen - außer der Oktave - um eine Kleinigkeit davon ab - vgl. Tab.9) Die übermäßige Quarte ist hier als Kombination aus einer großen Terz und einer großen Sekunde interpretiert, die verminderte Quinte als Oktavergänzung hierzu.

Oktave:	2:1	übermäßige Quarte:	45:32
große Septime:	15:8	Quarte:	4:3
kleine Septime:	9:5	große Terz:	5:4
große Sexte	5:3	kleine Terz:	6:5
kleine Sexte:	8:5	große Sekunde:	9:8
Quinte:	3:2	kleine Sekunde:	16:15
verminderte Quinte:	64:45		

Intervall ist das **Verhältnis** der Frequenzen zweier Töne zueinander. Beispielsweise haben die Oktaven (Subkontra-)C_2/(Kontra-)C_1 mit (ca.) 16 bzw. 32 Hz das gleiche Frequenzverhältnis 1:2 wie C^3/C^4 mit annähernd 1000 : 2000, obwohl die Differenzen im ersten Falle 16 und im zweiten 1000 betragen.

2.3.2. Zusammengesetzte Tonschwingungen

Wie früher schon ausgeführt wurde, sind nicht nur bei Intervallen und Akkorden, sondern auch am Einzelklang **mehrere** Schwingungen gleichzeitig beteiligt. Reine Sinustöne kommen in der Natur nicht vor. Das Schwingungsbild (*Oszillogramm*) eines solchen *zusammengesetzten Klanges* ergibt eine neue, kompliziertere Kurve, die jedoch ebenfalls **periodisch** ist. Nur *Geräusche* weisen ein nicht-periodisches Schwingungsbild auf.

Das Gehör ist in der Lage, aus der kompliziert verlaufenden Kurve eines Klanges die *diskreten* (separaten) Einzelschwingungen zu analysieren - eine wunderbare und beinahe unerklärliche Fähigkeit. (Siehe Abb.11 und 13)

2.3.3. Schwebungen und Differenztöne

Wenn zwei Sinus-Tonschwingungen zwar differieren, aber sehr nahe beieinander liegen, hört man eine *Schwebung*. Darunter versteht man ein mehr oder weniger schnelles An- und Abschwellen der Lautstärke des Gesamtklanges. Nehmen wir an, der eine Ton habe eine Frequenz von 100 Hz und der andere, etwa gleich starke, 99 Hz: Dann addieren sich die Amplituden-Maxima nach jeweils genau **einer** Sekunde, während nach einer **halben** Sekunde Maximum und Minimum sich gegenseitig auslöschen oder schwächen. Wie leicht nachzurechnen ist, entspricht die Schwebungsfrequenz immer der Frequenzdifferenz der beiden Ausgangstöne - siehe Abb.12. Nach WINCKEL (Phän.115) läuft der Intensitätsschwankung eine gleichfrequente Tonhöhenschwankung parallel.

11 Zusammengesetzte Tonschwingungen

Schwebungen sind sehr deutlich zu hören beim Klavierstimmen, wenn zwei Saiten eines Chores (Gruppe von zwei oder drei gleich hohen Saiten) nicht genau übereinstimmen. Da Schwebungen besonders deutlich zwischen obertonarmen Klängen zu hören sind, fallen sie bei nicht korrekt stimmenden Blockflötengruppen besonders unangenehm auf (J.MEYER-Flöten). Andererseits werden bei der Orgel und beim Akkordeon zwei dicht nebeneinanderliegende Stimmen zur Erzeugung eines Vibratoeffektes miteinander kombiniert. - Für den Flötisten ist das Hören und die Auswertung von Schwebungen ein probates Mittel zur Stimmungskontrolle und -korrektur - siehe 6.4.5.1.

Zwischen größeren Intervallen tritt ein weiteres Phänomen auf, dessen man sich ebenfalls bei der Intonationsgestaltung bedienen kann: die *Differenztöne*. Ähnlich den Schwebungen errechnet sich die Frequenz eines Differenztones aus der Differenz seiner beiden Ursprungstöne. (Siehe auch 6.4.5.2.)

2.3.4. Partialtonreihe und Obertonspektrum

Die Analyse eines musikalischen Klanges ergibt, daß die Frequenzen seiner Teiltöne, abgesehen von unharmonischen Beimengungen (z.B. Geräuschen), ganzzahlige Vielfache des Grundtones sind. Aus diesem Grunde werden sie auch *Harmonische* genannt.

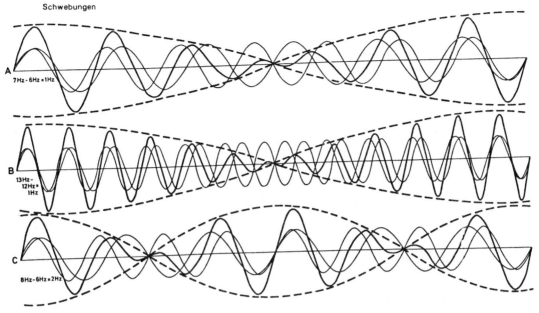

12 Dünne Linien: die beiden Grundschwingungen; starke Linie: die Resultierende; gestrichelte Hüllkurve: die Schwebung.

Nehmen wir für das (Subkontra-)C_2 eine Frequenz von f=16 Hz (angenähert) an, dann beträgt das erste ganzzahlige Vielfache davon 2f=32 Hz, was die Oktave (Kontra-) C_1 ergibt. Schreiten wir zu 3f=48 Hz weiter, so erkennen wir, daß dieser Ton zu C_1 das Verhältnis 48:32 oder 3:2 bildet, was einer Quinte entspricht. Zu C_2 besteht mithin das Intervall einer Duodezime. Die Partialtonreihe über C^1 im Bereich des Flötenumfanges zeigt Notenbeispiel 13.

*) etwas tiefer als in der reinen Stimmung

Verbreiteter als die Bezeichnung *Partial- oder Teilton* ist der Terminus *Oberton*. Der Unterschied besteht lediglich darin, daß der 2.Partialton mit dem 1.Oberton identisch ist. - Den Grund für die Ausbildung von Oberschwingungen und Folgerungen daraus werden wir in den Abschnitten 2.4.4. und 2.4.5. behandeln.

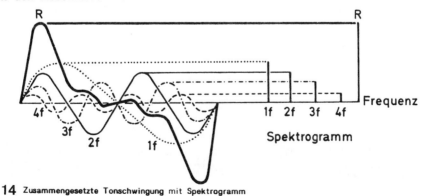

14 Zusammengesetzte Tonschwingung mit Spektrogramm

Die Anzahl, Verteilung und Intensität der einzelnen, in einem Klang vorhandenen Partialtöne kommt in seinem *Obertonspektrum* zum Ausdruck. Dieses kann - ähnlich der astronomischen *Spektralanalyse* - durch ein *Spektrogramm* dargestellt werden. Dabei werden alle nachweisbaren Teiltöne durch senkrechte Linien repräsentiert, deren Länge die Intensität des einzelnen Tones anzeigt - siehe Abb.14.

2.3.5. Schallwellen, Schallgeschwindigkeit

Der Schall pflanzt sich vom Schallgeber zum Ohr des Hörers fort. Das ist in jedem elastisch reagierenden, gasförmigen, flüssigen oder festen Medium möglich. Im Vakuum gibt es keine Schallfortpflanzung und keinen Schall.

Die Entstehung und Ausbreitung des Schalles kann man mit der Störung vergleichen, die ein Stein verursacht, wenn er in einen Teich geworfen wird: Dem Betrachter scheint es, als ob das Wasser kreisförmig (radial) auseinander- und zum Ufer hinfließe. Das ist nicht der Fall, denn die entstehenden Wellen sind kein Transport von Materie (Wasser), sondern eine Weitergabe von Bewegungsimpulsen, also ein Energiefluß, äußerlich ähnlich den Wellen, die über ein vom Wind bewegtes Ährenfeld hinwegziehen.

Die Geschwindigkeit der Schallausbreitung hängt nicht, wie man annehmen könnte, von der Stärke des Anfangsimpulses ab, sondern allein von den elastischen Eigenschaften des Mediums. Deshalb wird die *Schallgeschwindigkeit* durch die **stoffliche Zusammensetzung und die Temperatur des Mediums** bestimmt.

So ergeben sich für die verschiedenen Stoffe die unterschiedlichsten Schallgeschwindigkeiten: In normaler Luft von 20°C beträgt die Schallgeschwindigkeit c=343,8 m/sec, in Kohlendioxyd, welches in der Ausatemluft vorhanden ist, nur zirka 3/4 davon, in Wasserstoff dagegen etwa das Dreifache: etwa 1300 m/sec. Bei den Blasinstrumenten wirken sich zusätzlich die Atemfeuchtigkeit und die Temperaturerhöhung im Rohr aus. Die mit steigender Temperatur wachsende Schallgeschwindigkeit ist der Grund für die Temperaturabhängigkeit der Intonation bei den Blasinstrumenten - siehe 6.4.6.3.

Die Schallfortpflanzung beginnt damit, daß die der Schallquelle anliegenden Luftmoleküle angestoßen, d.h. aus ihrer Ruhelage entfernt werden, ihrerseits die benachbarten in der gleichen Richtung anstoßen usw. So entstehen Luftverdichtungen und -verdünnungen - und damit Druck**wellen**, die sich von der Schallquelle geradlinig in alle Richtungen ausbreiten. Bei einer Frequenz von 100 Hz folgt der zweite Druckimpuls nach genau 1/100 sec auf den ersten, und nach einer Sekunde zählen wir 100 Wellen-„Kämme" bzw. -„Täler" oder Perioden. Bei einer angenommenen Schallgeschwindigkeit von 340 m/sec ist demnach jede Welle 3,4 m lang. Das ist die *Wellenlänge* des Tones.

Wellenlänge und Frequenz stehen in einem festen Verhältnis zueinander; die Schallgeschwindigkeit ist ihr „Bindeglied". Je höher die Frequenz, umso kürzer ist die Wellenlänge und umgekehrt: Bei 200 Hz passen 200 Perioden mit der halben Länge von 1,7 m in die Strecke von 340 m; bei 400 Hz wird die Wellenlänge ein weiteres Mal halbiert. In einer mathematischen Formel ausgedrückt: $f = \frac{c}{l}$ (Frequenz = $\frac{\text{Schallgeschw.}}{\text{Wellenlänge}}$) - oder umgewandelt: $l = c/f$ und $c = l \cdot f$.

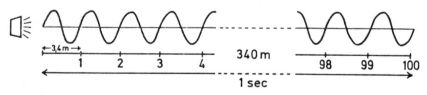

15 Wellenlänge eines Tones mit f=100 Hz bei einer Schallgeschwindigkeit c=340 m/sec

2.3.6. Resonanz bei Musikinstrumenten

Häufig wird Resonanz mit der Wirkung von *Resonanzkörpern*, wie z.B. die Streichinstrumente, das Klavier und Lautsprecher sie aufweisen, gleichgesetzt. Das sind aber keineswegs typische Beispiele - im Gegenteil: Um den **ganzen** Tonumfang dieser Instrumente zu erfassen, sind ihre Resonanzkörper ausgesprochen *breitbandig*, d.h. ohne scharfe Resonanzstellen, angelegt. Sie bevorzugen nicht eine bestimmte Frequenz, wie es das eigentliche Wesen der Resonanz ist, sondern wirken gleichmäßig, wenn auch mit geringerer Effizienz, auf den gesamten Tonumfang des Instrumentes.

Das Gegenteil gilt für *Luftraumresonatoren*, zu denen die Blasinstrumente gehören. Deren Dämpfung ist gering und ihr Resonanzbereich entsprechend scharf begrenzt. Dadurch besitzen sie eine große *Trennschärfe*, d.h. die Resonanz ist auf einen kleinen Ausschnitt, fast auf den einzelnen Ton, beschränkt und die Verstärkung für diesen optimal. Der erwünschte Tonumfang wird durch Modifikation der Resonanzbedingungen durch den Griff, durch verschieden lange Pfeifen (Orgel, Panflöte) oder Verlängern des Rohres (Posaune) erzielt.

Resonanz hat in diesem Falle also auch eine *selektive* Wirkung, ferner *stabilisiert* sie rückwirkend die Generatorschwingung, bei Blasinstrumenten also die sehr unstabilen Töne des Mundstücks, sofern es allein angeblasen wird, oder - bei der Flöte - den *Schneidenton* (2.5.1.).

Die Resonanzfrequenz der vom Flötenrohr umschlossenen Luftsäule kann auch ohne Anblasen hörbar gemacht werden, wenn man einen beliebigen Ton, z.B. das C^1 greift, und eine der Klappen (am besten in der Mitte des Griffes) mit dem Finger kräftig herunterschlägt. Dann ist deutlich das C^1 im Klopfgeräusch zu vernehmen. So kann man ganze Tonfolgen klopfen - ein in der avantgardistischen Musik beliebter Effekt. (Auf diese Weise kann auch die viel unbestimmtere Resonanz eines Geigenkörpers demonstriert werden: Beim Klopfen ertönt ein Geräusch, von dem man nur sagen kann, daß es in etwa der Geigenlage entspricht; beim Cello und Kontrabaß liegt das Geräusch entsprechend tiefer.

2.3.7. Interferenz

Wenn zwei Steine in gewissem Abstand voneinander in einen Teich fallen, dann gehen von beiden kreisförmige Wellenzüge aus. Zwangsläufig müssen sie sich irgendwo treffen. Was geschieht in diesem Augenblick? - Man könnte annehmen, daß beide sich gegenseitig in ihrer Ordnung stören und ein Chaos zurückbleibt. Das Gegenteil aber ist der Fall: Die Wellen laufen geradlinig weiter bis zum Ufer, bilden jedoch vom ersten Zusammentreffen an vielfältige und wohlgeordnete Muster. Diese vor allem bei Wellen gleicher Länge (Frequenz) auffallende Erscheinung nennt man *Interferenz*. Sie kommt auch bei Schallwellen vor und macht sich vor allem in der Raumakustik durch stellenweise Abschwächung und Verstärkung reflektierter Klänge bemerkbar. Zu völliger Auslöschung kann es (theoretisch) kommen, wenn zwei Wellenzüge gleicher Amplitude um genau eine halbe Periode (180°) phasenverschoben sind.

16 Interferenz-Muster von mechanischen Wellen. (Brockhaus-Enzyklopädie Bd.9/1970 - mit frdl. Genehmigung des Verlages.)

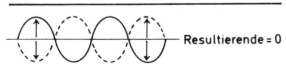

Wellenauslöschung durch Interferenz **17**

2.4. AKUSTIK DER PFEIFEN unter besonderer Berücksichtigung der Flöte

„Pfeife..., Schallquelle, bei der eine in einem meist röhrenförmigen Gehäuse (Pfeifenrohr) eingeschlossene Luftsäule zu Eigenschwingungen erregt wird."(Meyer-Lex.)   So gesehen, sind eigentlich **alle** Blasinstrumente Pfeifen, wenn der Begriff auch gewöhnlich vor allem für die Holzblasinstrumente und die Orgel in Anspruch genommen wird. In diesem Kapitel schildern wir jedenfalls die Gemeinsamkeiten, soweit sie für das Verständnis der besonderen Verhältnisse der Querflöte von Belang sind. Anschließend werden dann die ganz speziellen und typischen Gegebenheiten der Flöte behandelt.

2.4.1. Stehende Wellen

Stehende Wellen sind die Grundlage der Rohrresonanz bei Blasinstrumenten und damit eines der Fundamente für die Entstehung und Abstrahlung ihres Tones. Auch Saiten bilden stehende Wellen aus. An ihnen läßt sich das Wesen dieser Schwingungsart am anschaulichsten darstellen.

Die Schwingung der gespannten Saite findet zwischen zwei festen Punkten statt. Wird die Saite aus ihrer Ruhelage entfernt und dann losgelassen, so fängt sie an zu schwingen. Es liegt in der Natur der Sache, daß an den Befestigungspunkten keine Bewegung auftreten kann, während die Stelle der größten Auslenkung in der Mitte liegt. Die beiden Stellen mit der Bewegung Null nennt man *Schwingungs- oder Bewegungsknoten*; in der Mitte liegt ein *Bewegungs- oder Schwingungsbauch*.

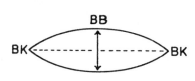

18 Saitenschwingung

Am Fingerauflagepunkt und am Steg ist keine Bewegung möglich: **Bewegungs-(Schwingungs-)Knoten** (BK).

In der Mitte schwingt die Saite am weitesten aus: **Bewegungsbauch** (BB)

Wegen der **seitlichen** Auslenkung spricht man in diesem Falle von einer *Quer-* oder *Transversalschwingung*.

Druckschwankungen breiten sich bekanntlich geradlinig durch gegenseitigen Anstoß der Luftteilchen aus. In einem schlanken Rohr, wie es für alle Blasinstrumente typisch ist, werden sie sich also in Richtung der Längsachse, „axial", als *Longitudinalwellen* bewegen.

Die beiden offenen Enden der Flöte (das Mundloch ist das eine von ihnen) wirken ähnlich wie die Befestigungen der Saite: Die Druckschwankungen werden an ihnen reflektiert und laufen mit Schallgeschwindigkeit im Rohr hin und her. (Auch an einem **offenen** Ende kommt es zur Reflektion, was hier aber nicht näher erläutert werden kann.) Zwischen den hin- und herlaufenden Wellen kommt es zu *Interferenzerscheinungen*, die dazu führen, daß in der Mitte des Rohres eine Stelle größter Druckschwankung auftritt - sie wird als *Druckbauch* bezeichnet und entspricht dem Bewegungsbauch der Saite; an den offenen Enden befinden sich *Druckknoten*, d.h. Stellen geringster Druckschwankungen - wegen des ungehindert möglichen Druckaustausches mit der Außenluft. Diese Stellen entsprechen den Bewegungsknoten der Saite.

Betrachtet man ein solches Schwingungssystem als Ganzes, so nimmt man nicht mehr ein Hin- und Herfluten wahr, sondern eine die ganze Luftsäule umfassende Schwingung, bei der nicht die Teilchenbewegung das Hervorstechende ist, sondern die dadurch bewirkten Druckschwankungen. (Nebenbei: Die Schwingungsweite des einzelnen Luftteilchens beträgt - nach COLTMAN-Ac.1972 - bei einem mf-A^1 am Bewegungsbauch nicht mehr als einen halben Millimeter.)

Aus dem Geschilderten wird ein weiteres Mal klar, daß die Laienmeinung, der Luftstrom werde „durch das Rohr" geblasen, falsch ist. Vielmehr schwingt die Luftsäule am Ort, auch hier wieder vergleichbar der Saite. Der Blasstrom dient, wie der Geigenbogen, zur **Anregung** der Schwingung, wogegen als eigentlicher Tonträger und -strahler die **stehende**, schwingende Luftsäule zu betrachten ist.

Stehende Welle in einem offenen Rohr

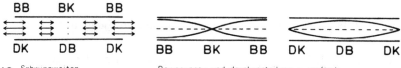

19 Schwingweiten der Luftteilchen

Bewegungs- und druckverteilung - grafisch

2.4.2. Die Frequenz der stehenden Welle - Pfeifenresonanz

Zur Ausbildung einer *stehenden Welle* muß jede Druckwelle das Rohr einmal hin und zurück durchlaufen. Bei einem langen Rohr sind Weg und Laufzeit länger als bei einem kurzen. Nehmen wir ein Rohr von 1,7 m Länge an, dann beträgt der Weg für eine Periode - gleichbedeutend mit der Wellenlänge - 3,4 m. Die Schwingung hat somit eine Frequenz von 100 Hz - vgl. 2.3.5. Verallgemeinert: Die Wellenlänge eines *offenen Rohres*, wie die Flöte eines ist, beträgt das Doppelte seiner (wirksamen) Rohrlänge. Für das C^1 wird nach der unter 2.3.5. mitgeteilten Formel eine Wellenlänge von 340/264 = 1,29 m errechnet. Die dazugehörige Rohrlänge müßte demnach gemäß der Theorie 64,5 cm betragen. Tatsächlich mißt man aber zwischen der Mundlochmitte (dem oberen offenen Ende) und dem unteren Rohrende eines C-Fuß-Instrumentes 60 cm, also 4,5 cm weniger. Den Grund dafür werden wir im folgenden Abschnitt als *Mündungskorrektion* kennenlernen. Die durch die Rohrlänge bestimmte Schwingungszahl bezeichnet man als *Eigenfrequenz* des Rohres oder *Pfeifenresonanz*.

2.4.3. Seitenlöcher, Mündungskorrektur

Orgel und Panflöte weisen für jeden Ton eine eigene Pfeife von bestimmter Länge auf. Bei den anderen Blasinstrumenten steht nur **ein** Rohr zur Verfügung. Seine *wirksame Länge* kann bei den Holzblasinstrumenten durch die Öffnung von *Seitenlöchern* verändert werden. Normalerweise (Ausnahme: in der Funktion als *Schallöcher* - siehe 2.5.4.) wird der gesamte Rohrteil unterhalb des ersten offenen Loches ausgeschaltet, als ob das Rohr an dieser Stelle abgeschnitten wäre. Dies entspricht dem Teil der Geigensaite zwischen dem fest aufgesetzten Finger und dem Wirbel. Die Länge der Pfeifen und die Strecke zwischen Mundloch und offenem Seitenloch sind - von kleinen Abweichungen abgesehen - für gleich hohe Töne gleich.

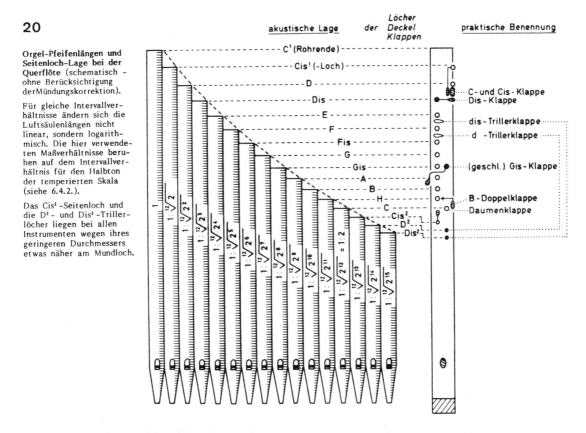

20 Orgel-Pfeifenlängen und Seitenloch-Lage bei der Querflöte (schematisch - ohne Berücksichtigung der Mündungskorrektion).

Für gleiche Intervallverhältnisse ändern sich die Luftsäulenlängen nicht linear, sondern logarithmisch. Die hier verwendeten Maßverhältnisse beruhen auf dem Intervallverhältnis für den Halbton der temperierten Skala (siehe 6.4.2.).

Das Cis^1-Seitenloch und die D^2- und Dis^2-Trillerlöcher liegen bei allen Instrumenten wegen ihres geringeren Durchmessers etwas näher am Mundloch.

Wie schon unter 2.4.2. angedeutet, muß man zu der gemessenen Entfernung zwischen dem Mundloch und dem unteren Rohrende noch eine bestimmte Strecke hinzurechnen, um auf den für die schließlich produzierte Wellenlänge relevanten Wert zu kommen. Die schwingende Luftsäule ist also - bzw. wirkt - länger als der durch den Griff bestimmte Rohrteil. Diese sogenannte *Mündungskorrektion* muß bei **allen** Pfeifen einberechnet werden. Sie wird hauptsächlich durch Ausgleichsvorgänge zwischen der schwingenden Luft im Inneren des Rohres und der ruhenden Luft im umgebenden Raum verursacht. Ihr Wert ist abhängig vom Rohrdurchmesser; durch Seitenlöcher (zu denen auch das Mundloch gehört) wird er zusätzlich erhöht. Auch die Tiefe der Löcher, ihr *Kamin* (auch „Esse" genannt) hat Einfluß auf die Mündungskorrektion; weiterhin die Abschirmung durch darüber befindliche Deckel bzw. die Mundpartie des Bläsers. Am wirkungsvollsten geht die **Flächenausdehnung** des Loches in die Mündungskorrektion ein: Je kleiner der Durchmesser, desto größer ist die vertiefende Wirkung. Als konstante, ebenfalls vertiefende Größen wirken schließlich noch der Luftraum zwischen Mundloch und Abschlußkork sowie eine eventuelle Rauhigkeit der inneren Rohrwand. Die Wirkung der Verkleinerung eines Loches kann man bei der Flöte erproben, indem man beim Anblasen des tiefsten Tones (C^1 oder h) von einem Helfer die untere Rohröffnung allmählich verdecken läßt: Der Ton wird zunehmend tiefer und bleibt bei einem bestimmten Bedeckungsgrad weg. Die *Abschirmung* kann so demonstriert werden, daß B^1 gegriffen und währenddes der Deckel des linken Mittelfingers sehr langsam und vorsichtig geschlossen wird: Der Ton wird tiefer, bis er schließlich - nach einer unstabilen Übergangszone - ins A^1 springt, sobald der volle Verschluß erreicht ist.

Die Mündungskorrektion am Mundloch kann durch mehr oder weniger starkes Überdecken der Mundlochfläche mit der Unterlippe oder durch Abschirmung mit der oberen Mundpartie sehr wirkungsvoll variiert werden. Dies ist das Hauptmittel der Intonationsbeeinflussung - siehe 6.4.9. Die Mündungskorrektion ist eine der wesentlichen Eigenschaften der *passiven Pfeifenresonanz*, d.h. der Eigenfrequenz des Rohres im **unangeblasenen** Zustand.

2.4.4. Die Oberschwingungen im Pfeifenrohr

Das Phänomen der Obertöne wird an Schwingungsträgern von linearer Ausdehnung, wie der Saite und dem Rohr, besonders augenfällig. Beide können zu Schwingungen mit dem **Mehrfachen** ihrer Grundfrequenz angeregt werden. Sie schwingen dann mit der doppelten, dreifachen, vierfachen usw. Frequenz, überschlagen also in die Oktave, Duodezime, Doppeloktave usw. Die Flageolettechnik der Streichinstrumente macht dies deutlich: Legt der Spieler seinen Finger genau in der Mitte der Saite so **leicht** auf, daß an dieser Stelle ein Schwingungsausschlag nicht möglich, der Teil jenseits des Auflagepunktes aber nicht ausgeschaltet ist, dann schwingt die Saite in zwei **halb** so großen Teilen und infolgedessen mit **doppelter** Frequenz. Setzt man den Finger in einem Drittel der Entfernung auf, so teilt sich die Schwingung in **drei** gleiche Teile von dreifacher Frequenz. Gleiches gilt für noch kleinere (aber immer **ganzzahlige**) Unterteilungen. Siehe 2.5.4.

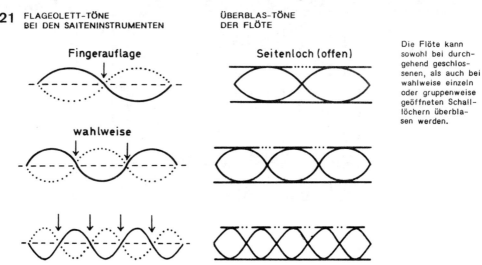

21 FLAGEOLETT-TÖNE BEI DEN SAITENINSTRUMENTEN — ÜBERBLAS-TÖNE DER FLÖTE

Die Flöte kann sowohl bei durchgehend geschlossenen, als auch bei wahlweise einzeln oder gruppenweise geöffneten Schallöchern überblasen werden.

In analoger Weise verhält sich die Luftsäule im Pfeifenrohr. Auch hier sind die Druckknoten an den Rohrenden eindeutig vorgegeben; doch können weitere, jeweils gleichlange, aber entsprechend kürzere Schwingungsabschnitte innerhalb des Rohres entstehen. Was beim Geigenspiel durch die Flageolettechnik bewirkt wird, geschieht bei der Flöte entweder mit dem Ansatz - durch *Überblasen* - oder durch Öffnen geeigneter *Schallöcher*. Im übrigen sind diese Oberschwingungen **ständig** im Klang vorhanden und bestimmen dessen Farbe.

2.4.5. Die gedackte Pfeife

Unsere bisherigen Überlegungen betrafen beiderseits offene Rohre. Wenn dagegen ein Pfeifenrohr an **einem** seiner Enden geschlossen („gedackt") ist, dann ändern sich Überblasverhalten und Obertonspektrum grundlegend. Das hängt damit zusammen, daß am geschlossenen Ende keine Teilchenbewegung und damit kein Druckausgleich möglich ist. Deshalb bildet sich als Grundschwingung eine **Viertelwelle** aus - siehe Abb.22.

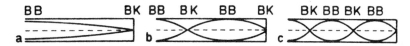

22 Stehende Wellen in der gedackten Pfeife
  a: unüberblasen - Rohrlänge = 1/4 Wellenlänge (1 Oktave tiefer als beim beiderseits offenen Rohr;
  b: 1 mal überblasen - Rohrlänge = 3/4 Wellenlänge (3. Partialton = Duodezime);
  c: 2 mal überblasen - Rohrlänge = 5/4 Wellenlänge (5. Partialton = Doppeloktave + Terz)

Damit wird die Grundschwingung doppelt so lang wie bei der beiderseits offenen Pfeife, und der entstehende Ton ist eine Oktave tiefer. Beim Überblasen bildet sich zunächst eine **Dreiviertel**welle aus; eine Halbierung, wie bei der offenen Pfeife, ist nicht möglich. Somit überbläst die gedackte Pfeife nicht in den zweiten, sondern gleich in den dritten Partialton, die Duodezime, und auch weiterhin in die ungeradzahligen Teiltöne. Dieses spezifische Obertonspektrum ist der Grund für den „hohlen" Klang der tiefen Klarinettenlage. (Wegen ihres engen Anblasspaltes reagiert die Klarinette wie eine gedackte Pfeife.)

Für die Flöte haben die genannten Eigenschaften der gedackten Pfeife insofern eine gewisse Bedeutung, als bei extrem starker Abdeckung des Mundloches der Klang und das Überblasverhalten sich der gedackten Pfeife annähern. Aufschlußreich ist folgender Versuch: Es wird C^1 angeblasen und das untere Rohrende dicht verschlossen. Das zu erwartende, eine Oktave tiefere c spricht entweder gar nicht oder nur andeutungsweise an. Überbläst man aber, dann erklingt als erster Oberton das G^1, danach E^2, B^2, D^3, F^3 und Gis/As^3 (13. Partialton!). Alle geradzahligen Teiltöne, darunter alle Oktaven, fehlen.

2.4.6. Das Blasinstrument als gekoppeltes System

Unsere bisherigen Untersuchungen galten der schwingenden Luftsäule im Rohr, also dem Resonator als dem eigentlichen Träger und Aussender der Schallenergie. Bei allen Blasinstrumenten wird die Schwingung durch einen eigenen Schwingungserzeuger (Generator) angeregt. Das sind bei der Oboe das Rohr, bei der Klarinette das Blatt und beim Blechblasinstrument die als *Polsterpfeifen* schwingenden eigenen Lippen des Bläsers. Die Schwingungen dieser Mundstücke funktionieren auch ohne angekoppeltes Resonanzsystem. Wenn man ein ein solches Mundstück für sich allein - ohne angekoppeltes Rohr - anbläst, dann entsteht ein unstabiler, quäkender Ton. Wird dieser - d.h. sein Schwingungssystem - mit der Rohrresonanz verbunden, dann entsteht eine Schwingung mit der Eigenfrequenz des Rohres. Anblasbereich und Rohr bilden ein *gekoppeltes System*.

Wenn die sehr variable anregende Schwingung ziemlich genau mit der stabilen Eigenfrequenz des Rohres übereinstimmt, dann wird die Luftsäule im Rohr zu Schwingungen von beträchtlicher Intensität angeregt. Stimmen die Frequenzen von Generator und Resonator (Anblasbereich/Rohr) nicht genau überein, so wird die Anblasfrequenz in die Richtung der Rohrfrequenz *gezogen* (2.2.6.)

In Übereinstimmung mit unserem Glöckner-Beispiel (2.2.5.) vergleicht COLTMAN (Ac.1972/II, 39f.) die Koppelung von Ansatz- und Rohrbereich mit den Vorgängen „...beim Anstoßen einer Kinderschaukel, um deren Schwingung aufrechtzuerhalten. Dabei sind zwei wichtige Parameter zu beachten: die Wucht des Anstoßes und die Phase, in der diese erfolgt. Wir wissen aus Erfahrung, daß man notwendigerweise dann stoßen muß, wenn die Schaukel in der gleichen Richtung (wie der Stoß) schwingt, am besten auf dem Tiefpunkt [?], wenn die Bewegung am geschwindesten ist. Wenn die Schaukel auf einen zukommt, wird die Schwingung gestoppt, nicht aufrechterhalten. - Ebenso muß der Blasstrahl, wie man aus Experimenten wie dem obigen lernen kann, während desjenigen halben Zyklus in die Flöte hineingelenkt werden, wo die Luftteilchen-Bewegung einwärts pendelt. Wenn das zutrifft, führt der Blasstrahl der Vibration zusätzliche Energie zu und hält sie in Gang - entgegen den Verlusten, die sonst zu ihrem Absterben führen würden. Wenn der Strahlimpuls etwas zu früh kommt, beschleunigt er die Schwingungsfrequenz, kommt er zu spät, verlangsamt er sie. Nun, frühes oder spätes Eintreffen hängt von der Geschwindigkeit des Blasstrahles, d.h. vom Blasdruck, ab." (FZ 2)

Aus diesen Ausführungen geht hervor, daß erwartungsgemäß eine unmittelbare Beeinflussung der Phasenlage durch den Bläser nicht zu realisieren ist, wohl aber eine indirekte Steuerung über den Blasdruck, den wir auch im Folgenden als wichtige Ansatzkomponente zu beachten haben werden. Unerläßlich ist dabei die gleichzeitige entsprechende Gestaltung der *Distanz* zwischen Lippenspalt und Mundlochkante (siehe 5.2.5.7. und 2.5.1.b). Zu erlernen ist eine solche Abgleichung nicht durch noch so perfektes Verständnis der physikalischen Voraussetzungen, sondern allein durch unermüdliches Training unter dauernder kritischer Kontrolle des Anspracheverhaltens und der Klangqualität.

2.4.7. Selbsterregte Schwingungen in Lufthohlräumen

Das Fehlen eines materiell faßbaren Schwingungserzeugers bedeutet nicht, daß die Querflöte ohne einen Generator auskommt. Manche Autoren vergleichen denn auch den hin- und herpendelnden Blasstrahl mit einer elastischen Zunge, wie sie die Harmonikainstrumente aufweisen. Allerdings kann ein Lufthohlraum auch unmittelbar durch Selbststeuerung in Schwingung geraten: Wenn Wind in einem günstigen Winkel über die (stumpfe) Halsöffnung einer leeren Flasche streicht, so beginnt diese (besser: die in ihr eingeschlossene Luft) zu tönen. Es handelt sich dabei noch nicht um die typische Flötentonerzeugung, weil
    die scharfe Anblaskante,
    die Bündelung des Blasstrahles und
    seine Verwirbelung hinter der Ausströmöffnung
fehlen.

23

Selbstgesteuerte Schwingungserregung durch einen Lufthohlraum (Flasche) ohne Schneide.

Luftüberdruck im Hohlraum leitet den Blasstrom ohne Zutun des Bläsers nach außen, bis ein Unterdruck entsteht; dieser saugt den Blasstrom wieder an, der Überdruck wird von neuem aufgebaut, usw.: es entsteht eine **Pendelbewegung**.

Die Schwingung entsteht vielmehr *selbstgesteuert*: Ein Teil der strömenden Luft wird beim Vorbeistreichen in den Flaschenhals hineingelenkt. Im Flascheninneren entsteht dadurch ein Überdruck. Infolge des elastischen Verhaltens der eingeschlossenen Luft folgt daraus eine Druckentspannung, die über den Nullzustand hinausführt und eine Auswärtsströmung einleitet. Durch den nunmehr entstehenden Unterdruck wird nun wieder Luft angesogen, und das Spiel beginnt von neuem. Diese Pendelbewegung synchronisiert sich von selbst mit der Eigenfrequenz des Lufthohlraumes. Einerseits regt der Luftstrom die Schwingung an; andererseits beeinflußt diese die Pendelbewegung in Rhythmus und Stärke. So gerät der Luftraum in Schwingungen und strahlt diese als hörbaren Ton ab.

2.5. FLÖTENSPEZIFISCHES

Zur eigentlichen Flöte werden die bisher geschilderten Schwingungssysteme erst durch die spezifische Art, wie der Anblasmechanismus die Schwingung erzeugt. Liegt die schallabstrahlende Wirkung fast ausschließlich beim Resonator (dem Rohr), so die schall- und klangbeeinflussende mit ebensolcher Ausschließlichkeit bei der Anblasart. Tauscht man z.B. bei einem Klarinettenkörper das Mundstück mit einem Flötenkopf aus, dann klingt das „neue" Instrument nicht nur wie eine Flöte, sondern es verhält sich auch akustisch dementsprechend: Der tiefste Ton liegt eine Oktave höher als bei der Klarinette mit herkömmlichem Mundstück, und es überbläst in die Oktave statt in die Duodezime. (Nach BENADE-Ac. 490)

Erst in neuerer Zeit ist es gelungen, die überaus verwickelten Zusammenhänge und Vorgänge zwischen dem Austritt des Blasstrahles am Lippenspalt und der schwingenden Luftsäule im Rohr theoretisch-physikalisch exakt zu beschreiben. Der Physiker operiert dabei mit den Begriffen des *Schalldruckes, Schallflusses, mit Phasenwinkeln, Impedanz, Kapazität, Induktivität* usw., wie überhaupt der Schwingungsmechanismus „in vollkommener Analogie zu dem Vorgang in rückgekoppelten elektrischen Generatoren" steht (DÄNZER 516). Die dazu notwendigen Rechnungen sind nur dem mathematisch versierten Fachmann zugänglich. Wir greifen hier stattdessen auf die ältere Erklärweise zurück, die sich an empirischen Erkenntnissen und anschaulichen Vergleichen mit den mechanisch-elastischen Schwingungen orientiert. Eine solche - durchaus nicht unkorrekte - modellhafte Beschreibung legitimiert sich dadurch, daß sie auch für den praktisch Denkenden die komplizierte Materie überschau- und vorhersehbar macht. Der an exakten theoretischen Erkenntnissen Interessierte findet bibliographische Hinweise am Schluß dieses Kapitels und insbesondere unter SCHRIFTTUM Abt.B.

2.5.1. Die Schwingungserregung bei den Flöteninstrumenten

Der Schwingungsmechanismus der Flöteninstrumente stellt ein *strömungsgesteuertes (flow-controlled)* System dar im Gegensatz zur *Drucksteuerung (pressure-control)* der anderen Blasinstrumente. (Das besagt keineswegs, daß die Blasströmung nicht durch Blasdruck zustandekommt. Gemeint ist vielmehr das Kräfte- bzw. Bewegungsspiel beim Übergang vom Generator zum Resonator, also außerhalb des Körpers des Bläsers.) Dabei handelt es sich um die akustischen Phänomene des *Spalt- und Schneidentones*.

a) Spaltton. Wenn Luft aus einer kleinen Öffnung ausströmt, dann bilden sich an der Grenze zwischen dem Luftstrahl und der umgebenden ruhenden Luft *Grenzschichtwirbel* aus, die sich regelmäßig - periodisch - nach links und rechts abwechselnd ablösen und sich von der Austrittsöffnung fortbewegen. Sie bilden eine „Wirbelstraße". Eine vergleichbare Wirkung kann man bei einer im Winde flatternden Fahne beobachten. Auch wenn die Frequenz der entstehenden Schwingung im Hörbereich liegt, ist der Ton so schwach, daß er nicht gehört wird. Koppelt man aber einen Resonator an, so wird ein Ton von dessen Eigenfrequenz aufgebaut und abgestrahlt. Dies ist die physikalische Erklärung für das Pfeifen mit dem Mund: Vergrößerung und Verkleinerung des Mundvolumens - vorwiegend mit der Zunge als dem wirkenden Resonanzsystem - bestimmen die Tonhöhe.

24

Spaltton

Nach dem Austritt aus dem Spalt bilden sich infolge Reibung an der ruhenden Außenluft Wirbel aus, die wechselseitig nach außen drehen.

b) Schneidenton (edge-tone, Hiebton). Bewegt man einen längeren, schlanken Gegenstand hiebartig durch die Luft, dann enststeht ein sausendes, pfeifendes Geräusch. Es rührt von Wirbeln her, die dadurch zustandekommen, daß die zerteilte Luft hinter dem Gegenstand wieder zusammenschlägt. Man bezeichnet das entstehende Geräusch als *Hiebton*.
- Wenn starker Wind sich an einem Draht oder einer Hausecke bricht, entsteht ein Geräusch von gleicher Herkunft: In beiden Fällen befinden sich die Luft und der Gegenstand relativ zueinander in Bewegung. Welches von beiden sich bewegt und welches ruhig bleibt, spielt keine Rolle. Diese Art der Tonerzeugung ist besonders wirkungsvoll, wenn das Hindernis eine scharfe Kante aufweist und die strömende Luft eine bestimmte

25 Schneidentonbildung bei der Block- und Querflöte (*RICHTER-Schule - siehe QUELLENNACHWEIS*)

Form und Richtung besitzt - und dies besonders, wenn zwischen der Austrittsöffnung und der Kante eine günstige Distanz besteht. All dies charakterisiert die Tonerzeugung bei den Flöteninstrumenten. Bei der Blockflöte und den Labialpfeifen der Orgel wird es konstruktiv durch den festgelegten Labialbereich realisiert, bei der Querflöte durch die Ansatzkunst des Bläsers.

Der Blasstrom erhält durch den Kern- bzw. Lippenspalt die günstigste Form, nämlich diejenige eines Bandes oder einer Spindel. Auf diese Weise wird die Breite der Anblaskante am besten ausgenutzt. Das Luftband teilt sich an der scharfen Kante. Dadurch wird die schon unter „Spaltton" beschriebene Pendelbewegung wesentlich unterstützt und stabilisiert. Zwischen der Spalt- und der Schneidentonbildung besteht mithin eine erhebliche Wechselwirkung. Das weist COLTMAN (Ac.1972/II,39) nach, indem er zeigt, wie die Wirbel sich schon **vor** der Schneide ausbilden - siehe Abb. 26.

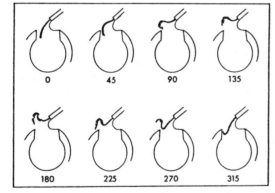

26 Sketches of a smoke-laden jet exciting a flute

Schneidentonwirbel zwischen Lippenspalt und Mundlochkante in 8 Phasen.

COLTMAN weist auch nach, daß die Geschwindigkeit, mit der die Wirbel sich vom Lippenspalt zur Mundlochkante bewegen, zwar von der Strömungsgeschwindigkeit abhängen, mit ihr aber nicht identisch ist, sondern bedeutend darunter liegt. Man kann danach feststellen, daß, wie schon BROWN (512) beschrieben hat, die Wirbel von der Schneide weniger erzeugt als vielmehr rückwirkend stabilisiert werden.

John W. Coltman: Acoustics of the flute.
- © Feb. 1972 by the Instrumentalist Company. Nachdruck mit frdl. Genehmigung von The Instrumentalist(Feb. 1972. S.39, Fig. 6)

2.5.2. Rang- und Reihenfolge der Schwingungssysteme. Regelwirkungen

Die Tonproduktion auf der Flöte wird mit einigem Recht, wenn auch vereinfachend, als *Schneidentonbildung* interpretiert. Unbestritten bildet dieser akustische Vorgang den Angelpunkt in der Kombination von verschiedenen, kombinierten Schwingungssystemen, die **miteinander** den Flötenton entstehen lassen; und ohne Zweifel ist die Ausrichtung des Blasstromes - im weitesten Sinne von Form, Winkel, Distanz und Geschwindigkeit ver-

27 Reihenfolge der Schwingungskomplexe bei der Flötentonproduktion

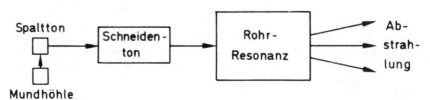

standen - das Kernstück der Ansatzkunst. Trotzdem sollte darüber nicht die enge Vernetzung mit den anderen Schwingungsträgern vernachlässigt werden. Erst die Kombination **aller** Schwingungssysteme ergibt den Flötenton. Die Rangfolge - gemessen nach Stabilität und Wirksamkeit - steigt von der schwachen, unstabilen Spalttonschwingung über den Schneidenton auf bis zur Rohrresonanz als dem eigentlichen „Sender".

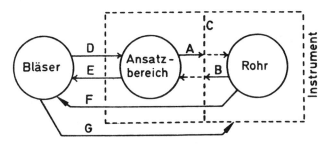

28 Wechselwirkungen bei der Tonerzeugung

Der Ansatzbereich regt die Eigenfrequenz des Rohres an (A). Die Rohrresonanz beeinflußt die Frequenz des mit dem Ansatz erzeugten Schneidentones (B). Beide Schwingungen werden aufeinanderzugezogen (C). Der Anblasbereich wird von Bläserseite her durch den Ansatz gesteuert (D); doch besteht auch eine Rückkopplung zwischen den physikalischen Vorgängen im Mundlochbereich (E) und ebenso dem Resonanz-(Überblas-, Intonations-)Verhalten des Rohres und dem Bläser (F) - abgesehen von den Informationen, die dieser über sein Gehör empfängt und in Spielaktivität umsetzt. Eine zusätzliche, hier nicht verzeichnete Wechselwirkung besteht bekanntlich zwischen der Mundhöhle und dem Ansatzbereich.

Unsere Abb. 27, die nichts anderes als diese Reihenfolge aufzeigen will, könnte dazu verleiten, die Vorgänge bei der Flötentonbildung als in **einer** Richtung verlaufend zu interpretieren, so, als ob es sich um eine *Steuerung* im kybernetischen Sinne (1.2.) handele. Das würde dem Wesen der Sache nicht gerecht. Gerade in diesem Bereich finden komplizierte Regelvorgänge statt, die das Ganze zu einem System machen, welches durch richtiges Verhalten des Bläsers zwar zu einem gut funktionierenden Mechanismus wird, das aber auch schon durch geringes Fehlverhalten zusammenbrechen kann.

2.5.3. Die Frequenz des Schneidentones

Schon beim Pfeifen mit dem Mund, also bei der Erzeugung eines Spalttones, stellt man fest, daß eine Blasdruck- (Geschwindigkeits-) Erhöhung auch die Tonhöhe anhebt. Verstärkt trifft das zu, wenn die Schneide hinzutritt. (Nach F.Krüger - frei zit. nach LOTTERMOSER-Orgel 111 - rechnet man für die Frequenz f der Wirbelablösung vor der Schneide: $f = kw/l$, wobei w=Windgeschwindigkeit, l=Abstand Spalt-Schneide und k eine Konstante ist, die vom Verhältnis Abstand/Spaltweite abhängig ist.) Die Frequenz steigt mit dem Blasdruck und fällt mit wachsender Distanz.

Beide Größen, die durch den Blasdruck bedingte Strömungsgeschwindigkeit und die Distanz, sind auf eine übergeordnete Größe zu beziehen: die Laufzeit der Wirbel vom Lippenausgang bis zur Mundlochkante. Das hängt aber, wie leicht einzusehen ist, gleichermaßen von der Strömungsgeschwindigkeit wie von der zu überwindenden Distanz ab. Die Laufzeit wiederum bestimmt - wenn auch mit einer Toleranz bis zu $\pm 50\%$ - die Frequenz des Schneidentones, und damit das Überblasregister, die Intonation und das Obertonspektrum des vom Rohr abgestrahlten Tones.

BENADE (FZ 3): „Der Flötenspieler verfügt über große Flexibilität bezüglich der Tonerzeugung, weil eine ganze Reihe von Laufzeiten zur Verfügung steht. Überdies hat er viele verschiedene Möglichkeiten, die gewünschte Laufzeit zu erreichen, denn er besitzt die Freiheit, eine größere oder kleinere Distanz gegen eine kleinere oder größere Strömungsgeschwindigkeit auszutauschen. Er kann die senkrechte und waagerechte Ausdehnung des Luftbandes beeinflussen, indem er den Lippenspalt verändert oder den Winkel, unter dem er bläst...All diese Dinge...verleihen ihm einen enormen (aber selten voll ausgenutzten) Spielraum für tonliche Möglichkeiten."

Indem das Rohr als Resonanzsystem an den Schneidenton angekoppelt ist, überwiegt die Energie der Resonanz bedeutend. So kann der abgestrahlte Ton nur in beschränktem Maße durch den Schneidenton beeinflußt, „mitgezogen", werden. Stärker ändert sich bei einer Modifikation des Schneidentones (oder des Ansatzes, wie der Bläser sich ausdrückt) das Obertonspektrum. Die Intensität des Grundtones im Verhältnis zu den übrigen Partialtönen sinkt bei zunehmender Verschärfung des Ansatzes (Schneidentones) ab, während gleichzeitig der zweite Partialton an Energie zunimmt. An einer bestimmten Grenze bleibt der Grundton ganz weg, und die Oktave bildet nun die Grundfrequenz des Klanges: der Ton *überbläst*. Das gleiche wiederholt sich bei weiterer Verschärfung; dann übernimmt der dritte Partialton, die Duodezime, die Funktion des Grundtones.

Der Flötenbläser muß sich beim Überblasen mit einem Problem befassen, das bei anderen Schneidenton/Resonanz-Kombinationen nicht existiert: Eine spontane, stetige Verringerung oder Vergrößerung des Abstandes ist bei der Orgel (hier spricht man von „Aufschnitt") und der Blockflöte nicht vorgesehen. Gerade dies ist aber ein typisches Merkmal der Flötentechnik. Doch wird der Flötenspieler feststellen, daß entgegen der Theorie eine Abstandsverringerung regelmäßig mit einer **Vertiefung** des Tones verbunden ist. Der Grund dafür ist in einer sekundären Folge zu suchen: Abstandsverringerung hat unvermeidlich eine verstärkte Überdeckung des Mundloches zur Folge. Deren vertiefender Einfluß ist aber weitaus wirksamer als die theoretisch zu erwartende Erhöhung durch den Schneidenton. Dies gilt auch für das Obertonspektrum: Der Klang wird dunkler. Bezüglich des Überblasverhaltens besteht dagegen Übereinstimmung mit der Theorie: Der Ton überbläst tatsächlich bei einer entsprechenden Abstandsverringerung, auch wenn der Blasdruck nicht erhöht, ja selbst wenn er verringert wird.

Die Einwirkung des Schneidentones auf den abgestrahlten Klang wird nach LOTTERMOSER (Orgel 113) durch zwei weitere Faktoren bestimmt. Erstens: „Die Obertonstruktur des Pfeifenklanges kann...auch durch die Richtung des aus dem Spalt austretenden Luftbandes beeinflußt werden. Tritt dieses in Richtung auf das Oberlabium [die Mundlochkante - d.Verf.] aus dem Spalt, so ist eine symmetrische Luftbewegung hinsichtlich des Oberlabiums die Folge. Schwingt das Luftband aber mehr nach außen als nach innen, so erfolgt die Bewegung unsymmetrisch zum Oberlabium und die anregende Luftschwingung wird obertonreicher, weil die Anregung pro Periode kürzer ist." Zweitens: „Seitliche Bärte wirken wie eine Verlängerung der wirksamen Schwingungslänge, wodurch eine Vertiefung der Frequenz eintritt und die Intensität des Grundtones ansteigt." Das betrifft im Falle der Querflöte das - inzwischen veraltete und kaum noch verwendete - „Reformmundloch".

In verschiedenen naturwissenschaftlichen Abhandlungen (WACHSMUTH 470ff., KALÄHNE 269, KLUG 54, KRÖNCKE, RICHARDSON ac. 43) wird nachgewiesen, daß bei einer allmählichen Vergrößerung des Abstandes Spalt-Schneide der Schneidenton anfänglich absinkt, um dann plötzlich unstetig in den höheren Partialton zu springen. Das ist richtig und damit zu erklären, daß beim Überschreiten einer bestimmten Distanz ein zusätzlicher Wirbel zwischen Spalt und Schneide sich ausbildet, der Wirbelabstand also etwa halbiert wird. Dieser Vorgang kann sich bei weiterer Entfernung wiederholen (siehe 6.3.5.1.). Dieses unter Laborbedingungen auftretende Phänomen hat für die Tonerzeugung auf der Flöte **keine** Bedeutung.

2.5.4. Überblas- und Schallöcher

Das Überschlagen des Tones in die nächste Partialschwingung ist - neben der Beeinflussung durch den Ansatz - auch mittels eines *Überblasloches* möglich. „Die Wirkungsweise

des Überblasloches besteht darin, daß an der Stelle oder in der Nähe der Stelle, wo der Grundton einen Schwingungsknoten hat, das Überblasloch geöffnet wird, wodurch die Bildung eines Knotens verhindert wird. Der Grundton kann also nicht erklingen, da in der Nähe eines Loches kein Druckmaximum entstehen kann. Vielmehr muß sich ein Ton bilden, der an dieser Stelle oder in seiner Nähe einen Schwingungsbauch hat. Das ist bei den meisten Instrumenten in erster Linie die Oktave, weswegen die dafür bestimmten Klappen Oktavklappen genannt werden. Bei der Klarinette ist es, da sie eine gedackte Pfeife ist, die Duodezime, so daß der Ausdruck Oktavklappe hier falsch ist. Richtig nennt man sie Überblasklappe oder Duodezimklappe." (STEINKOPF 29)

Bei der Querflöte wirkt das vom linken Zeigefinger bediente Cis^2-Loch als Überblasloch für die Oktaven D^1-D^2 und Dis^1-Dis^2. Außerhalb des normalen Griffrepertoires kann dieses Loch - und neben ihm die beiden Trillerklappen (z.T. nur um einen kleinen Spalt geöffnet) zur Demonstration des Überblasens im Anfängerunterricht gute Dienste leisten - vgl. RICHTER-Schule 15.

Eine weitere, sehr verbreitete Griffeigentümlichkeit ist der Einsatz von *Schallöchern*. Dabei handelt es sich nicht um eine konstruktive Variante, wie sie die Überblaslöcher von Oboe, Klarinette usw. darstellen; vielmehr wird normalen Seitenlöchern eine besondere akustische Funktion zugewiesen. Wenn wir bisher davon ausgingen, daß ein offenes Loch als *Endloch* (note-hole) die schwingende Luftsäule definitiv abschließt, so trifft das nur bedingt zu. Ein offenes Loch zwischen dem Mundloch und dem Endloch kann auch lediglich die Ausbildung eines Druckknotens innerhalb einer überblasenen Luftsäule fördern, ohne daß diese unterbrochen wird - siehe Abb. 21. Im Falle einer solchen Funktion spricht man von *Schallöchern* (vent-holes). Wie schon gezeigt wurde, entsprechen die Schallöcher der leichten Fingerauflage bei der Flageolettechnik der Saiteninstrumente.

Ein Schalloch muß an oder nahe bei der Stelle liegen, wo der Druckknoten im Rohr sich bilden soll. Bei vielfach überblasenen Tönen können auch mehrere Schallöcher geöffnet werden, wie sich an manchen Griffen der dritten Oktave zeigt. Ihre jeweilige Lage wird leicht gefunden, wenn man überlegt, aus welchen verschiedenen Grundtönen der gewünschte überblasene Ton entstehen kann. So kann beispielsweise das hohe F durch dreimaliges Überblasen aus F^1, aber auch durch zweifaches Überblasen aus B^1 gewonnen werden. Öffnet man also im Griff F^1 dasjenige Loch, welches beim B^1 Endloch ist (also den linken Mittelfinger), dann erhält man den Normalgriff für F^3. Entsprechend sind auch die anderen Griffe der dritten Oktave angelegt. - Schallöcher wirken auch dann noch, wenn sie nicht genau an der korrekten Stelle liegen; dann wird die Klangfarbe beeinflußt. Bei starker Abweichung kann die Ausbildung von Doppeltönen gefördert werden (6.3.5.3.)

Die etwas erschwerte Ansprache der Töne E^3 (ohne E-Mechanik) und Fis^3 ist darauf zurückzuführen, daß an den Druckknoten A bzw. H aus klappenmechanischen Gründen jeweils **zwei** Schallöcher geöffnet sind und dadurch diese beiden Töne Übergewicht erhalten, so daß sie dem Überblasen größeren Widerstand entgegensetzen.

Die zuvor erwähnten Überblaslöcher sind im Grunde nichts anderes als Schallöcher, welche wegen ihrer Kleinheit über einen größeren Tonbereich wirken. (Siehe RICHTER - Griffweise).

2.5.5. Die Rohrmensur (Weitenmensur)

Orgelpfeifen sind nicht nur unterschiedlich lang, sondern parallel zu ihrer Länge ändert sich auch ihr Durchmesser, so daß das Verhältnis von Rohrweite zu Rohrlänge für ein bestimmtes Register jeweils annähernd gleich bleibt. Für ein Normalprinzipal der Orgel rechnet man (nach TÖPFER-SMETS) für C^1 1:12 und für C^2 1:10. (Prinzipal, das Hauptregister der Orgel, besteht aus zylindrischen, offenen, also flötenähnlichen Labialpfeifen.

Der Rohrdurchmesser der Flöte bleibt im Gegensatz zu den Orgelregistern für verschiedene Luftsäulenlängen gleich. Das ergibt für verschieden hohe Töne z.T. sehr unterschiedliche Rohrmensuren. (Notabene: Akustiker, Instrumentenbauer und Musiker verstehen unter dem Begriff „Mensur" verschiedene Sachverhalte. Holzblasinstrumentenbauer bezeichnen so den Abstand der Seitenlöcher voneinander und ihre Durchmesser; Orgelbauer „alle Maße, Maßverhältnisse und Maßreihen..., die für die Herstellung der Pfeifen mit einem bestimmten Klangergebnis benötigt werden." - ADELUNG 73 -, so z.B. auch die Labiumbreite und den Verlauf aller Maße über ein ganzes Register. Doch auch das Verhältnis vom Rohrdurchmesser zur Luftsäulenlänge wird als Mensur bezeichnet. An letztere Definition halten wir uns und wählen zur Vermeidung von Mißverständnissen den Zusatz **Rohr-Mensur**.)

Töne mit „langem" Griff (= langer Luftsäule), wie z.B. das C^1, haben eine enge, Töne mit „kurzem" Griff (C^2, Cis^2) eine weite Rohrmensur. Das hat beträchtliche akustische und spieltechnische Konsequenzen: Ein eng mensuriertes Rohr bildet mehr Oberschwingungen aus, klingt also heller und überbläst leichter; eine weit mensurierte Luftsäu-

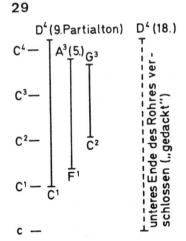

29

Überblasumfang bei Griffen mit verschiedener Länge.
(Je nach Ansatzdisposition und Mundlochverhältnissen können die Obergrenzen etwas abweichen.)

le klingt dunkler und ist träger im Überblasverhalten, weist dafür aber einen größeren Intonationsspielraum auf. BOUASSE (Instr.) hat experimentell ermittelt, daß ein doppelt langes Rohr bei gleichem Durchmesser zweimal so viele Überblasregister ermöglicht, wogegen ein kubischer Resonanzkörper (also mit der Mensur 1:1) eine beträchtliche Intonationstoleranz von etwa einer Quinte aufweist.

Bei der Querflöte beträgt die Rohrmensur für das C^1 ungefähr 1:30, beim C^2 1:15. Entsprechend verhält sich die Anzahl der erreichbaren Überblastöne - siehe Abb. 29. Die Intonation kann beim tiefen C um kaum mehr als einen Halbton, beim mittleren Cis dagegen immerhin bis zu einer kleinen Terz „gezogen" werden.

2.5.6. Zusammenhänge und Wechselwirkungen

Die Umwandlung von Strömungs- in Schallenergie ist bei der Querflöte ein äußerst komplexer Vorgang, der nicht mit der geradlinigen Energieumsetzung bei Tasten- und Streichinstrumenten zu vergleichen ist. Die Energieformel (s.S. 20), wonach Masse und Geschwindigkeit den Energiebetrag bestimmen, kommt bei der Flöte - bei aller grundsätzlichen Gültigkeit - nur sehr bedingt zur Geltung. Überdurchschnittlich große Wirkung hat die Strömungsgeschwindigkeit und mit ihr der Blasdruck. Nur sehr bedingt wirkt sich die Luftmenge aus. Besondere Bedeutung hat der Abstand Lippenspalt-Mundlochkante. Der Grund für die Komplikation liegt in den verwickelten Bedingungen beim Übergang vom Blasgleichstrom in Luftschwingung, der ohne die Vermittlung eines materiell faßbaren Mediums vor sich geht. COLTMAN (Ac. 1972 II,40) hat dies ausführlicher untersucht, wie Abb. 30 mit dem ausführlichen Kommentar des Autors belegen möge:

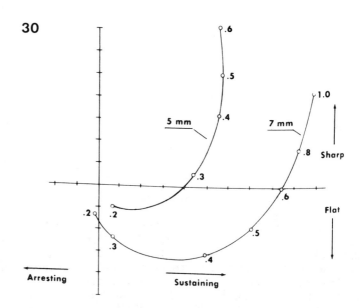

John W. Coltman: Acoustics of the flute.
- © Feb. 1972 by the Instrumentalist Company. (Feb. 1972. S.40, Fig. 7)

„Das Diagramm hat zwei Achsen. In senkrechter Richtung verzeichnen wir den Einfluß des Blasstrahles auf die Frequenz - über der horizontalen Linie wird eine Tendenz zum Schärferwerden angezeigt, unter ihr eine zur Vertiefung. In der anderen Richtung zeichnen wir die Wirkung des Strahles bezüglich der Aufrechterhaltung der Schwingung bzw. der Lautstärke ein. Nach rechts hin wird die Lautstärke größer - je weiter wir nach rechts kommen, umso intensiver werden die Schwingungen angestoßen. Auf der linken Seite der vertikalen Achse ist der Effekt negativ, d.h. ein Strahl mit dieser Eigenschaft würde eine bereits bestehende Schwingung zum Stillstand bringen, gerade wie wenn jemand eine Schaukel anzustoßen versucht, die auf ihn zukommt. Jeder einzelne Punkt dieses Diagramms dient dazu, sowohl die schwingungserhaltende Kraft als auch den frequenzbestimmenden Effekt darzustellen.

Die hier vorgestellten Kurven gehen durch Punkte, die mit Hilfe einer künstlich angeblasenen Flöte ermittelt und aufgetragen worden sind. Von der ganzen Stufenleiter möglicher Blasbedingungen haben wir die Darstellung auf einen ziemlich schmalen Ausschnitt beschränkt. Die Lippenöffnung und -form - eine für jede Kurve - werden berücksichtigt. Die Punkte auf den Kurven zeigen den jeweiligen Blasdruck - gemessen in „Zoll Wassersäule". Eine Betrachtung der Kurven kann sehr instruktiv sein. Schauen wir zuerst die untere Kurve an, wo die Lippenentfernung mit 7 mm angegeben ist, so finden wir einen Blasdruck von 0.2 inch (erster Punkt), und wir sind im negativen, hemmenden Bereich - bei einem solchen Druck spricht die Flöte nicht an. Bei 0.3 inch haben wir die Achse überschritten und können mit einem schwachen, ziemlich tiefen Ton rechnen. Aber schauen wir nun auf die andere Kurve (die eine Lippenentfernung von 5 mm berücksichtigt), dann erkennen wir, daß derselbe Druck von 0.3 inch einen respektablen, schwingungserhaltenden Effekt erzeugt - nahe an der ‚Tonhöhen-Achse'. Doch auf der gleichen Kurve ergibt ein Druckanstieg auf 0.6 nur eine geringe Lautstärkeerhöhung, und der Erfolg besteht vielmehr darin, das Instrument sehr scharf werden zu lassen. Wenn wir die Lippen auf 7 mm zurückziehen, zeigt die entsprechende Kurve, daß wir bei 0.6 mm [gemeint ist offensichtlich inch nicht mm - der Verf.] einen bedeutenden Verstärkungseffekt bei natürlicher Tonhöhe erhalten. So erkennen wir, wie wichtig die Fähigkeit ist, sowohl die Lippenentfernung als auch den Blasdruck modifizieren zu können, um das gewünschte musikalische Resultat zu erzielen." (FZ 4)

LITERATURHINWEISE

Physik allgemein: *Meyer(Lex.) und die gängigen Lehrbücher (unter Schrifttum nicht aufgeführt)*

Akustik allgemein: *Adelung, Backus(Found.), Bartholomew(Ac.), Benade(Fund.), Benade(Musik), Brüderlin, Burghauser, Lottermoser(Ak.), Lottermoser(Orgel), Meyer(Ak.), Rieländer, Roederer, Schmidt, Schumann, Simbriger, Stauder(Einf.), Töpfer, F.Trendelenburg, Winckel(Schall), Wood*

Akustik der Flöte: *Castellengo (4 mal), Coltman (sämtliche Arbeiten, auch in Abt. B), Elder, Glatter-Götz(Tonb.), Kröncke, Stauder(Flöteninstr.), Steinhausen (2 mal), Waggoner, Walker. Ferner zahlreiche Arbeiten in Abt. B-SCHRIFTTUM.*

Perzeption: *Bergeijk, Helmholtz(Lehre), Roederer, Winckel(Musik), Winckel(Phän.), Winckel(Psychoak.), Winckel(Ton)*

3. Der Spieler

Das Flötenspiel ist, wie der Gesang, eine Lebensäußerung, die den ganzen Menschen umfaßt. Dabei dient das Instrument als Erweiterung und Modifikation der organischen Funktionen: Es ist nicht Zweck und Ziel, sondern Mittel und Werkzeug. Deshalb muß sich unser besonderes Interesse auf den Spieler selbst richten: auf seine anatomische Anlage, seine physiologischen Möglichkeiten und auf sein motorisches und psychisches Verhalten. Bei unseren Ausführungen werden wir immer die besonderen Anforderungen der Flötentechnik im Auge behalten und allgemeine Fakten nur insoweit ansprechen, als sie zum unmittelbaren Verständnis unseres Themas notwendig sind. Im übrigen sei auf die leicht zugängliche allgemeine Literatur verwiesen.

3.1. NERVEN, ORGANE UND IHRE FUNKTIONEN

3.1.1. Steuer- und Regelungsfunktion des Nervensystems

Die Organe und Systeme des menschlichen Körpers wirken äußerst komplex und ausgleichend zusammen. Die von ihnen getragenen Prozesse müssen passiv und aktiv so beeeinflußt und koordiniert werden, daß der Gesamtorganismus auch bei starker Beanspruchung im Gleichgewicht und aktionsfähig bleibt, sowie Einflüsse von außen aufnehmen, verarbeiten und Wirkungen nach außen ausüben kann.

Alle biologischen Vorgänge unterliegen der *Regelung* (1.2.). Ohne Regelung bzw. Selbststeuerung wären Atmung und Kreislauf, Stoffwechsel und viele andere Lebensprozesse, und ohne die regelnden Funktionen der Sinnesorgane die Auseinandersetzung mit der Außenwelt nicht möglich. Im Regelkreis Spieler-Instrument ist der Mensch der Regler. *Meßfühler* sind dabei die Sinnesorgane und Rezeptoren (s.u.); Informations- und Kommandozentrale ist das *Zentrale Nervensystem* (ZNS). Es hat seinen Sitz im Gehirn und Rückenmark und besteht aus zwei Teilen: dem *vegetativen* (oder *autonomen*) und dem *animalen* NS.

Nervöse Steuerung, als Reiz- (Informations-) Übermittlung von Nerv zu Nerv bzw. Muskel, funktioniert mittels elektrochemischer Impulse, die rasche und gezielte Informationen an die einzelnen Organe aussenden, sowie als hormonale Steuerung.

Das vegetative Nervensystem (s.u.) steuert alle lebenswichtigen, unbewußten Vorgänge: Kreislauf, Verdauung, Herzschlag usw. Es hat auch Einfluß auf den unbewußten Anteil der willkürlichen Motorik.

Das *animale Nervensystem* (s.u.) regelt die Beziehungen zur Außenwelt, indem es von dort Signale aufnimmt und darauf antwortet. Seine Wirkung drückt sich in Bewegungen aus, die aktiv-willkürlich sind. Die Steuer- und Regelungsvorgänge **beider** Systeme verlaufen nach dem gleichen Schema:

    Reizaufnahme durch den Empfänger -
    Reizleitung durch Nervenbahn (empfindungsleitend, „afferent") -
    Reizverarbeitung durch Zentrum (Gehirn, Rückenmark) -
    Befehlsleitung durch Nervenbahn (wirkungs- bzw. bewegungsauslösend,„efferent") -
      Ausführung durch Körperorgan (Muskel, Drüse o.ä.) -
(*vegetativ* = naturhaft, instinktiv, pflanzlich
animal = dem Tier und dem Menschen eigen - mit aktiver Bewegung).

Reizempfänger sind nicht nur die fünf Sinnesorgane, sondern auch weitere *Rezeptoren*, die über Spannung, Lage, chemischen und elektrischen Zustand, Dehnung, Temperaturen, Vibrationen usw. informieren.

Innerhalb des ZNS gibt es verschiedene Zentren, die sowohl Teile des autonomen als auch des animalen Nervensystems umfassen. Der Austausch von vegetativen und animalen Einflüssen bzw. Informationen findet im ZNS statt.

3.1.2. Kleine Muskellehre

(Die folgenden Ausführungen lehnen sich an die allgemeinverständlichen und anschaulichen Arbeiten von VOSS-HERRLINGER und FALLER an. Kürzere Formulierungen wurden z.T. wörtlich übernommen, ohne daß sie im einzelnen als Zitate ausgewiesen sind.)

Man unterscheidet *glatte und quergestreifte Muskulatur*. Das glatte Muskelgewebe steht mit dem vegetativen Nervensystem in Zusammenhang und dient unwillkürlichen, autonomen, langsam ablaufenden Vorgängen.

Die quergestreifte oder *Skelettmuskulatur* ist für alle willkürlichen, äußeren Bewegungen zuständig und als solche mit dem animalen NS verbunden. Ihrer Funktion gilt unsere besondere Aufmerksamkeit, zumal darüber unter Laien mannigfaltige falsche und irreführende Meinungen herrschen und auch im Instrumentalunterricht vermittelt werden.

1. Die Skelettmuskeln bestehen aus einzelnen, parallel nebeneinaderherlaufenden und unabhängig voneinander wirkenden Fasern. Die Fasern können sich einzeln oder in ihrer Gesamtheit *kontrahieren* (= zusammenziehen), sobald sie ein Nervenimpuls trifft (wenn der Muskel *innerviert* wird.) Kontraktion und Entspannung sind die einzigen Muskelreaktionen, die durch Innervation oder deren Aufhören bewirkt werden können. Eine Differenzierung der Kraft des gesamten Muskels ist dadurch möglich, daß entweder nur ein Teil oder aber die Gesamtheit der Fasern erfaßt wird. Der kontrahierte Muskel ist hart und derb (anschaulich zu demonstrieren am Bizeps), der erschlaffte weich.

2. *Ursprung und Ansatz*. Jeder Muskel hat zwei Befestigungsstellen, seinen *Ursprung* und seinen *Ansatz*. Der Ursprung liegt am stabileren, der Ansatz am beweglicheren Ende eines Gliedes. Je nach seiner Befestigung am Skelett kann es - erwünscht oder unerwünscht - vorkommen, daß der Ursprungspunkt bei einer Kontraktion etwas verschoben wird. Gelegentlich , z.B. bei Haltemuskeln, die zu Atemmuskeln umfunktioniert werden, vertauschen sich Ursprung und Ansatz. Gewöhnlich liegen sowohl Ursprung wie Ansatz an Skeletteilen; doch können die Muskeln auch an anderen Muskeln oder - z.B. bei der Gesichtsmuskulatur - an der Haut angreifen.

3. *Agonisten, Antagonisten und Synergisten*. Die meisten Muskeln haben nur eine Zugrichtung manche größeren können ihren Zug auch in mehreren Richtungen ausüben und an verschiedenen Punkten gleichzeitig von unterschiedlicher Richtung her angreifen, so z.B. der (Musculus) Trapezius, der die Schulter nach oben, unten und hinten ziehen kann. Für Bläser und Sänger besonders wichtig: Die Zugrichtung des Zwerchfelles zielt nach unten. Es kann deshalb **aktiv** nur eine **Ein**atmung bewirken.

Die äußerst feine Differenzierbarkeit unserer Bewegungen ist nur durch das gleichzeitige Zusammenwirken verschiedener Muskeln möglich. Dabei haben wir zu unterscheiden zwischen Muskeln, die - ggf. mehrere miteinander - in die gewünschte Richtung ziehen - sog. *Agonisten* - und solchen, die ihr entgegenwirken und gerade dadurch die Genauigkeit in Kraftdosierung, Schnelligkeit und Form gewährleisten. Sie werden *Antagonisten* genannt. Die Zusammenarbeit wird zusätzlich ermöglicht „durch

31 Zwei Muskeln, die auf dasselbe Gelenk in entgegengesetzter Weise wirken
Die Pfeile geben die Bewegung des Knochens bei Kontraktion des entsprechenden Muskels an.

(Voß-Herrlinger - siehe QUELLENNACHWEIS.)

die Tätigkeit der Synergisten...Hierunter versteht man...diejenigen Muskeln, deren Tätigkeit zur Sicherung der koordinierten Ausführung der Bewegung irgendwie unbedingt erforderlich sind, ohne dass sie jedoch wie die Agonisten und Antagonisten an der eigentlichen Gelenkdrehung beschleunigend oder bremsend beteiligt sind." (WACHHOLDER 643) Sie dienen z.B. der „Schaffung der günstigsten Bedingungen zur kraftvollen Durchführung der Bewegung, wie dorsale [rückwärtige] Aufrichtung der Hand beim Faustschluß" (a.a.O.) - und also auch, wie aus unserer Sicht hinzuzufügen wäre, bei der Handhaltung des Flötisten. Ohne Antagonisten wären die Bewegungen unkoordiniert und ruckartig, wie es bei Säuglingen und manchen psychisch Erkrankten zu beobachten ist. Vor allem der Beginn und das Ende einer Bewegung werden durch Antagonisten weich und elastisch gestaltet. Agonist oder Antagonist kann jeder Muskel abwechselnd sein. So wird der Arm im Ellenbogengelenk von einer Gruppe zusammenwirkender Muskeln, darunter dem Bizeps, gebeugt und von einem einzelnen, dem Trizeps, gestreckt. Beim Beugen ist der Trizeps Antagonist, beim Strecken haben die „Beuger" diese Aufgabe. Vergleichbares gilt auch für die Zusammenarbeit der Bauchmuskeln mit dem Zwerchfell bei der Atmung.

An die Stelle eines Muskels können auch andere antagonistische Kräfte treten, wie z.B.

die Schwerkraft beim Heben oder Aufrichten;
die Fliehkraft beim Schleudern und Schwingen;
die Trägheit bei Geschwindigkeitsänderungen sowie am Beginn oder Ende einer Bewegung;
die Reibung beim Verschieben und
der elastische Verformungswiderstand von Körperbereichen, Organen und Hohlräumen.

4. *Isometrische und isotonische Kontraktion.* Bei der Kontraktion eines Muskels bewegt sich gewöhnlich der Ansatzpunkt auf den Ursprung zu. Wenn diese Bewegung unterbunden wird - z.B. durch den gleichgroßen antagonistischen Widerstand eines anderen Muskels - dann kann sich der erste Muskel nicht verkürzen; dafür steigt aber seine Spannung, und er wird dick und hart. Man nennt dies eine *isometrische Kontraktion*. Eine solche liegt bei der Ansatzspannung vor. Löst der Muskel dagegen eine Bewegung aus, so verkürzt er sich; dies nennt man eine *isotonische Kontraktion* - siehe Abb. 32.

32 Isotonische und isometrische Kontraktion

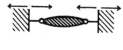

isotonische K.   isometrische K.

5. *Tonus.* Eine vollständige Entspannung aller Skelettmuskeln kommt nur in Ausnahmefällen, z.B. im Tiefschlaf, vor und kann willkürlich nur durch außerordentliche Konzentration herbeigeführt werden, wie z.B. beim Autogenen Training. Im Wachzustand besteht immer ein bestimmter aktiver Spannungszustand. Er wird als Ruhespannung oder Ruhe*tonus* bezeichnet. (Ausführlich unter 3.2.2.)

6. *Mitinnervation.* Wenn bei der Kontraktion eines bestimmten Muskels einer oder mehrere andere sich unwillkürlich mitbewegen, spricht man von *Mitinnervation*. Sie kann nützlich sein - das Armependeln beim Gehen -, schädlich - Augenkneifen oder Stirnrunzeln beim Flötenansatz - oder harmlos als Ausdruck einer allgemeinen Mobilität. (Ausführlich unter 3.2.6.)

7. *Passive Muskelbewegungen.* Eine Muskelfaser hat bekanntlich nur eine Bewegungsrichtung: die Kontraktion. Eine **passive** Bewegung kann aber zustandekommen, wenn ein Muskel nach Aufhören der Innervation aus der Kontraktion in die Normallage zurückkehrt. Eine solche Bewegung kann sich auch an Gewebeteilen und Hohlräumen vollziehen, die vorher durch Muskelkraft in ihrer Form verändert waren und nun elastisch in ihre Ruhelage zurückkehren. So kann das Zwerchfell beispielsweise **aktiv** nur eine **Ein**atmung bewirken, passiv aber durch Nachlassen der Spannung aber auch eine Ausatmung herbeiführen. Es kommt ferner vor, daß ein Muskel durch die Kraft seines (antagonistischen) Partners über seinen Normalzustand hinaus **gedehnt** worden ist und nun in diesen zurückkehrt. Dehnung löst darüberhinaus einen Reflex aus, der den betroffenen Muskel reaktiv zu einer nachfolgenden Kontraktion anregt. Deshalb ist das Schwungholen oder Ausholen vor einer Bewegung in vielen Fällen durchaus sinnvoll und nützlich.

8. *Muskelkraft und Energieverbrauch.* Eine isometrische Kontraktion wirkt, da keine sichtbare Bewegung mit ihr verbunden ist, nach außen hin als Kraft im physikalischen Sinne und nicht als Arbeitsleistung. Physiologisch gesehen ist sie dennoch eine Arbeit und verbraucht demgemäß Energie. Die Lösung für diesen scheinbaren Widerspruch ergibt sich daraus, daß eine normale Kontraktion in Wirklichkeit aus einer Folge von kurzen Einzelzuckungen besteht, die so schnell aufeinanderfolgen - 10 bis 30 mal in der Sekunde - und sich darüberhinaus in ihren Phasen überlappen, daß sie einzeln nicht wahrgenommen werden. Darüberhinaus wird bei einer länger andauernden, starken isometrischen Anspannung die Durchblutung reduziert, weil der kontrahierte Muskel die Blutgefäße zusammen-

drückt. Daraus wird erklärlich, warum **Bewegung grundsätzlich weniger ermüdend wirkt als eine unbeweglich „korrekte" Haltung.** Wenn aber eine länger anhaltende (isometrische) Spannung nicht zu umgehen ist, wie es der Bläseransatz unvermeidlich erfordert, dann muß jede Ruhepause, sei sie auch noch so kurz, zu einer besonders intensiven Entspannung genutzt werden.

9. *Bahnung.* Die Eigenart der chemischen Reizleitung in den Nervenbahnen hat einen *Bahnungs*effekt zur Folge. Dieser besteht - bildlich gesprochen - darin, daß ein vorangehender Impuls dem nachfolgenden den Weg freimacht, eine beabsichtigte Bewegung also durch eine vorbereitende, gleichgerichtete begünstigt wird. So erklärt sich die förderliche Wirkung einer geeigneten Bewegungsvorbereitung, sei sie nun psychisch oder physisch bestimmt. - Das Gegenteil der Bahnung, eine *Hemmung*, tritt dann ein, wenn eine Nervenbahn anderweitig, womöglich durch eine unnötige Aktivität, in Anspruch genommen ist.

10. *Kombinierte Muskelwirkungen.* Eine speziell für die Flötentechnik relevante Erscheinung ist die Verkettung bestimmter Muskelkräfte, wie z.B. das enge Zusammenspiel zwischen Kehlkopf und Zwerchfell (3.1.3.3.3.), oder die Wirkungen, die von den ausgedehnten Muskelzügen der Körpervorder- und rückseite ausgehen und sich von der Kopfregion bis in die Knie und Unterschenkel erstrecken. Es handelt sich dabei weniger um direkte anatomische oder physiologische, als vielmehr um funktionell bedingte Zusammenhänge.

11. *Elektromyographie (EMG).* Im komplizierten Zusammenspiel der Muskeln ist es oft nicht ohne weiteres zu entscheiden, ob ein bestimmter beteiligter Muskel aktiv kontrahiert oder nur passiv beteiligt ist. Gerade die Ansatztechnik bietet hierfür mannigfaltige Beispiele. Das Körpergefühl reicht gewöhnlich nicht aus, um definitiv beurteilen zu können, wie die Innervationslage ist. Eine genauere Kenntnis der Verhältnisse kann aber manche Schwierigkeit vermeiden helfen. Elektronische Meßmethoden bieten hier gute Aufschlüsse. Mit Hilfe der *Elektromyographie (EMG)* können elektrische Ströme gemessen werden, welche innerhalb des Muskels dann entstehen, wenn er **aktiv** kontrahiert wird. Die gewonnenen Ergebnisse sind oft überraschend . . . , und dieses Gebiet ist derzeit nur zum Teil erforscht.

3.1.3. Die Körperregionen - anatomisch und flötentechnisch gesehen

Anatomisch wird der menschliche Körper gegliedert in die Regionen

> Kopf
> Hals
> Obere Extremität (Schultergürtel, Arme usw.)
> Rumpf
> Untere Extremität (Beckengürtel, Beine usw.).

Dieser Reihenfolge entspricht *flötentechnisch* folgende Einteilung:

> Ansatz und Artikulation
> Atmung
> Instrumentenhaltung und Finger-Grifftechnik
> Basis und Gerüst

Der *Ansatz- und Artikulationsbereich* umfaßt Kopf und Hals;

die *Atmung* ist dem Rumpf zugeordnet, wird aber von den anderen drei Bereichen stark beeinflußt;

der *Instrumentenhaltebereich* stimmt mit der oberen Extremität überein;

Basis und Gerüst setzen sich aus der unteren Extremität und dem Rumpf zusammen.

3.1.3.1. Rumpf, Basis und Gerüst

Der Rumpf ist von seiner Lage, seiner Funktion und Wirkung her das natürliche Zentrum der Flötentechnik. Von ihm gehen Impulse zu den peripher gelegenen Bereichen des Ansatzes, der Artikulation und der Grifftechnik aus. Von dort und zusätzlich von der unteren Extremität her wirken sie auf ihn zurück. Der Rumpf ist der (passive) Behälter

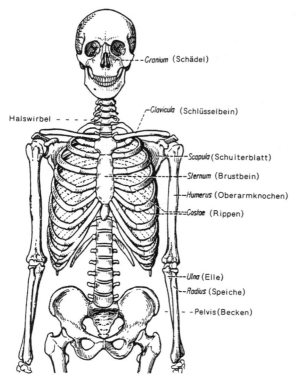

33 Männliches Skelett von vorn (oberer Teil).
(Voß-Herrlinger - siehe QUELLENNACHWEIS - deutsche Bezeichnungen durch Verf.)

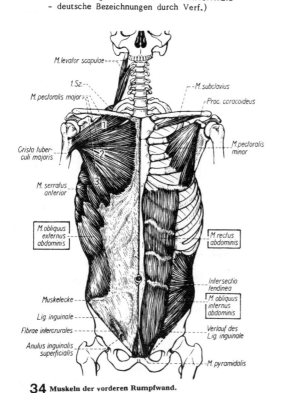

34 Muskeln der vorderen Rumpfwand.
Voß-Herrlinger - siehe QUELLENNACHWEIS
(Hervorhebungen durch den Verf.)

für die inneren Organe, der (stabile) Ausgangs- und Befestigungspunkt der Gliedmaßen und der Kopf-Hals-Region sowie - für den Bläser von besonderer Bedeutung - der (aktive) Träger der Atmung mit ihren direkten und indirekten Wirkungen auf die Spieltechnik.

Die obere Begrenzung des Rumpfes ist der *Schultergürtel*, seine untere das *Becken*. Beide stehen durch Vermittlung der *Wirbelsäule* miteinander in Verbindung. Das Becken ist dabei die stabile Basis, aus der die Wirbelsäule gleichsam emporwächst. Die Wirbelsäule ist die bewegliche, elastische Achse des Körpers, die den Kopf trägt. An ihr ist der *Brustkorb oder Thorax* beweglich befestigt. Er hat eine obere Öffnung, welche von Gebilden ausgefüllt wird, die vom Hals in die Brusthöhle ziehen: Muskeln, Gefäßen, Nerven, Speise- und Luftröhre - sowie vom obersten Teil der Lunge, den *Lungenspitzen*.

Die größere, untere Öffnung des Thorax wird vom *Zwerchfell* (3.3.3.1.) überspannt und abgeschlossen. Dieses bildet die Begrenzung zum Bauchraum.

Der *Bauchraum* wird von den Baucheingeweiden ausgefüllt. Die *Bauchmuskeln* füllen den knochenfreien Raum zwischen der unteren Thoraxöffnung und dem oberen Beckenrand aus. Sie sind an manchen Bewegungen des Rumpfes beteiligt. Für uns ist vor allem ihre Schutz- und Atmungsfunktion von Interesse. Die Verlaufsrichtung der drei wichtigsten, recht ausgedehnten Muskeln ist längs (*rectus*), schräg (*obliquus*) und quer (*transversus*) - entsprechend den möglichen Bewegungsrichtungen des Rumpfes (siehe Abb. 34 und 35). Der Transversus wirkt wie eine Bauchbinde.

Durch gemeinsame Kontraktion verengen die Bauchmuskeln den Bauchraum und üben auf die Bauchorgane einen Druck aus, der nach oben hin in den Brustraum weitergegeben wird. Hält das Zwerchfell mit eigener Kontraktion - häufig unterstützt durch Kehlkopfverschluß - und mit gleicher Kraft gegen, so entsteht eine *Bauchpresse*, wie sie bei der Geburt, beim Husten und beim Stuhlgang zum Einsatz kommt.

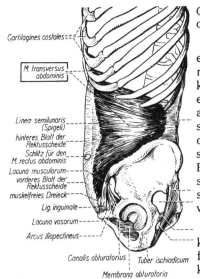

35 Rumpf von der Seite

(Voß-Herrlinger -

siehe QUELLENNACHWEIS
- Hervorhebungen durch den Verf.)

Gibt das Zwerchfell nach und ist die *Glottis* (Stimmritze) offen, so wird eine (aktive) Ausatmung in Gang gesetzt.

Bei plötzlich auftretenden Gefahrenzuständen schafft eine reflektorische, isometrische Anspannung des Bauchmuskel/Zwerchfellsystems (wiederum meist unter Mitwirkung des Kehlkopfes) einen muskulösen Panzer, der die empfindlichen Bauchorgane gegen äußere Einwirkungen abschirmt. Gerade diese Aufgabe läßt die Bauchmuskulatur sehr empfindlich auf wirkliche oder vermeintliche Gefährdungen aller Art reagieren, auch wenn sie den Bauch selbst gar nicht direkt und physisch bedrohen. Für den Bläser wirkt sich das besonders schädlich aus, wenn er spieltechnischen oder psychischen Komplikationen ausgesetzt ist, ihnen auf diese ungeeignete Weise zu begegnen versucht und dadurch seine Atmung beeinträchtigt.

Der Vorrang der Atmung erfordert, daß die Bauchmuskulatur von ihrer Bewegungs- und Haltefunktion möglichst freigehalten wird. Dies wird vorrangig von der Rückenmuskulatur her gewährleistet.

Aufbau und Funktion des Atemapparates werden unter 3.3. behandelt.

3.1.3.2. Becken und Schultergürtel als Problemstellen

Becken und Schultergürtel, als die Begrenzungen des Rumpfes, verdienen besondere Beachtung durch den Bläser, da an ihnen und durch sie hindurch die gegenseitigen, - nützlichen und schädlichen - Einflüsse zwischen der Atmung einerseits und den peripheren, spielaktiven Bereichen von Ansatz/Artikulation und Instrumentenhaltung/Fingertechnik andererseits, sowie der Körperbalance in Wechselwirkung treten. Lernende vernachlässigen dies leicht bei einseitiger Konzentration auf die ihnen allein wichtig erscheinenden engeren Spielaktivitäten. Als dritte Problemstelle werden wir noch den Halsbereich kennenlernen.

3.1.3.2.1. Das Becken und die Muskulatur der Körperrückseite

Das Becken ist die Basis der unteren Gliedmaßen und der Drehpunkt zwischen Rumpf und Beinen. Der Übergang zwischen Becken und Wirbelsäule im Kreuzbein-Darmbein-Gelenk ist sehr stabil, trotzdem aber biegsam, da das Gewicht des Oberkörpers getragen werden und gleichzeitig Beweglichkeit gewährleistet sein muß. So ist leicht einzusehen, daß dem Becken für den Gesamtaufbau der Haltung eine entscheidende Rolle zufällt.

Die Muskulatur der Körperrückseite besteht aus Muskelketten, die sich von den Unterschenkeln über die Oberschenkel, das Gesäß und den Rücken bis in den Hinterkopf und in die Arme erstrecken. Die stärkste Kraft entfaltet der Gesäßmuskel *Gluteus maximus*. „Das Heben des Oberkörpers und die damit verbundene Streckbewegung im zuvor gebeugten Hüftgelenk ist (seine) Hauptfunktion...Außer (seinen) ... dynamischen Funktionen hat er noch eine sehr wichtige statische Aufgabe: er sorgt dafür daß der Rumpf nicht nach vorne überkippt." (VOSS-HERRLINGER I,181) Eine entsprechende Funktion hat auch der *Erector spinae* (Aufrichter des Rückgrates), eigentlich eine ganze Gruppe von kleineren Muskeln, die vom Becken bis in den Hinterkopf ziehen. Der *Latissimus dorsi* (breiter Rückenmuskel) setzt sich bis in die Arme fort. Seine beiden Züge (links und rechts) kreuzen sich am Gesäß, so daß eine funktionelle Verbindung zwischen dem linken Unterschenkel und dem rechten Arm - und entsprechend auf der anderen Körperseite - besteht.

3.1.3.2.2. Der Schultergürtel

Zweiter kritischer Punkt ist der obere Abschluß des Rumpfes, der *Schultergürtel*. Er bildet einen unvollständigen, knöchernen Ring aus *Schlüsselbein und Schulterblättern*. Seine vordere Öffnung wird durch den oberen Teil des *Brustbeines*, den „Handgriff"*(Manubrium)*, ausgefüllt; hinten ist er offen. Der Schultergürtel gehört aus anatomischer Sicht zur oberen Extremität, flötentechnisch zum Instrumentenhaltebereich, in gewisser Hinsicht aber auch zum Atembereich. Als Vermittlungsstelle vom Kopf (Ansatz, Artikulation) zum Rumpf (Atmung) und zu den Armen und Händen (Instrumentenhaltung, Finger) ist er eine Quelle möglicher flötentechnischer Komplikationen. Ihn durchziehen nicht nur Muskelzüge, sondern er selbst ist auch Ursprungs- und Ansatzstelle der verschiedensten Halte-, Bewegungs- und Atemmuskeln. Er muß ebenso die stabile Basis für ausladende Bewegungen der Arme wie für sensible Atemaktivitäten sein und darf trotzdem nicht festgestellt werden, sondern muß zwar ruhig, aber auch entspannt und beweglich bleiben. Die Anfälligkeit des Schultergürtels für Fehlhaltungen resultiert auch daraus, daß er mit dem Rumpf nur am Brustbein in Gelenkverbindung steht. Seine übrigen Teile haben nur durch Muskeln Kontakt zur Wirbelsäule, zum Schädel und zu den Rippen.

Die z.T. sehr umfangreichen, kräftigen, häufig mehrteiligen und in die verschiedensten Richtungen ziehenden Muskeln erstrecken sich vom Hinterkopf bis zum Becken, vom Unterkiefer zu den oberen Rippen, von der Wirbelsäule bis in die Brust und über das Schultergelenk hinweg in die Arme. Zum Teil stehen sie im Dienste des Schultergürtels selbst und dienen dazu, ihn in seiner Lage zu stabilisieren, damit er seine Aufgabe als beweglicher Sockel für die Armbewegungen erfüllen kann. Andere Muskeln ziehen über den Bereich des Schultergürtels hinweg, so z.B. die *Rippenheber* (3.1.3.3.2.), besonders aber solche, die ihren Ursprung im Rücken- und Brustbereich haben, am Oberarm angreifen und Bewegungen des Armes im Schultergelenk hervorrufen.

3.1.3.3. Der Halsbereich

3.1.3.3.1. Das Zungenbein

Eine dritte Problemstelle befindet sich im Hals, und zwar mit Schwerpunkt am *Zungenbein (Os hyoideum)*. Dort sammeln sich die Spannungen und Aktivitäten des Ansatz- und Artikulationsbereiches wie in einem Brennglas und strahlen - teils mit positivem, vor allem aber mit negativem Resultat - in die Halsmuskulatur und von hier aus in den Rumpf und die Arme aus. Das Zungenbein ist ein kleiner, spangenförmiger Knochen (siehe Abb. 36), „der sich dadurch von allen anderen Knochen unseres Körpers unterscheidet, daß er mit keinem Nachbarknochen gelenkig oder fest verbunden, sondern frei zwischen zahlreichen Muskeln aufgehängt ist. Er befindet sich am Hals an der Stelle, wo die Vorderfläche des Halses in den Boden der Mundhöhle umbiegt (oberhalb des Schildknorpels!) und ist dort durch die Haut zu tasten." (VOSS-HERRL.I,279)

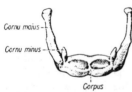

36 Os hyoideum, von vorn.

(Voß-Herrlinger - siehe QUELLENNACHWEIS)

Vom Zungenbein gehen aus bzw. führen hin die *Oberen und Unteren Zungenbeinmuskeln*. Dabei sind drei bzw. vier Hauptungen ausgeprägt:

1. **nach vorn und leicht aufwärts** zum Kinn: *Digastricus, Mylohyoideus, Geniohyoideus*.
Diese Muskeln ziehen den Unterkiefer rückwärts und etwas abwärts, sowie das Zungenbein vorwärts und leicht aufwärts und bilden gleichzeitig den *Mundboden*;

2. **aufwärts-rückwärts** in Richtung zum Schläfenbein. Der *Stylohyoideus* hat gegenüber den anderen Zugrichtungen hauptsächlich eine antagonistische, also ausgleichende und stabilisierende Funktion;

3. **abwärts** in den Hals hinein. Diese zur Halsmuskulatur gehörenden *Rektus-* (=geraden) Muskeln setzen sich in der Rektusgruppe des Bauches bis in die Leibesmitte fort. Ihre Wirkung „besteht vor allem in der *Feststellung des Zungenbeines*, damit dieses ein Stützpunkt für die Arbeit der oberen Zungenbeinmuskeln an Unterkiefer und Zunge werden kann." (VOSS-HERRL. I,337);

4. **nach oben**, zur Zunge, zieht der zur Außenmuskulatur der Zunge zählende *Hyoglossus*.

Obere Zungenbeinmuskulatur:

1. Der *Digastricus* (benannt nach seiner Form) hebt das Zungenbein an oder zieht den Unterkiefer herab.

2. Der *Mylohyoideus* (Kiefer-Zb.-Muskel) zieht ebenfalls den Unterkiefer herab.

3. Der *Geniohyoideus* (Kinn-Zb.-M.) bewegt das Zb. nach vorn.

4. Der *Stylohyoideus* (Ursprung am Processus styloideus des Schläfenbeins) zieht das Zb. auf- und rückwärts.

Untere Zungenbeinmuskulatur:

5. Der *Sternohyoideus* (Brust-Zb.-M.), sowie

6. der *Thyreohyoideus* (Schild-Zb.-M.) und

7. der *Omohyoideus* ziehen von unten her (Oberteil des Brustbeines, Schulterblatt) durch den Hals zum Zungenbein und stabilisieren dieses gegenüber den Auswirkungen der oberen Zungenbeinmuskeln.

8. Der *Hyoglossus* (Zb.-Zungen-M.) stellt die direkte Verbindung zwischen Zunge und Zb. dar. Er gehört damit auch zur

Zungenmuskulatur:

9. Der *Genioglossus* (Kinn-Zungen-M.) zieht die Zunge nach vorn-unten.

10. Der *Styloglossus* (Schläfenbein-Zungen-M.) zieht die Zunge nach hinten-oben.

Hieraus ergibt sich, daß die Mehrzahl der genannten Muskeln konzentrisch auf das Zungenbein zuläuft und es wie in einem Netz hält. Nur der *Hyoglossus* hat seinen Ursprung am Zungenbein und setzt am Zungenkörper an.

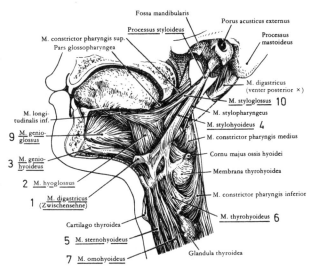

Zungen-, Rachen- und Halsmuskulatur 37
(Voß-Herrlinger - siehe QUELLENNACHWEIS.
Hervorhebungen und Bezifferung durch Verf.)

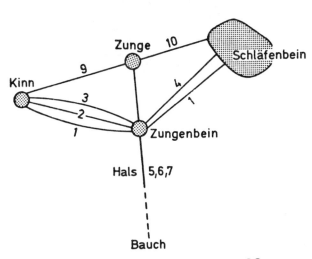

Das Netzwerk der Zungen- und Zungenbeinmuskulatur 38

Das Zungenbein ist den Artikulationsbewegungen der Zunge beim Blasen ebenso ausgesetzt wie den Spannungen des Ansatzes und den Aktivitäten des Unterkiefers beim Einatmen und anschließenden Ansatzbilden. Der Stylohyoideus sorgt, zusammen mit dem Oberteil des Digastricus, für Stabilisierung von oben, die unteren Zungenbeinmuskeln von unten her. Unzweckmäßige Spannungen und Bewegungen der erstgenannten Muskeln zwingen die letzteren, vor allem die Halsmuskeln, zu zusätzlichem, überflüssigem Einsatz. Das schränkt ihre sonstigen Aufgaben ein: So werden durch Verspannungen im Hals die Kehlkopffunktionen beeinträchtigt. Durch den engen Zusammenhang Kehlkopf-Zwerchfell und die Verbindung der Rektusgruppe des Halses mit der gleichnamigen Gruppe des Bauches teilen sich Verspannungen in der Kopfregion dem Atembereich mit; andererseits greifen die Wirkungen aus dem Rumpf - und über den Omohyoideus, der seinen Ursprung am Schulterblatt hat, auch aus dem Armbereich - bis zu der Zunge und auf die Lippen über.

3.1.3.3.2. Der Hals ist nicht nur äußerlich die Verbindung zwischen Kopf und Rumpf; er stellt diese auch funktionell durch seine muskuläre Ausstattung her. Die meisten Hals- und Nackenmuskeln haben "Brudermuskeln" im Rumpf; das sind solche, die entwicklungs- oder funktionsmäßig mit ihnen verwandt sind. Damit ist eine durchgehende Wirkungslinie von der Ansatzmuskulatur bis in den Unterbauch, ja sogar bis in die untere Extremität gegeben.

Eine weitere Verbindung vom Hals zum Rumpf bilden die als *Rippenhalter* fungierenden Muskeln der *Scalenusgruppe*. Sie entspringen an der Halswirbelsäule und ziehen zur ersten und zweiten Rippe. Je nach ihrem Festpunkt können sie vom Hals aus die obersten Rippen anheben und so die ihnen verwandten *Zwischenrippenmuskeln* beim Einatemvorgang unterstützen (vgl. 3.3.4.), oder sie können von unten her auf die Halswirbelsäule einwirken und diese seitlich beugen. An dieser Muskelgruppe zeigt sich besonders deutlich, daß die Zugrichtung von Muskeln nicht immer eindeutig ist, sondern daß bei fixiertem Ansatz die Wirkungsrichtung sich auch umkehren kann. Somit dienen die Scaleni abwechselnd der Körperhaltung, der (Zusatz-)Atmung sowie der Bewegung und Haltung des Kopfes.

Auch der *Kopfwender* (*M.sternocleidomastoideus*) und die Nackenmuskulatur (*Erector spinae* -siehe 3.1.3.-2.1.) stehen im Dienste der Kopfhaltung und -bewegung.

Verstellungen der Kopflage gegenüber der Halswirbelsäule wirken sich nicht nur mechanisch, sondern auch reflexartig auf Körperhaltung und Tonus aus. *Tonische Halsreflexe* kommen bei Tieren (Katzen beim Fallen!) und bei Kindern in den ersten Lebensjahren vor, sind aber wahrscheinlich auch beim Erwachsenen rudimentär vorhanden. Ohne Zweifel sind auch Gleichgewichtsreflexe beteiligt. Die Haltung der Flöte provoziert geradezu eine Komplizierung und Überbeanspruchung in der Halsregion. Abhilfe ist möglich, indem man die Instrumentenhaltung beweglich läßt. Offene, freie Kopfhaltung verhilft am ehesten zu einer Entlastung des Halses und damit zu einer Optimierung der ober- und unterhalb von ihm liegenden, für die Flötentechnik wichtigen Bereiche.

39 Die Muskeln des Halses
(Voß-Herrlinger - siehe QUELLENNACHWEIS - Hervorhebungen und Numerierung durch Verf.)

3.1.3.3.3. Der Kehlkopf (Larynx) ist ein knorpeliges, reich mit Muskeln ausgestattetes Organ mit hochdifferenzierten Funktionen. Er ist in sich beweglich und als Ganzes verschiebbar. Von der durch zwei *Stimmlippen* gebildeten *Stimmritze (Glottis)* kann Luft, die von außen oder innen andrängt, frei durchgelassen, ganz abgesperrt oder ihr ein variabler Widerstand entgegengesetzt werden. Ursprünglichste Aufgabe des Kehlkopfes ist der reflektorische Verschluß des Atemweges in beiden Richtungen: zur Sicherung gegen das Eindringen von Fremdkörpern von außen und zum Heraushusten von eingedrungenen Fremdkörpern oder überflüssigem Schleim. Nicht zuletzt dient der Kehlkopf der Stimmbildung (*Phonation*). Elastizität, Spannungsgrad und Durchlaßwiderstand sowie die Masse der Stimmlippen ermöglichen die Ansprache der Stimme und regeln die Tonhöhe.

Der Kehlkopf als Ganzes ist in ein Netz von Muskeln eingespannt, die von außen her aus mehreren Richtungen auf ihn wirken. Die Innenmuskeln des Kehlkopfes werden in *Erweiterer und Verenger* der Stimmritze eingeteilt. Sie bringen ihn in die *Respirations-* (Atmungs-) oder in die *Phonationsstellung* und verleihen dem Stimmorgan seine Spannung. In der Phonationsstellung wird die Stimmritze verengt, und die Stimmlippen werden isometrisch gespannt und verdickt. Die Respirationsstellung wird bei normal tiefer Atmung einfach durch Entspannung der Verenger erreicht. Bei höherem Luftbedarf vergrößert der *Posticus (M.crico-arytenoideus posterior)* als alleiniger Erweiterer die Durchgangsöffnung. Er dient ferner als Antagonist der Verenger.

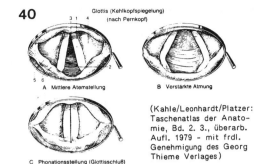

(Kahle/Leonhardt/Platzer: Taschenatlas der Anatomie, Bd. 2. 3., überarb. Aufl. 1979 - mit frdl. Genehmigung des Georg Thieme Verlages)

Die unerhört komplizierte anatomische und physiologische Anlage des Kehlkopfes sowie seine sensibel und schnell wirkende Innervation prädestinieren ihn zu Fehlverhalten. Seine Schutz- und Bereitschaftsreflexe sprechen auch auf Reize an, denen gegenüber sie eigentlich überflüssig sind. Angst kann einem „die Kehle verschließen", Aufregung und Anstrengung zu Heiserkeit führen; Ächzen und hörbares Seufzen und Stöhnen sind nicht nur Zeichen körperlicher Inanspruchnahme, sondern auch psychischer Belastung. Fehlverhalten im Kehlkopf wirkt sich ganz besonders bis in den Bauch hinein aus. Zwischen dem Atembereich, vor allem dem Zwerchfell, und dem Kehlkopf besteht eine enge Wechselbeziehung, wie jeder an sich selbst erfühlen kann: beim Husten, Gähnen, Lachen usw. Auch wenn ein direkter anatomischer oder nervöser Zusammenhang nicht nachzuweisen ist, so ist ein funktionell bedingter doch aus der *Phylogenese* (Stammesgeschichte der Lebewesen) zu erklären: „Die Stimmlippen (alles andere am Kehlkopf dient letzten Endes ihrer Tüchtigkeit in dieser Hinsicht) bildeten sich als reflektorischer Schutzverschluß aus, als das bei der Umstellung der Sauerstoffaufnahme von der Kiemenatmung auf die Lungenatmung notwendig wurde. Es galt für die Erhaltung des Lebewesens, die einzige ständige Passage von außen nach innen, den Luftweg, verläßlich abzusichern." (WÄNGLER-Leitf.7) Ähnlich argumentiert GÄRTNER (S.85 Fußn.): „Die Muskeln dieser vier Gruppen [gemeint sind Bauchbereich, Thoraxbereich, Zwerchfell und Kehlkopf - der Verf.] sind entwicklungsgeschichtlich miteinander verwandt, weil sie aus den Blastemen der ventralen Myotomkanten hervorgehen. Im Bereich des Halses entsprechen diese Muskelknospen den Blastemen der Kiemenbogen (nach C l a r a , Entwicklungsgeschichte des Menschen,S.217ff. und 222f.) Vielleicht bietet diese Verwandtschaft eine Erklärung für gewisse Analogien in der Funktion der genannten Muskeln."

Beim Flötenspiel ergibt sich eine Komplikation dadurch, daß die Ansatzspannung auf den Kehlkopf übergreift und der Rückstau, der bei anderen Bläsern den Kehlkopf offenhält und stabilisiert, bei der Flöte nur sehr gering ist.

3.1.3.4. Der Kopf

Am Kopf genauer: im inneren und äußeren Bereich des Mundes und seiner Nachbarschaft, spielen sich die entscheidenden Vorgänge der Flötentechnik ab. Am Lippenspalt sammeln sich alle Einflüsse von sämtlichen Bereichen des Körpers. Von hier aus strahlen andererseits Wirkungen bis zur Peripherie aus. Flötentechnisch von Belang sind folgende Regionen und Muskelgruppen:

1. die **Gesichtsmuskulatur** - für die Ansatzspannungen;
2. die **Lippen** - für die Formung des Blasstrahles;
3. die **Mundhöhle** - als Bewegungsraum der Zunge und als Resonanzraum für die Tonbildung;
4. der **Unterkiefer** und die **Kaumuskulatur** - wegen der Formung der Mundhöhle;
5. die **Zunge** - als Artikulationsorgan und formgebender Faktor für die Mundhöhle;
6. die **Zähne**.

3.1.3.4.1. Die Gesichtsmuskulatur

Was man allgemein als „Lippenkraft" bezeichnet, ist nichts anderes als das Zusammenspiel der verschiedenen Gesichtsmuskeln. Durch antagonistisches Zusammenwirken einer Vielzahl von kleinen Muskeln werden die Bewegungen, Spannungen und Formungen des Gesichts ermöglicht. Bemerkenswert an den Gesichtsmuskeln ist, daß sie nicht auf Gelenke wirken, sondern vielfach direkt an der Haut oder an anderen Muskeln angreifen und auf diese Weise Furchen, Falten und Grübchen bilden können. Es besteht ein Netzwerk von Spannungen, und so ist es leicht einzusehen, daß zwischen ihnen ein labiles Gleichgewicht besteht, welches sehr leicht gestört werden kann, falls auch nur eine Einzelkraft nicht in dem vorgesehenen Sinne wirkt.

Die Muskeln um die Mundöffnung herum gehören zur *Mimischen oder Gesichtsmuskulatur*. Diese umfaßt auch die Muskeln der Stirn und um die Augen. Aus den Namen der meisten dieser Muskeln ist ihre Lage oder Funktion abzulesen. (Siehe Abb. 41 - zur Wirkung der Muskeln auf die Mimik siehe dort die Buchstaben D - L.)

Der *Mundringmuskel* (M. orbicularis oris - kurz „Orbicularis" - Nr. 1 in unseren Abbildungen) ist der wichtigste von ihnen - aus allgemeiner Sicht und speziell für den Bläser. Er liegt ringförmig um den Mundspalt und wirkt als *Schließmuskel*. Durch seine Mehrteiligkeit kann er scheinbar gegensätzliche Bewegungen ausführen, so z.B. die Lippen

zuspitzen und vorwölben - oder
schmal machen und gegen die Zähne ziehen.

Ferner wirken der untere und der obere Teil des gleichen Muskels untereinander als Antagonisten.

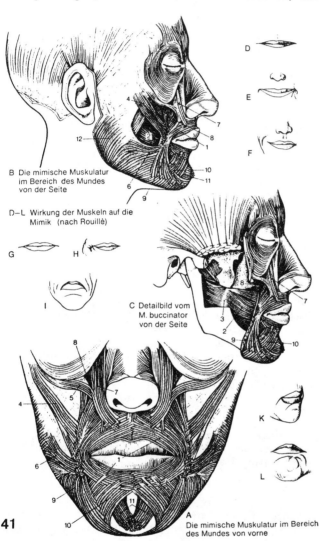

B Die mimische Muskulatur im Bereich des Mundes von der Seite

D-L Wirkung der Muskeln auf die Mimik (nach Rouillè)

C Detailbild vom M. buccinator von der Seite

A Die mimische Muskulatur im Bereich des Mundes von vorne

41

(Kahle/Leonhardt/Platzer: Taschenatlas der Anatomie, Bd.1 1975 - mit frdl. Genehmigung des Georg Thieme Verlages)

Wichtigster Partner des Orbicularis ist der M.buccinator (2). Er bildet die Grundlage der Wange (lat. *bucca* = Backen). Seine deutsche Bezeichnung, „Trompetermuskel", weist anschaulich auf seine Bedeutung für das Blasinstrumentenspiel hin. „Wird bei geschlossener Mundöffnung Luft in der Mundhöhle angesammelt, so können die beiden Backenmuskeln durch ihre Kontraktion die Mundspalte sprengen und einen gerade gerichteten Luftstrom erzeugen (Blasen, Pfeifen)." (VOSS-HERRL. I,302) „Es ist ein charakteristisches Kennzeichen einer einseitigen Lähmung des die gesamte mimische Muskulatur und somit auch den M.buccinator versorgenden *N.facialis*, daß ein gerade gerichteter Luftstrom nicht mehr erzeugt werden kann." VOSS-HERRL. II,12).

Die übrigen Mundmuskeln, von denen vor allem der *Risorius* synergistisch mit dem *Buccinator* zusammenwirkt, differenzieren die durch die beiden erwähnten Muskeln gegebene Zugrichtung und -kraft und formen so den Flötenansatz.

Weitere Mundmuskeln:

Die Mm.zygomatici (major und minor) (4,5 - Jochbeinmuskeln - F).
„In der Mimik drückt seine Kontraktion Lachen oder Vergnügen aus." (PLATZER 308)

der M.risorius (6 - Lachmuskel - vgl. 4,5 - G);

der M. levator labii superioris (7 - Heber der Oberlippe);

der M. levator anguli oris (8 - Heber des Mundwinkels - H);

der M. depressor anguli oris (9 - Senker des Mundwinkels - I): „Er zieht den Mundwinkel nach abwärts und wird als Muskel der Traurigkeit bezeichnet." (a.a.O.);

der M. depressor labii inferioris (10 - Senker der Unterlippe - K);

der M. mentalis (11 - Kinnmuskel - L): „Er erzeugt die Kinn-Lippen-Furche und drückt Zweifel und Unentschlossenheit aus. (a.a.O.);
das Platysma (12 - Halshautmuskel) „. . . strahlt vom Hals in den Gesichtsbereich ein und steht mit dem M.risorius, dem M.depressor anguli oris und dem M. depressor labii inferioris im Zusammenhang." (a.a.O.) „Als ganz an der Oberfläche liegende Muskelplatte hat es für den Blasvorgang nur recht geringe Bedeutung. <u>Doch trägt es nicht unerheblich zu Spielhemmungen (Verkrampfungen) bei."</u> (SCHLENGER 43f. - Unterstr. dch. Verf.)

Sämtliche mimischen Muskeln, also auch diejenigen der Stirn und um die Augen, die Nase und das äußere Ohr, werden von **einem** Nerv, dem *N. facialis*, innerviert. Er besteht aus einem linken und einem rechten Teil, entsprechend der Paarigkeit der mimischen Muskeln. Aus der einheitlichen nervlichen Versorgung rührt die starke Abhängigkeit der einzelnen Gesichtsmuskeln voneinander her.

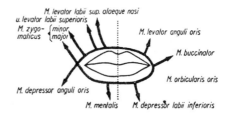

42 Muskeln um die Mundöffnung. Rechte Mundhälfte: oberflächliche Schicht, linke Mundhälfte: tiefe Schicht.

(Voß-Herrlinger - siehe QUELLENNACHWEIS

3.1.3.4.2. Die Lippen

„Da die Lippen die direkte Verbindung zwischen dem menschlichen Körper einerseits und dem Blasinstrument andererseits herstellen, ist auch eine Betrachtung ihrer nichtmuskulösen Bestandteile notwendig. Die Lippen sind mit Muskulatur und Drüsen angefüllte Hautfalten, welche die Muskelspalte, den Eingang zur Mundhöhle, umschließen. Die in der Lippenhaut liegenden Nervenenden vermitteln die verschiedenen Empfindungen (Berührung, Schmerz usw.). . . Die Haut besteht aus zwei Lagen, der Oberhaut (Epidermis) und der tiefer gelegenen, bindegewebeartigen Lederhaut (Corium), die dann ihrerseits in die Unterhautbindegewebeschicht übergeht. Anhänge der Lippenhaut sind die Behaarung, Talgdrüsen und die dem Vorraum des Mundes zugekehrten Lippendrüsen. . . Die bereits erwähnten, nach dem Vestibulum oris (Vorhof der Mundhöhle, d.h. der vor den Zähnen liegende Teil), ausmündenden Lippendrüsen sind Schleimdrüsen, die für eine leichte Befeuchtung des Schleimhautteils der Lippe sorgen, zu dem auch das Lippenrot gehört. Erhöht sich die Tätigkeit dieser Lippendrüsen aus emotionellen und anderen Gründen (hohe Zimmertemperatur) sehr stark, die gleichzeitig auch eine erhöhte Absonderung der Speicheldrüsen bedingen, so findet infolge der starken Speichelbildung das Mund- oder Kopfstück keinen genügenden Halt, der Ansatz wird unsicher. Sehen wir nun diese Argumente von der positiven Seite an, so gewinnt man den Eindruck, daß eine geregelte Funktion der Talg- und Lippendrüsen wesentlich zu einem ‚guten Ansatz' beiträgt. Besonders wichtig ist sie bei denjenigen Bläsern, wo der Atem frei über das Lippenrot streicht, also bei Blechbläsern und Flötisten; in diesen Fällen ist ein Trockenwerden der Lippen möglich." (SCHLENGER 45 ff.)

Während SCHLENGER der Lippen**form** einen wesentlichen Einfluß auf die Eignung zum Blasinstrumentenspiel zuschreibt, kann man heute - zumindest, soweit es den Flötenspieler betrifft - davon ausgehen, daß davon zwar die individuelle Eigenart des Blasstiles beeinflußt wird, nicht aber dessen Qualität im absoluten Sinne.

Im Normalfalle ist es nicht nötig, die Lippen zusätzlich mit der Zunge zu befeuchten. Geschieht es dennoch regelmäßig, so kann daraus sehr leicht eine nervöse und lästige Angewohnheit werden, die das Einatmen behindert.

3.1.3.4.3. Die Mundhöhle wird begrenzt

a) feststehend -
  oben: durch den harten und weichen Gaumen;
  vorn: durch den oberen Zahnbogen;
  seitlich: durch die gespannten Wangen;

b) variabel -
  vorn: durch die geschlossenen Lippen (bei geöffneter Zahnreihe);
  unten: durch den Zungenrücken.

Von VOSS-HERLINGER (II,12) wird die Form der Mundhöhle als Spaltraum beschrieben. Erst durch eine Abwärtsführung des Unterkiefers wird er zum Hohlraum, welcher der Zunge Bewegungsfreiheit gewährt. Die Mundhöhle kann ferner durch die variable Lage und Form der Zunge verändert werden.

3.1.3.4.4. Unterkiefer und Kaumuskulatur

Die Beweglichkeit des Unterkiefers ist eine der wesentlichen Voraussetzungen für die Ansatztechnik des Flötisten. Durch den Unterkiefer wird nicht nur die Lage des Lippenspaltes zum Mundloch mitbestimmt, sondern seine Beweglichkeit ist besonders wichtig im Hinblick auf die Einatmung und auf die Formung der Mundhöhle. Von Natur aus ist der Unterkiefer zum Kauen eingerichtet. Dabei „kann man drei Hauptgruppen von Bewegungen unterscheiden:

1. Öffnungs- (Abduktions-) und Schließungs- oder Adduktionsbewegungen.
2. Vor- und Rückschieben des Unterkiefers.
3. Rotations- und Mahlbewegungen.

Die *Öffnungsbewegung* öffnet den Mund und zieht die untere Zahnreihe von der oberen ab. Die *Adduktionsbewegung* schließt den Mund und führt die untere Zahnreihe an die obere heran (,Zubeißen'). Sie ist die eigentliche Arbeitsbewegung bei der Kautätigkeit. Daher ist es denn auch nicht verwunderlich, daß die meisten und stärksten Kaumuskeln Adduktoren sind." (VOSS-HERRL. I, 282).

Die ausgeprägte Schließtendenz der Kaumuskulatur ist der Grund dafür, daß der Kiefer bei normaler Ruhespannung geschlossen ist und nur bei extremer Entspannung heruntersinkt. Das sollte bei der Einatmung und nachfolgenden Ansatzbildung beachtet werden, indem man die Mundöffnung aus einer umfassenden Entspannung sich entwickeln läßt, während der Aufbau der Ansatzspannung dem Tonus der Adduktoren überlassen wird.

3.1.3.4.5. Die Zunge

Gewöhnlich macht man sich von der Form der eigenen Zunge eine falsche Vorstellung - und dies wahrscheinlich aus einem einsichtigen Grunde: Man sieht die Zunge nur, wenn sie vorgestreckt ist. In dieser Lage hat sie - im Gegensatz zur Position im geschlossenen Mund - eine längliche, konische oder flache Form. Das Körpergefühl vermittelt einem das gleiche Gefühl. Doch diese Vorstellung täuscht. Tatsächlich ist die Zunge ein gedrungener Körper, der beinahe die gesamte Mundhöhlung ausfüllt - siehe Abb.37.

Dank ihrer *Binnenmuskulatur*, einem dreidimensional wirkenden Muskelsystem, das in seiner Gesamtheit ihren Körper ausmacht, kann sie ihre Form in vielfältigster Weise verändern. Ihre Empfindlichkeit gegenüber physischen und psychischen Einflüssen läßt sie ganz unterschiedliche Formen annehmen: vom weichen, tief liegenden „Lappen" bis zum gespannt in der Mundraummitte zur Aktion bereitstehenden Muskelpaket. Auch die individuell verschiedenartige Ausbildung des *Zungenbändchens* (an der Unterseite der Zungenspitze) hat Einfluß auf das Zungenverhalten.

Außer der Variabilität der Form der Zunge ist auch eine Veränderung ihrer Lage möglich. Dies ermöglicht die *Außenmuskulatur* der Zunge. Sie besteht aus drei von verschiedenen Seiten her angreifenden Muskeln, die wir früher schon kennenlernten (die Nummern beziehen sich auf die Abbildungen 37 - 39):

(8.) Hyoglossus - Zugrichtung nach unten-hinten;
(9.) Genioglossus - Zugrichtung nach vorn-unten und
(10.)Styloglossus - Zugrichtung nach hinten-oben.

Dank diesem reich gegliederten Muskelzusammenspiel besitzt die Zunge vielfältige und feine „Bewegungs- und Formveränderungsmöglichkeiten: sie kann sich verschieben und zurückziehen, verlängern, heben und senken, sie kann konvexe und konkave Form annehmen; die Spitze kann sich vor- und zurückbiegen bis zur Höhe des Munddaches, die Ränder können sich seitlich am Zahnkranz aufstützen, sie können sich aber auch zusammenziehen, d.h. von den Zähnen entfernen." (DIETH 132)

Die Sensibilität und Differenziertheit des Zungenverhaltens birgt auch Gefahren. Wenn die Zunge(nspitze) eine bestimmte Kraft ausüben muß, dann dient ihr der *Mundboden* als Widerlager. Dieser besteht aus den oberen Zuzngenbeinmuskeln *Digastricus, Stylo- und Mylohyoideus.* Auf dem Weg über diese Muskeln, sowie über den *Hyoglossus*, strahlen die schädlichen Wirkungen eines unzweckmäßigen Umganges mit der Zunge auf das Zungenbein aus - womit dessen Schlüsselfunktion für die Flötentechnik ein weiteres Mal belegt wird.

3.1.3.4.6. Zähne und Kieferform

Die Bedeutung der Zähne, des Zahnbogens und des Kieferbaues für das Flötenspiel wird häufig überbewertet. Solche individuell feststehenden Eigenheiten sind vom Bläser nicht beeinflußbar und somit nicht Gegenstand der Blastechnik, sondern höchstens gegenenfalls der Eignung. Vgl. dazu unsere Bemerkungen unter 1.3. und 3.1.3.4.2.

Die Zähne bilden - flötentechnisch gesehen - die Stütze für die Lippen. Größere Zahnlücken sind schädlich, jedoch keinesfalls, wie SCHLENGER (67) meint, weil „zu viel Atem durch die Spalten hindurch" streicht - vor dem Lippenspalt herrscht Druck, aber praktisch keine Strömung! - sondern weil der Halt und die Formung der Lippen berührt werden. Eine gute Prothese, die nach Möglichkeit den Gaumen frei läßt, ist ein **vollwertiger** Ersatz. Auch unter den leistungsfähigsten älteren Flötisten wird es kaum einen geben, der noch über ein komplettes Gebiß verfügt!

3.1.3.5. Arme, Hände und Finger

Der *Instrumentenhaltebereich* mit Armen, Händen und Fingern bildet ein eigenes System, das dem übrigen Körper als Ganzes gegenüber- und gleichzeitig mit ihm in Wechselwirkung steht.

Die Muskel- und Gelenkaktivitäten werden von den Oberarmen zu den Fingern hin zunehmend differenzierter. Bezüglich des Oberarmes ist zu beachten, daß das Schultergelenk durch seine Bewegungen nicht ungebührlich in Mitleidenschaft gezogen werden darf - weder durch zu ausladende Bewegungen noch durch ängstliches Feststellen.

Besondere Sorgfalt erfordert der Übergang von den Armen zu den Händen und Fingern im *Handgelenk*. Hier findet der Ausgleich zwischen der Großmotorik der Arme und der Feinmotorik des Griffbereiches statt. Das bedingt eine erhebliche Flexibilität. Sie wird gewährleistet durch die Bewegungsfreiheit, die nicht nur gegenüber dem feststehenden Unterarm nach beiden Seiten beinahe einen rechten Winkel beträgt, sondern auch vom Unterarm selbst ausgeht, der das Umwenden der Hand ermöglicht.

Alle Handgelenkmuskeln gehen vom Unterarm aus. *Die Mittelhandknochen*, die den Handrücken bilden, teilen sich auf in zwei deutlich voneinander getrennte Teile: die Vierergruppe vom Zeige- bis zum kleinen Finger und - von ihnen ganz unabhängig - der Daumen. „Dieser nimmt eine Sonderstellung unter den fünf Fingern der Hand ein dadurch, daß er aus der Ebene der übrigen Finger herausgerückt und diesen gegenübergestellt werden kann *(Opponierbarkeit)."*(VOSS-HERRL.I,72) Man kann die Hand als „Greifzange" ansehen, deren beide Backen der Daumen einerseits und die übrigen Finger andererseits darstellen. Zuweilen wird der Daumen auch als „Gegenhand" bezeichnet.- Seine besonders große Beweglichkeit aus dem Grundgelenk heraus macht ihn zum **wichtigsten** Glied der Greifbewegung - vgl. 4.3.3. Ziff.2!

Da die meisten Muskeln, die auf das Handgelenk wirken, ihren Ursprung im Oberarm haben und über den Unterarm hinwegziehen, hängt die **Beweglichkeit der Finger entscheidend von der Armhaltung** und damit vom Umgang mit dem Schultergürtel ab.

LITERATURHINWEISE

Anatomie, Physiologie: *Benninghoff, Faller, Leonhard, Platzer, Rein-Schneider, Sieglbauer, Voß-Herrlinger*

Ausführlichere Abhandlung in gesangs- oder instrumentalbezogenen Facharbeiten: *Gärtner, Husler, Porter(Emb.), Scheck(Flöte), Schlenger, Ulmer, Chr. Wagner*

Speziell medizinisch oder zahnmedizinisch: *Becker, Ebersbach, Haas, Hävermark, Hoffmann, Jagić, Kurosczyk, Mette (2 mal), Miklos, Musil, Parma, Porter(Dent.), Rejsek, Schneider, Schoettner, Wupper*

Über die allgemeine körperliche und psychische Belastung beim Spiel: *J.Flesch, Friedrichs, Lorenz(Musikausübg.), Piperek, Schmale, Singer*

3.2. VERHALTEN, BEWEGUNG, HALTUNG

Schon in unseren Ausführungen zur Eignung (1.3.) stellten wir fest, daß die Kriterien dafür weniger in speziellen Eigenschaften oder Fähigkeiten zu suchen sind, als vielmehr in einem ausgeglichenen Miteinander von normalen, guten Verhaltensweisen. Unerläßlich ist es, daß diese positiven Voraussetzungen **betont** eingesetzt werden. Flötenspiel ohne einen angemessen **erhöhten** Einsatz an Aktivität - als sogenanntes (und mißverstandenes) „entspanntes" Musizieren - ist ein Widerspruch in sich selbst.: „Tonus" und „Ton" stammen bezeichnenderweise aus der gleichen sprachlichen Wurzel: *tonos* - griech. - bedeutet ursprünglich die Spannung der Saite, die bekanntlich nicht nur dem Pfeilschießen, sondern auch der Erzeugung musikalischer Klänge diente. Beim Klavier sind die Saiten gespannt - bei der Flöte muß es der Bläser selbst sein . . .

3.2.1. Lockerheit und Spannung, Schlaffheit und Krampf

Zu hohe und zu lange aufrechterhaltene Spannung führt zu **Ver-**Spannung und Verkrampfung. Die von Körpererziehern zu Recht geforderte Lockerheit darf nicht mit einem **unter-**spannten Zustand verwechselt werden. Lockerheit bedeutet nicht das Fehlen jeglicher, sondern die Abwesenheit **hinderlicher** Spannung. Permanente „Rührt-Euch"-Stellung: das ganze Körpergewicht auf einem (Stand-)Bein mit durchgedrücktem Knie, das andere (Spiel-)Bein mit gebeugtem Knie entlastet vorgestellt, rückwärts geneigtes Becken, schlaffer Leib, vorfallende Schultern, eingeengter Brustkorb - bewirken, daß die geforderte Leistung nicht aus einer optimalen Kondition heraus erbracht wird, sondern mit erhöhtem Aufwand von den speziellen Erfolgsorganen erzwungen werden muß, beim Flötenspiel vom Atemapparat, von der Zunge, den Lippen und Fingern. Schlaffheit an einer Stelle ruft zwangsläufig Verspannung an einer anderen hervor. Wie man an jedem hervorragenden Instrumentalisten studieren kann, werden Höchstleistungen nur durch **äußerste Anspannung** ermöglicht. Das trifft nicht nur für physische, sondern gleichermaßen auf Konzentrations-, Präzisions- und Schnelligkeitsleistungen zu. Die Kunst dabei besteht jedoch darin, die Grenze zum übertriebenen Aufwand möglichst weit hinauszuschieben und keinesfalls zu überschreiten. Was MARTIENSSEN (213) im Bezug auf Sänger verstanden wissen will, gilt *mutatis mutandis* auch für jeden Instrumentalisten: „Der positive Begriff ‚Lockerheit' (hat) soviel Negatives. . . hervorbringen können. Eine böse Verwechslung von Lockerheit mit Laschheit hat ganze Kolonnen junger Sänger durch ‚vorsichtige' Unterbeanspruchung ihres Körpers der Kraft ihrer Stimmen beraubt - zumal dann bei verlangter künstlerischer Leistung plötzlich der versteifte Kraftwille durch geistlose Überbeanspruchung die Organe lahm und unbrauchbar macht. Es muß diesen gesanglich Fehlgeleiteten paradox klingen: Wer seinen Körper nicht genügend anstrengt, der strengt die Stimme an!" (Vgl. dazu auch das Zitat EDLER-BUSCH unter 7.7.1.) GALWAY (FZ5) im gleichen Sinne: "Ich persönlich bin kein Anhänger der Flöten-Schule, welche die Lernenden dahingehend instruiert, daß ihre erste und letzte Pflicht es ist, entspannt zu sein; denn während des Spiels ist es notwendig, die Muskulatur unter Kontrolle zu haben. Aber Kontrolle heißt nicht, daß man über-spannt ist. So hat man drei Dinge anzustreben: Stabilität, aufrechte Haltung, Biegsamkeit." (68) - "Ich bin ziemlich entspannt, wenn ich gerade nicht spiele. Aber jede körperliche Aktivität

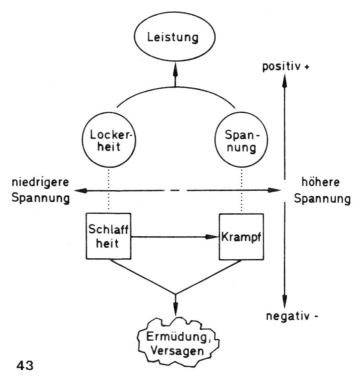

43

Lockerheit und Spannung, Schlaffheit und Krampf bedingen sich gegenseitig.

Das erste Begriffspaar ist mit **Leistung**, das zweite mit **Ermüdung und Versagen** verbunden.

beansprucht die Muskeln, und ein entspannter Muskel ist so nützlich wie eine gesprungene Feder." (77) Und noch einmal MARTIENSSEN zu diesem überragend wichtigen Problem der Musikausübung: „Alles Organische in der lebendigen Natur hat sein Leben zwischen den Polen Spannung und Entspannung. Die Balance zwischen beiden ist das Lebensgesetz jeder körpergebundenen künstlerischen Technik. Spannungsbalance ist in jedem Sinne, im geistigen wie im körperlichen, Lebenselement wie Lebensaufgabe des künstlerischen Menschen. Überbetonung wie Unterbetonung der Spannungskräfte entfernt den Künstler von den Quellen der Natur. Beides macht ihn eben zu einem Werkzeug des allzu menschlichen Entweder-Oder. Entweder Spannungs- oder Entspannungswille? Entweder Stütze oder strömender Klang? Wir müssen zu den Urzuständen, ja geradezu in den Urwald zurück, um dem Fluch des Entweder-Oder zu entfliehen. Verbinden sich nicht in dem Gang des Tigers, des Panthers die großen Gegensätze: Kraft und Lässigkeit? Wo ist ein Zuviel oder ein Zuwenig an Bewegung im Spiel und Sprung dieser Tiere? Ein Überwiegen oder ein Nichtgenügen der Spannung für eine lebendige Absicht? Die spielerische Grazie in den Bewegungen einer kleinen Katze, die kraftvolle Schönheit im Lauf eines edlen Pferdes: was sind sie anderes als ausgewogenes Balancespiel innerhalb der Urgegebenheiten Spannung und Entspannung? Und was ist der Gesang eines vollendeten Sängers anderes als ein Spiel solcher Urgegebenheiten? ... Das Beglückende der zuletzt gewonnen Sicherheit solcher Spannungsbalance läßt alle gehabte Mühe vergessen." (356)

3.2.2. Elastizität und Tonus

Die Polarität zwischen körperlicher und geistiger Gespanntheit und der darauf reagierenden, die nächste Anspannung schon wieder vorbereitende Entspannung bildet eine getreue Analogie zum physikalischen Phänomen der *Elastizität* einschließlich der von ihr bewirkten Abläufe.

Elastisches Verhalten eines Menschen im weitesten Sinne wird ermöglicht durch seinen *Tonus*. Der Tonus ist ein im Wachzustand ständig aktiver Spannungszustand. Er „hängt von der unwillkürlich-motorischen . . . und von der vegetativen Innervation ab" (FALLER 42) und bestimmt - als allgemeine Bereitschaftsspannung - den zweckmäßigen Ablauf und die Koordination von Bewegungen und Spannungen. Ohne Tonus würde der Mensch einem Auto ohne Federung gleichen: einem funktionsunfähigen Wrack. Er wäre nicht in der Lage, sich aufrecht zu halten oder eine gezielte Handlung auszuführen. Der Tonus ist psychisch, konstitutionell und durch die jeweilige Situation bedingt. Kinder und alte Menschen haben meist einen geringeren Tonus als gesunde Jugendliche und Erwachsene. Resignation führt zu Erschlaffung, freudige Erwartung zu einem Ansteigen der Spannung. Im Tiefschlaf ist der Tonus sehr gering. Beim *Autogenen Training* wird er bewußt für kurze Zeit weitestmöglich ausgeschaltet. Er ist Vorbedingung und Zeichen für Tatkraft und positive Lebenseinstellung und zwingende Voraussetzung für jede Art von Leistung.

Ebenso wie die Intensität des Tonus von der seelischen Grundstimmung abhängt, beeinflußt er diese auch. So bestimmt er, als Quelle der Elastizität, die Offenheit gegenüber Einflüssen und Eindrücken - aber auch eine eventuell notwendige Widerstandkraft dagegen und die Bereitschaft zur Reaktion darauf.

Der Tonus erhöht sich automatisch beim Auftreten von Schwierigkeiten und (auch nicht-physischen) Gefahren und schafft einen Zustand erhöhter Wachheit und Wachsamkeit. Daraus resultiert eine Regelwirkung: Das Aufnahmevermögen (=*Verformbarkeit*) wächst mit höherem Tonus (=*Elastizität*) und erhöht damit zusätzlich die Reaktionsfähigkeit (=*Rückstellkraft*). So schafft der Tonus eine optimale Sensibilität. Er ist eines der hervorragendsten Eignungsmerkmale für den Flötenspieler und unerläßliche Grundlage für alle Bereiche seiner Spieltechnik.

3.2.3. Bewußtheit und Absichtlichkeit

Die motorischen Antriebe in der Flötentechnik unterscheiden sich - wie auch im normalen Leben - durch den verschiedenen Grad ihrer Bewußtheit und Absichtlichkeit.

Willkürliche, frei beherrschte Handlungen ermöglichen uns das Erbringen von bewußten, gezielten Leistungen. Es ist aber ein Mißverständnis anzunehmen, daß die Muskelaktivitäten einer willkürlichen Handlung in allen Einzelheiten und zu jedem Zeitpunkt bewußt seien. So ist z.B. das Ergreifen und Ansetzen der Flöte eine ganz gezielte Handlung; niemand wird oder kann sich aber über jeden einzelnen Teil dieses Vorganges Rechenschaft ablegen. Der Gesamtablauf wird **unbewußt** gesteuert. Vereinfacht kann man sagen, daß das Kriterium einer Willkürhandlung die **Absicht** ist, sie auszuführen.

Automatismen, Reaktionen und Reflexe unterscheiden sich von den *willkürlichen Handlungen* durch ihre graduell geringere Bewußtheit. Zumindest die beiden erstgenannten müssen auch in der Instrumentaltechnik in Rechnung gezogen oder erworben werden.

3.2.4. Motivation, Zielvorstellung, Koordination

Absicht setzt voraus, daß man sich im klaren darüber ist, was erreicht werden soll, d.h. daß man eine *Zielvorstellung* hat. Ihr geht zwangsläufig ein *Motiv* (Beweggrund) voraus. So wird über Form und Intensität einer Handlung schon weitgehend entschieden, bevor sie überhaupt in Gang gesetzt ist. Positive *Motivationen* des Musikers sind: Gestaltungswillen, positive Einstellung zum Werk, Freude an der eigenen Geschicklichkeit, Nachahmungstrieb, Mitgerissensein im Ensemble; aber auch Ehrgeiz und Eitelkeit. Motivationshemmend wirken sich aus: Angst, Aversion gegen das Werk, Trägheit, Desinteresse . . . Das Motiv setzt eine Handlung in Gang; die Zielvorstellung steuert sie. Beide verleihen ihr Qualität und Intensität.

Eine kompliziertere Handlung kann in aufeinanderfolgende Stufen eingeteilt oder in einem Zuge absolviert werden. Im ersten Falle werden Teilziele anvisiert und Etappen aneinandergereiht, im zweiten ein Spannungsbogen zwischen Start und Ziel hergestellt und dieser in einem großen, einheitlichen Bewegungsbogen bewältigt. So kann der Beginn des Blasvorganges eingeteilt werden in: Ergreifen des Instrumentes - zum Mund heben - Einatmen - Ansatz herstellen - Finger zurechtsetzen - Blasen. Jede einzelne dieser Handlungen stellt für sich selbst wieder einen Komplex von gleichzeitigen und aufeinanderfolgenden Aktivitäten dar, die ihrerseits zerlegt werden können. Im allgemeinen wird aber der gesamte Ablauf als Einheit vorempfunden, in Gang gesetzt und zu Ende geführt. Es ist leicht einzusehen, daß die ganzheitliche Ausführung die höhere Qualität haben wird.

Beim Lernen und Üben kann indes auf ein Zergliedern und Zusammensetzen nicht generell verzichtet werden. Es sollte aber angestrebt werden, mit wachsender Übung und tieferem Kennenlernen eines Stückes zu einer großräumigeren Zusammenfassung der Bewegungsfolgen zu gelangen. Auf diese Weise wird erreicht, daß „die willkürliche Bewegung kein aus einzelnen ‚willkürlichen' und reflektorischen Teilen zusammengesetztes Konglomerat darstellt, sondern ein durch den Willkürimpuls bis in alle Einzelheiten hinein bestimmtes einheitliches Ganzes" ist. (WACHHOLDER 728)

3.2.5. Bewegung als Ganzheit

Die Bewegung kommt aus der Mitte des Leibes: sie ist mehr unwillkürlich als gewollt, auch wenn sie einem bestimmten Ziel dient. Denn wenn wir mit einer Handlung einen bestimmten Zweck verfolgen, dann ist es die *Zielvorstellung*, von der Auswahl und Koordination der einzelnen Organe und ihrer Funktionen abhängen.

Unwillkürlichkeit schließt Passivität ein. Sich bewegen heißt auch, sich bewegen **lassen**; warten können auf das, was Nervensystem und Körper von allein unternehmen, um das vom Willen gesteckte Ziel zu erreichen. Der Zweiradfahrer überläßt sich zum Balancehalten den Kräften, die auf ihn und seine Maschine einwirken; er steuert sie mit Vorstellungen, nicht mit gezielten, bewußten Handlungen. Es muß das Gleichgewicht gefunden werden, „zwischen Empfänglichkeit und Willensspannung, Rezeptivität und Aktivität:" (JACOBS 155) Erfahrene Instrumentalisten wissen, daß gewisse Schwierigkeiten umso leichter bewältigt werden, je mehr man von ihrer Wahrnehmung abgelenkt ist. Manche technischen Klippen werden mit Leichtigkeit umschifft, wenn man in einen übergeordneten, strengen Ablauf eingebunden ist, der alle Konzentration erfordert.

3.2.6. Zweckbewegungen und Mitbewegungen

„Alle primären Tätigkeitsformen haben die Neigung, sich über den ganzen Körper auszubreiten, wobei sich also Rumpf und Glieder und diese untereinander zusammenhängend bewegen. Aus diesen umfassenden Bewegungsweisen gliedert sich allmählich, durch Wegfall des Überflüssigen . . . eine sinnvolle Bewegung mit ökonomisch koordiniertem Verlauf aus." (Buytendijk 116)

Zielgerichtete Bewegung entsteht weniger als eine Synthese von lauter zweckvollen Aktivitäten denn als Auswahl aus einem reichen Angebot von nützlichen und schädlichen Komponenten. Sie wird umso harmonischer - und das bedeutet gleichzeitig ökonomischer - je mehr sie sich des Überflusses an permanenter Bewegungsbereitschaft bedienen kann. So kommt es zu *Mitbewegungen*, welche scheinbar beziehungs- und funktionslos, häufig aber zwanghaft neben der eigentlichen, gewollten Bewegung einherlaufen.

„Jede vom Organismus zur Erreichung eines bestimmten Zweckes ausgeführte Bewegung, die wir kurz als Z w e c k b e w e g u n g bezeichnen wollen, enthält . . . eine Komponente, welche für die Zweckerfüllung überhaupt u n e r l ä ß l i c h ist. Wir wollen sie als den Hauptteil der Bewegung, als H a u p t b e w e g u n g . . . bezeichnen . . .

Fast bei allen Zweckbewegungen treten nun aber außerdem noch andere Muskeln in Aktion, deren Mitwirkung zwar nicht absolut erforderlich ist, wohl aber sehr nützlich erscheint . . . Wir wollen die Komponente der Zweckbewegung, welche zwar zur Erfüllung der Aufgaben an sich entbehrlich, aber sehr erwünscht und zweckmäßig ist, im Gegensatz zur eigentlichen Hauptbewegung als z w e c k m ä ß i g e M i t b e w e g u n g bezeichnen . . .

Fast alle unsere Zweckbewegungen, selbst die scheinbar einfachsten, von den zusammengesetzten gar nicht zu reden, lassen eine derartige Zusammensetzung aus einer H a u p t b e w e g u n g und einer M i t b e w e g u n g erkennen . . . Diese Zergliederung der Zweckbewegung in zwei Komponenten . . . ist durchaus nicht so gekünstelt, wie es auf den ersten Blick erscheinen mag. Beim Neugeborenen wie beim Kinde in den ersten

Lebensmonaten überhaupt, findet das Ergreifen und Festhalten eines Gegenstandes lediglich durch Flexion der Finger statt [vgl. 8.3.]. Legt man einem Kinde einen Stift in die Hand, so umklammert es denselben mit den Fingern, wobei aber die Hand im Handgelenk umklappt. Die Zweckbewegung, welche wir in diesem speziellen Falle als primäre Angriffsbewegung bezeichnen können, enthält also nur die Hauptkomponente und erst allmählich gesellt sich dank jenem wunderbaren, dem Organismus innewohnenden Streben, die motorischen Mittel so lange zu modifizieren, bis der Zweck mit dem geringsten Energieverbrauch erreicht ist, die Mitbewegung in der Aufrichtung der Hand dazu." FOERSTER 1ff.) Eine typische Synkinesie ist das Armependeln beim Gehen. Man versuche, es zu variieren oder ganz zu unterdrücken, um festzustellen, wie fein diese scheinbar nutzlose Bewegung auf Geh-(Lauf-)rhythmus und -intensität abgestimmt ist und umgekehrt diese beeinflußt.

Den zweckmäßigen Mitbewegungen „steht nun aber eine Klasse von Mitbewegungen gegenüber, welche ebenfalls bei Gesunden gar nicht selten zu finden sind, und die zur Erreichung des Zweckes keineswegs beitragen, sondern eine überflüssige Muskeltätigkeit und unnötigen Energieverbrauch bedeuten und dementsprechend als u n z w e c k m ä ß i g e M i t b e w e g u n g e n bezeichnet werden sollen . . . Wir finden sie besonders dann, wenn eine neu zu erlernende Bewegung oder Manipulation ausgeführt wird. Es sei hier nur daran erinnert, wie ein Kind, welches schreiben lernt, dabei das Gesicht verzieht, den Kopf verdreht, wie der linke Arm sich mitbewegt, wie selbst die Beine krampfhaft gebeugt werden. Erst allmählich mit fortgesetzter Übung verschwinden alle diese Mitbewegungen." (FOERSTER 3f.)

Das Erlernen von Bewegungen - und damit das instrumentale Üben - besteht zu einem großen Teil aus dem Umgang mit den verschiedenen Arten der Mitbewegungen. Das trifft umso nachhaltiger dann zu, wenn, wie bei der Querflötentechnik, der ganze Körper in den Spielvorgang einbezogen ist.

Auch zweckmäßige Mitbewegungen verbrauchen zwar zusätzliche Energie; dieser Aufwand ist aber sehr sinnvoll, nicht zuletzt wegen der physiologischen Erkenntnis, daß ein bewegter Muskel sich leichter regeneriert als ein krampfhaft festgestellter. (Vgl. 3.1.2. Ziff.8)

Wohl zu beachten ist, daß unter den Begriff der Mitbewegungen auch die isometrische - also bewegungslose - Anspannung eines Muskels fällt, weshalb korrekter von *Mitinnervation* gesprochen wird. Schädliche Mitinnervationen treten bei der Flötentechnik vorzugsweise im Ansatzbereich, im Gesicht, an der Zunge, am Kehlkopf und im Bauch auf.

Eine andere Art von Mitbewegungen, die eigentlich nur den Namen mit den bisher behandelten gemeinsam hat, tritt als Wechselwirkung zwischen verschiedenen Individuen auf. Man bezeichnet dies als *Ideomotorik*. Dazu gehört „die unbewußte Nachahmung von Gebärden, Gesten, Gang, Tanz, Rhythmus u.a." (BROCKHAUS) Eine besonders zwanghafte ideomotorische Reaktion kann bekanntlich das Gähnen auslösen. Typisch ist auch die Erscheinung, daß der Zuhörer eines schlecht disponierten, verspannten Sängers sich ebenfalls verkrampft und nach kurzer Zeit verspannter ist als dieser selbst. Als Instrumentallehrer kann man Fehler des Schülers oft eher am eigenen Körper spüren, als daß man sie verstandesmäßig erfaßt. Vergleichbares ereignet sich zwischen Dirigent und Orchester und zwischen Musizierpartnern. Manche technisch schwierige Stelle wird leichter bewältigt, wenn der schwächere Spieler sich mit einem überlegenen Partner synchronisieren kann - ein Plädoyer für gelegentliches, maßvoll betriebenes Unisonospiel von Lehrer und Schüler!

Synkinesien und Ideomotorik sind weitgehend unwillkürliche Handlungen. Anders bei der puren *Imitation*: Im Gegensatz zur echten Mitbewegung liegt hier eine Absicht vor. Das Verhalten des Vorbildes wird wahrgenommen und willentlich nachvollzogen. Die Handlungsmotive unterscheiden sich dabei grundlegend: gewöhnlich ahmt der Imitator nur Äußerlichkeiten nach; die zentrale Koordination fehlt bei ihm mangels einer ausgeprägten Zielvorstellung. Nichtsdestoweniger kann auch die Imitation sinnvoll im Unterricht eingesetzt werden.

3.2.7. Ausgleichsbewegungen, Gegenbewegungen

Wenn auch der Terminus *Mitinnervation* auf einen nervlichen Zusammenhang hindeutet, so kann man auch *Ausgleichsbewegungen*, die rein funktionell bedingt sind, zu den - nützlichen - Mitbewegungen zählen. Durch Ausgleichsbewegungen wird eine Hauptbewegung beruhigt, geglättet, rationalisiert und in ihrer Eigenart geformt. Sehr deutlich ist das an den verschiedenen Formen der Fortbewegung zu Fuß zu demonstrieren: Schreiten, Schlendern, Schleichen, Stampfen, Marschieren, Stolzieren usw. unterscheiden sich hauptsächlich durch den verschiedenen Einsatz von Ausgleichsbewegungen voneinander. Dabei zeigt sich, daß eine nicht nur ökonomisch zweckmäßige, sondern (dadurch auch) schöne Bewegung wie das Schreiten durch sinnvollen Einsatz *gegensinniger* Armbewegungen zustandekommt, wogegen beim „Latschen" und Stampfen die Arme gleichsinnig mitbewegt werden. Gegensinnige Ausgleichsbewegungen sind ein Zeichen von Überlegenheit; Gegenbeispiel sind die „täppischen" Bewegungen kleiner Kinder, die ihre Motorik noch nicht beherrschen: Beim Greifen nach einem Gegenstand bringen sie den ganzen Körper in die Richtung zu ihm hin, während der Erwachsene nach dem Gegenstand „langt", indem er die Gegenschulter zurücknimmt. Manche Menschen verharren zeitlebens in einem **plumpen**, d.h. undifferenzierten Bewegungsverhalten. Die Eleganz, die man mit Recht der Flötenhaltung zuschreibt, beruht nicht zuletzt auf dem mehr oder weniger bewußten Einsatz von sinnvollen Ausgleichsbewegungen.

Gegenbewegungen können auch **aktive** Auslöser einer gezielten Bewegung sein - statt nur einer reaktiven Antwort darauf. Das ist der Fall, wenn eine *Hebelwirkung* ausgenutzt wird, wie am Exempel des Zusammenspiels zwischen der Instrumentenhaltung und den Anlegepositionen am Mundloch gezeigt werden wird (4.3.3.)

3.2.8. Ausdruckshandlungen

Das Verziehen des Gesichts bei einer mit Anstrengung verbundenen Handlung kann mechanisch - durch direkte Wirkungen der Muskeln untereinander - oder durch Mitinnervation bedingt sein. Es kann aber dabei auch die seelische Einstimmung des Handelnden „zum **Ausdruck** kommen". Folgerichtig bezeichnet man derartige Vorgänge, die zwar zum Handlungsziel keinen unmittelbaren Bezug haben, meist aber alles andere als sinnlos sind, als *Ausdrucksbewegungen*. „Die Ausdrucksbewegungen beschränken sich . . . nicht aufs Gesicht, sie laufen über den ganzen Leib. Bewegungen der Hände und Arme, Haltung, Gehen und Laufen, Treppensteigen, Aufstehen und Sichsetzen sind ebenso ausdrucksvoll wie das Mienenspiel. Sie sprechen von der Eigenart, der Individualität, dem Charakter, dem Temperament des sich Bewegenden wie von seiner Stimmung . . . Vor der Tatsache der Ausdrucksbewegung versagt die mechanische Erklärung. Sie läßt keinen Zweifel, daß die Bewegung von einem Zentrum her gelenkt wird, das mehr ist als die Schaltstelle eines zusammengesetzten Hebelwerks, von der leiblich-seelischen ‚Mitte' des Menschen." (JACOBS)

Reinen Ausdruckshandlungen, wie Lachen, Weinen, Gebärden des Ekels, der Scham, Resignation, Erwartung, Furcht, Freude oder Verlegenheit, stehen solche zur Seite, die - bewußt und mehr oder weniger zielgerichtet - der Kommunikation dienen: Droh- und Unterwerfungsgebärden, Liebkosungen, oder die Unterstreichung einer eindringlichen Mitteilung durch Bewegungen der Arme und Hände, durch den Blick oder durch Annähern an den Partner. Diese - noch ziemlich unbewußten - Handlungen werden ergänzt durch absichtliche Gesten, die das sprachlich Mitzuteilende bewußt unterstreichen oder auch ganz ohne Sprache auskommen. Schauspielkunst und Musik, als extrem ausdrucksintensive Betätigungen, bedienen sich dieses Kommunikationsmittels in entscheidendem Maße. Es wirkt sich höchst schädlich aus, solche natürlichen Verhaltensweisen zu unterdrücken. Was aber beim Schauspieler und Dirigenten implizite zum Handwerk gehört, wird dem Instrumentalmusiker leicht als Effekthascherei, Unsicherheit oder Undiszipliniertheit vorgeworfen - gelegentlich zu Recht, häufig aber zu Unrecht. Somit erscheint es als pädagogisch verfehlt, Ausdrucksbewegungen beim Musizieren generell als störend oder überflüssig zu verwerfen. Es müssen vielmehr Wege und das Maß gefunden werden, die **natürlichen** - nicht die eitel aufgesetzten! - Ausdrucksbewegungen sich entfalten zu lassen und sie in den Dienst von Technik und Gestaltung zu stellen. "Wo die Kunst berührt ist, kommt es auf mehr an als auf mechanische Effizienz." (Bartholomew FZ6)

Meist kommen Ausdrucksbewegungen als Teil von zielgerichteten Willkürbewegungen vor. Der Ausdruck gibt ihnen das Individuelle. Auch ein und derselbe Mensch wird eine wiederholte Tätigkeit jedesmal mit neuen, kleinen Ausdrucksvarianten versehen. Ihr Ausdruck erst verleiht einer Handlung Leben und macht sie menschlich. Eine Bewegungs (und also auch Instrumental-)Lehre, die dieses angeblich „störende Beiwerk" verteufelt und zu eliminieren versucht, geht einen katastrophalen Irrweg.

Die besonders starke Körperbezogenheit der Querflötentechnik läßt mit Recht vermuten, daß das Ausdrucksverhalten des Bläsers direkt und intensiv in seine Spieltechnik eingeht. Wenn wir unserem Grundsatz treu bleiben wollen, die Flötentechnik dem Gesang so weit wie möglich anzunähern, dann müssen wir dafür sorgen, daß das körperliche Ausdrucksbedürfnis nicht beschnitten, sondern kultiviert und in Klang und Gestaltung umgewandelt wird. Selbst ganz objektive technische Erfordernisse lassen sich durch subjektives Ausdrucksverhalten steuern. Wenn der Spieler beispielsweise einen musikalischen Phrasenverlauf durch ein entsprechendes körperliches Spannungsverhalten nachvollzieht, dann passen sich Atmung und Ansatz - vorausgesetzt, sie werden einigermaßen beherrscht - automatisch richtig an. Akzente, metrische Schwerpunkte, rhythmische Abläufe und Betonungen können vom gesamtkörperlichen Verhalten her gesteuert werden. Sehr häufig sind rhythmische Mißverständnisse bei Schülern schon an deren Bewegungsverhalten abzulesen, bevor der Fehler überhaupt hörbar wird. Umgekehrt kann man nicht selten einer rhythmisch schwierigen Stelle durch eine entsprechende Geste beikommen oder mit ihr einen rhythmischen Fehler ausmerzen. (Vgl. 4.4.2.)

Ausdrucksvolles, engangiertes Spiel setzt voraus und gestattet ein entsprechendes Bewegungsverhalten, und es kann als ein durchaus legitimes künstlerisches Mittel gelten, einen bestimmten musikalischen Ausdrucksgehalt „schauspielend" darzustellen, um so die notwendigen spieltechnischen und gestalterischen Potenzen zu aktivieren. Dabei darf nur nicht die Grenze überschritten werden, hinter welcher der - optische und spieltechnische - Schaden überwiegt. Häufig zeigen nämlich die Bewegungen eines Interpreten nicht seinen Ausdruckswillen an, sondern seinen verbissenen Kampf gegen technisches Unvermögen. Dabei kann es sich um Verlegenheitsbewegungen handeln, also echte, wenn auch unerwünschte Ausdruckshandlungen; manchmal sind es aber **Ersatz**handlungen: eitle Gesten, die mittels mehr oder weniger ästhetischer, „tänzerischer" Bewegungen dem Zu-**Schauer** das vorspiegeln, was dem Zu-**Hörer** vorenthalten wird. Daß diese Unart vom Publikum oft bereitwilligst honoriert wird - nicht zuletzt Dirigenten gegenüber - trägt leider wenig dazu bei, sie als unkünstlerisch zu entlarven!

3.2.9. Motorische Steuerung durch den Blick

Wir empfinden das Auge als unser sensibelstes und wichtigstes Sinnesorgan. Es dient nicht nur der Wahrnehmung optischer Reize; im *Blick* wird vielmehr auch ausgedrückt, was in uns vorgeht: Befinden, Vorhaben, Stimmung, Tätigkeit. Auch hierbei läßt sich die Wirkungsrichtung umkehren: Mit Hilfe des Blickes können Befinden, Vorhaben und spezielle Tätigkeiten vorbereitet, beeinflußt und geführt werden. „Die Augen sind nicht nur zum Sehen da . . . (sie) leisten Wesentliches, um die Muskulatur des ganzen Körpers zu koordinieren." (FELDENKRAIS 205) Verspannungen, in welchem Körperbereich auch immer, sind mit überraschender Wirkung durch ein Lächeln fast immer zu beheben. Ein „stolzer" Blick hat eine ebensolche Haltung zur Folge; niedergeschlagene Augen führen zur Abschlaffung, nach innen gewandte zur Abschirmung nach außen usw. Ein Zielwurf ist nur denkbar, wenn beim Abwurf eine Blickverbindung zum Ziel hergestellt wird; sie lenkt automatisch Wurfkraft und -richtung. Entsprechendes gilt für das Musizieren - siehe 4.4.2.

3.2.10. Umgang mit Werkzeugen (Instrumenten)

Die Eigenschaft der Querflöte als ein „Handwerkzeug", wie wir sie zu Beginn unserer Ausführungen interpretierten (1.1.), hat Konsequenzen für das psychomotorische Verhalten des Bläsers. Gerade beim Umgang mit **einfachen** Werkzeugen - und die Flöte ist ein solches - wird das Phänomen der *Zielvorstellung* besonders evident. Solche Werkzeuge verstärken, verfeinern, präzisieren oder beschleunigen die Fähigkeiten dessen, der sich ihrer bedient. Sie werden außen, an der Körperperipherie, eingesetzt und wirken nach außen, ob es sich nun um einen Hammer, eine Zange - oder um ein Musikinstrument in der Art der Flöte handelt.

Eine der Zielvorstellungen des Musizierenden muß darin bestehen, vorauszuempfinden, wie sein Signal beim Zuhörer ankommen soll. Der Redner oder Schauspieler lernt, sich so zu artikulieren, daß eine direkte Verbindung zu den relativ weit entfernten Zuhörern zustandekommt; der Feinmechaniker verlegt seinen Tastsinn quasi in die Spitze des Schraubenziehers; sogar der geübte Autofahrer, obwohl er eine vergleichsweise komplizierte „Werkzeugmaschine" bedient, fühlt über das Lenkrad und die Räder hinweg die Straße - Anfänger klammern sich dagegen ans Lenkrad und richten ihre Aufmerksamkeit mehr auf die Einzelheiten der Fahrtechnik als auf den Weg. Arbeitsphysiologische Untersuchungen haben ergeben, daß ein „Von-sich weg-Arbeiten" befriedigender, effektiver und weniger ermüdend ist als ein „Zu-sich-Herholen". Dieses Denken und Fühlen **nach außen**, zum Wirkungsort hin, sollte beim Flötenspieler dazu führen, daß er seine Fingerspitzen und den Lippenausgang, ja das Instrument selbst, als den Pol empfindet, von dem eine Spannung zum Empfangsort, dem Zuhörer, ausstrahlt.

Einem möglichen Mißverständnis sei vorgebeugt: Wir werden im Folgenden von der Notwendigkeit erfahren, daß die Flöte zum Körper und nicht der Körper zur Flöte hin orientiert werden muß. Das behält uneingeschränkte Gültigkeit. Befindet sich das Instrument aber erst einmal in Ansatzlage, ist sie also in den Körper integriert, dann muß sie - als nun am weitesten außen liegender „Körperteil" - als Sendeantenne zum Empfänger hin empfunden werden.

Noch mehr als durch die Haltung bemächtigen wir uns eines Gegenstandes, indem wir ihn - und wir uns mit ihm - **bewegen**. Wollen wir mit ihm in nähere Beziehung kommen, so geben wir uns nicht mit einer statischen Berührung zufrieden, sondern gehen mit ihm um, betasten ihn, streichen über ihn hinweg oder wägen ihn in der Hand. „Durch den Leib kann ein fremder Gegenstand seine Fremdheit und Unzugänglichkeit verlieren und uns sich angliedern als etwas, das dann mehr ein Stück von uns selbst wird. Vor allem dann, wenn ein Gegenstand an unseren Bewegungen teilnimmt, z.B. unsere Kleidung, ein Federhalter, ein Spazierstock, dehnt sich unser Leib gleichsam auf ihn aus. Wir tasten die Außenwelt mit ihm ab, beherrschen ihn dermaßen, daß auch die feinsten dynamischen Nuancen auf ihn übertragen werden können." (Buytendijk 29)

3.2.11. Optimierung der Motorik

3.2.11.1. Rationalisierung und Spezialisierung

Die zum großen Teil hochspezialisierten Fertigkeiten, welche die Flötentechnik erfordert, verlangen einen optimalen Einsatz der verfügbaren Fähigkeiten. Geschicklichkeit, Flinkheit und Präzision kommen in erster Linie durch ökonomischen Umgang mit den vorhandenen natürlichen Gegebenheiten zustande, zum anderen durch deren weitere Verfeinerung. Jede Handlung ist ein höchst differenzierter Vorgang, der die verschiedensten Modifikationen offenläßt und auf diese Weise qualitativ beeinflußt werden kann. Die Wege dazu sind mannigfaltig:

1. Erster und wesentlicher Grundsatz: Was von allein geht, braucht nicht willkürlich herbeigeführt zu werden, sei es, daß natürliche Kräfte, wie z.B. die Schwerkraft beim Absetzen des Instrumentes, ausgenutzt werden oder periodische Abläufe eines aus dem anderen sich ergeben, wie bei der Atmung, daß erwünschte Schwingungen, wie z.B. das Vibrato, freigegeben oder höchstens unterstützt, nicht aber „erzeugt" werden, oder daß die stimulierende Wirkung von emotionalen Einflüssen ausgenutzt wird. Selbst der „Trägheit" kann man sich bedienen - diese jedoch nicht im umgangssprachlichen Sinne verstanden, sondern in der exakten physikalischen Bedeutung: indem man den Schwung einer Be-

wegung nicht unnötig abbremst, sondern sie auslaufen oder natürlich und bruchlos in eine neue übergehen läßt. Das heißt, „daß die einmal in Gang gesetzte Bewegung allein durch das Trägheitsmoment des Gliedes weitergeführt werden kann. Dies kann für die Ökonomie einer Bewegung von grosser Bedeutung sein." (WACHHOLDER 586) Ferner kann man davon ausgehen, daß eine Bewegungsumkehr häufig einfach durch Nachgeben gegenüber den „elastischen Kräften der bei der Hin- und Herbewegung gedehnten Gewebe (Muskeln, Bänder, Haut) bewirkt" wird. (WACHHOLDER 593) Ein überzeugendes Beispiel der Überlassung an solche passiv wirkenden Kräfte bildet der Bewegungsablauf der von uns so genannten *Aktionseinatmung* (4.4.3.6.)

2. Eine Handlung beginnt und läuft umso natürlicher und zweckmäßiger ab, je mehr sie einem **Bedürfnis** entspringt. Auch dies trifft auf die Atmung zu. Statt also eine Handlung beziehungslos in Gang zu setzen, sollte man das Bedürfnis zu ihr, falls nicht ohnehin vorhanden, **wecken**: durch eine deutliche Zielvorstellung oder auch durch den Aufbau einer mechanischen Spannung - Beispiel: die Zunge wird **vor** dem Stoß gespannt; der Stoß selbst **löst** die Spannung, ist also weniger eine aktive als vielmehr eine re-aktive Handlung.

3. Ein wesentliches Gestaltungs- und Organisationsmoment besteht darin, bestimmte Bewegungsabläufe durch einen natürlichen Rhythmus zu formen. „ Das unmittelbare Mitgehen, die freiwillige Hingabe und . . . das passive Sich-in Schwingung-versetzen-lassen, das Sich-Einfügen, Sich-Hingeben, Sich Ergehen, zeugen von der starken Bezogenheit auf das menschliche Erlebnis- und Gefühlsleben. Schon Wilhelm Wundt hat den Rhythmus als einen affektiven Verlauf, der aus dem Wechselspiel von Erwartung und Befriedigung besteht, beschrieben . . . Rhythmus wird durch eine ständig ansteigende und sich auflösende Spannung gekennzeichnet . . . "(RÖTHIG 37f.) So selbstverständlich ein Eingehen auf den Rhythmus der wiederzugebenden Musik auch ist, so sollte man vermeiden, sich von ihm bewegungsmäßig zu sehr festlegen oder einengen zu lassen. Insbesondere vermeide man, das Taktzeitmaß durch Körperbewegungen zu markieren.

4. Sehr feine und genaue Bewegungen können vielfach über *Hebelwirkung* aus ambitiöseren Bewegungen „untersetzt" werden. Das hat den Vorzug, daß die Steuerhandlung selbst relativ groß dimensioniert und dadurch leichter zu kontrollieren ist. Darüberhinaus werden mit der Untersetzung gewisse unvermeidbare Unregelmäßigkeiten ebenfalls verkleinert, so daß die Bewegung am Wirkungsort rund und präzise gestaltet werden kann. Bei unseren weiteren Untersuchungen werden wir diesem Effekt bezüglich des Zusammenspiels zwischen dem Ansatzbereich und der rechten Hälfte des Instrumentenhaltebereiches (4.3.4.) begegnen. Eine Untersetzung liegt auch vor bei der willkürlichen Vibratoanregung, wie der Verfasser sie empfiehlt (7.7.2. Ziff.3).

5. *Zeitliche Präzision* darf - vor allem bei komplexen Handlungen - nicht mit unbedingter Gleichzeitigkeit der Einzelhandlungen verwechselt werden. So finden beim Toneinsatz Greif-, Atemdruck-, Lippenspannungs- und Zungenimpuls nicht gleichzeitig, sondern nacheinander in fein abgestimmten Zeitintervallen statt.

3.2.11.2. Fehler erkennen und vermeiden

Je komplizierter eine Tätigkeit ist, umso mehr besteht die Gefahr, daß sie von Bewegungsfehlern begleitet wird. Diese können die Haltungsbasis betreffen und bestehen dann in allgemeiner oder partieller Verkrampfung; oder sie sind Teil der Aktion selbst, bzw. ersetzen sie. Eine typische Ersatzhandlung liegt vor, wenn ein Turner vergeblich einen Klimmzug zu machen versucht und stattdessen die Beine an den Bauch zieht. Vergleichbares geschieht, wenn ein Sänger oder Bläser das Zwerchfell zu aktivieren meint, in Wirklichkeit aber nur den Bauch vorstreckt und ihn womöglich noch anspannt. Eine häufige, häßliche und störende Ersatz- oder Verlegenheitshandlung ist das Atmen (ohne eigentliches Bedürfnis dazu) vor einer technisch schwierigen Stelle.

Ziel- und sinnlose Bewegungen können auch auf „motorischer Desorganisation oder Kapitulation" (BUYTENDIJK) beruhen. Fahrige, überflüssige und übergroße Bewegungen beruhen auf solchen Störungen; Zittern *(Tremor)* schließlich kann aus übertriebener Muskel-Anspannung oder von starker Emotion herrühren. Technische Unsicherheit, daraus resultierende Angst oder Überkonzentration und Lampenfieber sind die Ursachen für solche motorischen Defekte. Ihnen kann begegnet werden durch ruhiges Selbstvertrauen,gewachsen aus der Überzeugung vom eigenen Können, welches wiederum ein Ergebnis sorgfältiger Vorbereitung ist. Im übrigen kann die vielgescholtene *Routine* - recht verstanden - sehr positive Wirkung haben, indem sie freimacht für differenziertere Anforderungen. Wer sie noch nicht besitzt, sollte sich davor hüten, sein Können zu überschätzen und in der Wahl der Stücke immer etwas **unter** seinem Leistungsstandard bleiben.

Die typischen Fehler der Flötentechnik treten in ihrer Mehrzahl nicht an der eigentlichen Wirkungsstelle auf, sondern werden - wegen zu starker Fixierung des Bläsers auf diesen Punkt - in andere Körperregion verlagert und stören von dorther die erstrebte Leistung - ein Regel- oder besser: Teufelskreis, der lawinenartig zu rapidem, völligem Versagen führen kann. Abhilfe ist durch Normalisierung des **gesamtheitlichen** Verhaltens möglich. Empfehlenswert ist eine Beschäftigung mit dem *Autogenen Training*.

3.2.12. Ästhetik der Bewegung

Richtige, d.h. organische, rationelle, zweckmäßige Bewegung wirkt schön. Verfehlt ist es aber, „schöne" Bewegungen absichtlich zu „machen". Auf diese Weise wirken sie im günstigsten Falle geziert und künstlich, oft aber einfach lächerlich. „Nicht . . . die Form (wird) vom Begriff der Schönheit bestimmt, sondern umgekehrt wird, wo die Form lebendig ist, der Schönheitsbegriff von der Form geprägt: schön ist, was innerlich notwendig aus dem Spiel wirkender Kräfte hervorgeht." (JACOBS 363) Organische Bewegung fließt aus innerem Antrieb und bemüht sich nicht um den äußeren Ablauf. Sie ist außen ruhend und innen belebt, außen weich und innen spannkräftig. „Das Schöne (der Bewegung äußert sich) in Harmonie und beherrschtem Gleichgewicht . . .Schließlich kann die Schönheit einer zweckmäßigen Bewegung noch durch den Eindruck der Vornehmheit [bzw. der Eleganz - d.Verf.] betont werden, die durch jede *leichte* Beherrschung des Körpers durch den Geist entsteht." (BUYTENDIJK 357)

LITERATURHINWEISE

Buytendijk, Crctty, Feldenkrais, Foerster, Jacobs, Röthig, Schlenger, Sobottke, Wachholder, Chr.Wagner

3.3. DIE ATMUNG: FUNKTION, ANATOMIE, MECHANIK

Quelle, Mittelpunkt und Rahmen jeglicher Blastechnik ist die Atmung. Sie ist Energielieferant und formender Faktor aller spieltechnischen Aktivitäten. Da diese von der Körperperipherie, an der sie sich abspielen, auf das Zentrum zurückwirken, ergibt sich ein Netzwerk von Wechselbeziehungen. Kaum eine spieltechnische Leistung ist ohne Berücksichtigung der Atmung zu realisieren. Deshalb muß unsere besondere Aufmerksamkeit diesem wahren Zentrum des Organismus und der Spieltechnik gelten.

3.3.1. Aufgaben und Steuerung der Atmung

Die Lungenatmung ist ein Teil des die gesamte belebte Natur umfassenden Phänomens des *Gasstoffwechsels*. Ihm sind Kleinstlebewesen ebenso unterworfen wie Pflanzen, Tiere und Menschen. Die Besonderheit der Atmung von Mensch und Tier besteht in der **aktiv** geführten *Ventilation* (Lüftung) ihrer Lungen.

Ursprünglicher biologischer Zweck der Atmung ist die Gewährleistung und Aufrechterhaltung des allgemeinen Körperbetriebes. Der Gasstoffwechsel besteht - vereinfacht ausgedrückt - in der Aufnahme von Sauerstoff (O_2), Gewinnung von Energie durch Verbrennung (Oxidation) und der Abgabe von Kohlendioxid (CO_2). Die chemischen Vorgänge werden durch hormonelle und mechanische Faktoren beeinflußt und ergänzt. Auf diese Weise greifen auch psychische und verhaltensbedingte Einflüsse in die Atmungsvorgänge ein.

Die Steuerung von Atmungsintensität und -rhythmus geht vom *Atemzentrum*, einem Teil des Zentralen Nervensystems, aus. Hier werden Reize, die von außen und aus dem Körperinneren kommen, empfangen, in Form von Regelkreisen verarbeitet und als Atemantriebe an den Atemapparat gemeldet. Das Atemzentrum liegt „im verlängerten Mark, einem Teil des Gehirns . . . Es reguliert unbewußt die Atmung und hält sie in Gang. Seine Schädigung oder Verletzung bewirkt sofortigen Tod, wenn nicht augenblicklich künstliche Atmung durchgeführt wird." (BROCKHAUS)

Obwohl das Atemzentrum zum vegetativen Nervensystem gehört, werden die einzelnen an der Atmung beteiligten Muskeln durch das animale NS (3.1.1.) innerviert. Das macht sie - im Gegensatz zu anderen innerkörperlichen muskulären Vorgängen (Herz, Verdauung) - dem Willen zugänglich. Diese Zwischenstellung verleiht der Atmung ihre überragende Bedeutung für das Gesamtverhalten des Menschen. Dazu kommt, daß das Atemzentrum in enger Verbindung mit weiteren Zentren steht, von ihm aus also Wirkungen zu anderen Körperbereichen und -funktionen ausgehen.

Willkürliche Atembeeinflussung, vom Atemanhalten bis zum übertrieben tiefen oder schnellen Atmen *(Hyperventilation)*, ist aber nicht unbegrenzt möglich. Nach einem kurzen Zeitraum zwingt die gestörte Balance der Gaskonzentration im Blut den Atemrhythmus und die Atemtiefe zu einer Anpassung.

Bei der Ventilation wird Energie gebraucht, umgesetzt und bereitgestellt. Eher als Nebenerscheinung (wenn auch unerläßliche Voraussetzung) ist dabei der Einsatz von Muskel-(=mechanischer) Energie und ihre Umwandlung in Luftströmung (=aerodynamische Energie) anzusehen. Die Natur macht diese physikalischen Vorgänge für typische Leistungen nutzbar: „Gerade beim Menschen (steht) der luftbewegende Apparat nicht allein im Dienste der Aufrechterhaltung vegetativer Gleichgewichte . . . , sondern (stellt) ein Hilfsmittel für typische menschliche Leistungen dar . . . Die Phonation z.B. ist nur durch fein abgestufte Miteinbeziehung der Atemmotorik möglich. So sind Sprechen, Singen oder Spezialleistungen wie das Spielen von Blasinstrumenten weitgehend das Ergebnis besonderer Modifikationen der Atembewegungen. Auch im Rahmen motorischer Ausdrucksbewegungen kommen beim Menschen starke Veränderungen der Atmung vor, wie z.B. die Atemhemmung bei gespannter Aufmerksamkeit (,atemlose' Spannung) oder die Hyperventilation bei psychischer Erregung." (KOEPCHEN 164f.)

Aber auch, wenn die Atemluft zu typischen aerodynamischen Leistungen eingesetzt wird, behält die Atmung ihre ursprüngliche biologische Aufgabe bei. Das bedeutet, daß eine bewußte Steuerung von Atemrhythmus und -tiefe, wie sie in der Blastechnik nötig ist, wesentlich verbessert und erleichtert werden kann, wenn es gelingt, möglichst viele unbewußte Atemantriebe beizubehalten, die Atembewegungen also nicht ausschließlich als technischen Vorgang zu behandeln, sondern sie in den Gesamtablauf des Spiels einzubeziehen und aus ihm heraus zu entwickeln.

3.3.2. Das Atmungssystem

Die Luft wird durch die Nase oder den Mund und daran anschließend durch Rachen, Kehlkopf, Luftröhre und die Bronchien der Lunge zu- und auf dem gleichen Wege wieder abgeführt. Dabei wird die einströmende Luft gereinigt, erwärmt, angefeuchtet und vom Geruchssinn geprüft.

Unterhalb des Kehlkopfes befinden sich die *unteren Luftwege*. Kurz vor dem Eintritt in die Lungen teilt sich die Luftröhre über zwei *Bronchien* in immer feinere Äste und endet schließlich in den *Lungenbläschen (Alveolen)*. Ein Lungenbläschen hat einen Durchmesser von ca. 0,2 mm. Bei einer Anzahl von 300 bis 750 Millionen steht somit eine Fläche von ungefähr 100 qm für den Gasaustausch zur Verfügung. Die beiden *Lungenflügel* liegen im Brustkorb. Die *Lungenspitzen* bilden den oberen Teil und ragen über das Schlüsselbein hinweg in die Halsregion hinein.

Das gesamte Fassungsvermögen der Lunge beträgt beim erwachsenen Menschen ca. 6 Liter *(Totalkapazität)*. In Ruhe werden bei einem Atemzug aber nur ca. 0,5 l bewegt *(Atemzugvolumen)*. Aus der *Atemruhelage* - das ist der Zustand nach normaler Ausatmung in Ruhe - können weitere 1,5 l ausgeatmet und 2,5 l eingeatmet werden *(exspiratorisches und inspiratorisches Reservevolumen)*. Die Gesamtheit der genannten Volumina, also die

Atemmenge, die bei stärkerer Ein- und Ausatmung im Höchstfalle umgesetzt werden kann, wird als *Vitalkapazität* bezeichnet. 1,5 l verbleiben als Restluft (*Residualvolumen*) auch nach maximaler Ausatmung in der Lunge.

3.3.3. Atemmuskeln, Atembereiche, Atemmechanik

Einatmung und Ausatmung kommen durch Weiten und Verengen des Brustraumes zustande. Dies wird durch die Atemmuskulatur bewirkt. Die Lunge folgt den Veränderungen passiv. Beim Weiten entsteht in der Lunge ein Unterdruck. Sofern der Atemweg offen ist, strömt zum Druckausgleich Luft von außen in die Lunge ein. Die Luftströmung ist mithin ein passiver Ausgleichsvorgang, der dann am besten funktioniert, wenn ihm auf seinem Weg möglichst wenig Widerstand entgensteht. Deshalb hat der Bläser bei der Einatmung besonders auf freien Durchgang im Ansatzbereich und am Kehlkopf zu achten. Entsprechendes gilt auch für die Ausatmung, jedoch mit der Einschränkung, daß hierbei im Sonderfalle der stimmlichen oder bläserischen Phonation ein zweckmäßiger Widerstand zugeschaltet werden muß, an welchem die Strömungsleistung „abfällt", d.h. sich entfaltet.

Die Volumenänderungen des Thoraxraumes werden von aktiven Muskelkräften sowie von passiven Reaktionen darauf herbeigeführt. Zum Beispiel ist die Ausatmung im Ruhezustand vorwiegend eine passive Befreiung vom Druck der eingeatmeten Luft, der Dehnung des Lungengewebes und der Kontraktion der Einatemmuskulatur. Dagegen ist der Blasvorgang eine sehr aktive Handlung, die nichtsdestoweniger von den vorher genannten Kräften mitgeformt wird.

Es gibt Muskeln, die ausdrücklich der Atmung dienen, wie z.B. das Zwerchfell und die Zwischenrippenmuskeln, und andere, die gleichermaßen für die Körperhaltung wie für die Atmung zuständig sind. Ferner haben wir zu unterscheiden zwischen Muskeln, die ausschließlich der **Ein**atmung und anderen, die ebenso eindeutig der **Aus**atmung dienen. Beide Gruppen wirken wechselseitig als Antagonisten.

Äußerlich gesehen und mit allem Vorbehalt kann man bei der Betrachtung der Atemmechanik zwei Rumpfbereiche unterscheiden, die durch die Begriffe der *Bauch-* und der *Brust*atmung repräsentiert werden. Es sei aber **dringend** davor gewarnt, diese Unterteilung - wie auch andere Rubrizierungen der Atembereiche und -vorgänge - als biologisch vorgegebenen Dualismus mißzuverstehen. Viel atemmethodisches Unheil ist schon durch die säuberliche topographische Aufgliederung des Atembereiches - nach Begriffen wie *Costal-, Abdominal-, Costosternal-* oder *Costodiaphragmalatmung* und anderen wohlklingenden Termini - angerichtet worden. Das mag wissenschaftlich-analytische Berechtigung haben; dem Verständnis und der Vermittlung einer natürlichen, überlegenen Bläseratmung ist damit kein Dienst getan. Ein Auseinanderdividieren - und womöglich Einüben! - von verschiedenen Teilatmungen, wie Bauch-, Flanken-, Lenden-, Brust-, Rücken-, Rippen-, Schlüsselbeinatmung, stellt eine Entfernung von der naturgegebenen Gesamtheitlichkeit dar. „In der unverdorbenen Natur gibt es nur Gesamtatmung, keine Teilatmung. Teilatmung . . . ist entweder eine natürlich entstandene Atemstörung oder ein Kunstprodukt falscher Atemschulung. Wohl kann innerhalb der natürlichen Gesamtatmung bald die eine, bald die andere Bewegungsrichtung stärker betont sein . . . Aber immer sind dabei *sämtliche Atemmuskeln tätig, nur in verschiedenem Grade* . . .Bauchatmung, Flankenatmung, Brustatmung getrennt zu üben und daraus eine Vollatmung zusammensetzen zu wollen, ist sinnlos . . . Sie ist jämmerliches Stückwerk." (JACOBS 191f.) WÄNGLER (Leitf. 14): „*Die Atmung ist ihrer Leistung und ihrem Wesen nach ein ganzheitlicher Vorgang.* Werden einzelne Teile daran unterschieden, so ist das eine Hilfsmaßnahme. Dem gliederungsabhängigen Menschengeist fällt es nämlich grundsätzlich schwer, Ganzheiten als solche aufzufassen und zu beschreiben. Hört man demnach von Ein- und Ausatmung, von Brust- oder Zwerchfellatmung z.B., so darf man sich solche Einzelheiten niemals synthetisch zur eigentlichen Atmung zusammengesetzt vorstellen. Dementsprechend sind diese beschreibungstechnisch notwendigen Hilfsteilungen richtungsverschiedene Schnittebenen durch eine komplizierte Gefügestruktur, auch übungsmäßig nicht isolierbar. Wer das verstanden hat, braucht weder ‚im großen und ganzen' undifferenzierter Verallgemeinerungen stecken zu bleiben, noch wird er sich notwendig in Einzeltatsachen verwirren." Das möge bedacht werden, wenn im Folgenden „trotzdem" die beiden Bereiche nacheinander betrachtet werden.

3.3.3.1. Der Bauchbereich

Als *Bauchatmung* kann - mit den im vorhergehenden Abschnitt vermerkten Vorbehalten - das wechselseitige Zusammenspiel zwischen dem Zwerchfell und den der Ausatmung dienenden Bauchmuskeln bezeichnet werden. Das *Zwerchfell (Diaphragma)* gehört ebenfalls zur Bauchmuskulatur, ist deren einziger **Ein**atemmuskel und **der wichtigste Atemmuskel** überhaupt. Bei normaler Atmung gehen 60% des gesamten Luftumsatzes auf sein Konto. Es hat darüberhinaus Leit- und Auslösefunktion für alle anderen mit dem Atem zusammenhängenden Körperaktivitäten.

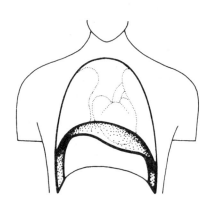

44 Das **Zwerchfell** als Scheidewand zwischen Bauch- und Brusthöhle.

Als dünne Muskelplatte überspannt das Zwerchfell die gesamte untere Thoraxöffnung (-apertur) und bildet so eine elastische Trennwand zwischen Brustkorb und Bauchraum - wie eine Membran. Es ragt kuppelförmig in den Brustraum hinein. Bei seiner Kontraktion flacht es sich nach unten ab und vergrößert auf diese Weise den Brustraum in der vertikalen Dimension. Seine Ränder liegen in Ruhe und im ausgeatmeten Zustand an der Brustwand an und bilden den *Pleuraspalt*. Wenn bei der Einatmung die Thoraxöffnung durch die Rippen-, Rücken- und Flankenmuskulatur auch nach den Seiten erweitert wird, entfaltet sich dieser Spalt, und der Brustraum wird zusätzlich vergrößert. (Man vergegenwärtige sich das scheinbare Paradoxon, wonach in diesem Falle eine Muskel**verkürzung** - nämlich des Zwerchfells - eine Volumen**zunahme** zur Folge hat.)

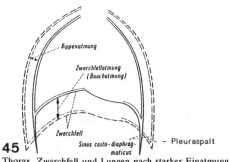

45 Thorax, Zwerchfell und Lungen nach starker Einatmung (gestrichelt) und nach starker Ausatmung (ausgezogen).

J.Pijper: Physiologie der Atmung. In: Gauer-Kramer-Jung: Physiologie des Menschen Bd. 6. Mit frdl. Genehmigung des Verlages Urban und Schwarzenberg

Einer kritischen Diskussion bedarf der Begriff der „Zwerchfellatmung". Ähnlich wie der Begriff „Zungenstoß" (5.4.2.2.) kann er falsche Vorstellungen wecken und zu Fehlreaktionen führen, indem fälschlicherweise eine bewußte und gezielte Aktivierung des Zwerchfells suggeriert wird. Das ist aber nicht möglich. „I m Zwerchfell selbst haben wir keine Spur von Bewegungsempfindungen oder Muskelgefühl. Aus der Atmungsbewegung allein könnten wir uns auch niemals ein direktes Bild, eine Vorstellung von der Zwerchfellage und Bewegung machen, wenn wir nicht anatomische Kenntnisse über diese Verhältnisse auf irgend eine Weise erworben hätten. Daher kommt es, daß Laien, die über Atmungsbewegungen geschrieben haben, so besonders Gesangslehrer, so vielfache Irrtümer in ihren Darstellungen bringen. Sie lassen angeblich direkte Zwerchfellbewegungen üben und glauben, dies dadurch zu bewerkstelligen, daß sie die Muskeln des Bauches in Tätigkeit bringen. S o aber können wir niemals zum Bewußtsein unserer Zwerchfellbewegungen gelangen!" (GUTZMANN-Phys. 27) Willkürlich und unmittelbar - wie beispielsweise die äußeren Gliedmaßen - ist das Zwerchfell nicht zu aktivieren, sondern nur auf dem Wege über bildliche Vorstellungen oder im Rahmen übergeordneter Verhaltensweisen, wie Gähnen, Lachen, Horchen usw. Absichtliches Vorstrecken des Bauches ist alles andere als eine Zwerchfellaktivierung; es bewirkt vielmehr nur eine überflüssige und schädliche Verspannung der Bauchmuskulatur bzw. -decke.

Da es sich beim Zwerchfell eindeutig um einen **Ein**atemmuskel handelt, sind Termini wie „Zwerchfell-Ausatmung" oder „Zwerchfellstoß" irreführend und sollten vermieden werden. Nichtsdestoweniger wirkt das Zwerchfell als wichtiger Antagonist zur Ausatemmuskulatur und hat damit auch bei der Ausatmung eine wichtige und fühlbare Steuerfunktion. Die Hellenen nannten denn auch das Zwerchfell nicht nur *Diaphragma*, sondern auch *Phren* = „Zügel" (nach Stampa).

Die Aufgabe der großen Bauchmuskeln bei der Ausatmung wurde schon unter 3.1.3.1. erwähnt. In der Funktion als Atemmuskeln treten sie nur bei **aktiver** Ausatmung, so auch beim Blasen, in Tätigkeit. An der Ruheatmung sind sie kaum beteiligt. Der Antagonismus zwischen der Gesamtheit der Bauchmuskeln und dem Zwerchfell ist ein wichtiger Faktor der *Atemstütze* (4.5.)

Dank der verschiedenen Verlaufsrichtungen und ihrer zahlreichen, durchweg kräftigen Einzelmuskeln kann die Bauchmuskulatur an vielen Stellen und in verschiedene Richtungen wirken. Häufig wird bei der Bemühung um eine „vorschriftsmäßige" Atmung der Fehler begangen, den vorderen, oberen Teil des Bauches beim Einatmen schlaff zu halten - um Lockerheit zu demonstrieren - oder den unteren Teil vorzustrecken - in der Meinung, dies signalisiere Aktivität. Richtige, d.h. natürliche und wirkungsvolle Bauchatmung wird aber nur dann erzielt, wenn der ganze Leib an der Atemdynamik beteiligt und als vitale Kraftquelle erlebt wird. ·Das bedingt Lockerheit ebenso wie elastische Spannung und drückt sich in einer beherrschten, weder zu umfangreichen noch eingeschränkten Beweglichkeit aus. Insbesondere muß die Atmung den seitlichen (Flanken-) und den hinteren (Lenden-)Teil einbeziehen. Die „schrägen und queren Bauchmuskeln" (*Mm. obliqui und transversus* - siehe Abb. 34 und 35) überstreichen diesen Bereich und stellen darüberhinaus eine Verbindung zur Rippenregion her, wo sie entspringen. Auch das Zwerchfell ist in seinem seitlichen und hinteren Teil sehr kräftig ausgebildet; seine gesamte Kraft kann erst durch eine Einbeziehung von Flanken und Lenden voll ausgenutzt werden.

Nochmals sei betont, daß ein absichtliches und isoliertes Einüben der Bauchatmung keinen Erfolg bringt; einseitige Fixierung und Bemühung darum führt zur Vernachlässigung der ebenso wichtigen Atemfunktionen des Oberkörpers und zum Einsinken der Brust. „Man vergegenwärtige sich . . . das bekannte Bild alternder Sänger, wenn sie mit steif herausgepreßtem Leib und immer weiter zurückgelehntem Oberkörper das Detonieren ihrer ‚gestützten' Tonhöhen vergeblich zu überwinden versuchen." (MARTTIENSSEN 386)

3.3.3.2. Der Oberkörper

In den meisten Atemlehren werden die Zwerchfellfunktion und die Bauchregion vorrangig behandelt. Das hat das durchaus richtige methodische Ziel, verlorengegangenes oder gestörtes Atemverhalten im Bauchbereich zurückzugewinnen. Die Beteiligung des Oberkörpers an der Atmung ist aber nicht weniger umfangreich und wichtig, wohl aber unkomplizierter, leichter kontrollierbar und dadurch weniger problematisch.

Der Brustraum ähnelt einer Glocke, die am oberen Ende stabil aufgehängt ist, in ihrer gesamten Ausdehnung sich weiten kann und deren untere Öffnung zwar abgeschlossen, trotzdem aber sehr variabel ist.

Die Volumenänderung des Brustraumes wird durch die Beweglichkeit und Verformbarkeit des Thorax ermöglicht. Dies wird durch die bewegliche Fixierung der 12 Rippenpaare an der Wirbelsäule und ihre Beweglichkeit gegeneinander gewährleistet. Sieben Rippenpaare

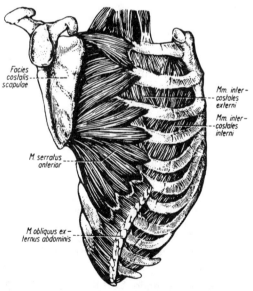

46 M. serratus anterior und Mm. intercostales.
(Voß-Herrlinger - siehe QUELLENNACHWEIS.)

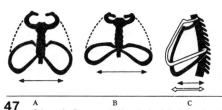

47 A   B   C
Schema der Bewegung des Brustkorbes beim Atmen (nach MOLLIER). A in Exspirationsstellung, B in Inspirationsstellung, C von der Seite, beide Atemstellungen übereinander projiziert. Die Pfeile veranschaulichen die Vergrößerung der unteren Brustkorbapertur in der Ansicht von vorn (Abb. A und B: Verbreiterung des Thorax) und von der Seite (Abb. C: Erweiterung des Thorax nach vorn).

(Voß-Herrlinger - siehe QUELLENNACHWEIS

sind- ebenfalls beweglich - mit dem *Brustbein (Sternum)* direkt verbunden, drei an der siebenten Rippe angewachsen; die elfte und zwölfte Rippe enden frei ohne vordere Befestigung. Werden die Rippen angehoben, so erweitert sich - infolge ihrer seitlichen Biegung nach unten - die untere Thoraxöffnung - siehe Abb.47.

Da die Weitung beim Übergang zum Bauch erfolgt, ist auch hierbei das Zwerchfell einbezogen, wobei besonders dessen Rückenteil aktiviert werden muß.

Die Rippen werden durch die *äußeren Zwischenrippenmuskeln (Mm.intercostales externi)* angehoben und durch die *inneren Zwischenrippenmuskeln (Mm.intercostales interni)* gesenkt. Beides geschieht durch **aktive** Innervierung.

Sowohl die Interni wie die Externi sind jeweils zwischen zwei benachbarten Rippen befestigt. Daß sie bei ihrer Innervierung trotzdem in entgegengesetzte Richtungen ziehen, d.h. einerseits Ein-, andererseits Ausatmung bewirken, ist mit einer raffinierten Ausnutzung verschiedener Hebelwirkungen zu erklären, die hier nicht näher erläutert werden können. Es genügt zu wissen, daß **beide** Atemrichtungen vom Rippenbereich **aktiv** geführt werden können. - Eine bewußte Weitung des Gürtelbereiches durch die Muskeln am Rücken und in den Flanken unterstützt die Einatmung. Hier haben die *Sägezahnmuskeln (Mm. serrati -* Abb. 46) eine den Zwischenrippenmuskeln entsprechende Funktion.

3.3.3.3. Totalatmung

Kommen wir nach der Abschweifung in die Teilgebiete zurück zur gesamtheitlichen Betrachtung, wie sie von WÄNGLER (Leitf. 15) sehr einleuchtend beschrieben wird: „Senkt sich das Zwerchfell zur Einatmung, so werden die Baucheingeweide nach unten (und durch die gewisse Annäherung der Zwerchfellbewegung an eine Hebelwirkung mit dem Drehpunkt etwa am unteren Ende des Brustbeines auch etwas nach vorn) geschoben. Neben gewissen hemmenden Fixpunkten der Baucheingeweide fungiert nun vor allem das Becken als natürliches Widerlager. Es begrenzt die Möglichkeit der Abwärtsbewegung endgültig. Da der Hub des Zwerchfells aber normalerweise deutlich zu groß ist, um von freien Räumen im Leib bzw. von der Komprimierungsfähigkeit der Eingeweide aufgefangen werden zu können, muß die elastische Leibwand ausweichend Platz schaffen; sie wird nach außen gedrängt. D.h. das Zentrum solcher Bewegung pflegt wohl in der Leibgegend lokalisiert zu sein, im Grunde wird aber die ganze breite Gürtellinie rundum nach außen gedrückt. Diese Ausweitung wird noch dadurch unterstützt, daß sich bei der Einatmung die untere Thoraxapertur spreizt. Das wirkt sich natürlicherweise vor allem auf die Flanken- und Rückenpartien aus.

Aber auch der obere Brustkorb dehnt sich bei der Einatmung aus. Allerdings mehr durch Heben nach vorn-oben als durch Weiten in der Waagerechten. Das hat mit der direkten Verbindung der Rippen mit dem Brustbein zu tun, die nach oben zu immer weniger horizontale Weitung zuläßt.

Ein solcher Erweiterungsvorgang des Brustraumes bewirkt unter den schon bekannten physischen Bedingungen die Einatmung. Seine äußerlich erkennbaren Merkmale ziehen sich von unten nach oben, bei Vollatmung von Unterbauch- bis Achselhöhle. Für diese Bewegung ist typisch, daß die jeweils vorausgegangenen Kennzeichen an Ausprägung verlieren. Die breite Gürtellinie verharrt demnach nicht in voller Ausdehnung, wenn die Erweiterung schon auf den Brustkorb übergegriffen hat; sie tritt vielmehr wieder etwas zurück.

Die entsprechende Verkleinerung des Brustraumes, die die Ausatmung bewirkt, verläuft in ihren äußerlich erkennbaren Bewegungsvorgängen umgekehrt, von oben nach unten. Zuerst läßt also die thorakale Spannung nach, schließlich die der breiten Gürtellinie."

3.3.4. Atmung, Haltung und Bewegungsverhalten

Wichtige Voraussetzung für effektive, störungsfreie Atmung ist eine zweckmäßige, natürliche Körperhaltung und ein ebensolches allgemeines Bewegungsverhalten. Eine ganz besondere Rolle spielt dabei die *Wirbelsäule*. An ihr ist der Brustkorb aufgehängt; hier entspringen wichtige Atem- und Haltemuskeln. Eine aufrechte, freie Haltung ist unverzichtbare Voraussetzung für die Entfaltung einer guten Atmung. Am natürlichsten läßt sich der Oberkörper durch die Kopfhaltung - und diese durch den Blick! - steuern.

Das Funktionieren der seitlich am Hals verlaufenden *Rippenheber (Mm.scaleni* - siehe 3.1.3.3.2.) ist stark abhängig von einer freien und geraden Halshaltung. Wenn der Kopf heruntcrhängt oder übermäßig zurückgeworfen ist, werden die oberen Rippen in ihrer Beweglichkeit beeinträchtigt. Gleiches gilt für die Schultern. Sie bilden die obere Begrenzung des Atembereiches und die bewegliche Basis für die Arme. Als Ursprungsort und Angriffspunkt zahlreicher Muskeln, die sich an der Atmung beteiligen und gleichzeitig den Armbewegungen dienen, müssen sie ruhig und tief gehalten werden. Verspannung, vor allem Hochziehen, stört die Atmung in katastrophaler Weise. Ihre vielseitige Beweglichkeit, leichte Verfügbarkeit und die Möglichkeit, ganz willkürlich mit ihnen umgehen zu können, ist die Ursache für viele Fehler, bietet aber auch Chancen, diese zu vermeiden. Sehr nützlich ist es, sich vorzustellen, daß die Schultern Auflageflächen eines Kleiderbügels seien, auf dem ein schweres Kleidungsstück liegt. - Jede Neigung, jede Drehung des Kopfes wirkt sich auf die Atmung aus - positiv, wenn es im Rahmen normaler, lebendiger Beweglichkeit geschieht, negativ, wenn die Kopfhaltung starr, verdreht oder verspannt ist. Gerade die Flötenhaltung verführt leicht zu Fehlverhalten in der Halsregion: Vorwärtsstrecken, Rückwärtsneigen, übertriebenes Linksdrehen sowie übernormal große Rechtsneigung beeinträchtigen die Entfaltungsmöglichkeiten des oberen und damit auch des unteren Atembereiches.

Die stabilitätsfördernde Wechselwirkung zwischen Atmung, Haltung und Bewegungsverhalten kommt bei der Bläsertechnik in der *Atemstütze* zum Ausdruck. Wir werden diese für die Sänger- und Bläseratemführung fundamental wichtige Verhaltensweise im nächsten Kapitel ausführlich kennenlernen. Hier sei vorläufig nur angedeutet, daß es sich bei der Atemstütze um das antagonistische Zusammenwirken von Atemmuskeln untereinander und mit dem Halteapparat handelt. Wenn WINCKEL der Atemstütze ausdrücklich auch eine die Haltung vermittelnde, den **Körper** stützende Wirkung zuschreibt (4.5.), so gilt der Umkehrschluß, daß funktionierende Atmung nur von einem zweckmäßigen Haltungsaufbau gewährleistet wird. Jedoch „was hier als ‚Atmungsgerüst' vorgestellt . . . (wird), es ist nur aus der Bewegung zu gewinnen und ergibt sich . . . im Laufe der Zeit von selbst, wenn der Ausatmungsakt richtig vonstatten geht." (HUSLER 60) Mehr noch als der Sänger muß der Flötist die Anforderungen seiner Spieltechnik und die natürlichen körperlichen Reaktionen seines Ausdrucksbedürfnisses mit denen der Atmung harmonisch verbinden.

3.3.5. Zusatzatmung

Vor allem im Oberkörper kann eine Reihe von Funktionen, die primär der allgemeinen Bewegung und Haltung dienen, durch *akzessorische (zusätzliche) Atemmuskeln* der Atmung dienstbar gemacht werden. Hierbei sind zu erwähnen die Brustmuskeln Mm. *pectorales major und minor* - Abb.34 - und der *M.sternocleidomastoideus (Blickwender* - Abb.39). Der Letztgenannte hat eine fast ideale Zugrichtung nach oben. Die *Pectorales* können vor allem dann zum Atmen eingesetzt werden, wenn die Arme, wie bei der Flötenhaltung, in sich Vorhalte befinden.

Bei sehr kräftiger Einatmung können die Rippen**halter** zu Rippen**hebern**, also von Halte- zu Bewegungsmuskeln umfunktioniert werden, so daß sie durch Anheben der oberen Rippen den Brustraum zusätzlich vergrößern helfen. Besonders ausgeprägt ist diese Funktion in der letzten Phase des Gähnens zu beobachten. Eine verstärkte Beanspruchung dieser Muskeln wirkt sich als stärkerer Zug an ihrem Ursprung, der *Halswirbelsäule,* aus und kann von hier aus auf die fein organisierte, empfindliche Sprechmuskulatur - und damit auf Ansatz- und Artikulationsbereich - ausstrahlen. Daß ein Einfluß vom Hals auch zum Bauch hin ausgeht, wurde schon erwähnt, und daraus ergibt sich, daß Zusatzatmung Komplikationen mit sich bringt und deshalb höchst kontrolliert und sparsam eingesetzt werden sollte.

Weitere Zusatzatmung ist mit Hilfe des Schultergürtels möglich. Zurücknehmen der Schultergelenke, verbunden mit einem Zusammenrücken der Schulterblätter, fördert die Einatmung, gegenteilige Bewegung die Ausatmung.

Grundvoraussetzung für eine wirkungsvolle - förderliche, nicht schädliche - Zusatzatmung ist, daß **zuvor die Grundatmung voll ausgenutzt wurde.** Zusatzatmung bringt gewöhnlich nur einen kleinen Gewinn. Sie eignet sich nicht als Ersatz für eine unvollkommene Grundatmung. Vor allem sollte immer geprüft werden, wie durch eine verbesserte Atemeinteilung die Atemführung (Stütze!) und die Atemkapazität besser ausgenutzt werden können.

3.3.6. Einige spezielle Begriffe

Zwei beim Blasinstrumentenspiel vorkommende *Störungen* im Atembereich werden gelegentlich erwähnt. Sie seien hier der Vollständigkeit halber genannt.

Ein *Lungenemphysem* kann durch über längere Zeiträume geübte, übertrieben tiefe Einatmung, häufiger noch durch Blasen gegen einen starken Widerstand, hervorgerufen werden. Es besteht in einem Elastizitätsverlust des Lungengewebes durch chronische Erweiterung der Lungenbläschen. Dadurch wird der Luftaustausch - bei gleichzeitig großer Luftfüllung - stark reduziert, und es kommt zu Atemnot und beträchtlicher Belastung des Herzens. Glasbläser leiden häufig an dieser Krankheit, die Blasinstrumentenspieler - dank einer inzwischen fortentwickelten Atemtechnik - im Gegensatz zu früheren Zeiten kaum noch; Flötisten, bei denen diese Krankheit auch schon früher selten war, brauchen sie überhaupt nicht zu fürchten. Gewarnt sei vor absichtlichem, häufigem und übertriebenem Tiefatmen, etwa, um eine vermeintlich „zu kleine Lunge" zu trainieren.

Hyperventilation ist eine besonders tiefe (Ein- und Aus-)Atmung, die für eine Weile über den normalen Bedarf des Gasstoffwechsels hinausgeht, beispielsweise beim Anblasen eines Feuers oder Aufblasen eines Ballons. Sie kann sich in Schwindelgefühl äußern. Hin und wieder tritt sie bei Flötenanfängern auf, die mit zu offenem Lippenspalt und dadurch zu hohem Luftverbrauch blasen. Eine gesundheitliche Gefährdung besteht in diesem Falle nicht. Der Betroffene soll sich hinsetzen, eine kurze Weile ausruhen - und sich im übrigen um einen engeren Ansatz mit geringerem Luftverbrauch bemühen.

Permanent- oder *Zirkuläratmung* ist ein blastechnischer Begriff - siehe 4.9.

LITERATURHINWEISE

Anatomie, Physiologie - allgemein: *Barth, Berger-Hoshiko, Koepchen, Lullies, Pijper, Rein-Schneider, Ulmer, Voß-Herrlinger*
Atemverhalten - allgemein: *Jacobs, Kofler, Parow, Stampa*
Physiologie und Verhalten - gesangs- bzw. instrumentenbezogen: *Gutzmann(Phys.), Luchsinger, Schlenger, Winckel(Elektroak.), Winckel(Krit.)*

3.4. ATEMVERHALTEN AUS BLÄSERISCHER SICHT

3.4.1. Die Ambivalenz der Atmung

Atmung ist nicht bloß ein biologischer und mechanischer Vorgang, der vitalen Bedürfnissen dient oder körperliche Leistungen ermöglicht; sie ist vielmehr auch Ausdruck des Wesens und Verhaltens eines Menschen. Jede Situation, jede Gefühlsbewegung, jeder Sinneseindruck, jede Handlung werden von einem ganz spezifischen, variablen Atemverhalten begleitet, vorbereitet oder kommentiert. „Wir atmen jedesmal anders: wenn wir zögern, aufmerken, überrascht sind, uns fürchten, zweifeln, uns anstrengen, geeilt sind, etwas zu tun versuchen, usw., usf. Unser Atemrhythmus ist von Fall zu Fall verschieden: er reicht etwa vom vollständigen Anhalten des Atems bis zum kurzen, schnellen, ‚seichten' Atmen, dem Außeratemsein, bei dem wir das Gefühl haben, wir kriegten keine Luft." (FELDENKRAIS 224)

Bei der Atmung treten Innen- und Außenleben in die direkteste Verbindung: Die Atmung wird vom vegetativen Nervensystem gesteuert und bedient sich des animal innervierten Bewegungsapparates; sie läuft unbewußt-zwanghaft ab und ist in beträchtlichem Umfange willkürlich beeinflußbar; sie geht innerleiblich vor sich und benutzt dazu periphere Muskelpartien; sie dient den vitalen Notwendigkeiten des Körperbetriebes und ist gleichzeitig Ausdrucksmittel; sie drückt Seelisches ebenso aus wie körperliches Befinden; sie erfolgt aktiv - beim Sprechen, Schreien, Singen, Blasen - und reaktiv - beim Erschrecken, Niesen, Husten - ; sie dient der Erholung und trägt die Leistung; der Atembereich vermittelt körperliche Biegsamkeit und Elastizität ebenso wie statische Stabilität; er trennt die obere von der unteren Körperhälfte und verbindet beide zu einem Ganzen. Atmung - „Odem" - ist zu recht die Metapher für das Leben schlechthin. Goethe wertet ihre Polarität zwischen Spannung und Lösung als „Gnade":

> *Im Atemholen sind zweierlei Gnaden:*
> *Die Luft einziehen, sich ihrer entladen;*
> *Jenes bedrängt, dieses erfrischt;*
> *So wunderbar ist das Leben gemischt.*
> *Du danke Gott wenn er dich preßt,*
> *Und dank ihm wenn er dich wieder entläßt.*

Ihre Vermittlerrolle zwischen innen und außen, oben und unten, Ruhe und Aktivität, Bewußtheit und Automatismus, Seele und Körper macht die Atmung zum vitalen Zentrum und Koordinationspunkt des Organismus. Atmen ist nur als Gesamtheit von leiblichen und seelischen Vorgängen erfaß- und realisierbar. Ihre Erlernung und Pflege gelingt durch Einbeziehung des Menschen in seiner organischen und psychischen Totalität.

3.4.2. Atem und Musik

Wenn wir die Atmung als unmittelbarste, echte Spiegelung der Persönlichkeit, Situation, Einstimmung und des Ausdrucksbedürfnisses eines Menschen gelten lassen, dann bekommt das Gleichnis vom „Gesang als tönendem Atem" ganz konkreten Sinn. Das kann ohne Einschränkung auch auf das Musizieren mit Blasinstrumenten angewandt werden. So gesehen, ist die Atmung für den Bläser nicht nur Mittel zum Zweck, sondern das Instrument und die Musiziertechnik verbinden sich mit dem Atem, indem sie ihn - veredelnd und zur Kunst erhebend - hörbar machen. „Laut und Ton sind . . . gestaltete Atmung." (JACOBS 254)

Auch im weiteren Sinne bestimmt der Atem die Musik: Jede Komposition, sofern es sich nicht um ein konstruiertes Rechenexempel handelt, unterliegt dem Gesetz von Spannung und Entspannung. Ein Spannungsablauf wird aber nur dann als natürlich empfunden, wenn er menschlichen Maßstab aufweist. Auf der Basis der Periodik des Atems werden Komponist, Interpret und Hörer am ehesten zur Kommunikation miteinander kommen und in Resonanz zueinander treten. „Bei ausgesprochen musikalischen Menschen paßt sich die Atemkurve der Phrasierung der Musik an, manchmal bis zur Abbildung rhythmischer Einzelheiten, ein schönes Zeugnis dafür, daß die Atmung Instrument seelischen Erlebens ist." (JACOBS 216) - „Wenn wir . . . versucht haben, den Rhythmus von der Eigenwelt biologischer Funktionen herzuleiten, so erkennen wir . . . den *Atem* als den vermittelnden Träger zwischen der seelischen Erregung und der physiologischen Auswirkung . . . Der Verlauf des Atemrhythmus, so wie ihn der Mediziner in Kurven registriert, ist in gewisser Hinsicht ein Grundmaß für das individuelle Formen und die Auslegung eines Kunstwerks." (WINCKEL-Phän. 77) Doch gerade, weil Atmung in der Bläsertechnik auch eine höchst materielle Notwendigkeit ist, muß ihr vom Betroffenen eine ganz speziell technische Beachtung entgegengebracht werden. Das birgt die Gefahr in sich, daß die äußerlichen, mechanischen Abläufe überbewertet, die umfassenderen dagegen vernachlässigt werden. Wer seine Atmung zur Luftpumpe herabwürdigt, wird sich weder eine exakte Atemtechnik aneignen noch zu einer künstlerischen Aussage fähig sein. - Von Übel ist allerdings auch das Gegenteil: eine mystifizierende Verklärung, wie sie in manchen Atemlehren gepredigt wird.

3.4.3. Atemsteuerung in der Blastechnik

Aufgabe des Bläsers ist es, Atemrhythmus und -tiefe den Anforderungen der Musik und seines Instrumentes anzupassen. Das bedeutet einen Eingriff in die natürliche, automatisch gesteuerte Atemperiodik. Trotzdem muß die Atemführung in jedem Moment vom Atemzentrum bestimmt sein. Das bedingt, daß nicht willkürliche Planung den Atemablauf bestimmen darf, sondern daß die Atemantriebe jederzeit durch übergeordnete Impulse des Atemzentrums erfolgen müssen. Das Atemzentrum wird aber nicht nur von Stoffwechselnotwendigkeiten angeregt, sondern auch von psychischen Einflüssen, die ihrerseits auf die musikalischen und technischen Anforderungen der gerade gespielten Musik antworten. Die natürlichste und effektivste Atemsteuerung des Bläsers besteht mithin darin, daß er eine genaue Vorstellung von der jeweils bevorstehenden Phrase hat: von ihrer Länge, ihrem Kraftbedarf und ihrer Ausdrucksdichte. Dann wird die Atmung ganz von selbst die erforderliche Intensität annehmen.

Neben der psychisch geprägten besteht eine weitere, sehr einfache und wirkungsvolle Atemsteuerung darin, daß man sich den bei intensiver Ein- und Ausatmung aufkommenden mechanischen Spannungen überläßt und ihren Bewegungsimpulsen nachgibt - siehe 3.4.6.

3.4.4. Atemrhythmus. Zeitliche Relationen

Die Periodizität der Atmung, der immer wiederkehrende Wechsel zwischen Spannung und Lösung, ist ein stabilisierendes Moment von großer Wirksamkeit. Trotzdem besteht im zeitlichen Ablauf Offenheit und Sensibilität gegenüber den mannigfachen Einflüssen.

Der Atemrhythmus kann sowohl quantitativ als auch qualitativ bewertet werden, je nachdem, ob man die zeitlichen Relationen der Atemvorgänge betrachtet, oder beurteilt, welche der beiden Phasen „Ein" oder „Aus" aktiv, durch Innervierung, und welche passiv, durch Entspannung, Entdehnung o.ä., verläuft.

Das Verhältnis der Dauer von Einatmung zu Ausatmung kann sehr unterschiedlich sein und beträgt - nach LULLIES 23 - :

    in Ruhe: 5:4   =   1 : 0,8
    beim Sprechen: 1 : 6 - 7
    beim Singen   1 : 10 - 50 (vgl. 3.4.7.)

Beim Blasen kann das Verhältnis, wie die Praxis beweist, durchaus noch weiter gesteigert werden, wenn bei geschickter Atemtechnik die Einatmung auf ein Minimum verkürzt und die Blasphase entsprechend ausgedehnt wird. Die absolute Länge der Ausatem- oder Atemanhaltedauer ist nicht allein von der *Vitalkapazität* (3.3.2.) abhängig, sondern in sehr hohem Maße auch von der Kunst, alle auf das Atemzentrum einwirkenden Einflüsse in gute Balance zu bringen

3.4.5. Aktive und passive Atemkräfte. Willkürliche und unwillkürliche Atmung

Der Atemrhythmus wird außer durch das zeitliche Verhältnis auch dadurch geprägt, daß eine von beiden Atemrichtungen jeweils den Primat innehat. So erfolgt in **Ruhe** die **Einatmung aktiv** und die **Ausatmung passiv** durch Entspannen der Einatemmuskeln, durch Entdehnung der Ausatemmuskeln und des Lungengewebes sowie Rückkehr der zusammengepreßten Baucheingeweide in den Normalzustand. Nach einer aktiven Ausatmung erfolgt zumindest der Beginn der darauffolgenden Einatmung passiv durch Lösen der vorausgegangenen Ausatemspannung.

Aktivität und Passivität der Atemaktivitäten darf nicht mit Willkürlichkeit und Unwillkürlichkeit gleichgesetzt werden. Auch der Einatemvorgang in Ruhe, der gewöhnlich ungewollt-automatisch abläuft, erfolgt bekanntlich aktiv. - Bei allen kontrollierten Atembewegungen, besonders bei der *gestützten* Ausatmung (4.5.), sind auch die die jeweilige Gegenbewegung repräsentierenden Muskeln als Antagonisten aktiv beteiligt.

3.4.6. Füll- und Leerspannung. Atemruhelage

Die Muskelkontraktionen und -dehnungen, sowie die Dehnung und Pressung von Gewebe und Organen am Ende einer der beiden Atemrichtungen werden als Spannungszustände empfunden, die bei ihrer Lösung die jeweils nächste - gegenläufige - Atemphase einleiten. Diese beiden Zustände, die die Atemautomatik wesentlich mitbestimmen, bezeichnen wir als *Füll- und Leerspannung*.

Die *Füllspannung* vermittelt das Gefühl, daß man mehr oder weniger straff „aufgeblasen" ist. Der Körper ist aufgerichtet und leistungsbereit, der Tonus durch die Aktivierung zahlreicher - agonistischer und antagonistischer - Muskeln erhöht. Es besteht eine Tendenz zum Ausatmen.

Die *Leerspannung* stellt sich nach einer betonten Ausatmung ein. Es besteht eine Tendenz zum Einatmen.

Atemruhelage ist der entspannte Zustand nach einer (passiven Ruhe-)Ausatmung. Dabei besteht, bevor die stoffwechselbedingten Atemantriebe zu wirken beginnen, kein mechanischer Anreiz, weder zur Ein- noch zur Ausatmung; dennoch ist ein restlicher Luftvorrat vorhanden, der willkürlich ausgeatmet werden **kann**. Während der Bläseratmung wird die Atemruhelage auf dem Weg zwischen den beiden Spannungszuständen zügig durchlaufen.

Atemtechnik besteht zu einem wesentlichen Teil in der Fertigkeit, die beiden polaren Spannungszustände auszunutzen und sie mit der allgemeinen Körperhaltung in Einklang zu bringen.

3.4.7. Ruheatmung und Leistungsatmung

Abgesehen davon, daß elastische, nervlich und stoffwechselbedingte Atemantriebe nie völlig unvermischt vorkommen, können zwei Funktionen danach unterschieden werden, welche der beiden Atemrichtungen die dominierende ist.

Primär dient die Atmung der Aufrechterhaltung des Körperbetriebes oder der Erholung nach einer Anstrengung. Die Atemantriebe sind dabei hauptsächlich chemischer und hormonaler Natur. Dabei wird in erster Linie die **Ein**atmung aktiviert, während die Ausatmung durch Lösung der Füllspanung zustandekommt und normalerweise nur bis zur Atemruhelage zurückführt. Ein solches Atemverhalten wird als *Ruheatmung* (respiratio muta) bezeichnet.

Diesem Atemtyp steht ein zweiter, grundsätzlich verschieden gearteter gegenüber. Seine Aufgabe ist es, die Atemluftströmung als Verursacher einer bestimmten *Leistung* einzusetzen, indem deren aerodynamische Energie ausgenutzt wird. Dafür kommt nach der Natur der Sache nur die **Aus**atmung in Frage. Alle Arten des Blasens: Anblasen, Fortblasen, Ausblasen, Aufblasen, **ein Instrument blasen**, gehören dazu. Den ursprünglichsten Gebrauch von der Fähigkeit der Blasluft, eine physikalische Leistung zu erbringen, machen Menschen und Tiere, wenn sie mit deren Hilfe Klänge und Geräusche erzeugen. Man unterscheidet diesen Atemtyp deshalb als *respiratio phonatoria* (Phonations- oder klangerzeugende Atmung) von der *respiratio muta* („stumme" Atmung). „Da nun das Ziel der stummen Atmung von dem der Phonationsatmung grundsätzlich verschieden ist, muß notwendig auch der ‚richtige' Ablauf beider Vorgänge verschieden sein."
(WÄNGLER-Leitf. 16) Grundsätzlich kann man davon ausgehen, „daß bei der stummen Atmung die Inspiration der aktivere, die Exspiration der passivere Anteil der Gesamtbewegung genannt werden muß. Bei der Phonationsatmung liegen die Verhältnisse aber umgekehrt . . . (Sie) ist wesenhaft von der stummen Atmung verschieden, nicht nur zufällig in ihrem äußeren Ablauf. Das läßt sich u.a. an den Innervationsverhältnissen beider Atmungsarten erweisen." (a.a.O. 17)

Die Gegenüberstellung von „stummer" und „Phonations"atmung erfaßt nicht die volle Wirkungsbreite der beiden Atemtypen. Wir wählen deshalb den Terminus *Leistungsatmung* für diejenige Atemführung die neben der Phonation auch andere Blaswirkungen, wie das Aufblasen eines Ballons, das Ausblasen einer Flamme usw. umfaßt.

Da eine Kraft bekanntlich nur beim Vorliegen einer Gegenkraft wirksam werden kann, setzt die Leistungsatmung einen Widerstand voraus. Bei der Stimme ist dies die Stimmritze, beim Blasinstrument die Anblasvorrichtung oder - bei der Flöte - der *Lippenspalt*. Der Luftverbrauch, der mit der Luftströmung verbunden ist, führt zum Nachlassen der Atemspannung und damit des Gesamttonus, wenn nicht entsprechend gegengehalten wird. Das geschieht, indem der Stützapparat aktiviert und der Ausströmwiderstand beibehalten oder sogar verstärkt wird. Beide Aktivitäten sind Komponenten der *Atemstütze*. Schreiende Säuglinge führen uns das richtige Verhalten bei der *Leistungsatmung* (hier unüberhörbar „Phonations"-Atmung!) vor, indem sie ihren Körper mit dem Nachlassen des Luftvorrates immer mehr anspannen. Die Erholungsphase verlegen sie in den sehr kurzen und schnellen Einatemvorgang, der trotzdem mühe- und geräuschlos vor sich geht.

3.4.8. Die Atempausen

Es wird meist viel zu wenig beachtet, daß zum kontinuierlichen Ablauf der Atmung der regelmäßige Einschub einer Pause zwischen den beiden Atemrichtungen gehört. Der Ort der Pause ist aber verschieden und für den Charakter der jeweiligen Atmung bezeichnend.

Während der Ruheatmung sammeln sich nach der Ausatmung die Reize, welche den nächsten Atemzug auslösen. Es handelt sich um eine *Wartepause*, die funktionell **zur Einatmung** gehört.

Während der Leistungsatmung liegt die Pause **vor der Ausatmung**. Sie dient der Vorbereitung des Blasvorganges und gehört zu diesem. Wir bezeichnen sie als *Verhaltepause* (4.4.3.4.). Obwohl während ihrer Dauer keine Luftbewegung stattfindet, spielen sich wichtige interne Vorgänge ab, mit denen die Ausatmung bereits in Gang gesetzt, aber noch nicht in Strömung, sondern erst in Druck und Spannung versetzt wird. Dies geschieht bei natürlichem Verlauf unbewußt, nichtsdestoweniger aber sehr präzis auf den nächsten Strömungsimpuls bezogen. Demgegenüber ist die zeitliche Dimension der *Ruhepause* von den vorausgegangenen körperlichen Anforderungen, z.B. dem Erholungsbedürfnis, bestimmt und entsprechend variabel.

Wie die Ruhepause und die Verhaltepause durch einen musikalischen Rhythmus charakterisiert werden können, zeigt unser Beispiel 48.

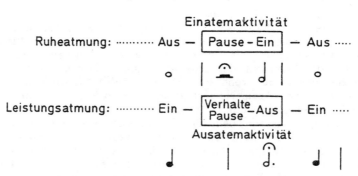

48 Die Pause hat in beiden Fällen Vorbereitungs- bzw. Sammlungscharakter. Ihr rhythmischer Wert gleicht bei der Ruheatmung einer Fermate von unbestimmter Dauer, vor der Blasphase einer kurzen Zäsur zwischen Auftakt und Volltakt.

LITERATURHINWEISE

Gesangsbezogen: *Bruns, Gutzmann(Stimmb.), Hartlieb(Caruso, Stimmb.), Husler, Lohmann, Martienßen, Seidner, Thausing*

Instrumentenbezogen: *Beihoff, Cramer, Eisonson, Jacoby, Maxym, Scheck(Weg, Flöte), Schlenger, Wye(Bd.5)*

4. Motorik und Atemtechnik beim Flötenspiel

Ein Grundfehler der Bläserpädagogik und bläserischen Verhaltens überhaupt besteht darin, daß die Aufmerksamkeit primär auf die speziellen spieltechnischen Erfordernisse - Ansatz, Artikulation, Fingertechnik usw. - gerichtet werden, statt daß diese feinmotorischen Aktivitäten aus der Großmotorik eines zweckmäßigen, naturgemäßen Verhaltens entwickelt werden. Auch hier sollte uns die Gesangsmethodik mit ihrer jahrhundertealten Tradition Vorbild sein: Singen kann nur als gesamtkörperlicher Vorgang gelehrt und erfahren werden. Die „Feinst"-Motorik der Kehlkopfreaktionen und die Klangbeeinflussung durch den *Lautgang* (5.1.3.) erwachsen aus der Kultivierung des *großmotorischen* Verhaltens. MARTIENSSEN (S.141): „ Für den Sänger ist Haltung in jedem Sinne unbedingt verpflichtend: ein haltungsloser, ‚haltloser' Sänger ist Sklave seines Stimmorgans. Er gibt sich selber auf."

Großmotorische Verhaltens- und Haltungsantriebe in der Bläsertechnik sind:

die Atmung;
die durch die Atmung notwendig werdenden Stützreaktionen („Stützen"hier im Sinne der körperlichen Aufrechthaltung verstanden - was jedoch die Atemstütze einschließt);
Ausdrucksbewegungen.

Daraus ergibt sich eine eindeutige Rangfolge:

Atem- und Stützfunktionen bedingen sich gegenseitig und bilden miteinander gleichwertig die unabdingbare Voraussetzung jeglicher Bläsertechnik.

Ausdrucksbewegungen (und -haltungen) sind ein nicht zu negierender Bestandteil der allgemeinen Motorik. Sie rigoros eliminieren zu versuchen, wäre genauso verfehlt, wie ihnen unkritisch nachzugeben. Sie können schädlich sein - falls sie unmotiviert oder überdimensioniert sind; sie können aber auch die Spielaktivitäten unterstützen und verfeinern.

Eine Betrachtung der Motorik des Flötenspiels ist nur unter Berücksichtigung dieser Gegebenheiten möglich und sinnvoll.

4.1. AKTIONSBEREICHE

So zwingend eine gesamtheitliche Betrachtung aller Vorgänge und Handlungen der Flötentechnik auch geboten sein mag, so dürfen wir doch gewisse Teilbereiche und -funktionen nicht konturlos ineinander verschwimmen lassen. Entsprechend unserer schon früher getroffenen Einteilung (3.1.3.) können wir, flötentechnisch gesehen, von vier *Aktionsbereichen* ausgehen, nämlich

Atem- und Stützapparat,
Instrumentenhaltebereich,
Ansatz- und Artikulationsbereich,
Finger/Griffbereich.

Es gilt, diese Bereiche so miteinander zu verbinden, daß sie sich unterstützen, ergänzen und gegenseitig die Impulse liefern - und nicht einander beeinträchtigen und stören.

Die genannte Reihenfolge möge gleichzeitig als Rangfolge verstanden werden. Sie gründet sich auf die oben angestellten Überlegungen zum Basischarakter der großmotorischen Aktivitäten. Die Realität des Bläserunterrichtes wird häufig dieser Erkenntnis nicht gerecht, indem Lehrer und Schüler statt einer stetigen, auf dem Allgemeinverhalten aufbauenden Entwicklung sogleich ein bestimmtes, eng und fest umrissenes Ziel anstreben, sei es nun der „schöne" Ton, die korrekte Intonation, die schnelle Fingertechnik oder was auch immer - dies um den Preis unökonomischen Kraftaufwandes, der Anfälligkeit und Hilflosigkeit gegenüber Störungen und verminderter Entwicklungsmöglichkeiten.

Unter dem *Instrumentenhaltebereich* verstehen wir das Rund, welches vom Schultergürtel, den Armen, Händen und dem Instrument gebildet wird. Es ist die Nahtstelle zwischen der Großmotorik des Rumpfes und der Feinmotorik der Klangerzeugung. Von der Instrumentenhaltung hängt es in besonderem Maße ab, welche Qualität die Integration von Körper und Instrument hat und wie harmonisch sich Wirkungen und Rückwirkungen miteinander zu einem optimalen Gesamtergebnis verbinden.

Der *Ansatz- und Artikulationsbereich* mit seinen geringen Massen, aber äußerst differenzierten Aktivitäten bedarf in besonderem Maße der Stützung und Leitung vom Körperganzen her. Zwar bestehen auch Rückwirkungen von der Peripherie zur Basis, z.B. vom Lippenbereich in den Körper hinein; doch geht die Hauptwirkungsrichtung immer vom gesamtkörperlichen Verhalten zu den spieltechnischen Feinheiten.

Basiert der Ansatz in vollem Umfange auf den vorgenannten Faktoren, so muß die *Fingertechnik* soweit wie möglich solchen gesamtheitlichen Einflüssen entzogen werden; ja, die Griffweise gehört beinahe mehr zur Technologie des Instrumentes und sollte deutlich vom übrigen Spielverhalten abgegrenzt werden - siehe Kap. 8.

49   Wechselwirkungen zwischen den Aktionsbereichen

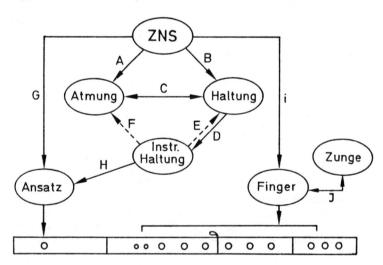

1. Atmung und Körperhaltung werden vom Zentralen Nervensystem gesteuert (A,B). Die Wechselwirkungen sind gleichgewichtig (C).

2. Die Instrumentenhaltung wird von der Körperhaltung beeinflußt (D) und wirkt auf sie (E) und die Atmung (F) zurück.

3. Der Ansatz wird direkt vom ZNS gesteuert (G), aber auch von der Instrumentenhaltung beeinflußt (H).

4. Die Fingertechnik muß von der zum Ansatz führenden Wirkungskette (B-H) unbeeinflußt bleiben; sie unterliegt vielmehr der direkten Steuerung durch das ZNS (I).

5. Zunge und Finger müssen synchronisiert werden (J).

6. Vom Ansatz gehen Rückwirkungen zu allen Gliedern der Kette aus (hier unbezeichnet).

4.2. POSITIONEN

Als ideale Körperhaltung des ruhig stehenden Menschen kann eine aufrechte, im Unterteil stabile, gegen den Schultergürtel immer mehr sich lockernde Stellung mit lose hängenden Armen, freiem Hals, erhobenem Kopf und offenem Blick beschrieben werden. Die Haltung beim Querflötenspiel kann sich daran orientieren, muß aber durch einige zusätzliche Faktoren modifiziert werden, und zwar durch

1. die **betonte Bereitschaftshaltung**, welche für jede **intensive** Leistung unverzichtbar ist;

2. die Einflüsse des **betonten** Atmens und der **verstärkten Ausdrucksmotorik**;

3. die **hohe Schwerpunktlage** und die **Querhaltung** des Instruments mit der dadurch bedingten Unsymmetrie und Labilität des Haltungsaufbaues.

Keinesfalls darf Haltung als Fest-Halten oder Haltung-Annehmen mißverstanden werden. Sie besteht nicht in Stillstehen - womöglich im militärischen Sinne - und ist auch nicht, wie zuweilen interpretiert wird, „gefrorene Bewegung" oder „Momentaufnahme". (Gerade Momentaufnahmen zeigen häufig ein recht verfälschtes Bild.)

Die Spannungs- und Gewichtsverteilung schwankt beim Querflötenspiel zwischen den Polen des voll eingeatmeten und voll ausgeatmeten Zustandes und ändert sich laufend mit den durch sonstige technische und emotionale Einflüsse bedingten Bewegungen.

Wir können uns die Kräfte, die den Körper nach einer Auslenkung immer wieder in die Richtung der „normalen" Bereitschaftshaltung zurückziehen, als ein Netz von Federn vorstellen, die nach bzw. von verschiedenen Richtungen wirken und danach streben, miteinander ins Gleichgewicht zu kommen. In einem solchen System sind unendlich viele Auslenkungsrichtungen und -kräfte möglich; und jede Entfernung aus der „Normal"-Lage hat eine ihr ganz allein eigene Rückbewegung zur Folge. „Solange wir das Stehen und Sitzen als statische Haltungen betrachten, wird es schwer sein, sie im Hinblick auf mögliche Verbesserungen zu beschreiben. Ist es uns um diese zu tun, so werden wir die Haltungen vom Standpunkt der Dynamik aus untersuchen müssen. Von diesem Standpunkt aus ist jede stabile, d.h. gleichgewichtssichere Haltung eine in einer Folge von Stellungen, die eine Bewegung bilden. Ein Pendel, das hin- und her schwingt, erreicht seine größte Geschwindigkeit an dem Ort, wo es die Stellung seines stabilen Gleichgewichtes durchquert." (FELDENKRAIS 107)

4.2.1. Haltungsaufbau

Die Atmung, als fundamentale Aktivität des Blasinstrumentenspiels, bestimmt in erster Linie den Haltungsaufbau des Bläsers. „Je straffer der Rumpf von innen aufgefüllt ist, umso weniger werden die äußeren Haltemuskeln in Anspruch genommen ... Bei schlaffem Mittelkörper und eingefallenen Flanken müssen die Rückenstrecker mit harten, willkürlichen Spannungen arbeiten, um die Arbeit des Haltens zu bewältigen; bei guter antagonistischer Zusammenarbeit von Ein- und Ausatemmuskeln, die den Mittelkörper in jedem Augenblick von innen her straff hält, genügt beinahe der Ruhetonus der Rückenstrecker, um die Wirbelsäule mühelos aufrecht zu erhalten." (JACOBS 337) - „Die meisten Muskeln des Atemsystems sind mit der Halswirbelsäule und den Lendenwirbeln verbunden, so daß die Atmung sich auf Stabilität und Haltung der Wirbelsäule auswirken muß, wie auch umgekehrt die Stellung der Wirbelsäule Geschwindigkeit und Qualität der Atmung beeinflussen wird. Gute Atmung bedeutet daher gute Haltung ebenso, wie gute Haltung auch gute Atmung bewirkt." (FELDENKRAIS 228)

Die **Haltung des Beckens** bestimmt den Verlauf der Wirbelsäule und die Spannungsverhältnisse im Bauch-Lendenbereich. Unter der Lage des Beckens versteht man seine Neigung gegenüber der Körperachse. Sie ist optimal, wenn das Becken als Ganzes nicht zu stark nach vorn oder hinten gekippt und das *Kreuzbein* (die beim Erwachsenen flächig verwachsenen Wirbel zwischen Lenden- und Steißbeinwirbeln) leicht gegen die Senkrechte nach vorn geneigt ist. Dadurch wird der untere Teil der Wirbelsäule, der Lendenwirbel, genötigt, sich zum Ausgleich etwas nach hinten zu biegen: es entsteht eine Lendenhöhlung (*-lordose*), von ihr aus eine leichte Rundung des Rückens (*Kyphose*) und darauf folgend wieder eine Höhlung am Hals - siehe Abb. 50. Diese geschwungene Haltung kommt der Elastizität des Körperaufbaues zugute.

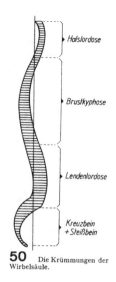

50 Die Krümmungen der Wirbelsäule. (Voß-Herrlinger - siehe QUELLENNACHWEIS)

Die Beckenneigung wird durch Streckung des Hüftgelenkes bestimmt. Da die *Hüftstreck-(Bekkenhalte-)muskeln* von den unteren Rippen bis über die Knie hinweg wirken, besteht ein enger Zusammenhang zwischen dem Zustand der Knie und dem unteren Atembereich, und zwar vor allem mit den seitlichen und hinteren Teilen des Zwerchfells. Da andererseits die Rückenstrecker ebenfalls von der Hüftgegend ausgehen und am Oberkörper bis zum Hals hin angreifen, kommt es zu Ausstrahlungen von hier in die obere Atemregion. Dazu tritt die Wirkung der Schwerkraft: Bei zu weit vorgeneigtem Becken lastet der Bauchinhalt auf der Bauchdecke. Ein überstrecktes Hüftgelenk und ein zurückgeneigter Oberkörper überspannen die Bauchmuskulatur. Beidemale ist ihre freie Entfaltungsmöglichkeit beeinträchtigt. Eine Mitwirkung der Bauchmuskulatur am Beuge- und Streckvorgang ist normalerweise weder agonistisch noch antagonistisch notwendig; sie kann vielmehr uneingeschränkt für die Ausatmung und den Tonus der Bauchdecke zur Verfügung stehen. Antagonist der Rückenstreckmuskeln, die den Brustkorb aufrecht halten und als Wülste zu beiden Seiten der Wirbelsäule zu bemerken sind, ist die Schwerkraft. Sie will den Oberkörper nach vorn ziehen. Nur beim Aufrichten aus der Rückenlage muß die Bauchmuskulatur als Beweger des Oberkörpers tätig werden.

Zwei schwerwiegende Haltungsfehler müssen streng vermieden werden: Im *Hohlkreuz* findet die Atmung einen ihrer größten Feinde. Die unteren Rippen bleiben dabei dauernd in Ausatemstellung, die mittleren Rippen werden überbeansprucht, die hinteren und seitlichen Partien des Zwerchfells arbeiten nicht frei. Zusätzlich verkürzen sich Sehnen, so daß jeder Ausgleichsversuch unvollkommen bleiben muß. - Das Gegenteil ist der Fall bei der schon erwähnten *Rührt-Euch-Stellung (3.2.1.)*. Sie führt zur Rücklage von Mittel- und Oberkörper mit allen daraus resultierenden Verspannungen und schädlichen Auswirkungen auf Tonus und Atmung. Flötenspieler lassen dabei fast immer die Arme schlaff am Oberkörper anliegen. Diese bei unvitalen, lustlosen Spielern häufig zu beobachtende Stellung erfordert im übrigen mehr - nämlich unökonomisch eingesetzten - Kraftaufwand als eine elastisch gespannte Bereitschaftshaltung.

Die *Haltung des Kopfes* wird von der Nacken- und Halsmuskulatur bestimmt und wirkt über sie auf den ganzen Körper zurück. Das relativ große Gewicht des Kopfes muß auf dem - selber schon im **labilen** Gleichgewicht befindlichen - Körper zusätzlich ausbalanciert werden. Der geringste Muskelaufwand wird nötig, wenn der Kopf senkrecht über dem Schultergürtel gehalten, also weder vorgestreckt noch fallengelassen wird. Die Vorstellung, eine Last auf dem Kopf zu tragen, bringt ihn von selber in die richtige Position.

„Im natürlichen Gleichgewicht, bei dem der Schwerpunkt über der Fußmitte lagert, bildet . . . der Körper eine leicht vorgeneigte Schräge und schwankt beweglich zwischen stärkerer Schräge nach vorn und senkrechter Linie nach hinten. Das ergibt vorwiegende Bewegungsbereitschaft nach vorn, entspricht also der natürlichen Richtung der Bewegung" (JACOBS 286) und dient - wie hinzuzufügen wäre - der Orientierung des Bläsers auf das Instrument und den Zuhörer hin.

Ein guter Haltungsaufbau beruht zwar auf Spannung, läßt aber kein Spannungsgefühl im negativen Sinne aufkommen. Durchgedrücktes Kreuz = übertrieben vorgeneigtes Becken (Abb. 51) beruht auf übertriebener Vorwärtsschräge. Diese „soldatische" Stellung, eine ins Übermaß getriebene körperliche und seelische Bereitschaftshaltung, ist bestenfalls gut für Befehlsempfang und -ausführung, nicht aber zur Abgabe einer höheren, eigenverantwortlichen Leistung.

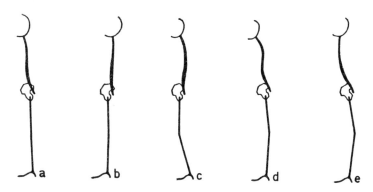

a: gute Spielhaltung
b: Haltung beim Einatmen
c - e: fehlerhafte Haltungen

4.2.2. Allgemeine Ausrichtung

Der Rechtshaltung des Instrumentes kommt der Kopf mit einer **leichten** Linksdrehung auf das Mundloch zu entgegen. Dieser Linkswendung steht eine Fußhaltung gegenüber, welche nach rechts geöffnet ist (4.2.3.). Für den gesamten Körperverlauf ergibt sich so eine *Verwindung*.

Es wäre nun ganz falsch, die Art und den Grad dieser Verwindung ohne Bezug zur Außenwelt zu bestimmen. Das geeignete - und einzig in Frage kommende - Orientierungsmittel dafür ist der *Blick,* der entweder zum Notenständer, besser aber über diesen hinweg (oder ganz ohne ihn) auf die - wirklich vorhandene oder nur vorgestellte - Zuhörerschaft gerichtet ist. **Der Blick steuert die Kopfhaltung**; er darf also nicht aus den Augenwinkeln heraus erfolgen.

Die Blasrichtung stimmt mit der Blick- und Kopfrichtung überein. Die frontale Stellung des Bläsers zum Auditorium hin bewirkt, daß das Instrument etwa parallel zur Zuhörerfront gehalten wird. Das trifft sich mit den physikalisch optimalen Gegebenheiten der Schallabstrahlung - siehe 6.2.5.

4.2.3. Fußstellung und Gewichtsverteilung

Die Spielhaltung von Geigern und Flötisten weisen insofern Gemeinsamkeiten auf, als sich die Spielbewegungen etwa in Schulterhöhe abspielen und eine relativ große seitliche Ausdehnung haben. Der hochliegende Schwerpunkt, die daraus sich ergebende Labilität und die notwendige bzw. erwünschte Beweglichkeit stellen erhöhte Anforderungen an die Balance und erfordern eine sichere Standfläche. Diese wird durch die Fußstellung bestimmt. Mit deren Hilfe kann dem ausgedehnten Aktionsbereich eine entsprechende Basis gegenübergestellt werden, welche die wechselnde Gewichtsverteilung optimal aufnimmt und ausgleicht.

Wenig geeignet ist es, die Füße in gleiche Höhe nebeneinander zu stellen. Vielmehr bietet sich diejenige Position an, die eingenommen wird, wenn man gezwungen ist, sich in einem unruhig fahrenden Omnibus freihändig stehend aufrechtzuhalten. Um auf Balancestörungen aus allen Richtungen reagieren zu können, stellt man sich mehr oder weniger breitbeinig und **schräg** zur Fahrtrichtung. Ähnliches empfiehlt sich für das Querflötenspiel: Hier sind es die von der Spiel- und Atemmotorik ausgehenden Einflüsse, die das Gleichgewicht stören. Die Kräfte wirken, ähnlich wie beim Fahrzeug, vorwiegend frontal; man wird also vorteilhafterweise auch beim Querflötenspiel eine versetzte Fußstellung wählen. Das verträgt sich im übrigen gut mit der Körperverwindung und ermöglicht es, daß die Pendelbewegungen des Oberkörpers nicht von beiden Ballen oder Fersen gleichzeitig miteinander aufgefangen werden müssen, sondern daß sie sich in eine weit weniger Aufwand erfordernde, latente **Schrittbewegung** umsetzen können:

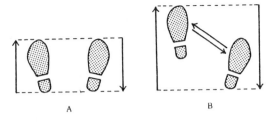

A: Füße nebeneinander und frontal ausgerichtet: Gewichtsverlagerung auf beiden Füßen gleichzeitig und auf kurzer Strecke.

B: Füße diagonal versetzt: Auch ihr seitlicher Abstand wird in Form einer latenten Schrittbewegung ausgenutzt. Die Standfläche wirkt vergrößert.

beim Blasen (Vorwärtstendenz - Anspannung): Verlagerung des Gewichts auf den linken Ballen; der rechte stützt leicht ab;

beim Einatmen (Rückwärtstendenz - Entspannung): Gewichtsverlagerung auf die rechte Ferse; der linke Fuß stützt ab.

SCHECK (Flöte 60) vergleicht die Blashaltung mit der antiken Fechterstellung: „Linkes Knie in Vorwärtsbeugung, rechtes Bein nach rückwärts gestreckt, linken Arm in Schildhaltestellung, während der rechte Arm ein imaginäres Schwert hält." Unsere Empfehlung wird durch die Tatsache unterstützt, daß eine im Gesäßbereich sich kreuzende Verbindung zwischen dem rechten/linken Unterschenkel und dem linken/rechten Arm besteht - siehe 3.1.3.2.1. - GALWAY (FZ 7): „Ich ziehe es vor, mit leicht versetzten Füßen zu stehen, den linken Fuß ein wenig nach links, den rechten nach rechts gerichtet, in einem Winkel, wie die Uhrzeiger bei ‚10 vor 2' ihn einnehmen, mit dem rechten Bein als Stütze für mein Gewicht. Meine Schultern sind nicht mit den Hüften parallel, sondern etwas zur Linken gedreht. Ich wähle die Drehung so, daß das Mundloch sich über dem linken Fuß befindet."

4.2.4. Die Sitzposition

Grundsätzlich ist gegen das Blasen im Sitzen nichts einzuwenden, zumal es beim Kammermusik- und Orchesterspiel fast immer unvermeidlich ist. Trotzdem sollte dem **Üben im Stehen** absoluter Vorrang eingeräumt werden. Der Bläser muß aber in der Lage sein, das im Stehen gewonnene Haltungs- und Bewegungsgefühl auf die Sitzhaltung zu übertragen. Das bedarf einer gewissen Disziplin, denn Sitzen verleitet zum Erschlaffen des Oberkörpers. Dies hängt u.a. mit dem Ausbleiben *tonischer Reflexe* aus dem Beinbereich zusammen.

Die negativen Auswirkungen auf Atem, Artikulation und Ansatz bei schlechter Sitzhaltung sind katastrophal. Dem kann leicht und wirkungsvoll begegnet werden, wenn der Beckenbereich in die beim Stehen eingeübte, vorgeneigte Lage gebracht wird. Ohne weiteres ist einzusehen, daß man sich **beim Blasen** nicht anlehnt; jedoch ist es vorteilhaft, daß man sich in einer genügend **langen Pause** entspannt zurücklehnen kann. Bedenkenswert in dieser Hinsicht ist GALWAYS Meinung: „Wenn du beim Musizieren sitzen mußt, dann mußt du auch sitzend üben." Und: „Das Solo von L'Après-midi wird im Sitzen geblasen. Also übe es im Sitzen." (FZ 8)

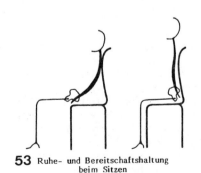

53 Ruhe- und Bereitschaftshaltung beim Sitzen

JACOBS (411): *Sitzen ist nicht ‚Halte', sondern Bewegung. Das Becken balanciert auf den beiden Beckenknorren, wie auf den Bügeln eines Schaukelstuhls. Dies Balancieren ist es, was das Schlaff- oder Starrwerden beim Sitzen verhindert. Es hält den Atem reagierbereit und die Blutströmung in Bewegung und macht die Atemspannung im Mittelkörper möglich . .*

Die Haltung beim Sitzen hängt von der Beckenstellung ab. Steht das Becken auf seinen beiden Stützpunkten aufrecht, so daß das Kreuzbein senkrecht steht, so strecken sich Lenden- und Brustwirbelsäule zur geraden Linie. Nur so ist bewegliches Sitzen mit voller Atmung möglich. Wird dagegen das Becken nach hinten geneigt, so als ob man sich legen wollte, so wird der Rücken rund und der Bauch überm Magen eingezogen und unten vorgewölbt. Zwerchfell- und Brustatmung werden gestört und die Zirkulation in den Bauchorganen verhindert."

Der Flötenspieler hat auch im Sitzen die *Verwindung* seines Körpers (4.2.2.) zu berücksichtigen. Die Füße sind ähnlich der Stehposition gegeneinander versetzt, aber in diesem Falle völlig entspannt. Entweder wird der Stuhl aus der Blick-Blas-Richtung etwas nach rechts gewendet, oder das rechte Bein befindet sich rechts neben dem rechten Stuhlbein - siehe Abb. 54. Die Körperpendelung, die im Stehen von den Füßen aufgenommen wird, findet hier zwischen den Unterseiten der Oberschenkel (anstelle der Fußballen) und den Gesäßknochen (anstelle der Fersen) statt.

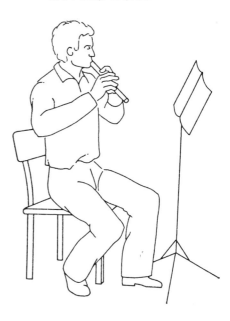

54 Günstige Sitzposition

4.3. DER INSTRUMENTENHALTEBEREICH

4.3.1. Der Haltebereich im Ganzen

Bei allen Blasinstrumenten bildet der *Instrumentenhaltebereich* ein in sich geschlossenes Rund, das aus dem Schultergürtel, den Armen und Händen besteht und vom Instrument komplettiert wird. Bei den frontal gehaltenen Instrumenten kann der Haltebereich annähernd als ein Kreis beschrieben werden, der sich, mehr oder weniger angehoben, vor der Körperfront befindet. Eine gewisse Unsymmetrie ergibt sich immer aus der versetzten Lage der Hände - linke Hand oben, rechte unten. Die Haltung der Querflöte ist nichts anderes als eine Verlagerung dieser Position in die Querhaltung nach rechts, wobei der „Kreis" zu einem Oval langgezogen wird - siehe Abb. 55. Der Lernende tut gut daran, sich immer wieder der Herkunft der Flötenhaltung aus der frontalen Lage bewußt zu werden und sie daraus abzuleiten.

Von den Ellenbogen geführt kann der Instrumentenhaltebereich mehr oder weniger angehoben werden. Eine betont hohe Ellenbogenhaltung signalisiert Engagement und Handlungsbereitschaft; gleichzeitig wird der Oberkörper befreit und zu ungehemmter Atmung befähigt. Eine hängende, heruntergeklappte Lage des Haltebereiches während des Spielens zeugt von Schlaffheit oder Lustlosigkeit; die Atmung ist eingeschränkt. Eine sehr entspannte Haltung ist aber richtig und angezeigt in längeren Pausen.

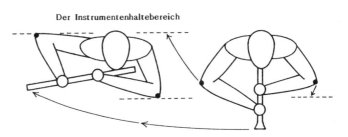

Der Instrumentenhaltebereich

Übergang von der Längs- zur Querhaltung **55**

Je nach der verfügbaren Zeit kann dabei das Mundloch am Mund verbleiben oder das Rund auch ganz aufgelöst werden, indem eine der beiden Hände sich vom Instrument löst und das Instrument herunterhängengelassen oder - im Sitzen - auf den Schoß gelegt wird. Solche Ruhepausen sollten unbedingt ganz bewußt wahrgenommen werden.

Anfänger trauen sich häufig auch in längeren Pausen nicht, die Ruhestellung einzunehmen und verharren in gespannter Bereitschaftshaltung. Sie sollten ausdrücklich zum Sinkenlassen der Ellenbogen angehalten werden - als sicht- und leicht kontrollierbarem Zeichen von guter Entspannung.

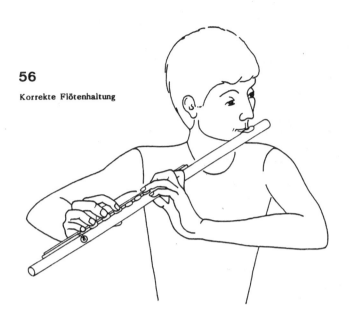

56 Korrekte Flötenhaltung

Die Stellen, von denen aus die Instrumentenhaltung beeinflußt werden kann, sind

die Schultergelenke,
die Ellenbogen,
die Handgelenke, Hände
und einzelne Finger.

4.3.2. Schultergürtel und Arme

Im *Schultergelenk*, dem beweglichsten Gelenk des menschlichen Körpers, können die Bewegungen des Oberarmes in zwei Hauptrichtungen verlaufen:

zwischen schräg vorn-außen und hinten-innen, sowie
zwischen schräg vorn-innen und hinten außen.

Zwischen diesen Hauptrichtungen sind alle Übergänge möglich, so daß der Oberarm gekreist werden kann. Es ist leicht zu erkennen, daß, soweit es die Flötentechnik betrifft, die erste der beiden Bewegungsdimensionen vor allem für den rechten Arm und die zweite für den linken bestimmend ist.

Die *Ellenbogen* sind die beweglichsten Teile des Instrumentenhaltebereiches. Ihre Haltung weist starken *Ausdruckscharakter* auf und wirkt auch auf diesem Wege auf die spieltechnischen Abläufe ein. Sie können bei sehr engagiertem Spiel bis zur beinahe waagerechten Lage angehoben sein, doch sollte eine andauernd forcierte Haltung vermieden werden. Auch hier rangiert Beweglichkeit vor „Haltung".

Beide Handgelenke sind je nach Ellenbogenlage gut angewinkelt, der linke zusätzlich nach innen rotiert. Da die meisten Muskeln, die auf das Handgelenk wirken, im Oberarm entspringen und über den Ellenbogen hinwegziehen, hängt die Beweglichkeit der Hand und vor allem der Finger entscheidend von einer guten Arm- und Schulterhaltung ab.

4.3.3. Hände, Finger und Instrument

Der Griffbereich dient gleichrangig der Fingertechnik und dem Halten des Instruments. Eine gegenseitige Beeinträchtigung der beiden unterschiedlichen Funktionen wird durch eine rationale

57 Flötenbläser in schlechter Haltung.

Aus Maximilian SCHWEDLERS „Flöte und Flötenspiel"
(Reprint beim Musikverlag Zimmermann)

Auswahl der Punkte vermieden, an denen das Instrument in seiner Lage gehalten wird. Sie sind disponiert nach dem Prinzip kleinstmöglicher Anzahl und geringster Fesselung der Finger und befinden sich

1. zwischen Unterkiefer und Mundlochplatte *(Anlegestelle)*;
2. zwischen der Wurzel oder dem ersten Glied des linken Zeigefingers und der Außenseite des Rohres, etwa in Höhe des obersten kleinen Loches auf der Hauptachse;
3. an der Schmalseite des rechten Daumens gegenüber dem Zeigefinger;
4. beim rechten kleinen Finger.

Ein geschickt gesteuertes Zusammenspiel zwischen diesen Stellen bewirkt, daß das Instrument **weniger festgehalten als ausbalanciert** wird und so die einzelnen Finger größte Freiheit für ihre grifftechnische Aufgabe erhalten. (Siehe das Zitat KUJALA S. 87.)

Die vier genannten Stellen bieten im einzelnen folgende Probleme:

1. An der *Anlegestelle* wird die linke Hälfte des Instruments gegen ein Abrutschen nach unten fixiert. Dabei wird die durch den *Andruck* bewirkte Haft-(Adhäsions-)Kraft ausgenutzt. Bei stärkerer Schweißbildung, die an dieser Stelle leicht auftritt, vermindert sich die Haftung, und die sichere Haltung kann dadurch ernstlich gefährdet werden. Diese nachteilige Erscheinung tritt vorzugsweise bei Unsicherheit und Lampenfieber auf. Da die fehlende Haltekraft durch vermehrte Bemühung an anderer Stelle kompensiert werden muß, kann es zu einem *Circulus vitiosus* von Verkrampfung - vermehrter Schweißbildung - weiterer Verkrampfung - usf. kommen. Schon QUANTZ stellte fest, daß der „Flötenist . . . absonderlich bey warmem Wetter, am Munde schwitzet, und die Flöte folglich nicht am gehörigen Orte fest liegen bleibt, sondern unterwärts glitschet: wodurch das Mundloch derselben zu viel bedecket, und der Ton, wo er nicht gar außen bleibt, doch zum wenigsten zu schwach wird. Diesem letztern Uebel abzuhelfen, wische der Flötenist den Mund und die Flöte rein ab, greife nachdem in die Haare, oder Perücke, und reibe den am Finger klebenden feinen Puder an den Mund. Hierdurch werden die Schweißlöcher verstopfet, und er kann ohne große Hinderniß weiter spielen." (XVI.13) Aktueller für uns erscheint sein psychologischer Ratschlag: „Aus diesen Ursachen ist einem jeden, der vor einer großen Versammlung spielen muß, zu rathen, daß er nicht eher ein schweres Stück zu spielen unternehme, als bis er fühlet, daß er sich in einer vollkommenen Gelassenheit befinde." (XVI.14)

Der Andruck soll gerade so groß sein, daß der Haltezweck erfüllt wird. Jederzeit muß die Möglichkeit bestehen, daß die Lage der Mundlochplatte nicht nur durch Hin- und **Herrollen**, sondern auch durch seitliches und senkrechtes **Verschieben** korrigiert werden kann.

2. Für den *Andruck* hat der *linke Zeigefinger* eine wichtige Funktion. Sie besteht jedoch nicht in einer einfachen Kraftausübung in Richtung der Anlegestelle. Der Andruck wird vielmehr durch ein differenziertes Zusammenspiel mit der rechten Hand fein dosiert. Dabei spielt der linke Zeigefinger mehr die Rolle einer Hebelachse, welche die von der rechten Hand herkommende Kraft umlenkt. Dafür ist zwar dennoch ein Druck in der genannten Richtung notwendig; doch bekommt dieser eine andere, feinere Qualität dadurch, daß er auf die von rechts her wirkende Kraft reagieren und variabel bleiben muß. Ganz klar wird aus diesem Sachverhalt, daß der Zeigefinger von sich aus **nicht der Unterstützung des Instrumentes von unten her** dient und sein unteres Glied mithin aufrecht gehalten werden kann und soll. Die Berührungsstelle zwischen der Fingerschmalseite und dem Rohr liegt je nach der Länge des Fingers an dessen Wurzel oder im Verlaufe des ersten Gliedes, so, daß die beiden oberen Glieder maximale Bewegungsfreiheit haben.

Der linke Daumen dient in keinem Falle dem Festhalten des Instruments! In seinem Bewegungsverhalten besteht außerdem ein grundsätzlicher Unterschied zum Klavierspiel. Muß der Tasteninstrumentspieler seine Daumenbewegung den anderen Fingern möglichst perfekt angleichen, so kann und soll der Flötist gerade die Besonderheit der Daumenhaltung und -bewegung ausnutzen und kultivieren - siehe 3.1.3.5. Dabei spielen sich die Bewegungen ausnahmslos im **Grundgelenk** ab, während das Mittelgelenk mit dem oberen Glied passiv bleibt und weder eingeknickt noch nach außen gebogen wird.

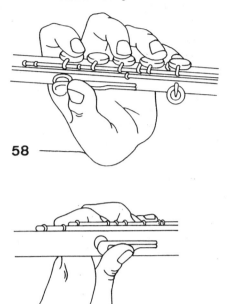

58 Korrekte Haltung der linken Hand

59 Fehlerhafte Klammerhaltung der linken Hand

Ein schwerwiegender Fehler besteht im *Klammern*. Dabei wird das Rohr zwischen dem schräg gehaltenen unteren Glied des Zeigefingers und dem nach außen gebogenen Daumen eingeklemmt – siehe Abb. 59. Dadurch werden sowohl die Beweglichkeit der beiden Finger wie auch die Instrumentenhaltung katastrophal behindert.

Wie der Geiger muß auch der Flötist sich mit einer Verdrehung im linken Handgelenk abfinden, während dies bei den anderen Blasinstrumenten nicht nötig ist. Open-hole-Instrumente und insbesondere solche mit „französischer" Klappenanordnung (alle Klappen der Oberseite auf **einer** Achse) oder mit sehr kurzem Gis-Griffteil stellen höhere Anforderungen in dieser Hinsicht. Jeder muß selbst entscheiden, was ihm am besten liegt. Alle Varianten bieten Vor- und Nachteile – vgl. 8.11.

Der korrekte Umgang mit dem Daumen kann getestet werden, indem man H-Cis trillert: Die Bewegung darf sich in nichts unterscheiden von einer schnellen, rhythmisch wiederholten Schließbewegung zwischen Daumen und Zeigefinger **ohne** Flöte. Die Flötenhaltung muß während des Trillers ruhig, locker und ungefährdet bleiben.

3. *Der rechte Daumen* spielt unter den vier Halte-Stellen eine durchaus **passive** Rolle. Die rechte Rohrhälfte **ruht** auf ihm. Er greift nicht zu und verändert seine Lage und Form nie. Dazu muß er waagerecht und unverdreht gehalten werden. Das gelingt am besten, wenn er die geradlinige Fortsetzung des Unterarmes bildet – siehe Abb. 60. Das Handgelenk muß zu diesem Zweck angewinkelt werden. Der Daumen ist im Mittelgelenk weder nach außen noch nach innen gebogen, und keinesfalls unterstützt er – abgespreizt – das Rohr mit seiner Innenfläche.

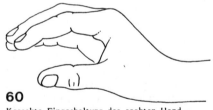

60 Korrekte Fingerhaltung der rechten Hand – „Pinzettgriff"

Die natürlichste Haltung erzielt man, wenn Daumen und Zeigefinger einander so gegenüberstehen, wie wenn sie einen Gegenstand vorsichtig ergreifen. Man nennt dies einen *Pinzettgriff*.
Auch bei diesem winkelt man übrigens gewöhnlich das Handgelenk an. Bei einem solchen Griff liegt das Instrument automatisch auf der *Schmalseite des Daumens*, ungefähr in Höhe der Nagelwurzel. Vgl. hierzu 8.5.

4. Um den unteren Teil der Flöte wirklich sicher „in den Griff" zu bekommen, ist noch eine Gegenkraft zum rechten Daumen nötig. Diese wird überwiegend vom *rechten kleinen Finger* ausgeübt. Ohne Abstützung an dieser Stelle neigt das Rohr zum Wegrollen nach vorn, wie z.B. beim höchsten C. Diese Funktion des kleinen Fingers rechtfertigt die Forderung, daß die Dis-Klappe permanent gedrückt werden muß, auch wenn dies – bei Tönen wie $G^{1/2}$ bis $Cis^{2/3}$ – akustisch unnötig ist. Gerade bei diesen Griffen aber, wo die rechte Hand scheinbar unbeteiligt bleiben könnte, ist ein sicherer Halt auf der rechten Seite besonders geboten. Bei den wenigen Tönen, wo eine Öffnung des Dis-Loches sich verbietet (z.B. bei den tiefsten Tönen bis zum D), behält entweder der kleine Finger seine Stützfunktion dadurch bei, daß er die Cis-, C- oder H-Klappe drückt; oder andere Finger der rechten Hand springen dafür ein, wie z.B. der Ringfinger auf dem Trillerhebel beim H^3.

Der kleine Finger soll, ebenso wie die übrigen Finger, nach oben gewölbt und nicht, wie es oft zu beobachten ist, durchgedrückt sein. Das erfordert einen gewissen Kraftaufwand, da die Dis-Klappe zum dichten Verschluß ihres Loches ziemlich stark gefedert sein muß. Spielern mit (noch) kleinen und schwachen Fingern fällt dies verständlicherweise schwer; so kann es notwendig werden, daß der Lehrer die kleine Unkorrektheit eine Weile durchgehen lassen muß. Aber das sollte bald revidiert werden.

Besonderes Gewicht erhält die Greifhaltung der rechten Hand bezüglich der schon unter Ziff. 2 erwähnten, von ihr ausgehenden und über den linken Zeigefinger umgelenkten Andruckskraft:

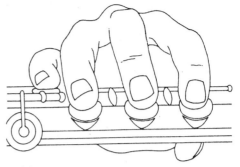

61 Korrekte Haltung der rechten Hand

„Auch der perfekteste Ansatz ist äußerst uneffektiv, wenn die Plazierung und Unterstützung des Instrumentes schlecht sind. Es kann deshalb hilfreich sein, sich die Flötenhaltung eher als *Balancieren* denn als *Festhalten* vorzustellen ... Die Balance kann mit einer Hebelvorrichtung verglichen werden ... Der linke Zeigefinger ist der *Drehpunkt*, der rechte kleine Finger übt die Kraft aus, und die Unterlippe bildet den *Widerstand*. Druck und Widerstand sollten als im Gleichgewicht befindlich betrachtet werden. Das bedeutet, daß der rechte kleine Finger wichtiger ist als der Daumen (ganz im Gegensatz zur Oboe oder Klarinette); das kann ausprobiert werden, indem man das Cis^2 spielt, ohne daß der Daumen mit dem Flötenrohr in Kontakt kommt..

Die ungefähre Richtung, in der die rechte Hand ihren Druck ausübt ..., ist ein Abwärtsschub, verbunden mit einer Vorwärtstendenz. Dadurch wird der Unterlippe das Gefühl vermittelt, daß sie sich der Mundlochplatte anschmiegt und zu ihr **angehoben** wird ... Aber es muß darauf geachtet werden, daß ein zu hoher Andruck vermieden wird. Jedes Gefühl von Unbehagen und mangelnder Elastizität in der Unterlippe sollte als deutliches Warnzeichen gewertet werden.

Um die Stützfunktion des linken Zeigefingers näher zu erläutern: Er sollte keinesfalls als Ausgangspunkt aktiven Andruckes verstanden werden; seine Rolle ist mehr passiv - eben als Hebeldrehpunkt - der der abwärts gerichteten Kraft der rechten Hand einen angemessenen Widerstand entgegensetzt. Sorgfältige Beachtung dieser Überlegung wird helfen, die Schwierigkeiten zu reduzieren, die so verbreitet am Zeigefinger auftreten." (KUJALA FZ 9)

Das System des Instrumentenhaltebereiches muß unter Beachtung aller Einzelheiten jederzeit als ein Ganzes betrachtet werden und beweglich bleiben. Eine Faustregel kann lauten: *Schultern* **tief** - *Ellenbogen* **hoch** - *Handgelenke* **tief** - *Fingerwölbung* **hoch**.

4.3.4. Positionen und Bewegungen, die vom Instrumentenhaltebereich ausgehen

Bei den längs gehaltenen Blasinstrumenten gibt es nur eine sinnvolle Bewegung im Instrumentenhaltebereich: das Erheben des Schalltrichters aus der Richtung nach schrägunten gegen die Waagerechte - in Extremfällen sogar darüber hinaus (z.B. nach *Gustav Mahlers* Anweisung in manchen seiner Sinfonien: „Schalltrichter hoch!") Nicht nur bei der Flöte signalisiert das Hochnehmen des Instruments, natürlicherweise von einem Anheben und Ausbreiten der Ellenbogen begleitet, erhöhten Ausdruckswillen; gleichzeitig dient es auch dem Ausgleich gegenüber der zurückgehenden Atem-(Füll-)Spannung. Bei der Querflöte wandelt sich die frontale Auf- und Abwärtsbewegung in eine Modifikation der seitlichen *Neigung* des rechten Endes um. (Zu dieser und anderen *Anlegepositionen* siehe 5.3.5.)

Im Normalfalle ist das Flötenrohr ein wenig nach rechts-unten geneigt. Dabei stellt sich der Kopf des Bläsers so ein, daß der Lippenspalt parallel zum Mundlochrand verläuft. Darüberhinaus kann die erhöhte Bewegungsfreiheit der Querflöte zu einer *Schwenkung* in der Horizontalebene ausgenutzt werden - siehe Abb. 56. Dieser für die Flötenhaltung typischen Bewegung würde bei den längs gehaltenen Blasinstrumenten ein - bei ihnen nutzloses, ja schädliches - Hin- und Herpendeln entsprechen. *Neigung und Schwenkung* verbinden sich zu einem dreidimensionalen Bewegungsfreiraum, der die Form eines *Kegels* mit der Spitze an der Anlegestelle und der Basis am rechten Flötenende hat.

Dank der schon erwähnten Untersetzungswirkung(3.2.11.1.Ziff.4)hat die rechte Hälfte des Instrumentenhaltebereiches eine ausgesprochene und sehr nützliche Führungsqualität für die feinmotorischen Aktivitäten des Ansatzbereiches. (Vgl. die Bemerkungen zur „Untersetzung" von Hebelkräften unter 3.2.11.1. Ziff.4).

Weitere Modifikationen der Anlegeverhältnisse sind durch Lageveränderungen des Flötenrohres im Ganzen - durch gleichsinnige Bewegung beider Hände - möglich. Die wichtigste davon ist die *Drehung* des Rohres um seine Längsachse. Dabei geht die Bewegungsführung von den beiden Handgelenken aus, gewöhnlich auch unter Mithilfe der Ellenbogen, vor allem des rechten. Der ansatztechnische Effekt besteht in einer Veränderung des Anblaswinkels - siehe 6.1.2. Ferner kann das Instrument als Ganzes in horizontaler Richtung *verschoben* oder in vertikaler Dimension *versetzt* werden.

Die meisten aller genannten Anlegemodifikationen können auch bei ruhig gehaltenem Instrument durch Neigen, Drehen usw. des Kopfes herbeigeführt werden. Wenn aber hier grundsätzlich davon abgeraten wird, so deshalb, um der Aktionsfähigkeit dieser Region **alle** Möglichkeiten offenzuhalten und sie zu ihren diffizilen, feinmotorischen Ansatzaktivitäten zu befähigen. Dabei braucht der Bläser aber keineswegs vermeintlich unnötige Kopf- und Lippenbewegungen ängstlich zu vermeiden; vielmehr ist es im Rahmen einer natürlichen Beweglichkeit durchaus legitim, Impulsen, die von der rechten Hälfte kommen, etwas nachzugeben oder sie zu unterstützen; und ebenso ist nichts gegen Bewegungen einzuwenden, die der Lockerung dienen oder einfach zufalls- oder ausdrucksbedingt sind.

4.4. ATEMTECHNIK UND ALLGEMEINE MOTORIK AUS GEMEINSAMER WURZEL

Wir haben Atmung und Ausdruck als die beiden großmotorischen Bewegungsantriebe beim Blasinstrumentenspiel kennengelernt und der Atmung dabei den Primat zugewiesen. Da der Blasluftumsatz beim Flötenspiel relativ hoch ist, wird die Spielmotorik entsprechend stark beeinflußt. Man kann deshalb davon ausgehen, daß das *Grundbewegungsmuster* der Flötentechnik von der *Atemperiodik* bestimmt wird.

Ein gleichmäßiger bzw. den Gestaltungsnotwendigkeiten jederzeit gerecht werdender Blasstrom erfordert ein Energiereservoir, das jeweils über die ganze Blasphase hinweg mit **gleichbleibender** Intensität zur Verfügung steht. Dem steht entgegen, daß die Atemspannung, wie sie durch die Einatmung aufgebaut wird, im Laufe des Blasvorganges stetig abnimmt. Sänger und Bläser wirken dem dadurch entgegen, daß sie die Ausatmung zunehmend aktivieren und unter Kontrolle bringen. Wir werden dies unter der Bezeichnung *Atemstütze* näher erläutern (4.5.).

Die Atemstütze und alle übrigen Atemaktivitäten können nur funktionieren, wenn sie sich auf natürliche Antriebe, physiologische wie psychologische, stützen und ihnen nachgeben. Nicht willkürliche Planung oder Manipulation dürfen die Atemantriebe sein, sondern Bedürfnisse und Zwänge, die den verschiedensten Bewußtseinsschichten und physiologischen Bereichen entspringen. Uns interessiert im hier darzustellenden Zusammenhang, wie den Komplikationen begegnet werden kann, die von der unterschiedlichen, dauernd wechselnden Luftfüllung der Lungen und den sich damit ändernden Spannungsverhältnissen ausgehen. **Alle** Atemaktivitäten, auch und gerade die *Einatmung*, müssen mit den Anforderungen der Blastechnik harmonisiert werden. Eine mechanistische Lösung kann nach den hier vertretenen Grundsätzen nicht in Frage kommen; sie würde geradezu verdecken, was im menschlichen Verhalten von Natur aus angelegt ist. Dabei gilt es, den natürlichen Reaktionen zu folgen, wie sie bei ganz alltäglichen Blasvorgängen auftreten, wo man nicht von der Zwangsvorstellung gefährdet ist, ein Blasinstrument „bedienen" zu müssen: Wer einfach einen scharfen Luftstrahl abgeben muß, beispielsweise um eine Kerze auszublasen, der **streckt** sich dabei automatisch, d.h. er überlagert der Neigung seines Körpers, mit dem Atemluftverlust abzuschlaffen, eine Gegenspannung vom *Stützapparat* her, so daß er normalerweise am Ende des Blasvorganges stärker gestreckt und weiter vorgeneigt ist als an dessen Beginn. Die nachfolgende Einatmung ergibt sich dann als Entspannung aus der am Ende des Blasens entstandenen Anspannung.

Wenn das Verhalten von Flötenspielern nur zu häufig solchen Erkenntnissen widerspricht, dann hängt das einfach damit zusammen, daß sie einseitig auf das Instrument hin fixiert sind und darüber den eigentlichen Zweck ihres Spiels vergessen.

Bläserische Atemtechnik ist vom Umgang mit dem Instrument nicht zu trennen, ebensowenig wie die Spielmotorik von der Atmung. Beides besteht aus der Kombination von physiologischen Atemnotwendigkeiten, Stützreaktionen des Halteapparates und Ausdruckshandlungen. Das soll uns aber nicht daran hindern, im Folgenden ihre Besonderheiten im einzelnen zu betrachten.

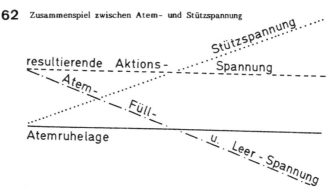

62 Zusammenspiel zwischen Atem- und Stützspannung

Die Atemspannung bewegt sich von der anfänglichen Füllspannung durch die Atemruhelage zur Leerspannung. Die Stützspannung, die den Körper aufrechterhält, muß mit nachlassender Atemluftfüllung stetig erhöht werden. Geschieht das nicht, dann sinkt der Körper gegen Ende des Blasvorganges zusammen.

4.4.1. Typik der Spann- und Entspannungsbewegungen

Die Stützreaktionen des Halteapparates sind nicht bloße, zweckgerichtete Ausgleichsbewegungen. Sie sind vielmehr ganz allgemein im menschlichen Verhalten angelegt und besitzen nicht zuletzt entschiedenen Ausdruckscharakter.

Spannung und Entspannung drücken sich in einem typischen Bewegungsverhalten aus. Das Muster ist immer das gleiche: **Spannungszunahme** ist mit **Aufrichten und Vorwärtsorientierung**, Entspannung mit **Zurücksinken und Rückwärtsorientierung** verbunden. Vergegenwärtigen wir uns dies an einigen Beispielen:

1. Der Hundertmeterläufer kauert sich beim Kommando „Auf die Plätze" entspannt an seiner Startstelle hin; bei „Fertig" **spannt** er seinen Körper. Zwar bleiben dabei die Hände am Boden, aber Becken und Kopf werden angehoben und schieben sich vorwärts; der Blick sucht das Ziel. Diese Spannung „explodiert" auf „Los", doch bleibt der Läufer während der ganzen Strecke aufs äußerste gespannt und nach vorn, auf das Ziel zu, orientiert. Wird der Start nach dem Kommando „Fertig" abgebrochen, so läßt sich der Sportler entspannt in die Ausgangslage **zurücksinken**.

2. Eine ruhig stehende oder sitzende Person wird auf irgendeine Weise attackiert, sei es physisch oder verbal: Der Betreffende „fährt auf", spannt sich, erhebt ruckartig Kopf und Blick in Richtung auf den Angreifer - - oder aber er resigniert, ergibt sich, weicht zurück, läßt Kopf und Oberkörper sinken und gibt den Körpertonus auf.

3. Der Boxer tänzelt im Angriff auf den Fußballen; beim Zurückweichen in der Verteidigung schließt er die Arme vor dem Körper und verlegt sein Gewicht rückwärts auf die Fersen.

4. Jemand redet eindringlich auf einen anderen ein oder schreit ihn an. Je intensiver er sich äußert, umso mehr neigt er sich seinem Gegenüber zu und zeigt vielleicht noch auf den Angesprochenen. Gegenteilig verhält sich der entspannt zurückgelehnte Plauderer.

5. Der engagiert agierende Gesangssolist steht aufgerichtet, zum Publikum gewandt, und hält seine Notenvorlage hoch und mit geöffneten Armen vor sich.

Abgesehen von situationsbedingten Abweichungen zeichnen sich diese Verhaltensweisen durch typische Gemeinsamkeiten aus:

Spannung:

Der ganze Körper **öffnet und streckt sich**; der Gesamttonus nimmt zu.
Der Oberkörper neigt sich aus dem Kreuz heraus leicht nach vorn.
Die Ellenbogen heben sich; die Arme geben die Brust frei.
Der Kopf wird erhoben; der Blick richtet sich vorwärts auf das Ziel.
Der Körperschwerpunkt verlagert sich vorwärts.

Entspannung:

Die Streckung des Körpers wird aufgegeben.
Der Oberkörper pendelt zurück.
Die Arme fallen seitlich herab.
Der Blick geht „nach innen".
Der Schwerpunkt verlagert sich rückwärts auf die Fersen.

Diese Verhaltensmuster gelten allgemein. Sie sind Ausdruck natürlichen Spannungsverhaltens und können - bewußt eingesetzt - zu einer nachhaltigen Optimierung der Motorik beitragen.

Gewöhnlich werden aber die geschilderten Bewegungsabläufe beim Flötenspiel im einzelnen nicht oder kaum äußerlich sichtbar - im Gegensatz zu den zuvor aus anderen Lebensbereichen gewählten Beispielen. Das hat einerseits mit der Überlagerung durch die Atemmotorik zu tun, andererseits mit zusätzlichen Ausdrucksbewegungen, denen sich der Spieler umso natürlicher überlassen kann, je sicherer er über die Grundmotorik verfügt. So möge sich der fortgeschrittene Bläser nicht verunsichern lassen, wenn sein äußeres Bewegungsbildnicht mit den oben gegebenen Ratschlägen übereinstimmt. Es kommt auf die **innere Dynamik** an, nicht auf die Optik. Umso nützlicher kann eine sorgfältige Beachtung unserer Regeln für Lernende sein. Sie überlassen sich leicht zu sehr den passiven Abläufen, manchmal sogar durch einen Lehrer ermutigt, der undifferenziert mit „entspanntem" Agieren argumentiert. Ihnen kann durch bewußt auszuführende, optisch betonte Bewegungsmuster die besondere Problematik des Wechselspiels zwischen Atem- und Stützapparat deutlich gemacht werden.

4.4.2. Noch einmal: Der Blick!

Die hohe Bedeutung, die wir dem Blick für das allgemeine Körperverhalten zugewiesen haben(3.2.9.), gilt ganz speziell und in verstärktem Maße für die Spieltechnik der Flöte. Gerade bei ihr wirken sich die Mühelosigkeit und die minimale Trägheit dieses Steuermittels besonders günstig aus. Das trifft für die allgemeine, innere Einstellung des Bläsers zum Musiziervorgang als solchem ebenso zu wie für seine Ausrichtung auf das Auditorium und ebenso auch   für spieltechnische Einzelaktivitäten.

Ein Blick in den Raum hinein bewirkt, daß Tonintensität und Artikulationsschärfe sich beinahe von selber zweckmäßig gestalten. Wer allein im kleinen Raum übt, sollte, so er sich nicht für immer mit dem Alleinspielen bescheiden möchte, jederzeit **für** ein und **zu** einem imaginären Publikum hin spielen.

Abgesehen von ihrer universellen Wirksamkeit kann die Steuerfunktion des Blicks mit besonderem Erfolg bei der Gestaltung der Einatmung und des Blasstromes ausgenutzt werden: Verspannung - und damit Verengung - beim Einatmen ist meist begleitet von einem angestrengt nach oben gerichteten Blick mit Runzeln der Stirn und waagerechten Stirnfalten. Das kann augenblicklich korrigiert werden durch Entspannen der Augenpartie sowie Abwärtsfallenlassen der Augenlider und des Blicks. Beim allgemeinen Wiederaufrichten im aktiven Teil der Einatmung erhebt sich zwar auch der Blick, jedoch bleibt er noch unbestimmt, wie nachdenklich, und nach innen gewandt. Erst am Ende der Verhaltepause - zusammen mit der Ansatz- und Stützebildung - richtet er sich wieder auf ein ferneres und bestimmtes Ziel. Insofern spielt also auch die *Entfernungseinstellung* des Auges eine nicht zu unterschätzende Rolle für die Steuerung der allgemeinen Motorik.

Ängstliche Konzentration auf den engen Bereich der Ansatzregion ist häufig mit einer Einengung des Blickraumes, Herabziehen der Stirn und einer senkrechten Stirnfalte verbunden, wie bei scharfem Nachdenken. Auch diesem Fehlverhalten ist leicht abzuhelfen: Man blicke dorthin, wo der Ton ankommen soll; dadurch wird die Blasaktivität automatisch nach vorn an den Lippenspalt verlagert und eine eventuell vorher vorhandene, nach innen gewandte Verspannung in vitalen Blasdruck umgewandelt.

Auch kleine Modifikationen des Anblaswinkels werden vorteilhaft vom Blick geführt. Und selbst diffizile Vortragsprobleme können durch das Blickverhalten gelöst werden, wie unser Notenbeispiel 63 belegen möge.

Albert Roussel: Joueurs de Flûte -
Pan. (c) 1924 by DURAND S.A.
Editions Musicales, Paris - mit
frdl. Genehmigung des Verlages

Viele Interpreten haben an dieser Stelle Mühe, die aus der absteigenden Linie hervortretenden Töne A^2 und As^2 (*) natürlich in den melodischen Fluß einzufügen, ohne zu krampfen und dadurch die beiden Töne ungebührlich zu akzentuieren. Gewöhnlich genügt ein kurzes Niederschlagen der Augen jeweils auf dem betreffenden Ton, um den Ablauf tonlich und rhythmisch zu glätten.

4.4.3. Die Atemperiodik als Grundlage für ein allgemeines Bewegungsmuster

4.4.3.1. Terminologie

Die Bläseratmung ist stärker als die Gesangsatmung **technisch** bestimmt. Das legitimiert die Einführung einiger fester - z.T. neu formulierter - Termini. Sie sollen der Bewußtmachung dienen, jedoch **keinesfalls zu einer exerziermäßigen Atempraxis verführen!**

Die Musik von Melodieinstrumenten ist häufig von Pausen durchsetzt, während derer die Begleitung den musikalischen Faden fortspinnt. Wir nennen solche Pausen in spieltechnischer Beziehung *Ruheteil* und den Komplex, in welchem der Bläser musiziert, *Blasteil*.

Der Blasteil besteht - gewöhnlich aus mehreren - *Atemperioden*. Darunter verstehen wir die jeweilige Strecke von einer Einatmung bis zur nächsten. Von Natur aus korrespondiert die Atemperiodik mit der musikalisch-formalen Periodik; jedoch kommen häufig technisch bedingte Abweichungen vor.

Die Atemperiode besteht aus drei *Atemphasen: Einatmung - Verhaltepause - Blasphase.*

Diejenige Einatmung, die einen ganzen Blasteil einleitet, nennen wir *Startatmung*, die Einatmung zwischen zwei innerhalb eines Blasteils dicht aufeinanderfolgenden Atemperioden *Aktionseinatmung*. *Zusatzatmung* („Schnappatmung") ist ein kurzes Nachatmen, das während einer langen Blasphase nötig werden **kann.**

4.4.3.2. Blas- und Ruheteil

Im *Blasteil* laufen die Vorgänge ab, die die eigentliche Spieltechnik ausmachen. Brennpunkt und Ziel aller auf ihn bezüglichen Aktivitäten ist die *Blasphase* als der eigentliche, tönende Musiziervorgang. Dieser muß sich jedoch aus den übrigen Komponenten der Atemperiodik zwingend und natürlich entfalten, so daß Einatmung und Verhaltepause eine mindestens ebenso große Sorgfalt verdienen. Der Blasteil wird durch die Besonderheiten der *Leistungsatmung* bestimmt. (Vgl.3.4.7.)

Der *Ruheteil* soll zur möglichst umfassenden Erholung ausgenutzt werden. Ob dabei das Rund des Instrumentenhaltebereiches aufgegeben und die Flöte abgesetzt wird, oder ob sie am Mund bleibt und man nur die Arme sinken läßt, richtet sich nach der zur Verfügung stehenden Zeit. Während einer längeren Pause in angespannter Bereitschaftshaltung zu verharren, zeugt von Unsicherheit. Dem sollte durch bewußte Aufgabe der Spielhaltung und ggf. durch blitzschnelles und vollkommenes Abschlaffen entgegengewirkt werden. Während des Ruheteils wird automatisch auf *Ruheatmung* umgeschaltet.

4.4.3.3. Die Startatmung

Die - hier mit diesem neuen Begriff eingeführte - *Startatmung* kann aus psychologischer Sicht als eine Initialreaktion erklärt werden, vergleichbar dem Ausholen, Anlaufnehmen usw. „Der ‚schnelle Anstieg' (der Atemantriebe) zu Beginn der Muskelarbeit beträgt unter Normbedingungen 30 - 40 % des Steady-state-Wertes. Sein schnelles Eintreten läßt vermuten, daß er durch nervöse Faktoren verursacht wird, die sofort mit Beginn der Bewegung auftreten. Die Größe dieses ersten Ventilationsanstieges kann je nach Bedingungen stark variieren, besonders im Zusammenhang mit der Motivation und der Erwartung der geforderten Arbeitsintensität." (KOEPCHEN 258)

Was im vorangehenden Zitat auf reine Muskelarbeit bezogen ist, gilt selbstverständlich - und womöglich in verstärktem Maße - für die Arbeit des Atemapparates. Damit ist die Startatmung für das Gelingen des ganzen nachfolgenden Blasteiles von wesentlicher Bedeutung.

Wenn hier der psychischen Komponente besondere Bedeutung zugemessen wird, so soll damit angeregt werden, daß die - zwar unbestrittene und unverzichtbare - Aufgabe der Blasenergie-Auftankung höheren Antrieben **untergeordnet** wird und damit der mechanistische Aspekt des „Luftpumpens" in den Hintergrund tritt. Die Intensität der Einatmung, also ihre Tiefe und Geschwindigkeit, muß sich an **allen** bevorstehenden Anforderungen orientieren, die als Zeitdauer, Lautstärke, Ausdrucksgehalt und natürlich auch als Luftbedarf vorausgefühlt werden. Das bedingt, daß der Spieler von vornherein eine deutliche Vorstellung von dem bevorstehenden Abschnitt hat, ihn also kennt oder vorauszulesen in der Lage ist. Wer an den Noten „klebt", wird nie frei atmen können!

Die Startatmung erfolgt aus dem Ruhezustand, mithin aus der *Atemruhelage* heraus. Sobald der Bläser den Zeitpunkt gekommen fühlt, die Atembrücke zum Einsatz zu schlagen, richtet er sich zügig auf und hebt die Ellenbogen und das Instrument an. Sein Verhalten gleicht dabei in gewisser Weise demjenigen eines Dirigenten bei der Einsatzgabe. Ganz natürlich und ohne bewußtes Zutun wird dabei die Luft einströmen und eine Bereitschaftsspannung sich aufbauen. Nicht der Atem soll den Körper aufrichten, sondern die Aufrichtung den Einatemreiz mobilisieren! Es kann vorkommen, daß der Bläser das Instrument schon so frühzeitig hochnimmt, daß er in Ansatzlage Zeit hat, noch einmal ruhig durchzuatmen. Wenn dies im Rahmen eines sehr gelösten Zustandes geschieht, dann ist nichts dagegen einzuwenden. Ganz falsch ist es jedoch, einzuatmen, bevor das Instrument angehoben ist, und die Luft bis zum Einsatz anzuhalten. Abgesehen davon, daß sich die eingeatmete Luft vorzeitig verbraucht, erleidet der natürliche Bewegungsfluß einen Bruch. Ob bei der Startatmung durch den Mund oder durch die Nase geatmet wird, muß der Situation überlassen bleiben. Besonders vorteilhaft ist es, auch bei der Mundatmung den Nasentrakt ganz offen zu halten. Völlig falsch ist es, den Mund weit aufzureißen; man erreicht damit nur, daß der Rachendurchgang sich verengt.

Der Atemzug der Startatmung beginnt entspannt und verläuft, je nach der bevorstehenden Anforderung an Intensität zunehmend, bis zum Erreichen der *Füllspannung*. Auch diese bemißt sich nach dem weiteren Verlauf des Blasvorganges. Die zunehmende allgemeine Erhöhung des Gesamttonus darf nicht dazu führen, daß der Kehlkopf verspannt wird und die Glottis sich verengt.

Ein verbreiteter Fehler besteht darin, daß in ängstlicher Erwartung des Blasteiles der Atem angehalten und dann im letzten Moment hastig und verkrampft eingesaugt wird. Besonders schädlich ist die Angewohnheit, die Einatmung als verkappten Auftaktersatz zu mißbrauchen!

Streng muß darauf geachtet werden, daß die Flöte zum Mund gehoben und nicht der Kopf zur Flöte hin geneigt wird. ROCKSTRO (FZ 10): „Der Kopf des Spielers befindet sich in der empfohlenen Lage. Die Flöte wird an die Unterlippe gesetzt. Unter keinen Umständen darf der Kopf zur Flöte hinab bewegt werden." Besonders für Anfänger empfiehlt es sich, das Instrument nicht in einem Bogen zum Mund zu führen, sondern es etwa 30 cm vor den Mund zu heben und mit horizontal gehaltener Mundlochebene an ihn heranzuführen. Unbedingt muß vermieden werden, beim Ansetzen zuerst auf das Mundloch zu schauen, dieses dann, stark nach innen gedreht, auf den Mund zuzuführen, es mit beiden Lippen zu befühlen, als ob man daran saugen wolle und es dann nach außen in die (vermeintlich) korrekte Ansatzlage zu rollen. Da es dem Anfänger wirklich schwerfällt, sogleich die richtige Anlegeposition zu finden, ist ihm zu empfehlen, öfter mit dem Kopfstück allein zu üben und häufig vor dem Spiegel zu kontrollieren.

Die Intensität des Atemzuges wächst vom beinahe passiven Beginn an bis zum Erreichen der Füllspannung stetig, aber dem Charakter der folgenden Blasphase angemessen, an. **Keinesfalls darf der Einatemvorgang einen eigenen rhythmischen Wert erhalten**, sei es als imaginärer (leider meist aber auch unüberhörbar störender) Auftakt oder als Auffüllung einer leeren „1" - siehe die Beispiele 64.

4.4.3.4. Die Verhaltepause

Die in der Folge einer Einatmung aufgebaute Füllspannung bewirkt umgehend den Drang zur Ausatmung. Diesem darf nicht ungehemmt nachgegeben werden, denn vor jedem Start - und um einen solchen handelt es sich beim Toneinsatz - liegt ein (meist sehr kurzer) Zeitraum, in der die Bereitschaftsspannung sich sammelt, um dann in die ihr folgende Aktivität umgewandelt zu werden. Alle Handlungen, die einer gewissen Kraft- oder Präzisionsanforderung genügen müssen, verlangen eine sorgfältige Vorbereitung. Sie gehen nicht unvermittelt aus dem vorausgehenden „Anlauf" hervor, sondern werden von einer - meist sehr kurzen - Pause der physischen und psychischen Konzentration vorbereitet.

64

BUYTENDIJK (114): „Die Erfahrung lehrt, daß alles lebendige Geschehen diskontinuierlich verläuft. Versteht man es im Sinne von Prozessen, so kann man die Diskontinuität in einem physikalischen Modell abbilden. In einem solchen Modell findet durch bestimmte strukturelle Zusammenhänge eine Energieansammlung bis zu einer kritischen Grenze statt, wonach eine plötzliche Entladung erfolgt." (Unterstr. dch. Verf.) LUCHSINGER (S.16): „Bei der Inspiration wird das Atemorgan während einer mehr oder weniger kurzen Zeitspanne vor der Tongebung potentiell aufgeladen. Beim Beginn der Stimmgebung wandelt sich dieser Spannungszustand in einen kinetischen Vorgang um." (Unterstr. dch. Verf.) Und schließlich WÄNGLER (Leitf. 73): „Zwischen das Ende der Einatmung und den Beginn der Ausatmung muß ein Intervall gelegt werden, das bewußt etwas länger als jene kleine Pause sein sollte, die die beiden Teilvorgänge bisher als eine Art von Umkehrpunkt voneinander trennte. Es darf trotzdem weder zu einem Nachdruck zu Beginn der Ausatmung oder gar zur Luftstromregulierung im Kehlkopf (Glottis) kommen."

Äußerlich wird der Vorgang des Spannungs- und Druckaufbaues während der Verhaltepause als kurzer Stillstand zwischen der Ein- und Ausatmung, zuweilen sogar als leichter Rückgang der nach Erreichen der Füllspannung vorgewölbten Bauchdecke wahrgenommen. Doch so, wie bei der Ruheatmung während der Pause Stoffwechselvorgänge ablaufen, so herrscht auch in der Verhaltepause eine reiche, doch gegenüber der Ruheatmung anders motivierte Dynamik. Der Aufbau des Blasdruckes geht fließend vor sich und wird durch die Zielvorstellung von der bevorstehenden Phrase gesteuert. Da über die Pause hinweg schon eine Ausatemtendenz besteht, gehört sie funktionell zur folgenden Blasphase - siehe Bsp. 48.

Es ist der Aufbau der Bereitschaftshaltung im umfassenden Sinne, welcher der Verhaltepause ihre wichtige Funktion verleiht. „Mangelnde physiologische Bereitschaftsstellung . . . , wozu auch die mangelnde geistige Konzentration gehört, läßt nicht das gesamte resonanzfähige System des physiologischen Systems von Beginn an zum Schwingen kommen . . . Es ist den Bläsern im allgemeinen immer noch zu wenig bekannt, wie sehr es - abgesehen von der richtigen Lippentechnik - auf die physiologische Grundhaltung in Zusammenhang mit der inneren Einstellung (‚Stützfunktion') ankommt. (WINCKEL-Phän. 42f.) Die Notwendigkeit der Verhaltepause wird auch durch die Erkenntnisse der *Phonetik* bestätigt - siehe 5.4.2.

Ein einfacher Versuch belegt den Unterschied zwischen einer Luftabgabe „direkt aus dem Bauch heraus", also ohne Einschaltung einer wenn auch noch so kurzen Pause, und einer solchen mit Übergangspause: Wir sprechen mehrmals in kurzem, rhythmischem Abstand die Silben „dö-dö-dö..." Wenn wir uns bemühen, das „d" nur mit der Zungenspitze und sehr „stumpf", d.h. ohne beigemischtes Zischgeräusch, zu artikulieren, dann wird die Zungenspitze nach dieser Silbe sofort weich an ihre Ausgangsstelle zurückkehren und ungefähr ab der Mitte des Zeitintervalls bis zum nächsten Einsatz ein neuer Druck sich aufbauen. Versuchen wir dagegen, den Blasimpuls des nächsten Stoßes unverzüglich d.h. pausenlos, „aus dem Bauch heraus" zu entwickeln, dann kann sich die Zunge erst im allerletzten Moment an ihre Artikulationsstelle anlegen, und es wird ein „feuchter" Zischlaut beigemischt (5.4.3.). Die Pause wirkt dagegen wie eine Pufferung zwischen der relativen Schwerfälligkeit des Atemapparates und den Feinheiten einer sauberen Tonauslösung. Sie ist bei einem sauberen Stoß **immer** beteiligt, wenn auch oft so kurz, daß sie vom Spieler nicht bewußt wahrgenommen wird. (Unterrichtsmethodisch kann es durchaus angezeigt sein, einen Lernenden zur Aktivierung seines Bauchbereiches den - fälschlich so genannten - „Zwerchfellstoß" praktizieren zu lassen. Der erfahrene Pädagoge möge aber selbstkritisch prüfen, ob er diese Artikulation im Ernstfalle selber praktiziert!)

Die Verhaltepause hat nach dem bisher Gesagten nur äußerlich etwas mit „Warten" zu tun. In Wirklichkeit spielen sich während ihrer Dauer entscheidende interne Vorgänge ab: Die Lippen formen sich zur Ansatzstellung; mit ihnen spannt und spitzt sich die Zunge und versperrt der andrängenden Luft den Weg nach außen. Die Kontraktion der Einatemmuskulatur, die Dehnung der Ausatemmuskeln und der Hohlräume und Gewebe, und schließlich die Kompression der Baucheingeweide - dies alles von uns unter dem Begriff *Füllspannung* zusammengefaßt - bereiten sich zur Lösung vor und erzeugen die nach außen gerichtete Atemluft-Dynamik. Der dadurch sich aufbauende Druck kommt unter die Kontrolle der *Atemstütze*. Um überhaupt einen Überdruck aufbauen zu können, müssen Zunge und/oder Lippen den Mundraum nach außen abschließen und damit ihren Verschluß - und damit auch ihre Spannung - sukzessive verstärken. So bildet sich die Ansatzspannung **ganz von selbst** als Antwort auf die andrängende Atemluft.

Nachdem der Körper am Ende der Einatmung seine größte Aufrichtung erfahren hat, bringt die Umkehr der Atemrichtung ein **leichtes** Absinken auf die normale Blashaltung mit sich. Diese - sehr diskrete - Bewegung wird durch das entstandene Luftpolster elastisch abgefangen. Es entsteht das Gefühl, als ob man sich „auf den Ton setze". Dies wird auch von vielen Gesangspädagogen so gelehrt.

Am Ende der Pause, im Moment der Tonauslösung, sind in allen Körperbereichen alle Kräfte zu einem Ausgangszustand vereint, in welchem Körpertonus, Atemüberdruck und Ansatzspannung ihren Höhepunkt erreicht haben. Dieser Zustand stellt sich von selbst ein; alle Vorgänge während der Einatmung laufen auf ihn zu. Diese Zwangsläufigkeit ergibt sich jedoch nicht aus passivem Geschehenlassen, sondern aus einer rechtzeitigen, klaren Zielvorstellung von der folgenden Blasphase. Alle Bewegungen und Spannungen, die zum Ansatz führen, sind Reaktionen auf die Dynamik der von innen her andrängenden Luft. Verschlußkraft und Ansatzspannung sind identisch und genauso so groß, wie es zum Aufbau und der Beibehaltung des Blasdruckes nötig ist. **Der Kehlkopf bleibt während der gesamten Dauer dieser Vorgänge locker und offen.**

Nach all diesen ausführlichen Erörterungen wollen wir bedenken, daß das Ganze sich **in Sekundenbruchteilen** abspielt. Es ist ein gleitender Vorgang, keine Abfolge von Einzelhandlungen und insofern nicht einzeln übbar, wohl aber allmählich bewußt zu machen und gefühlsmäßig nachvollziehbar.

Die Tonauslösung (der „Stoß") stellt sich nach diesen Erkenntnissen als das **Loslassen** einer mehr oder weniger aufgestauten Spannung dar, ähnlich einem Schuß vom gespannten Bogen. Die eigentliche Arbeits- und Geschicklichkeitsleistung liegt **davor**. (Im übrigen ein überzeugendes Argument dafür, daß auch Atemverhalten und Artikulation so wenig voneinander zu trennen sind, wie alle übrigen Bereiche der Flötentechnik.)

Im Gegensatz zur Einatmung, die von jeglicher Rhythmisierung freigehalten werden muß, tritt in der Verhaltepause mit dem Aufbau des Blasdruckes ein ausgesprochen rhythmisches Element in die Vorbereitung des Einsatzes ein, wie sich auch aus Bsp. 64 ablesen läßt.

Die Verhaltepause muß - trotz ihrer oft kaum wahrnehmbar kurzen Dauer - so wichtig genommen werden, daß zu ihren Gunsten gegebenenfalls die Einatmung verkürzt wird. „ Die notwendige Atemerneuerung . . . muß derart geschickt vor sich gehen, daß kein Ton, keine musikalische Phrase . . . begonnen wird, ohne daß der Sänger für einen Moment den Atem anhält, d.h.den Standpunkt der Bereitschaft einnimmt" (FUCHS 68) - was selbstverständlich auch für den Bläser gilt.

Eine Übung für die Verhaltepause und den Übergang zur Blasphase beschreibt WÄNGLER (Leitf. 75) - aus sängerischer Sicht - wie folgt: „Ausatmung - Einatmung - Warten. Nach zwei bis drei Sekunden wird im Rippenausschnitt, besonders in der Flankengegend und nach hinten zu eine Gegenspannung wach, die auf Ausatmung drängt. Man gibt diesem Drängen _nicht_ gleich nach und versucht, das Spannungsempfinden mit in den anschließenden Ausatmungsvorgang herüberzunehmen." (Unterstr. dch. Verf.)

In der Verhaltepause bereitet sich die nachfolgende Phrase nicht nur psychisch, physisch und physikalisch vor; sie ist insbesondere maßgebend für deren präzisen Einsatz. (Auch die Kunst eines Dirigenten besteht in der Fähigkeit, seinem Ensemble die hier geschilderten Vorgänge beim Einsatzgeben sichtbar zu machen und ihm eine entsprechende _ideomotorische_ [3.2.6.] Reaktion zu suggerieren. Das ist nur möglich, wenn auch er mitatmet. Schlechte Einsatzgeber im Kammermusikensemble - eine auch unter Bläsern nicht seltene Spezies! - beherrschen meist die Stütze- und Staubildung während der Verhaltepause nicht genügend.)

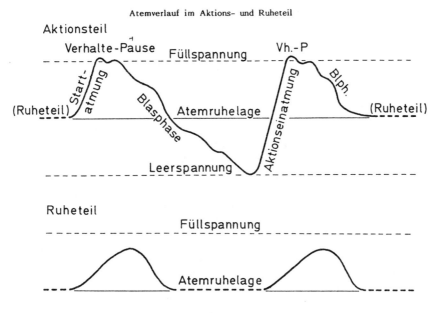

65 Im **Blasteil** wird - dem Pendel vergleichbar - die potentielle mechanische Energie der Füll- bzw. Leerspannung in die jeweils andere Bewegungsrichtung und damit in kinetische Ein- bzw. Ausatemaktivität umgewandelt. Entsprechend der starken Dämpfung des Systems muß jeweils zusätzliche (Atem-)Muskelenergie zugesetzt werden. Der Vorgang kann sich - hier nur einmal dargestellt - mehrfach wiederholen.

Im **Ruheteil** wird die Periodik vorwiegend durch chemische und hormonale Antriebe - bei geringer Beteiligung von mechanischen Spannungen - bestimmt. Diese entwickeln sich während der Ruhepause in der **Atemruhelage**. Die Länge der Pause variiert je nach der momentanen Kondition bzw. dem Erholungsbedürfnis.

4.4.3.5. Die Blasphase

Die spieltechnischen Probleme der Blasphase sind klar überschaubar: Gefordert ist ein Blasstrom von jederzeit beherrschter bzw. beherrschbarer Intensität. Dem steht scheinbar entgegen, daß die passive Antriebskraft, wie sie bei der Ruheatmung allein wirksam ist, mit nachlassender Füllspannung sich stetig verringert und mit Erreichen der Atemruhelage ganz erlischt. Dem wird aber in der Blastechnik durch Mobilisierung der Ausatemmuskulatur entgegengewirkt. Da gleichzeitig die Körperspannung mit nachlassender Luftfüllung absinken will, müssen auch die Stützspannung und mit ihr der Gesamttonus verstärkt werden. Dies alles wird unter dem Begriff der _Atemstütze_ beschrieben. Sie ist der **entscheidende** Faktor des Blasvorganges. Ihr wird im Folgenden ein eigener, ausführlicher Abschnitt (4.5.) gewidmet werden.

Der Einsatz des Blasstromes nach der Verhaltepause erfolgt durch Freigabe der angestauten Luft, also **passiv**. Sogleich überlagert sich aber stetig zunehmend die **aktive** Kraft der Ausatemmuskeln von Bauch und Brust.

Für den Bläser muß die Zunahme der Stützspannung besonders deutlich fühlbar sein. Sie drückt sich vor allem in einer zunehmenden *Vorwärtsorientierung* aus. Dies braucht nicht unbedingt äußerlich sichtbar zu werden, wenn Ausdrucksbewegungen dazukommen. Da aber Lernende beim Blasen leicht zum Abschlaffen und Rückwärtslehnen neigen, sollten ihnen die Vorgänge auch optisch nahegebracht und auferlegt werden. Dazu verhelfen unsere Tips zum motorischen Spannungsverhalten (S.89) und zur Gewichtsverteilung (S.82).

Entgegen der allgemeinen Zunahme der Stützspannung, aber im Einklang mit der Vorwärtsorientierung, muß der Andruck der Mundlochplatte stetig verringert werden, bis er am Ende der Blasphase beinahe Null ist. So wird nebenbei einem Intonationsabfall am Ende der Phrase zuverlässig vorgebeugt.

4.4.3.6. Die Aktionseinatmung

Entwickelt sich die Startatmung aus dem Ruhezustand heraus und ohne Zeitdruck, so unterliegt die *Aktionseinatmung* anderen Bedingungen: Der Blasteil bildet - gewöhnlich über mehrere Atemperioden hinweg - einen übergeordneten Spannungsbogen. Die zwischendurch notwendigen Atemstellen sind dabei keine Ruhepunkte, sondern in den Spannungsablauf einbezogen. Der Wechsel von der Blasaktivität zur Einatmung ist mit der Bewegungsumkehr bei einem Pendel zu vergleichen: Sie geht von selbst aus der erreichten Auslenkung - im Falle der Atmung ist dies die *Leerspannung* - hervor. Dieser erste Einatemimpuls ist das Signal für die unverzügliche und gewöhnlich energische Aktivierung der Einatemmuskulatur, die den Atemvorgang zügig auf den nächsten Einsatz zuführt.

Die Lösung der Leerspannung beginnt mit dem Öffnen des Atemweges. Beim Bläser ist dieser gleich am oberen Ende wegen des Ansatzwiderstandes verengt bzw. versperrt. Hier muß also die Lockerung unverzüglich und besonders intensiv ansetzen und sofort ein Maximum erreichen. Sämtliche beteiligten Muskeln - des Gesichtes, des Unterkiefers und auch der Zunge bis zum „Kehlgrund" (Martienßen) - entspannen sich gleichzeitig und vollkommen. Auch die Augen- und Stirnregion beteiligt sich daran. Die Augenlider senken sich, der Blick geht nach unten und „innen"; Stirn und Wangen erschlaffen. Nachdem am Ende der Phrase infolge der starken konzentrischen Kontrahierung des Mundringmuskels (Orbicularis) aufeinanderzu gerichtet waren, lösen sie sich nun voneinander. Dabei steigt die Oberlippe **passiv** etwas an und löst sich von der oberen Zahnreihe, **ohne daß der Oberkiefer sich aktiv an der Öffnung beteiligt.** Der Unterkiefer fällt, zusammen mit dem angelegten Flötenkopf, leicht abwärts. Auch der Kopf kann im Rahmen der allgemeinen Entspannung etwas absinken. Der rechte Ellenbogen schwingt rückwärts.

Auf sehr verschiedene Weise kann sich die *Neigung* des rechten Flötenendes gestalten. Steht relativ viel Zeit zur Verfügung, so kann das Fußstück mit absinken. Normalerweise wird aber die Pause kürzer sein. Dann behält das Instrument seine Neigung bei, indem die Ellenbogen sich zwar senken, das rechte Handgelenk aber seine Knickung aufgibt, so daß der Handrücken in der bisherigen aufrechten Stellung (jetzt in Verlängerung des Unterarmes) und der Daumen in waagerechter Stellung verbleiben. Dieser Ablauf kann im Bedarfsfalle, wenn die Atmung besonders schnell und tief sein muß, zusätzlich aktiviert werden, indem das rechte Flötenende trotz tief gehaltenem Ellenbogen vom Daumen leicht aufwärts geschoben wird. Dies überträgt sich über Hebelwirkung als kleine Abwärtsbewegung auf den Mundlochbereich und unterstützt damit die Öffnungsbewegung des Unterkiefers.

Die Reaktionen, die durch diese Vorgänge im Ansatzbereich hervorgerufen werden, erscheinen verhältnismäßig geringfügig. Umso folgenreicher ist ihre Wirkung: Wirklich vollkommene Entspannung der Gesichtsmuskulatur führt bekanntlich (3.1.3.4.4.) zu einem Herunterklappen des Unterkiefers, während der geschlossene Mund immer einen gewissen (und natürlichen) Tonus repräsentiert. Das fügt sich genau den Atem- und Ansatznotwendigkeiten ein. Wer einseitig auf die Ansatzbildung fixiert ist und die Einatmung als Komplikation empfindet, wird dagegen versuchen die Ansatzstelle möglichst unbewegt zu lassen. Infolgedessen muß er den Mund zur Einatmung vom Oberkiefer her öffnen. Da dieser aber fest mit dem Schädel verbunden ist, muß der Kopf jedesmal zur Einatmung in den Nacken geworfen werden. Durch die dabei nötige Anspannung der Halspartie verengt sich der Atemweg, und häufig entsteht dadurch ein häßliches Einziehgeräusch - abgesehen davon, daß der Erholungseffekt der Einatmung zunichte gemacht wird. Gewöhnlich wird daran anschließend der Kopf nicht sofort wieder in die Normallage zurückgebracht, sondern - der Trägheit folgend - die flinkere Oberlippe zur nächsten Ansatzbildung nach unten gezogen. Kann der Lernende aber einmal dazu bewegt werden, den Unterkiefer wirklich fallenzulassen, so entsteht daraus leicht ein neuer Fehler: Der Ansatzbereich bleibt tief und wird erst allmählich, während der folgenden Blasphase, wieder in die korrekte Lage zurückgeführt. Eigentlicher Anlaß für dieses Fehlverhalten ist dabei die immer wieder festzustellende ängstliche Fixierung des Bläsers auf den Ansatz. Vermag er es, sich von dieser falschen Vorstellung zu lösen und die Flötenhaltung - und insbesondere die Ansatzstellung - als eine in weitem Rahmen *Veränderliche* zu empfinden, dann ist der entscheidende Schritt zu einem wirklich souveränen Umgang mit seinem Instrument getan.

Mit der Lösung der Leerspannung begeben sich die kontrahierten Ausatemmuskeln in den Ruhezustand zurück. Dieser Vorgang wird unterstützt durch die Entspannung der durch das aktive Blasen gedehnten Einatemmuskeln - am Beispiel des Bauchbereiches dargestellt: Die durch die Bauchdecken- und Flankenmuskulatur gespannte und einwärts orientierte Bauchdecke wird weich und weitet sich nach vorne und den Seiten. Die stark nach oben (in den Brustraum hinein) gewölbte Zwerchfellkuppel sinkt nach unten. Diese anfänglich passive Abwärtsbewegung geht bruchlos, da *gebahnt* (3.1.2.Ziff.9), in eine aktive Kontraktion und damit eine aktive Einatmung über. Das bedeutet, daß die eigentliche aktive Zwerchfell-Einatmung umso zwingender und natürlicher vor sich geht, je besser sie von einer optimalen Entspannung des gesamten Bauchbereiches vorbereitet und begleitet wird. „Das Zwerchfell schaltet nach der Ausatmung ganz automatisch um zur Einatmung, es bedarf dazu keiner Aufmerksamkeit, keiner Willensaktion, das würde den gesetzmäßigen Ablauf der Steuerung nur stören." (HUSLER 63). Entsprechend reagieren alle anderen an der Atmung beteiligten Muskelgruppen, wie z.B. die wechselweise antagonistisch zusammenwirkenden *inneren und äußeren Zwischenrippenmuskeln*.

Der Übergang von der Blasphase zur Einatmung geht rund und zügig vor sich. Als Reaktion auf einen sehr stark ausgeblasenen Zustand (= hohe Leerspannung) oder bei nur sehr kurzer verfügbarer Zeit kann er auch sehr rasch und beinahe explosiv (besser vielleicht: „implosiv")verlaufen. Die Entspannung des Rumpfes erweitert nicht nur den Lungenraum, sondern öffnet auch die Atemwege vom Mundeingang über die Zunge, den Rachen und den Kehlkopf hinweg. So kann die Luft in die Lunge des Bläsers regelrecht hineinfallen. Der Eindruck des Ansaugens kann dagegen nur dann aufkommen, wenn irgendwo auf dem Atemweg ein Widerstand überwunden werden muß. Der Beginn der Entspannung zur Einatmung kann durch ein Fallenlassen des Blicks wirkungsvoll unterstützt werden, ebenso durch ein angedeutetes Lächeln. Der Mund braucht bei der Einatmung nicht weiter geöffnet zu werden, als dies durch eine normale Entspannung des Unterkiefers von selbst geschieht. Eine weitere Öffnung als über den Querschnitt von Rachendurchgang, geöffnetem Kehlkopf und Luftröhre hinaus ist ohnehin strömungsmäßig ohne Bedeutung und führt höchstens zu einer Verengung der rückwärtigen Atemwege. Ein kritischer Punkt ist der Durchgang zwischen Gaumensegel und Zungenrücken. Er wird am wirkungsvollsten dadurch entspannt und geöffnet, daß man sich den Vokal „ö" wie in „Löffel" (vgl. 5.1.4.1.) vorstellt. Auch ein helles „a", mit zu einem leichten Lächeln breitgezogenen Lippen, wirkt entspannend und auf die freie Einatmung förderlich.

Wenn ausschließlich die bisher geschilderten Entspannungsvorgänge wirksam wären, würde sich die Lufteinströmung mit der Annäherung an die Atemruhelage verringern und bei ihrem Erreichen enden. Stattdessen wird der Einatemstrom zunehmend aktiviert und endet erst mit dem Erreichen der notwendigen Füllspannung. „Die Atem-Bewegung darf nicht zögernd, sie muß zunächst schnell, abrupt, als ein *Überraschungsmanöver* mit rhythmischer Energie ausgeführt werden." (HUSLER 65) Daraus darf nicht geschlossen werden, daß man etwa die Einatmung rhythmisch einordnen müsse - im Gegenteil! - vgl. unsere diesbezüglichen Bemerkungen zur Startatmung - oder daß es besonders bewußt oder gar sichtbar zu geschehen hätte, etwa als „eine Bewegung im Oberbauch . . . (oder) in der Magengegend . . ., wie sie oft als förmliche Bauchtänze bei den Sängern sichtbar werden, die auf diesen angeblichen ‚Tiefgriff' besonders stolz sind und mit Ruck und Zuck die Ruhe der Körpermitte in Frage stellen." (MARTIENSSEN 40)

Ein sehr häufiger und schwerer Fehler besteht darin, daß nach der Blasphase eine Pause eingelegt und dann unmittelbar vor dem nächsten Einsatz hastig und verkrampft eingeatmet und die Verhaltepause unterschlagen wird. Ein gutes Mittel zur Verbesserung der Einatmung ist die Zielvorstellung: Rundheit - Schnelligkeit - Energie - Geräuschlosigkeit! Die Vorstellung, den Leib **von innen her** zu weiten, wie beim Gähnen, aktiviert das Zwerchfell und lockert den Kehlkopf. Vom Zwerchfell - als dem Anführer des gesamten Atemapparates - greift die Innervierung der Einatemmuskulatur auf den ganzen Rumpf über.

Das rechte Verhältnis zwischen Aktivität und Passivität muß intuitiv gefunden werden. Ein Bild möge das Verständnis dafür wecken: Ein Radfahrer, der eine kurze Senke mit Schwung zur nächsten Anhöhe durchfahren möchte, wird sich erst der ihn abwärts tragenden Schwerkraft überlassen, dann aber, das Ziel vor Augen, den Schwung ausnutzen und nachhelfen, um den Gipfel so zügig und kräftesparend wie möglich zu erreichen. Der stärkste Kraftaufwand wird dabei am Ende des Aufstiegs liegen.

Nach anfänglicher Entspannung richtet sich der Stützapparat mit zunehmender Aktivierung der Einatmung wieder auf. Zumindest Lernende sollten sich bemühen, dies durch eine schwunghafte, runde Bewegung der Ellenbogen nach rückwärts-oben zu unterstreichen. Während der Verhaltepause gehen sie dann wieder in die normale Spiellage nach vorn. Ein besonderes Wort ist zu den Schultern zu sagen: Sie sollen tief gehalten, doch nicht herabgedrückt werden. Sie können und sollen am Geschehen passiven Anteil nehmen. Bei voller Ausatmung sind sie eine Kleinigkeit vorwärts gerichtet, doch nicht isoliert, sondern im Rahmen der Ellenbogenführung.

Häufig ist der nicht nur schädliche, sondern auch häßliche Fehler zu beobachten, daß bei raschem, bemühtem Atmen „gezüngelt" wird, d.h. daß die Zunge beim Einatmen spitz und gespannt nach vorn schießt. Auch kommt es vor, daß die Zähne geschlossen bleiben und nur die Lippen durch Anspannen des Orbicularis zu einer „Schnute" geöffnet werden. In beiden Fällen wird die Einatmung zu einer Anstrengung verfälscht, statt sie als Entspannungsvorgang zustandekommen zu lassen. Noch einmal sei betont, daß optimale Aktionseinatmung, als eine solche, die unter gewissem Zeitdruck stattfinden muß, am besten glückt, wenn man jede bewußte Eile vermeidet und sich dem natürlichen Schwung überläßt, der seinen Impuls aus der Lösung der Leerspannung erhält.

Der letzte, aktive Teil der Einatmung gestaltet sich bei der Start- und der Aktionseinatmung gleich. Der Einatemschwung endet so, daß die Ellenbogen und das Flötenende etwas oberhalb der normalen Spielhaltung ankommen. **Im letzten Moment** schließt sich der Mund **vom Unterkiefer her** - keinesfalls durch Herabziehen der Oberlippe. Das Kopfstück hebt sich zusammen mit dem Unterkiefer in Ansatzlage.

Der Übergang von der Einatmung zur Verhaltepause und der nächsten Blasphase ist einer der neuralgischsten Punkte der gesamten Flötentechnik. Aus verständlichem Grunde gilt die Aufmerksamkeit des Lernenden primär dem Ansatz. Deshalb neigt er dazu, möglichst bald, meist sofort nach Beginn der Einströmung, mit der Bildung der Ansatzspannung zu beginnen. Die damit verbundene Spannung und Schließung der Lippen beeinträchtigt aber die freie Luftaufnahme von Anfang an. Der Bläser sollte vielmehr während der ganzen Dauer des Einatemvorganges den Ansatz „vergessen" und sich den Abläufen überlassen, die ohne sein absichtliches Zutun ganz am Schluß zur Schließung der Lippen und zur Bildung der Ansatzspannung führen.

Sobald sich die Atemrichtung wieder nach außen kehrt, beginnt die Verhaltepause mit ihren schon beschriebenen Vorgängen. Dabei kehrt auch die meist etwas überhöhte Ellenbogen- und Instrumentenhaltung in die normale Spielstellung zurück.

4.4.3.7. Übergang zum Ruheteil

Der Übergang zu einem *Ruheteil* - wenn also eine neue Einatmung nicht unmittelbar eingeleitet werden muß - birgt keine besonderen Probleme. Damit die *Intonation* bis zuletzt korrekt gehalten werden kann, muß lediglich darauf geachtet werden, daß die Ansatzspannung nicht zu früh - noch im Endteil der Blasphase - aufgegeben wird. Das Rund des Instrumentenhaltebereiches kann sich während der Ruhepause mehr oder weniger auflösen.

Am Beginn des Ruheteils kann es der Fall sein, daß ein noch überschüssiger Atemrest abgeatmet werden muß. Ebenso ist es möglich, daß gerade die Atemruhelage erreicht ist, oder aber, daß schon eine merkliche Leerspannung, also ein Einatembedarf, besteht. Dann kann diesem ganz zwanglos und ohne Hast nachgegeben werden.

4.4.3.8. Zwischenatmung

Es steht außer Frage, daß die günstigste Konstellation dann vorliegt, wenn der musikalische Phraseneinschnitt und die Atemstelle sich decken. Es ist aber auch denkbar, daß der musikalische und der Atembogen aus atemtechnischen Gründen oder wegen Luftmangels nicht in Übereinstimmung gebracht werden können. Dann besteht die Möglichkeit, an einer anderen, günstiger gelegenen Stelle, z.B. nach einer längeren Note, unauffällig zu atmen und den Phraseneinschnitt dynamisch und agogisch umso eindringlicher zu gestalten. Es kommt aber auch vor, daß über eine längere Strecke hinweg nirgendwo eine ausreichende Atemmöglichkeit besteht. Dann ist eine *Zwischenatmung* angezeigt. Sie besteht in einem kurzen „Luftschnappen" (Linde bezeichnet sie als *Schnappatmung*), bei dem nur so viel - und nicht mehr - Luft geholt wird, wie es der Überbrückung bis zur nächsten korrekten und günstigen Atemstelle dienlich ist. Gerade bei einer solchen Beanspruchung rührt die „Atemnot" oft nicht aus wirklichem Luftmangel her, sondern beruht auf einer Überforderung oder Verkrampfung der Atemmuskulatur. Die *Schnappatmung* führt dann nicht selten gar nicht bis zum wirklichen Einströmen von Atemluft, sondern es bleibt bei der einleitenden Entspannung der Ausatemmuskeln, so daß ein kleiner Atemluftrest kurzzeitig wieder verfügbar wird.

4.4.4. Zusammenfassung

Die sehr detaillierte und reinliche Abgrenzung - z.T. auch ideal-typisierte Darstellung der einzelnen Vorgänge, wie sie in diesem Kapitel bisher versucht wurden, darf nicht zu dem Schluß verleiten, daß eine solche Separierung der einzelnen Aktivitäten auch in der Praxis zu befolgen sei. Verkürzung, Abschleifung und gleitende Übergänge sind vielmehr die Regel und durch allgemein-musikalische Anforderungen zwingend geboten. Solche Abschleifungen können in allen Phasen der bläserischen Aktion vorkommen, beispielsweise, indem das Öffnen des Atemweges innerlich schon während des letzten Teiles der Blasphase vorbereitet (vorausgefühlt, aber nicht praktiziert), die aktive Phase des Einatemvorganges stark vorgezogen und die Verhaltepause auf ein Minimum verkürzt wird. Keinesfalls darf aber die *Reihenfolge* der Aktionen verändert werden, indem etwa der Ansatz schon **vor** der Verhaltepause gebildet wird oder die Ansatzspannung noch im letzten Stadium der Blasphase aufgegeben wird, usw. Wenn die Reihenfolge der Abläufe vom Bläser wirklich vollständig „verinnerlicht", d.h. automatisiert und zu *bedingten Reflexen* verwandelt worden ist, dann können Abschleifungen bewirken, daß bestimmte Handlungen nur noch gefühlt, aber nicht mehr konkret realisiert werden und trotzdem den gewünschten Effekt zur Folge haben.

Passive und aktive Handlungen können nicht voneinander getrennt werden, und der Bläser soll sie als Einheit empfinden: den passiven Teil als ein Sich-überlassen, den aktiven Teil als sensibel-bewußtes Anpacken der bevorstehenden, vorausgefühlten oder -gehörten Phrase. Je größer der Ausdruckswille eines Musikers ist, umso mehr ist er darauf angewiesen, die technischen Verrichtungen zu automatisieren. Sein **Wissen** um die Spieltechnik soll er nur dann gezielt einsetzen, wenn es gilt, Fehler zu diagnostizieren und zu beheben. Noch einmal sei betont:

1. Was automatisch in Gang kommt, braucht nicht „gemacht" zu werden.
2. Natürliche Ausdruckshandlungen sind keineswegs unnötig und störend, sondern notwendig und charakteristisch für den engagiert und souverän gestaltenden Musiker!

Das Wichtigste am Zusammenspiel zwischen Ansatz-Spannungsverhalten und Atmung sind die *Übergänge* zwischen den Atemrichtungen. Wenn wir gefordert haben, daß die Ansatzspannung **vor** dem Beginn des Einatemstromes vollkommen gelöst sein muß, und daß sie trotzdem nicht schon gegen Ende der vorangehenden Blasphase aufgegeben werden darf, dann kann nur die eine logische Folgerung daraus gezogen werden: daß die schlagartige, umfassende Lösung der Ansatzspannung als erster und wesentlichster Teil dem **Einatmungsvorgang** zugerechnet und ihm gefühlsmäßig zugeordnet werden muß. Man bedenke dieses Faktum im Hinblick auf die Sängeratmung, welche mit einer solchen Komplikation nicht zu rechnen hat, um auch hieran zu ermessen, daß bläserische Atemtechnik gegenüber der Gesangstechnik ihre durchaus **eigenen** Gesetze hat!

4.5. DIE ATEMSTÜTZE

„Es gibt kaum einen Begriff, der so viel angewandt wird und so wenig klargestellt ist wie dieser. Jeder schwört auf eine andere Form der ‚Atemstütze' . . . Die Einheitlichkeit des Begriffes fehlt, aber das einheitliche Wort ‚Atemstütze' ist da." (MARTIENSSEN 384) Was die bedeutende Gesangspädagogin ausspricht, gilt auch für alle Blasinstrumentenspieler: „Mehr Stütze" ist für viele Bläserlehrer Zauberwort - oder auch letzter Ausweg - ‚wenn rationale Argumente nicht (mehr) zur Verfügung stehen. Zudem sind viele von ihnen nicht in der Lage, den Begriff auch nur halbwegs zu definieren. Auch in der Gesangspädagogik ist der Begriff überwiegend unscharf - und die Bläserpädagogik übernimmt bekanntlich nur zu bereitwillig die Argumentation und Terminologie anderer Musiziertechniken unkritisch oder vegröbert.

„Stützen" bedeutet ganz allgemein, einen an sich labilen Zustand oder Ablauf dadurch zu stabilisieren, daß die Kräfte, die sein Gleichgewicht stören, durch Gegenkräfte kompensiert werden. So gesehen, kann „Stütze" ein festes Widerlager sein - oder auch ein zweites, ebenfalls labiles System, welches dem anderen ausgleichend entgegengestellt wird - siehe Abb. 66a/b. Eine solche Erklärung birgt aber die Gefahr in sich, daß Stütze als **Zustand** interpretiert wird. Das mag für leblose Sachen zutreffend sein; in unserem Falle handelt es sich aber um die gegenseitige Stabilisierung von *Vorgängen*, wie es auch auf balancegeprägte Tätigkeiten wie Radfahren, Skilaufen oder Seiltanzen zutrifft. Die Atembalance indes ist nicht ein solch hochlabiles System, daß sie durch tatsächlich oder beinahe akrobatische Fertigkeiten aufrechterhalten werden müßte; Sänger und Bläser können sich vielmehr auf natürliche, physiologisch und psychologisch vorgegebene Mechanismen verlassen und müssen diese nur freisetzen und anwenden. In jedem Falle aber ist ein vorherrschend **dynamisches** Moment für die Atemstütze bestimmend.

Stütze und Balance sind verbunden mit Verhaltensmustern der antagonistischen Muskelreaktionen und kompensatorischen Ausgleichsbewegungen. Letztere haben die Aufgabe, unerwünschte oder ungewollte Bewegungen zu glätten oder ruhigzustellen. Das kann zu dem falschen Schluß führen, daß optische, äußerliche Bewegungsruhe bereits die Stütze repräsentiere, es also nur darauf ankomme, „überflüssige" Bewegungen zu vermeiden.

66 „Stützen" auf verschiede Weise

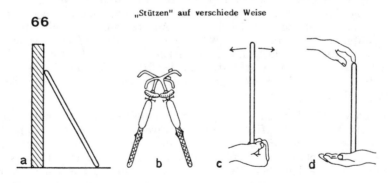

a: Anlehnen an ein festes Widerlager
b: Zwei labile Systeme stützen sich gegenseitig
c: Festhalten von unten
d: Abstützen von oben

Nichts aber widerspricht dem Wesen der Atemstütze mehr als eine bloße Reduzierung der Beweglichkeit; diese muß vielmehr - hauptsächlich innerlich - in reichem Maße vorhanden sein. Wenn der Körper durch den Atemspannungsverlust zusammenzusinken droht, muß der Halteapparat aktiviert werden. Deshalb gehört auch dies zur Atemstütze: Die Körperhaltung stabilisiert die Atemführung, und die Atemspannung unterstützt die Körperhaltung. „Stütze ist der Halt, den die Einatemmuskulatur dem Zusammensinken des Atembehälters entgegensetzt . . . An dem Stützvorgang ist im allgemeinen die ganze Rumpfmuskulatur beteiligt. Das Schwergewicht liegt vornehmlich in der Brust-Flanken-Bauch-Muskulatur." (WINCKEL-Elektroak. 105) MARTIENSSEN (384) betont demgegenüber etwas stärker die aktive Rolle der *Phonationsstelle*, wenn sie feststellt, daß Atemstütze ein Vorgang sei, „der zu genau gleichen Teilen den Atemkörper angeht wie den Stimmbandschluß." Wenn dagegen SCHECK (Flöte 60) von einer „Beibehaltung der Einatmungsstellung [Unterstr. dch. Verf.] des Brustkorbes, der Flanken und des antagonistischen Zwerchfell-Bauchmuskulatur-Systems während der bläserischen Aktion" spricht, so wird dadurch die Gefahr einer Verfestigung des Atemsystems beschworen. Zwar beschreibt er die Atemstütze durchaus zutreffend als Antagonismus zwischen den beim Singen und Blasen wirkenden Ausatemkräften und einer vom Zwerchfell her kommenden Einatemtendenz. Jedoch ist das leichter zu behaupten als zu realisieren, zumal eine willkürliche, direkte Innervierung des Zwerchfells bekanntlich nicht möglich ist.

Die Atemstütze ist mehr ein Körper**gefühl** und eine innere Einstellung als eine erlernbare Technik. Sie ist kein **Zustand**, sondern sie beruht auf **Aktion**. Sie wirkt stabilisierend allein durch eine ausgeglichene, ausgleichende Dynamik. Wir erläutern die Grundlagen der Atemstütze vorerst anhand der Erkenntnisse, die für die Gesangstechnik vorliegen. Dabei möge bedacht werden, daß auch in dieser Hinsicht Gesangs- und Flötentechnik sich wohl ähneln, aber auch gravierende Unterschiede aufweisen.

4.5.1. Die Atemstütze *(Appoggio)* des Sängers als Muster.

Der geübte Sänger verfügt in der schon erwähnten engen Verflechtung zwischen dem Kehlkopf und dem Zwerchfell (3.1.3.3.3.) über ein wirksames Steuerorgan. Dieses setzt er aber nicht willkürlich - und auch nicht nur in einer Richtung - ein, sondern er überläßt sich den *Regelmechanismen*, die zwischen den beiden Organen bestehen. „Das *Stützen* (Appoggiare) zeigt die enge Verbundenheit der Atmung mit dem Kehlkopf . . . besonders eindrucksvoll." (LUCHSINGER 16) Danach führen „Muskelsinn" und „Druckempfinden" in dem Moment zur Steigerung einer Zwerchfellspannung, wo die Glottis in Phonationsstellung geht und durch die (leichten) Druckschwankungen von unten her vitalisiert wird. „Zu einer zurückhaltenden Bewegung wird das Zwerchfell durch einen vollen Stimmton angestoßen. Durch den voll eingesetzten Stimmton empfängt das Zwerchfell auf dem Weg über das Atemzentrum zwangsläufig einen Spannungsantrieb." (STAMPA 49) Damit wird von den beiden zitierten Autoren die enge Rückkopplung zwischen Atem- und Phonationsapparat bestätigt. Die Innervierung des Zwerchfells als Einatemmuskel kann also als „inspiratorische Gegenspannung" bestenfalls **empfunden**, nicht aber „hergestellt" werden. Das auf die beschriebene Weise stabilisierte System Atmung-Phonation ist zu einer optimal beherrschten Luftabgabe fähig. Dies hat rückwirkend eine Optimierung des Regelsystems zur Folge.

Bedenkt man die Funktion des Atemsystems unter diesen Aspekten, dann wird ihr Balancecharakter höchst augenfällig: Der Betriebsdruck löst die Stützung aus, und die Stütze steuert ihrerseits den Betriebsdruck - eine klassische Regelungskonstellation und als solche - infolge von deren Schwingneigung - eine der fundamentalen Vibratoursachen!

MARTIENSSEN (386): „Stütze . . . ist kein methodischer Handgriff, kein schnell zu begreifender Trick oder Kniff, um zu dem sogenannten gestützten Ton zu kommen. Nein - sie ist in ihrer wahren Form das Ergebnis eines konsequenten Körpertrainings in Verbindung mit einem ausbalancierten Stimmbandschluß [als Analogie dazu der Durchlaßwiderstand des Flötenansatzes - d. Verf.], ob sich dieses Training nun mit bewußter oder (aus der Natur heraus) unbewußter Zielsetzung vollzogen haben mag.

Das körperliche Stützgefühl, das sich im Laufe gesunder Arbeit am Instrument einfindet, bleibt - selbst bei sehr systematischer Durcharbeitung - doch im Letzten ein Individuelles. Die endgültige Stützform kann nicht vom Begriff her erworben werden: sie wird erlebt. Sie ist in ihrem Wert danach zu beurteilen, wie sie sich praktisch auf das gesunde Zusammenspiel zwischen Kehl- und Atemtätigkeit fühlbar und hörbar auswirkt. Mit den Gefühlen gewollter, gesollter oder angelesener Stützlokalisierung und ihrer Spielarten hat die Stütze (wie sie das ins Deutsche überführte Appoggio der alten Meister darstellt) nichts zu tun. Sie ist gewachsen und nicht gewollt."

In SEIDNERs (57) höchst treffender Beschreibung der Atemstütze möge unser Leser jeweils das Wort „Kehlkopf" bzw. „Glottis" durch „Lippenspalt" ersetzen: „Zu kaum einem Fachausdruck . . . läßt sich aus der Literatur derart Phantasievolles zusammentragen, wie zu der ‚Stütze'. Die größten Irrtümer resultieren aus Unkenntnis der anatomischen und physiologischen Grundlagen. Manchmal wird bei ‚Stütze' an einen Stock gedacht, der eine bestimmte Einstellung festhalten soll, vor allem im Bereich der Atmung und Haltung. Wer mit der Vorstellung eines Stockes arbeitet, hat das Wesen der Stützfunktion nicht begriffen und läuft außerdem Gefahr, Fehlfunktionen zu provozieren . . . Die Haltung hat nur indirekt Beziehungen zur Stützfunktion, indem sie günstigere oder weniger günstige Voraussetzungen für die Atembalance während des Stützvorganges schafft . . . Die Balance zwischen Atemdruck und Kehlkopfspannung ändert sich während des Singens und muß ununterbrochen schnell und präzise nachreguliert werden . . . Aus dieser Sicht wird auch verständlich, warum die äußerlich sichtbaren Atembewegungen von sekundärer Bedeutung sind, denn es kommt vor allem darauf an, wie der Atemstrom am Kehlkopf wirksam wird und wie variabel dieses Geschehen abläuft. Man hört eher, ob der Stützvorgang ausbalanciert ist oder nicht, als daß man es an den peripheren Atembewegungen ablesen kann, denn Merkmale des Stimmklangs, wie Stimmeinsatz, Stimmabsatz, Beweglichkeit . . . , Art des Vibratos, Klangqualität . . . usw. ermöglichen hauptsächlich eine entsprechende Einschätzung . . . Begriffe wie Brust-, Bauch-, Flanken- und Zwerchfellstütze sind einseitig und berücksichtigen zu sehr ein lediglich peripheres Geschehen . . . ‚Stützen' ist also als eine besondere Fertigkeit anzusehen, die vor allem eine gute Koordination zwischen den Funktionskreisen Atmung und Glottis umfaßt. Neben der Kontrolle der Muskelempfindungen erscheint die Hörkontrolle besonders wichtig. Für den Anfänger sind ausführliche Erläuterungen über den Stützvorgang häufig unverständlich, weil er . . . Erfahrung braucht, um zu begreifen, worauf es ankommt. Atemübungen verwirren oft, und in vielen Fällen ist es wirkungsvoller, von der ‚anderen Seite' heranzuziehen und sich auf die Klangbildung zu konzentrieren."

4.5.2. Die Atemstütze des Bläsers

Kann der Sänger seine Stütze aus der engen funktionellen und biologisch begründeten Wechselwirkung zwischen Kehlkopf und Atembereich entwickeln, so steht dem Bläser dieser natürliche Zusammenhang nicht zur Verfügung. Damit wird aber eine Kontrolle der Atemführung nicht unmöglich. Unzweckmäßig ist es nur, die Stütze ausschließlich vom Bauch her aufbauen zu wollen. Das Ergebnis ist dann eine Versteifung und Verspannung des Bauchbereiches. Auch die - ohnehin nur schwer vorstell- und nachvollziehbare - Überlagerung einer Einatemtendenz zur Ausatmung hilft dabei nicht weiter und ist zum größten Teil Selbsttäuschung. Dem Bläser bietet sich aber ganz natürlich der **Ansatzbereich als Kehlkopf-„Ersatz"** zur Zusammenschaltung mit dem Atembereich an. Das empfiehlt sich umso mehr, als die Glottis beim Blasen ja gerade besonders offengehalten werden soll.

Freilich besteht vom Ansatzbereich her nicht die enge Verbindung zum Bauch. Deshalb müssen die notwendigen Wechselwirkungen mehr erlernt werden, als daß man sich auf eine biologisch vorgegebene Automatik verlassen kann. Der Auslösereiz für die Stützebildung des Bläsers ist denn auch eindeutig als Druckempfindung an der Durchströmstelle des Ansatzes zu lokalisieren. Was am Sängerkehlkopf sich praktisch unbewußt ereignet, muß der Bläser anfänglich bewußt registrieren, um es dann allmählich zu automatisieren. Wenn WINCKEL (Elektroak. 105) der Sängeratemstütze die Aufgabe zuweist, „den zur Phonation notwendigen subglottalen [d.i. von unten her auf die Stimmritze wirkenden] Atemdruck auf den kritischen Druck (optimaler Betriebsdruck) zu reduzieren", so ist dabei stillschweigend vorausgesetzt, daß vorher bereits der Druck gemessen und als Information an der Atembereich übermittelt worden ist. Beim Bläser verhält es sich nicht anders, nur daß das System nicht so zwanghaft-reaktiv gesteuert wird. Über die Höhe des Blasdruckes wird dabei noch nichts ausgesagt. Außer Frage steht aber, daß es ohne einen deutlich wahrnehmbaren Druck nicht geht - vgl. 5.2.4.1. Der Blasdruck wirkt gleichsam als Antagonist zur Blaskraft durch den ganzen Atemweg zurück auf den Bauchbereich, der dadurch vitalisiert und sensibilisiert wird. Jeder kann an sich selbst ausprobieren, wie die Weichteile des Bauches, vor allem sein unterer Teil, sowie die Flanken und Lenden, nach **außen** drängen, wenn bei geschlossenen Lippen ein plötzlicher Ausatemdruck gegeben wird.

Eine bildhafte Vorstellung von der Atemstütze kann dadurch gewonnen werden, daß man sich in die Rolle einer mit Luft gefüllten, elastischen, dünnwandigen Blase (Ballon) versetzt, die am oberen Ende eine enge Öffnung hat, aus der Luft kontrolliert entlassen und die vom unteren Ende her nachgefüllt werden kann. Soll nun oben ein gleichmäßiger, beherrschter Luftstrom erzeugt und aufrechterhalten werden, dann muß von unten her eine genau dosierte Energie nachgeliefert werden. Um zu vermeiden, daß die Blase weder zusammenschrumpft noch platzt, müssen beide Enden in dauernder, feinster Kommunikation miteinander stehen. Soll demnach die Luftabgabe verringert werden, dann muß auch die Nachfüllung reduziert und gleichzeitig die Ausströmöffnung verengt werden; sonst verliert das System seine Elastizität und bricht zusammen. Eine größere Öffnung erfordert dagegen mehr Nachschub und ergibt so eine höhere Strömungsenergie. Wird dies versäumt, dann fällt die Blase zusammen und wird ebenfalls unelastisch. Die Kontrolle erfolgt an der **Ausströmöffnung**, und zwar mittels Messung (= Erfühlen) des dort wirkenden Druckes. (Zwar ist der Druck - physikalisch gesehen - an allen Stellen des Hohlraumes gleich, doch nur hier wird er genügend feinfühlig registriert.) „Atemfanatiker vergessen oft zu leicht das eine: der Partner der Atemmuskulatur muß der gute, also der ausgewogene Stimmbandschluß [= Durchströmwiderstand] sein - sonst verpufft oder verstaut sich . . . selbst der körperfunktionell ‚beste' Atem. Mangelhaft schließende Stimmlippen bedeuten für den Atem etwas Ähnliches, wie wenn ein Gummiball ein Loch hätte: sein Gebrauchswert ist jedenfalls dahin." (MARTIENSSEN 37)

Unsere Betrachtungsweise der Bläseratemstütze betont mit gutem Grund die Funktion des Ansatzwiderstandes. Dadurch wird die sorgfältige Beachtung des Bauchbereiches nicht ausgeschlossen - im Gegenteil: Er ist und bleibt das Kraftzentrum, und hier erfolgt die genaue Dosierung des Energieflusses. Dafür gelten auch weiterhin die bekannten Regeln, die sich auf das antagonistische Zusammenwirken der Ein- und Ausatmungsmuskeln und -bereiche beziehen. Obwohl die gesamte Atemregion betroffen ist, erweist es sich als unerläßlich, dessen tiefste Teile besonders zu aktivieren, derart, daß sowohl die Ausatemimpulse wie auch die antagonistischen Gegenhalteaktivitäten bis in die Schambeingegend hinein spürbar werden. Der gesamte Atemkörper wird umso stabiler und vitaler, je weiter auseinandergerückt seine Pole, die Atemquelle im Unterleib und der Lippenspalt als Steuerorgan am oberen Ende, empfunden werden. Auch hier kann ein Bild weiterhelfen: Die Atembasis im Unterleib und die Durchströmöffnung zwischen den Lippen verhalten sich zueinander wie die Basis eines aufrechtstehenden, auszubalancierenden Systems zu dessen Spitze. So kann eine lange Stange zwar mit der Hand von unten her aufrechtgehalten werden - entweder durch Festhalten oder mittels Balancieren. Das erste erfordert Kraft, das andere artistische Geschicklichkeit. Ein solcher Aufwand läßt sich aber höchst einfach reduzieren, wenn man die Stange am oberen Ende leicht abstützt - siehe Abb. 66 c/d. Es muß jedoch immer wieder bedacht werden, daß solche Bilder nur partiell gültig sind. Genauso, wie der Versuch verfehlt ist, nur vom Rumpf/Atembereich her - ohne Beteiligung des Lippenspaltes - abstützen zu wollen, so muß auch vermieden werden, die ganze Steuerung nur der Durchströmöffnung anzuvertrauen. „Man stütze sich einmal gegen einen Tisch oder einen Türpfosten. Der ganze Körper hat dabei eine Spannung, so daß man sich auch noch mit dem kleinen Finger stützen kann. Man vergleiche diese Stütze mit Kraft erforderndem Druck und schlaffem Anlehnen." (EDLER-B.-Handb. 23)

Aus allen Äußerungen der verschiedenen Autoren, ebenso wie aus unseren eigenen Überlegungen, dürfte sich ergeben haben, daß die Atemstütze wohl in Teilaspekten angesprochen werden kann - ; hinsichtlich ihrer Voraussetzungen, hilfreicher Vorstellungen, körperlicher Empfindungen und nicht zuletzt ihrer klanglichen Resultate: **einer konkreten Lehrmethode entzieht sie sich völlig und wird ihr nie zugänglich werden - so wenig wie das Balancieren auf dem Seil** theoretisch-methodisch-verbal gelehrt werden kann. Immerhin macht es aber nunmehr die *Kybernetik* möglich, die Zusammenhänge in ihrer Dynamik zu analysieren und so die bisher vorwiegend statische Betrachtungsweise zu verlassen.

4.1.5.3. Ein Regelkreismodell der Flöten-Atemstütze

Ulrich MÖHL, Regeltechniker sowie hervorragender und erfahrener Flötist, hat das hier vorgestellte *Signalflußbild* für dieses Buch angefertigt. Es übersteigt zwar die hier erwarteten Wissensvoraussetzungen - und es kann ohne weiteres übergangen werden. Doch möge es als Anregung zu einer Denkweise dienen, die dem Stützeproblem allgemein etwas weniger „wolkig" und stattdessen objektiver, bewußter und mit größerer wissenschaftlicher Seriosität begegnet.

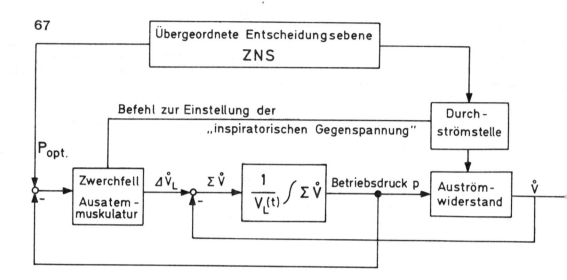

67

$\Delta \overset{\circ}{V}_L$ zeitliche Veränderung des Lungenvolumens

P   Betriebsdruck

$\overset{\circ}{V}$ ausströmender Luftvolumenstrom

P_{opt} optimaler (gewünschter) Betriebsdruck

Die Querflöten-Atemstütze kann als eine gleichzeitige, ineinandergreifende Druck- und Durchflußregelung angesehen werden, die durch physikalische und physiologische Wirkungen bestimmt ist.

Die Brust-Flanken-Bauchmuskulatur und ihr Antagonist, das Zwerchfell, umschließen gemeinsam das mit der Zeit t veränderliche Raumvolumen $\overset{\circ}{V}_L$ der Lunge und können damit zur Regelung des Betriebsdruckes p_L eingesetzt werden. Ein übergordnetes Steuerzentrum (ZNS) gibt dabei den optimalen Betriebsdruck p_{opt} als Sollwert p_L vor. Aus der Druckdifferenz zwischen diesem Betriebsdruck p_L und dem äußeren Luftdruck p_a sowie dem Strömungswiderstand der Lippenöffnung, die ebenfalls von dem übergeordneten Steuerzentrum bestimmt wird, ergibt sich der ausströmende Luftvolumenstrom $\overset{\circ}{V}$, der im Idealfall gleich der zeitlichen Änderung $\overset{\circ}{V}_L$ des Raumvolumens der Lunge sein soll. Ein veränderter Luftvolumenstrom $\overset{\circ}{V}$ kann danach sowohl durch die Änderung des Betriebsdruckes als auch der Lippenöffnung (des Strömungswiderstandes) erreicht werden, was eindeutig aus dem Signalflußbild abzulesen ist.

Das auf diese Weise physikalisch bereits stabilisierte System erhält eine zusätzliche, schnell und empfindlich reagierende Abstützung durch eine direkte, nervöse Signalwirkung von der Ausströmöffnung zum Zwerchfell. (MÖHL)

Rein optisch scheint das vorstehende Regelkreismodell stark mechanistisch geprägt zu sein. Tatsächlich gebührt aber der Wirkungslinie vom Lippenbereich zum Zwerchfell *(Befehl zur Einstellung der „inspiratorischen Gegenspannung")* besondere Aufmerksamkeit. Durch die direkte Verbindung von der Durchströmstelle (Kehlkopf beim Gesang, Lippenspalt beim Flötenspiel) zum Zwerchfell erhält dieses zusätzlich zur rein physikalischen Regelwirkung eine physiologisch (und auch psychologisch) bedingte zusätzliche Stimulation, die durch das Druckempfinden an der Durchströmstelle ausgelöst wird - beim Kehlkopf biologisch-funktionell bestimmt, beim Flötenansatz durch Übung erworben. Die rein physikalische Stabilisierung des Luftstromes wird also ergänzt durch eine verhaltensbedingte. Diese funktioniert infolge des zum Zwerchfell bestehenden Kurzschlusses sehr flink und führt so eine starke Sensibilisierung der Atemführung herbei.

4.6. Atemfehler

Man kann verallgemeinernd behaupten, daß Atemfehler immer aus einer Störung des Gleichgewichtes zwischen den einzelnen Atembereichen resultieren. Ein Hauptfehler liegt in der Vernachlässigung der Grundatmung gegenüber der Zusatzatmung. „Alle Notatemmuskeln setzen am Brustkorb an. Sie haben an ihm ihren festen Halt und laufen von ihm zu anderen Knochen, die zu bewegen ihre eigentliche Aufgabe ist. Um nun den Brustkorb bewegen zu können, müssen die beweglichen Knochen, zu denen sie laufen, etwa das Zungenbein oder die Arme, zu festen Ansatzpunkten gemacht, fixiert werden. Um aber diese beweglichen Teile so festzustellen, daß sie den Muskeln als feste Ansätze dienen, muß nun ein ganzes System anderer Muskeln in Tätigkeit gesetzt werden, die so von ihrer natürlichen Aufgabe als Bewegungsmuskeln abgezogen und als Haltemuskeln mißbraucht werden. Mit anderen Worten: damit Skelettbeweger als Atemmuskeln wirksam werden können, müssen umfassende Verspannungen stattfinden, die, je nach dem betroffenen Körperteil, mehr oder minder Schaden stiften, immer aber die Beweglichkeit mindern und den Bewegungsablauf stören ... Um bei der Atmung helfen zu können, müssen diese Muskeln entgegen ihrer Bestimmung Brustkorb, Rippen, Schlüsselbein, Schulterblatt bewegen. Dafür haben sie weder ausreichende Kräfte noch den nötigen festen Ansatzpunkt außerhalb des Brustkorbs. Um ihn zu schaffen, müssen Kehlkopf und Zungenbein in naturwidriger Weise festgestellt werden: der Kehlkopf muß ans Zungenbein, das Zungenbein an den Unterkiefer festgeklammert, dieser wieder mit Hilfe der Kaumuskeln an den Kopf gepreßt und endlich der ganze Kopf starr fixiert werden, wozu so ziemlich die ganze Halsmuskulatur angespannt werden muß." (JACOBS 221f.)

Wenn auch JACOBs Schilderung solcher Atemfehler dazu beitragen kann, Schwächen zu erkennen und abzustellen, so muß doch bezüglich der Blasinstrumente die nun einmal nötige Ansatzspannung in Rechnung gezogen werden.

Neben der schon erwähnten rhythmischen Einatmung besteht ein weiteres typisches Fehlverhalten in der „Verlegenheitsatmung". Dabei hält der Spieler ungewollt, ohne daß ein Luftbedarf vorhanden ist, vor einer technisch schwierigen Stelle inne und atmet ein, sei es, um Zeit zu gewinnen oder um innerlich „Anlauf" zu nehmen.

Ein großer, weitverbreiteter Irrtum ist es, die Atemimpulse einer Kette von gestoßenen Tönen einzeln vom Atemapparat her auszulösen. Dies wird häufig als „Zwerchfellstaccato" ausgegeben und empfohlen. Eine solche Technik ist genauso verfehlt, als wenn man versuchen würde, die Feinarbeit eines elektrischen Gerätes - nehmen wir an: eines zahnärztlichen Bohrers - vom Kraftwerk her zu steuern, statt mit der Hand unmittelbar am Wirkungsort. (Als Übung zur Bewußtmachung und Mobilisierung des Bauch-Atembereiches ist gegen das Verfahren nichts einzuwenden.) Unbestritten bleibt, daß die Vorgänge im Artikulationsbereich, vor allem die dort auftretenden Druckimpulse, auf den Atembereich zurückwirken. Wenn dieser reaktionsbereit und mobil ist, wird sich tatsächlich ein enges Zusammenspiel ergeben, das der Bläser als starke und womöglich führende Beteiligung der Bauchmuskulatur an der Artikulation empfindet. Der erste Anstoß muß aber dem Artikulationsbereich überlassen bleiben! Gesangspädagogen fordern, möglichst „weit vorn" zu singen. „Appogiarsi in testa" heißt, sich (beim Singen) „in den Kopf lehnen" - vgl. *Appoggio* = Stütze. Eine Zurücknahme der Artikulationssteuerung in den unteren Bereich widerspricht dieser fundamentalen, empirisch gefundenen, aber physikalisch wohlbegründeten Erkenntnis.

4.7. Zwei problematische Begriffe: Atemtechnik – Atemübungen

Atemtechnik heißt, den Atemstrom einem bestimmten Zweck bewußt dienstbar zu machen. Sie ist Mittel zum Zweck; und da die Zwecke verschieden sind, gibt es nicht **eine** allgemeingültige Atemtechnik, sondern derer so viele, wie es unterschiedliche Anforderungen gibt. Atemtechnik als Abstraktum, sozusagen als „Trockenübung" trainieren zu wollen, ist nicht nur unnütz, sondern schädlich. „Atemsport ... (als) Sondergebiet ... ganz abgetrennt von der Tonerzeugung" macht die Atmung „unelastisch ..., gewollt, zerdacht, zwangvoll." (MARTIENSSEN 38). HARTLIEB (Stimmbildung 53) nennt unter „Störungen durch gesangspädagogische Maßnahmen: ... Trennung der Atemschulung von der Tonerzeugung: ‚Atemgymnastik' ohne Tongebung."

Daraus ergibt sich auch, daß eine auf den Ergebnissen der Gesangspädagogik fußende Atemtechnik dem Bläser zwar nützliche Erkenntnisse zu bringen vermag, aber nicht undifferenziert auf seine Bedürfnisse übertragen werden kann. Man kann noch nicht einmal von einer einheitlichen Bläser-Atemtechnik ausgehen, sondern muß jedes einzelne Blasinstrument für sich allein in Betracht ziehen. Das schließt allgemeine Studien, auch solche ohne Instrument, nicht völlig aus; sie dürfen aber nur dem Zweck dienen, einzelne Funktionen und Körperregionen gezielt kennenzulernen und zu erproben. Mechanisches Einüben einzelner Atemvorgänge oder des gesamten Ablaufes, ohne physiologische Notwendigkeit und psychische Motivation, stellt sich nach dem bisher Geschilderten als untauglicher Versuch dar, der zu weiter nichts führt, als einen der kompliziertesten und empfindlichsten Lebensvorgänge in Regeln zu pressen, zu simplifizieren und zu einer bloßen Leibesübung zu degradieren.

4.8. Permanent- oder Zirkuläratmung – eine Sondertechnik

Permanentatmung (circular breathing) ist eine Technik der Atemführung, bei welcher der Bläser die im Mundraum befindliche Luft in das Mundstück oder durch den Lippenspalt abgibt, indem er das Volumen unter Zuhilfenahme der Wangenmuskulatur, der Zunge und des Unterkiefers sukzessive verkleinert und dadurch die vorhandene Luft auspreßt, während er gleichzeitig den Luftvorrat der Lunge durch Nasenatmung nachfüllt. Es handelt sich um einen artistischen Trick, der gelegentlich zur Erzielung besonderer Wirkungen, z.B. in der avantgardistischen Musik oder zur Erzielung eines „Perpetuum"-Effektes eingesetzt werden kann. Entschieden sei davor gewarnt, diese Technik in konventionell komponierter Musik - etwa in Bachs Allemande BWV 1o13 - anzuwenden. Auch die Einatmung hat ihre unverzichtbare musikalische Funktion!

Methodische Hinweise zur Permanentatmung findet man in der anschließend genannten Literatur.

LITERATURHINWEISE

Das Thema in seiner Gesamtheit wird in allen pädagogischen Arbeiten mehr oder weniger ausführlich behandelt – siehe ARBEITEN MIT UMFASSENDER THEMATIK S.10.

Zur **Permanentatmung:** *Artaud(Circ.), Bouhuys(Lung), Kynaston, Mather(Breath.), Nicolet, Schlenger(S.85)*

5. Tonerzeugung

(Artikulation und Ansatz)

Es entspricht allgemeiner Übung, daß ein Lernender derart in die Tonbildung des Blasinstrumentes eingeführt wird, daß er erst einmal unterwiesen wird, wie er seinem Instrument einen einigermaßen brauchbaren Ton entlockt. Ist das annähernd gelungen, dann wird der Schüler angehalten, ebendiesen Ton „anzustoßen" - was häufig dazu führt, daß die mühsam gefundene Balance der Ansatzpositionen wieder in Frage gestellt wird. Gewöhnlich wird aber weiterhin dem klingenden Teil des Tones, seinem *stationären Zustand*, der Vorzug gegeben - ohne Rücksicht darauf, auf welche Weise er überhaupt ins Leben tritt. Bedenkt man, daß bei gezupften und geschlagenen Instrumenten die Tonerzeugung sich auf die Artikulation beschränkt und mit dieser endet, so wird das Defizit deutlich, unter dem die Blasinstrumentenmethodik zumindest in dieser Hinsicht leidet.

Was für die Methodik gilt, möge auch für unsere Betrachtungen wegweisend sein: Jeder Ton hat einen Beginn und ein Ende; zuerst und womöglich ausschließlich sein eingeschwungenes Stadium zu betrachten, ist grundsätzlich unlogisch und verfehlt. Aus diesem Grunde beziehen wir die Artikulation als untrennbaren Bestandteil in die Behandlung der Tonproduktion ein und weisen ihr die **erste Stelle** in der Rangfolge der tonerzeugenden Faktoren zu.

5.1. ARTIKULATION ALLGEMEIN

5.1.1. Begriffsklärung

Im allgemeinen Sprachgebrauch hat der Begriff *Artikulation* eine weitgespannte Bedeutung. „Sich artikulieren" meint: sich verständlich machen - durch logische Anordnung der Gedanken, durch einen korrekten Satzbau, und schließlich - im engeren Sinne - durch eine **deutliche Aussprache**.

Im musikalischen Bereich erscheint der Terminus gewöhnlich in engerer Auslegung. Hermann KELLER (12) definiert Artikulation als „die Verbindung oder Trennung der einzelnen Töne." Das mag aus der Sicht des Organisten korrekt sein; für den Bläser stellt sich die Artikulation weit mehr als ein Phänomen dar, wie es von der *Phonetik*, einer Disziplin der systematischen Sprachwissenschaften, verstanden wird: als „Gesamtheit der Vorgänge, welche die Sprachlaute erzeugen" und sich dabei der „Stellungen und Bewegungen der Sprechorgane bei der Erzeugung eines Lautes" bedienen. (BROCKHAUS) Wenn wir das Thema im Folgenden unter dieser Prämisse behandeln, dann wird klar werden, daß Artikulation in der Bläsertechnik mehr ist als die Lehre vom Zungenstoß und den Bindungen, und daß sie weit in das Gebiet der allgemeinen Tonerzeugung eingreift.

An dieser Stelle scheint ein Wort zur Sprachgewohnheit vieler Musiker vonnöten: Sehr häufig wird zwischen *Artikulation und Phrasierung* nur unzureichend oder gar nicht unterschieden. „Phrasierung und Artikulation bedeuten aber etwas grundsätzlich Verschiedenes: Phrasierung ist so viel wie Sinngliederung; ihre Aufgabe ist es, musikalische Sinngehalte (Phrasen) zusammenzufassen und gegeneinander abzugrenzen, sie hat also dieselbe Aufgabe wie in der Sprache die Interpunktionen. Wer falsch phrasiert, gleicht einem Menschen, der die Sprache, die er spricht, nicht versteht." (KELLER 12)

5.1.2. Der Zusammenhang zwischen sprachlicher und bläserischer Artikulation

Unter der Artikulation eines geblasenen Tones hat man nicht nur den ihn auslösenden Impuls zu verstehen, sondern ebenso seinen klingenden Teil. Das ist mit der Aussprache einer Silbe zu vergleichen. Der Anfangsimpuls eines Tones, bei Blasinstrumenten mit „Stoß" bezeichnet, entspricht einem *Konsonanten*, sein klingender Teil einem *Vokal*. Der Unterschied zwischen Sprache und Blastechnik besteht darin, daß eine sprachliche Aussage schon durch geringste Modifikationen in der Lautbildung schwerwiegend in ihrem Sinn verändert werden kann: *Dur und Tour, Teer-der, dir-Tier usw.* repräsentieren bei größter phonetischer Ähnlichkeit die verschiedensten Bedeutungen. Die Bläserartikulation unterscheidet sich davon durch ihre mehr technische Funktion: Sie ist ausschlaggebend für die phonetische **Qualität** und „läßt den gedanklichen Sinn einer melodischen Linie unangetastet, bestimmt aber ihren Ausdruck. Es gibt also in der Regel nur eine einzige mögliche, sinngemäße Phrasierung, aber verschiedene Möglichkeiten der Artikulation." (KELLER 12) Darüberhinaus hat die bläserische Artikulation eine akustisch-energetische Aufgabe: Sie bestimmt neben der *Ansprache* eines Tones auch dessen Verlauf in zeitlicher, dynamischer und intonationsmäßiger Hinsicht. Dabei bedient sie sich weitgehend der Möglichkeiten, welche die Sprache bestimmen.

Über die zur Bildung seiner Sprachlaute notwendigen Handlungen braucht niemand sich Rechenschaft abzulegen. Seine Muttersprache erlernt der Mensch dank einer biologisch vorgebenen Anlage, dem *Sprachzentrum* im Großhirn, und durch Imitation. Wird die Bläserartikulation methodisch auf diese natürlichen und ursprünglichen Fertigkeiten bezogen, so erübrigen sich die meisten, teilweise recht umständlichen und komplizierten Anweisungen zu Stellung und Aktivität der einzelnen Artikulationsorgane bezüglich der Blastechnik von selbst. Wir haben es bei einem solchen Vorgehen also mit einem typischen *black-box-Verfahren* zu tun. Das hat darüberhinaus den Vorteil, daß über die phonetischen Bedingungen der Sprache exakte und ausführliche, wissenschaftlich fundierte Erkenntnisse vorliegen, auf die im Bedarfsfalle immer zurückgegriffen werden kann.

5.1.3. Artikulationsbereich, - organe - stellen

Die bläserische Artikulation spielt sich, wie die sprachliche, im *Artikulationsbereich* ab. Die Gesangspädagogik bedient sich dafür der Bezeichnung *Ansatzrohr*. Das ist der „Teil unseres Stimminstrumentes . . ., der oberhalb der Stimmlippen den Kehlraum, Rachenraum, Mundraum und Nasen-Rachen-Raum umfaßt. Der Sänger hat dem Ansatzrohr zwei Aufgaben abzufordern: erstens die Bildung der Laute, also die straffe Artikulation - und zweitens die unbehinderte Bereitstellung der Resonanzräume des Kopfes für die aus der Kehle kommenden Tonhöhen. Daß die gehemmte oder ungehemmte Ansatzrohrtätigkeit gleichzeitig die Funktion der Stimmlippen wie sogar die Atembewegungen mitdirigiert, ist noch nicht ins allgemeine Bewußtsein gedrungen, wird aber vom denkenden Sänger täglich beobachtet." (MARTIENSSEN 28f.) Phonetiker bezeichnen das Ansatzrohr als *Lautgang*.

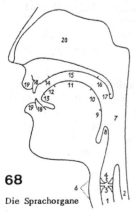

68
Die Sprachorgane

Abb. 1: 1. Luftröhre, 2. Speiseröhre, 3. echte Stimmlippen, 4. falsche Stimmlippen (Taschenfalten), 5. Morgagnische Tasche, 6. Kehlkopf, 7. Rachen, 8. Kehldeckel, 9. Zungenwurzel, 10. hinterer Zungenrücken, 11. mittlerer Zungenrücken, 12. vorderer Zungenrücken (Zungenblatt), 13. Zungenspitze, 14. Zahndamm, 15. harter Gaumen, 16. weicher Gaumen (Gaumensegel, Velum), 17. Halszäpfchen, 18. Schneidezähne, 19. Lippen, 20. Nasenraum.

(M. Schubiger: Einführung in die Phonetik. Slg. Göschen Bd. 1217/1217a. Berlin 1970. Mit frdl. Genehmigung des Verl. Walter de Gruyter & Co.)

Phonetische Fachausdrücke

alveolar	den Zahndamm betreffend
bilabial	mit beiden Lippen
coronal	die Zungenspitze betr.
dental	die Zähne betr.
dentolabial	mit (Ober-)Zähnen und (Unter-)Lippe
dorsal	den (Zungen-)Rücken betr.
Fortis	harter Konsonant, meist stimmlos
Frikativ	Reibelaut
inhalatorisch	das Einatmen betr.
labial	die Lippen betr.
lateral	seitlich
Lenis	weicher Konsonant, meist stimmhaft
lingual	die Zunge betr.
nasal	die Nase betr.
oral	den Mund betr.
palatal	den Gaumen betr.
pharyngal	den Rachen betr.
postdorsal	den hinteren Zungenrücken betr.
retroflex	(Zunge) zurückgebogen
uvular	das Zäpfchen betr.
Velum	Gaumensegel

Artikulationsorgane sind diejenigen Körperteile, welche die Artikulation aktiv bestimmen, wie z.B. die *Zunge*.

Artikulationsstellen sind die Orte, wo die Artikulationsorgane Widerstand oder Stütze finden, z.B. der *Zahndamm* für die Zungenspitze oder der *Gaumen* für den Zungenrücken.

Der *Lautgang* wird geformt durch folgende bewegliche oder veränderbare Teile oder Positionen:

Öffnungswinkel des Unterkiefers (kurz „Kieferwinkel");
Vor- und Rückwärtsverschiebung des Unterkiefers;
Lippenspannung und -formung;
Zungenlage und -form;
weicher Gaumen
Zäpfchen;
Kehldeckel (oberer Abschluß des Kehlkopfes - *Epiglottis*).

In der Bläsertechnik ist ferner die *Spannung der Wangenmuskulatur* zu berücksichtigen.

5.1.4. Die Artikulations-„Laute"

Der Unterschied zwischen den Sprachlauten und den „Lauten" der Bläserartikulation liegt einfach darin, daß letztere in Wirklichkeit laut**los** sind. Dazu kommt, daß sie während des Blasens durchweg mit gespannten und (bis auf den Blasspalt) geschlossenen Lippen geformt werden. (Insoweit müssen die folgenden Abbildungen, die aus phonetischen Arbeiten übernommen wurden, entsprechend modifiziert gedacht werden. An der grundsätzlichen Stellung und den Aktivitäten ändert sich nichts. Insbesondere wird der Öffnungsgrad der Kiefer nicht durch die Schließung der Lippen verändert.) Der sprachlichen Artikulkation entsprechend finden wir auch in der Blastechnik konsonantische und vokalische Bildungen vor, die wir als *Artikulationskonsonanten bzw. -vokale* bezeichnen.

Eine nicht zu unterschätzende Rolle für die artikulatorische Disposition eines Bläsers spielt seine sprachliche Herkunft. Der allgemeine Klang einer Sprache oder eines Dialektes wird nicht nur durch die Auswahl und auch nicht allein durch die typische Aussprache der einzelnen Laute bestimmt, sondern in ganz erheblichem Maße durch die Grundhaltung der Sprechorgane, durch deren Ruhelage und das allgemeine und charakteristische sprachmotorische Verhalten - vgl. 5.4.3.

5.1.4.1. Die vokalische Artikulation

Die sprachliche Bildung der Vokale von a über i bis zum u hängt eindeutig und ausschließlich von der Form und dem Volumen der Mundhöhle ab. An deren Formung sind die oben schon erwähnten Faktoren beteiligt. Im Vergleich zur sprachlichen Artikulation spielt die Resonanzwirkung des Mundraumes eine relativ geringe - wenn auch nicht zu vernachlässigende - Rolle. Wichtiger erscheint die Bereitstellung von Bedingungen, die der Zunge optimale Bewegungsmöglichkeiten bieten.

SCHECK (Weg 40ff.): „Die Wahl dieses, wenngleich ohne Beteiligung der Stimmbänder artikulierten Vokals ist . . . keineswegs gleichgültig, weil jeder von ihnen eine andere Mundstellung bedingt. Um ein möglichst klares, nebengeräuschfreies Anstoßen der Töne zu erzielen, gilt es den Vokal zu suchen, welcher bei seiner Artikulation der Mundstellung beim Ansatz am nächsten kommt, d.h. welcher dabei die geringste Formänderung der Lippen hervorruft . . .

Die Untersuchung der einzelnen Selbstlauter auf ihre Brauchbarkeit hin, mittels tönender Artikulation in Ansatzstellung der Lippen, aber ohne Instrument, zeigt, daß die Verwendung von a, e und i eigentlich unmöglich ist, ohne die Spannung der Lippen zu verändern. Es erklingt vielmehr ein nach Ü hinneigendes Ö.

Tatsächlich entspricht die kleine, etwas breitgezogene Mundöffnung des Flötenansatzes der des aus O und E entstandenen Mischvokals Ö, der auch in dem Vokaldiagramm von Schultz und du Bois-Reymond . . . als M i t t e l w e r t zwischen den Grundvokalen A, I und U auftritt:

Artikulationsstellungen

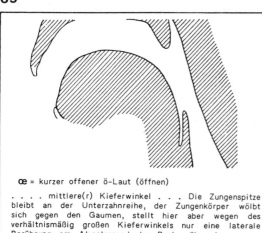

œ = kurzer offener ö-Laut (öffnen)

. . . . mittlere(r) Kieferwinkel . . . Die Zungenspitze bleibt an der Unterzahnreihe, der Zungenkörper wölbt sich gegen den Gaumen, stellt hier aber wegen des verhältnismäßig großen Kieferwinkels nur eine laterale Berührung am Alveolarrand der Backenzähne her . . . Das Gaumensegel ist gehoben.

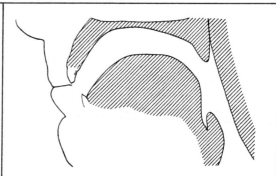

b = bilabialer Lenis-Verschlußlaut (eben)
p = bilabialer Fortis-Verschlußlaut (Puppe)

Lippenverschluß und totaler nasal-pharyngaler Abschluß. Der Kieferwinkel ist bei leichter Absenkung der ganzen Zunge gering. Keine lingualpalatale Berührung . . .

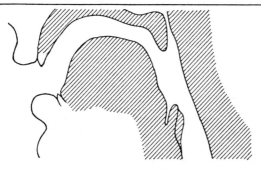

ɛ = langer, offener e-Laut (Käse)

Geringe (bis mittlere) Mundöffnung, leichte Breitspannung der Lippen. Die Zungenspitze liegt der Unterzahnreihe an, der Zungenrücken wölbt sich hoch gegen den Gaumen. Laterale Berührungsflächen der Zunge im hinteren Gaumenbezirk. Das Gaumensegel ist gehoben . . .

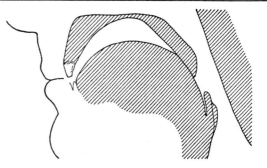

m = bilabialer . . . Nasal (Mama)

Lippenverschluß, jedoch freie Passage Mundraum-Nasenraum durch herabhängendes Velum (uvular-postdorsale Berührung). Geringer Kieferwinkel. Leichte Absenkung der Zunge verhindert palatalen Kontakt.,

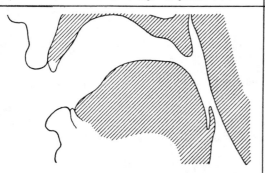

a = (vorderer, heller) kurzer a-Laut (hatte)

Lippenöffnung bei mittlerem Kieferwinkel. Leichte Breitspannung der Lippen. Die Zunge liegt . . . im ganzen flach und breit im Unterkiefer. Keine palatale Berührung. Das Gaumensegel ist gehoben, sperrt indessen den Nasenraum nicht völlig ab. . .

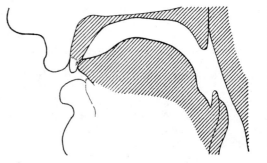

d = alveolar-coronaler Lenis-Verschlußlaut (Ida)
t = alveolar-coronaler Fortis-Verschlußlaut (Tat)

Bei leicht geöffneten Lippen und geringem Kieferwinkel wird der orale Abschluß nach Anlegen des Zungensaumes (vorn) bzw. gegen die Oberzahnreihe (mitte und hinten) unter vollkommener Verlegung des Nasenweges durch das Velum erreicht. . .

(H.H. Wängler: Grundriss einer Phonetik des Deutschen. Marburg 1960. Mit frdl. Genehmigung des N.G. Elwert Verlages. Die Bildunterschriften sind zitiert nach des gleichen Autors „Atlas deutscher Sprachlaute" - siehe SCHRIFTTUM.)

Statt also erst ti, te, tü oder ta zu versuchen, wird man ein reineres und lockereres Staccato gleich mit offenem tö üben . . . "

Dieser von SCHECK empfohlene Artikulationsvokal, der phonetisch mit œ wiedergegeben wird, bietet, wie unsere Abb.69b zeigt, optimale Bedingungen für die Entfaltung der Zungenbewegungen und für freien Luftdurchfluß.

5.1.4.2. Die konsonantische Artikulation

Konsonanten sind „Hemmlaute . . . Der freie Durchgang der Luft wird an irgendeiner Stelle auf irgendeine Art behindert." (SCHUBIGER 66) Die Hemmung kann ein kompletter Verschluß sein, der

a) zu einem bestimmten Zeitpunkt gelöst wird, um der Luftströmung den Weg freizugeben. Das ist der übliche „Stoß"; oder
b) ein solcher, der die Luftströmung abschließt.

Im ersten Falle handelt es sich um einen *Explosiv- oder Sprenglaut,* im zweiten um einen *Okklusiv- oder Verschlußlaut.*

Die Hemmung kann auch in einem Widerstand bestehen, welcher der andrängenden Luft gleichmäßig entgegengesetzt wird, ohne ihren Fluß vollkommen zu unterbinden. Er ist bei der Flöte der „Laut", mit dem der Blasstrahl geformt, d.h. gebündelt wird - siehe 5.1.5.2./5. Schritt. - Ferner kann der klingende Ton durch Zitter- und andere *Reibelaute* **klanglich** beeinflußt werden. In der konventionellen Flötentechnik kommen dafür die beiden Formen des R - mit der Zungenspitze oder am Zäpfchen - als *Flatterzunge* in Frage.

Schließlich ist die *gehauchte Tonauslösung* - also mit H - möglich und - häufiger als allgemein gelehrt - musikalisch sinnvoll. - Tonauslösung mit einem *Ächzlaut* ist als grob fehlerhaft abzulehnen.

Bei weitem am wichtigsten sind die Sprenglaute b, d und g. Sie werden hier ausdrücklich in ihrer **weichen** Form angeführt; darüber ausführlich unter 5.4.2.

5.2. DIE EINHEIT VON ARTIKULATION UND ANSATZ

Bei der sprachlichen Artikulation sind das schwingungserzeugende Organ, der Kehlkopf, und die Artikulationsorgane im oberen Bereich des Lautganges räumlich und funktional getrennt; bei der Flöte durchdringen sie sich und sind z.T. identisch. Der Unterschied wird deutlich in der Reihenfolge der Funktionen:

Bei der sprachlichen bzw. sängerischen Phonation wird die Tonschwingung oberhalb des Kehlkopfes, also **nach** ihrer Quelle, artikulatorisch geformt; bei der flötistischen Phonation erfolgen Artikulation und Schwingungserzeugung entweder gleichzeitig und an gleicher Stelle - so beim b - meist aber sogar in umgekehrter Reihenfolge: **zuerst** Artikulation (durch die Zunge und den Mundraum) und dann erst Tonbildung (an den Lippen) - so beim d und g. Nicht nur methodisch also, sondern ganz konkret gebührt im Falle der Bläsertechnik der Artikulation der erste Platz!

5.2.1. Ein integriertes Artikulations-Ansatz-Lehrmodell

Die Vorteile einer Integrierung von Artikulation und Ansatz soll in Form einer Lehrmethode nach dem *black-box-Prinzip* demonstriert werden. (Dabei bleibt der d-Stoß - als eine vorläufig zu vermeidende Komplikation - außer Betracht.)

Ausgangsstellung: Die Mundlochplatte liegt korrekt und locker an; der Mund ist **geschlossen**, aber in allen Partien noch **vollkommen entspannt**.

1. Schritt: *Einatmung.* Schon die Einatmung kann durch eine Sprachlaut-Vorstellung optimiert werden, wenn der Lernende veranlaßt wird, einatmend ein stummes, offenes a, wie in „haben", zu formen. Statt langwieriger Erörterungen über Kieferwinkel, Zungenlage und -spannung oder freie Durchgängigkeit führt die Vokalvorstellung ganz automatisch und natürlich zum zweckmäßigen Verhalten.

2. Schritt: *Lippenverschluß.* Nun wird ein (stummes) m gebildet. Zweck: Mund schließen.

3. Schritt: *Beginn der Verhaltepause.* Die Ausatemaktivität beginnt und richtet sich gegen den geschlossenen Lippenausgang. Vorbereitung des Konsonanten b.

4. Schritt: *Weiterer Druckaufbau - Formung des Mundraumes.* Die Mundhöhle formt sich zum œ. Dabei senkt sich automatisch der Unterkiefer und der Kieferwinkel vergrößert sich; das Gaumensegel mit dem Zäpfchen hebt sich. Die Zungenspitze bleibt frei im Mundraum; die hinteren Ränder der Zunge berühren die Backenzähne. Die Lippen bleiben (im Gegensatz zu r Abb.69b) geschlossen und nehmen diejenige Spannung an, die gerade nötig ist, um dem Luftdruck zu widerstehen.

5. Schritt: *Tonauslösung und -unterhaltung.* Statt nun den Blasstrom durch **aktive** Herstellung einer Lippenöffnung auszulösen, läßt man die angestaute Luft mit einem *bilabialen* (zwischen beiden Lippenmitten entstehenden) stummen Dauer„laut" entweichen. Dieser Vorgang kann in normaler Schrift nur sehr unvollkommen mit „bw" wiedergegeben werden. In der internationalen Lautschrift trägt dieser *Reibelaut* das Zeichen ɸ .„Es ist der ‚Laut', mit dem wir eine Kerze ausblasen!" (DIETH 185) Dieser „Laut" ist, wenn er richtig ausgeführt wird, nur dann hörbar, wenn er stimmhaft artikuliert wird (phonetisches Zeichen β). In diesem Falle spürt man ein deutliches Kitzeln am Lippenausgang. Es versteht sich von selbst, daß für den normalen Flötenansatz nur die stumme Version in Frage kommt, bei der auch kein Reibegeräusch vernehmbar sein darf; trotzdem spürt man die durchströmende Blasluft - RAMPAL: „Ich fühle den Ton in den Lippen beim Blasen." (FZ 11)

Die korrekte, vor allem geräuschfreie Bildung des ɸ ist die wichtigste Voraussetzung für einen nebengeräuschfreien Flötenton, und es lohnt, sich dieser Artikulation ganz bewußt zu werden und sie auch ohne Instrument zu erproben. Sie ist eine sprachliche Eigentümlichkeit, die in den europäischen Sprachen und Dialekten nicht sehr häufig anzutreffen, wohl aber leicht nachzuahmen ist. Im Sächsischen wird sie normalerweise statt des hochdeutschen, *dentolabialen* w gesprochen. Anschaulicher noch ist sie in diesem Dialekt zu beobachten beim nachlässigen Verschleifen des b in „Elbe" zu „Elwe". DIETH spricht in diesem Zusammenhang von einem „frikativen b". Andere Beispiele für diesen Laut gibt es - ebenfalls nach DIETH - im Spanischen bei *saber* („wissen"), sowie dialektisch im irisch-englischen *eleven* und *very* .

Der mit dieser Lautbildung erzeugte Blasstrom hat, wenn die vorausgehenden Schritte natürlich vollzogen worden sind, von allein eine Form und Richtung, die dem Flötenansatz dienlich ist, und wie er auf andere, kompliziertere Weise kaum erzielt werden kann. Dafür ist vor allem der bruchlose Übergang zwischen den untereinander verwandten Lauten verantwortlich.

Für den Anfänger kann das Verfahren zu einer einfachen, leicht merkbaren *Lautfolge* zusammengefaßt werden (die selbstverständlich **stumm** zu artikulieren ist):

Ausgangsstellung
1. Schritt - ha: Einatmung (Aussprache *inhalatorisch*)
2. Schritt - m : Passiver Lippenverschluß
3. Schritt - b vorbereiten: leichter Druckaufbau, Beginn der Verhaltepause
4. Schritt - (bö): Formung der Mundhöhle
5. Schritt - bw: Auslösung des Blasstrahles.

LE ROY beschreibt den Vorgang wie folgt: „Bildung eines Luftbandes ohne Flöte . . . Die Zähne öffnen . . . die Lippen leicht spannen, diese Stellung beibehalten . . . die Lippen ohne Anstrengung schließen und durch die Mitte der Lippen blasen." (S.45 der dt. Ausg.)

5.3. ANSATZ

5.3.1. Ansatz und Ansetzen (Anlegen)

Reduziert man den Begriff *Ansatz* - ebenso, wie seine Pendants „embouchure" (frz., engl.) oder „imboccatura" (ital.) - auf seine sprachliche Herkunft, so bedeutet er nicht mehr und nicht weniger als das *Ansetzen* eines Blasinstrumenten-Mundstückes an die vorgesehene Stelle in der Mundregion. Doch ist das Wort von Beginn an in einem weiteren Sinne verstanden worden und wird seitdem „als . . . umfassender aber auch unklarer Begriff gebraucht . . ., der bei dem ‚an-den-Mund-Setzen' des Instruments beginnt und bei pathologischen Erscheinungen (schlechter Ansatz infolge Muskelüberanstrengung oder dergleichen) aufhört. Geht man von dem ‚an-den-Mund-Setzen' aus, so wird man auf zwei verschiedene Arten kommen: der einzig wirklich ‚ansetzende' Bläser ist der Flötist, er setzt das Mundloch an die Unterlippe." (SCHLENGER 31)

Schon HOTTETERRE hat die umfassendere Bedeutung des Begriffes betont: daß nämlich „L'Embouchure die Art ist, wie man die Lippen zu disponieren hat." (FZ 12) Für uns umfaßt der Terminus Ansatz die **Erzeugung, Aufrechterhaltung und Beeinflussung des Tones.** „Einen guten Ansatz haben", ist nicht auf die Fertigkeit beschränkt, einen einzelnen, stationären Klang durch eine bestimmte Lippenstellung erzeugen und halten zu können, sondern über das Tonmaterial souverän zu verfügen - von seiner Hervorbringung bis zur Gestaltung der Töne und ihrer Verbindung untereinander. **Ansatz ist nichts Statisches, sondern ein dynamischer Vorgang.** Dies möge nochmals als Bekräftigung unserer Behauptung dienen, daß Ansatz und Artikulation unlösbar ineinander verwoben sind.

Bei unseren weiteren Überlegungen haben wir es vorwiegend mit dem *Ansetzen* des Instruments im engeren Sinne zu tun. Um zu einer reinlichen Unterscheidung zu kommen, werden wir streng zwischen dem *Ansatz* als dem übergeordneten Begriff und der Teilhandlung des *Ansetzens* als der Kontaktaufnahme zwischen Mundpartie und Mundlochplatte unterscheiden - und für Letzteres das Wort „Anlegen" bevorzugen.

Was sich bei den anderen Blasinstrumenten ganz von selbst ergibt, gilt auch für die Querflöte: daß das Instrument zum Mund gebracht, und nicht der Kopf zum Instrument hin geneigt wird. Daß viele Flötenspieler gerade gegen diesen Grundsatz verstoßen, mag mit der etwas komplizierteren Körperhaltung zusammenhängen. Doch nicht nur Argumente zugunsten eines natürlichen Allgemeinverhaltens sprechen für unsere Empfehlung, sondern in erster Linie ansatztechnische Überlegungen: Eine zu starke Orientierung auf das Instrument hin erschöpft sich meist nicht in einer gezwungenen Kopfhaltung, sondern gleichzeitig wird das Lippenverhalten in Mitleidenschaft gezogen, indem mit dem Blasstrahl die Mundlochkante „gesucht" wird. Damit wird aber gegen das wichtigste Erfordernis verstoßen: der natürlich strömende, in keiner Weise abgelenkte oder sonstwie manipulierte Blasstrahl. Erklärung für das genannte Fehlverhalten: Der großmotorische Bewegungsaufwand ist zwar geringer; gerade diesen aber sucht der noch nicht ganz sichere Bläser zu vermeiden weil er fürchtet, mühsam gefundene Ansatzpositionen wieder zu verlieren. Unterrichtsmethodische Konsequenz: Die ersten Ansatzversuche sollten so gestaltet werden, daß der Lernende erst einmal ohne angelegte Flöte einen ganz natürlichen, gebündelten, stetigen Luftstrom erzeugt und das Instrument - unter evtl. nötigen leichten Lageveränderungen - in diesen hineinhebt, bis der Ton von selbst anspricht.

5.3.2. Ein Ansatz-Grundmuster

Ansatz in seiner umfassenden Bedeutung ist nicht allein ein dynamisches Phänomen, sondern auch ein solches, das sich einer allgemein- und endgültigen Beschreibung entzieht. Die Aktivitäten der Tonproduktion und -beeinflussung stellen sich höchst verschieden dar - je nach der Registerlage, der Lautstärke, dem Tempo und der Beziehung zu den Nachbartönen. Entscheidend wirkt sich auch die Art des Tonanstoßes aus.

Es gibt also nicht **den** Ansatz als eine statische Größe, wie er etwa in alten Schulwerken beschrieben wird - z.B. 1897 von Maximilian SCHWEDLER (Flöte 44f.): „Unter Ansatz versteht man die zu leichter Hervorbringung des Tones nötige Stellung des Flötenmundloches zu den Lippen des Bläsers. . . Nachdem Mundloch und Grifflöcher in eine Linie gestellt sind . . ." (etc. etc.). Vielmehr steht „Ansatz" für „Ansatz**verhalten**", für den dynamischen Umgang mit den verschiedenen Anforderungen der bläserischen Tonproduktion.

Um die mannigfaltigen Aspekte beurteilen zu können, brauchen wir eine Bezugsgröße. Wir finden sie, indem wir entgegen unserer sonstigen Übung von der dynamischen Betrachtungsweise abweichen und die Verhältnisse untersuchen, wie sie sich bei einem bereits eingeschwungenen Ton darstellen, uns also den *vokalischen* Teil einer Artikulationssilbe vorstellen, sie zu einem ausgehaltenen Ton verlängern, und registrieren, welche Spannungen und Positionen während dieses *stationären* Teiles bestehen. Dabei müssen wir uns stets bewußt sein, daß es sich dabei nur um ein *Modell* handeln kann, das als Bezugsmuster zu denken ist, **um welches herum** sich die Ansatz-**Aktivitäten** abspielen. Insofern bildet es eine Analogie zu unseren Beschreibungen der Körperhaltung und der motorischen Abläufe beim Flötenspiel, die ja ebenfalls Modellcharakter haben und nicht Handlungsrezepte darstellen.

Wir wählen für unsere Betrachtungen eine Tonlage von in jeder Beziehung mittlerer Stellung: Sie liegt etwa bei E^2 bis G^2, weil hier die von der Konstruktion her günstigsten Resonanz- und damit Ansprachebedingungen vorliegen. („Der Rohrdurchmesser ist so gewählt, daß er einen Kompromiß zwischen den Erfordernissen der extremen Lagen darstellt. So erzielen die meisten Bläser ihren besten und ausgebildetsten Ton in der zweiten Oktave und ihrer Nachbarschaft." (MATHER FZ 13) Wir stellen uns diesen Ton in einer mittlere Lautstärke vor; Klangfarbe und Intonation werden (noch) nicht berücksichtigt. Aus den Ansatzgegebenheiten dieses Bezugstones werden dann die Modifikationen entwickelt, die für die höheren und tieferen Tonbereiche sowie für die Gestaltung von Intonation und Klang erforderlich sind. Es mögen also die folgenden Ausführungen als vorläufig ausschließlich auf unseren Musterton begrenzt verstanden werden!

Wir gehen bei der Beschreibung des Grundmusters von der im vorherigen Abschnitt vorgestellten Lautfolge h....bw aus und stellen uns vor, daß das Instrument erst dann in den Blasstrahl gehoben wird, wenn dieser gleichmäßig strömt. Damit ist die größtmögliche Natürlichkeit der Ansatzspannungen und -positionen gewährleistet - und gleichzeitig dem Begriff des „Ansetzens" = *Anlegens* im wörtlichen Sinne Genüge getan. Insbesondere ist bei einem solchen Vorgehen nicht das Instrument der Bezugspunkt, sondern **der natürlich geführte Blasstrahl.**

Durch Verschieben der Lippen gegeneinander kann der Blasstrahl in seiner Richtung verändert werden. Der Lernende sollte aber, wenn der Ton nicht gleich anspricht, vermeiden, den Anblaswinkel bei festgehaltener Flöte so lange hin und her zu verändern, bis er endlich klingenden Erfolg erzwungen hat. Besser ist es, immer von neuem zu beginnen - auch mit wechselnden Blasrichtungen, die sich jedoch nicht weit von der durch natürliche Lautfolge gegebenen entfernen dürfen. (Gegen eine - leichte! - Abwärtstendenz ist nichts einzuwenden.)

5.3.3. Die Formung des Blasstrahles

Daß die günstigste Form der Lippenöffnung ein Spalt von angemessener Breite und der daraus resultierende Blasstrom band-(„lamellen"-)förmig sein soll, wurde schon im physikalischen Teil (2.5.1.b.) ausgeführt. FLETCHER (Correl. 234) hat als Lippenspaltbreite Werte zwischen 5 und 12 mm und für das Verhältnis zwischen waagerechter und senkrechter Ausdehnung 1:10 bis 1:20 gemessen. Mit Recht weist er darauf hin (Princ.60), daß eine zu große **senkrechte** Öffnung (etwa über 1,3 mm) keine brauchbare Erhöhung der Lautstärke erbringt - es sei denn, eine solche der Nebengeräusche: „ . . . je größer die Lippenöffnung und je dicker der Luftstrahl, umso eher entsteht ein matter *mf*-Klang mit geringer Intensität. Der Grund dafür ist, daß der dickere Luftstrahl weniger empfänglich für die Schwingungen im Rohr ist und so einen harmonisch weniger entwickelten Ton erzeugt." (FZ 14) Der Bläser sollte nicht versuchen, diese Querschnittsform durch raffinierte Formkräfte im Lippenbereich künstlich herzustellen, sondern sich darauf verlassen, daß sie sich bei richtiger Vorspannung und Atemführung von selbst einstellt.

Gleich von Beginn an erfährt unser Vorhaben, ausnahmsweise von Positionen statt von Abläufen auszugehen, eine Einschränkung: Der Lippenspalt wird im überwiegenden Maße mehr von der aerodynamischen Kraft des Luftstromes geformt als durch Muskelaktivitäten. Er hat also selbst in seinem *stationären* Teil *dynamischen* Charakter! Der Lippenspalt formt zwar den Blasstrahl; doch dieser formt seinerseits den Lippenspalt - einer der zahllosen *Regelungsvorgänge* der Flötentechnik, der sich nicht nur - systembedingt - kräftesparend auswirkt, sondern auch dem Ansatz erhöhte Mobilität verleiht. Wie jede Balanceaktivität wirkt zwar auch dieses zuerst einmal als eine Komplikation; von größerer Tragweite ist aber der daraus resultierende Gewinn an Mobilität, Elastizität, Sensibilität und Reaktionsschnelligkeit.

5.3.3.1. Aerodynamische Einflüsse

Gegen die vorgespannten, geschlossenen - oder vorgeformten - Lippen wirkt vom Atembereich her die aerodynamische Luftkraft. Sie äußert sich in drei Formen:

1. Als Aufsprengung des Lippenverschlusses (oder Erweiterung eines evtl. bestehenden Lippenspaltes);
2. als *Düsenwirkung*, die den Lippenspalt **zusammenzieht (!)** - s.u.;
3. als Widerstand an der Grenzfläche, durch welchen die Lippen „vorwärtsgeweht" werden.

Die unter 1. und 3. genannten Wirkungen sind auch für den physikalisch nicht Versierten unschwer nachzuvollziehen. SCHECK (Weg 43) spricht bezüglich Pkt. 3 anschaulich vom „Aufwerfen" der Lippen beim Staccato. Der gleiche Effekt tritt indes auch beim gleichmäßigen Luftfluß auf.

Schwieriger zu verstehen und beinahe paradox erscheint die unter Pkt. 2 genannte aerodynamische Wirkung: Wenn man - am besten ohne Flöte - durch die leicht geöffneten, gering gespannten Lippen bläst, spürt man, daß die Lippen nicht auseinandergedrückt, sondern **aufeinanderzugezogen** werden. Dieses als *Düsenwirkung* bezeichnete, physikalische Phänomen tritt auf, wenn eine Luftströmung eine Engstelle passieren muß, wie es der durch Abb. 70 vorgestellte, einfache Versuch anschaulich macht.

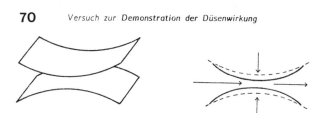

70 *Versuch zur Demonstration der Düsenwirkung*

Zwei gewölbte Postkarten werden in geringem Abstand gegeneinandergehalten und ein Luftstrom zwischen beiden hindurchgeblasen. Entgegen der Erwartung werden sie nicht auseinandergeweht sondern aufeinanderzugezogen.

Damit wird deutlich, daß Ansatz - jedenfalls in der hier zur Rede stehenden Mittellage, aber auch bis zu den höchsten Tönen - nicht so sehr auf der *Formkraft* der Lippen beruht, als vielmehr auf der Bereitstellung eines gut dosierten Durchlaßwiderstandes in der Lippenmitte, während vielmehr die Formung des Blasstrahles zum größeren Teil durch aerodynamische Wirkungen statfindet. Das Zusammenwirken von Luft- und Muskelkraft schafft einen sehr flexiblen Zustand am Lippenausgang. Ihm gilt es nachzuspüren, ihn auszunutzen und nicht durch zu hohe oder komplizierte Formspannung zunichtezumachen. Das Aufwerfen oder Vorwehen der Lippen beim Luftdurchfluß kommt der Ansprache der hohen Töne zugute, weil sich dabei die Distanz zur Mundlochkante **von selbst** etwas verringert. Ebendies muß allerdings bei den tiefsten Tönen durch verstärkte Anspannung vermieden werden - siehe 5.3.13.

Die erwähnte Düsenwirkung ist übrigens die Ursache für eine gelegentlich auftretende Ansatzstörung bei sehr hohen Tönen: Die Kombination von zusammenziehenden und erweiternden Luftkräften bewirkt eine Neigung zu periodischen Zustandsänderungen. Das kann dazu führen, daß bei sehr engem Lippenspalt und hohem Blasdruck die Lippen zu **flattern** beginnen, wenn sie nach vorhergehender starker Anstrengung - z.B. nach anhaltendem *ff* in der höchsten Lage - überanstrengt und desensibilisiert sind. Dieser bei der Flöte unerwünschte Effekt ist nebenbei die Grundlage der *Polsterpfeife*, des akustischen Systems der Kesselmundstücke bei den Blechblasinstrumenten.

5.3.3.2. Muskelaktivitäten im Ansatzbereich

Es ist leicht einzusehen, daß es mit einer allgemeinen Vorspannung und der Reaktion auf die Düsenwirkung allein nicht getan ist. Vielmehr muß der Bläser in der Lage sein, auf die mannigfaltigen und diffizilen Anforderungen der Register, des Klanges und der Lautstärke einzugehen. Auch das gelingt jedoch umso besser, je mehr er mit dem Ansatz **reagiert**, statt diesen mit einem bestimmten Ziel vorzuformen. Die feine Verfügbarkeit des Mundringmuskels (S.52) ist dabei eine große Hilfe. Doch neben dem Orbicularis wirken auch sämtliche anderen in der Mundregion angreifenden Muskeln bei der Feingestaltung des Lippenspaltes mit. Der Bläser empfindet das Muskelensemble als Ganzes und kann sich ohne weiteres von seiner Ziel- und Klangvorstellung leiten lassen.

Eine wesentliche Rolle bezüglich der Formung der Lippenpartie, besonders auch der Richtunggebung des Blasstrahles, spielen die seitlich in Richtung der Schläfe ziehenden Muskeln *Risorius und Buccinator*. Sie verleihen außerdem den Wangen die nötige Stabilität, um ein Aufblasen der Backen durch den Mundinnendruck zu verhindern. Dabei wirken sie auch an der Formung des Mundraumes mit. Der Bläser muß, um diese Muskeln zu aktivieren, einen deutlichen Zug nach hinten-oben ausüben. Der Name *Risorius* = „Lächler" macht dies anschaulich.

Die Augen zusammenzukneifen oder die Stirn zu runzeln - als Mitinnervation zu den Ansatzspannungen - sollte, einfach, weil es unrationell und unschön ist, vermieden werden. Die Vorstellung zu lächeln, frei geradeaus zu schauen und alle Kraft der Lippenmitte zukommen zu lassen, hilft dabei.

Große Wirkung auf die Lippenstellung hat der Unterkiefer mit seinen Möglichkeiten der Verschiebung in sämtlichen Dimensionen. Doch bringt dies mancherlei Gefahren mit sich und muß deshalb sehr vorsichtig angewandt werden. Die betreffenden Aktivitäten sind, da sie von relativ weit außerhalb der Anlegestelle bewirkt werden, auf ziemlich robusten Muskelaktivitäten beruhen und entsprechend geringe motorische Sensibilität erfordern, recht leicht zu realisieren. Weder braucht dabei die Anlegeposition verändert zu werden, noch müssen feinmotorische Vorgänge im engsten Ansatzbereich aktiviert werden. Daher seine „Beliebtheit" - und seine häufig schädlichen Folgen. Insbesondere das **Zurückziehen** des Unterkiefers kann sehr negative Auswirkungen auf die gesamte Halspartie haben - und hier besonders auf das Zungenbein, von dem bekanntlich die mannigfaltigsten - und meist negativen - Wirkungen auf die umliegenden Bereiche ausgehen. Vor allem wird dabei auch der Mundraum tangiert, was sich zusätzlich auf die Bewegungsfreiheit der Zunge auswirkt. Seitliche Verschiebung des Unterkiefers kann angezeigt sein zur Regulierung der Horizontalrichtung des Blasstrahles.

Unsere Warnung vor unkontrolliertem Umgang mit dem Unterkiefer darf nicht dahin mißverstanden werden, als ob dieser peinlichst stillzuhalten wäre. Wo Beweglichkeit gegeben ist, muß ihr auch in einem vertretbaren Rahmen Raum gewährt werden.

Die unterschiedliche Beweglichkeit von Unter- und Oberkiefer bedingt eine ebenso unterschiedliche Aufgabenverteilung. Vom Unterkiefer gehen großräumigere Positionsveränderungen aus. Dazu kommt, daß auch die **Unterlippe** einen größeren Bewegungsspielraum hat, da sie gewöhnlich massereicher und an den Unterzähnen weniger fixiert ist. Die Oberlippe hat dagegen an den Oberzähnen einen festen Halt. Veränderungen in diesem Bereich sind nur mittels der feinen Muskelkräfte des Orbicularis und seiner Antagonisten und Synergisten möglich. Da auf diese Weise abrupte und umfangreichere Zustandsänderungen nicht zustandekommen, eignet sich die Oberlippe vor allem für weniger spontane Aktionen, beispielsweise zur antagonistischen Reaktion auf die am Lippenspalt auftretenden Luftkräfte.

Die Freigabe des Lippenspaltes für den Luftdurchgang wird durch die empfindliche Differenzierbarkeit der Lippenspannungen durch den Orbicularis wesentlich verfeinert. Starke Breitspannung der Lippen kann diese Fähigkeit einschränken, verhilft aber zu größerer Stabilität. Dies ist jedoch hauptsächlich eine Sache der individuellen Disposition. Eine grundsätzliche Unterscheidung von *Stülp- und Breitansatz*, wie SCHLENGER (S.136ff.) sie trifft und SCHECK (Flöte 73f.) noch erwähnt, ist nach heutigen Erkenntnissen weder notwendig noch wünschenswert. Auch hier gilt, daß Extreme vermieden werden sollen und Beweglichkeit in weiten Grenzen gegeben sein muß.

5.3.4. Blasdruck und Strömungsmenge

Eine weitere, den Blasstrahl bestimmende Größe ist seine Strömungsgeschwindigkeit. Sie bestimmt wesentlich - wenn auch zusammen mit anderen Parametern - die Lautstärke, das Überblasregister, die Intonation und die Klangfarbe. Die Geschwindigkeit, mit der die Blasluft den Lippenspalt verläßt, hängt allein und direkt von dem Überdruck ab, der im Mundraum (und damit vor dem Lippenspalt) herrscht - ohne Blasdruck keine Luftströmung! Da der Blasdruck leichter meßbar ist und vom Bläser gewöhnlich besser gefühlt und kontrolliert werden kann, wird allgemein mit dem Druck argumentiert. Im Lehrgespräch können beide Größen angesprochen werden: Handelt es sich um Probleme der Blasstrahl-Dosierung, dann ist gewöhnlich die Argumentation mit der Geschwindigkeit anschaulicher; bei der Behandlung von Atemproblemen und der Lippenspalt-Gestaltung dagegen die Vorstelung des im Mundraum - besser: vor dem Lippenspalt - wirkenden Druckes.

Der Blasdruck kommt zustande durch die vom Atemapparat aufgewandte Blasenergie. Eine Erhöhung der Blasenergie hat zur Folge, daß der Lippenspalt durch die kräftiger durchströmende Luft sich erweitert und dadurch einen größeren Luftdurchfluß erlaubt. Welchen Anteil Blasdruck und Strömungsmenge an der Energieumwandlung haben, hängt davon ab, wie die Spannung des Lippengewebes reagiert. Gewöhnlich wird mit zunehmender Blasenergie vom Bläser automatisch auch die Lippenvorspannung erhöht. Das bedeutet, daß der anströmenden, energiereicheren Luft ein entsprechend höherer Widerstand entgegengesetzt wird. Auf diese Weise verschiebt sich das Verhältnis Druck-Menge zugunsten des Blasdruckes: Physikalisch und in der praktischen Konsequenz bedeutet dies, daß jeder Energiezuwachs - gleichbedeutend mit höherer Lautstärke - hauptsächlich den höheren Partialtönen zugutekommt und mithin in einer klanglichen Aufhellung besteht.

Ein bestimmtes Maß für die Lippenvorspannung zu geben, ist nicht möglich. Das hängt nicht zuletzt von der individuellen und allgemeinen Disposition des Bläsers ab und verleiht damit seinem Ton die persönliche Eigenart.

Für die Belange unseres Ansatz-Grundmusters, also den mittleren Tonbereich, ist der optimale Blasdruck leicht zu finden, wenn man den Klangcharakter zu realisieren versucht, der einem vorschwebt. Ein brillanter - und das ist ein obertonreicher - Klang verlangt einen höheren Blasdruck (=größeren Widerstand) als ein sanfter, mehr der Blockflöte zuneigender. „Das Flötenspiel gelingt am besten, wenn nicht die Lippenspannung, sondern der Umbruch der strömenden Luft in Schallbewegung vor dem Mund spürbar wird als schwacher Widerstand (Sperrung dch. Verf.). Die Spieler der Kesselmundstück-Instrumente haben unmittelbaren Kontakt mit diesem Widerstand . . . Den Blockflötenspielern dagegen wird zuviel Mühe vom

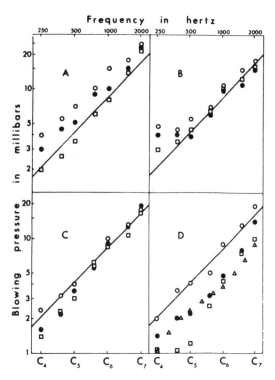

FIG. 1. Blowing pressures p (in millibars) used by flute players A, B, C, and D to produce the notes shown: ○ *fortissimo*, ● *mezzoforte*, □ *pianissimo*. Measurements by Coltman are also shown: △ (*mezzoforte*). The curve drawn is the relation $p = 0.008\,\nu$.

Neville H. Fletcher: Acoustical correlates of flute performance technique. In: JASA LVII/1 (1975). Mit frdl. Genehmigung des American Institute of Physics.

Instrument abgenommen. Der Widerstand ist nur sehr wenig spürbar . . . Der *Widerstand* und die *Klangkontrolle* helfen gemeinsam, das *Gleichgewicht* herzustellen zwischen *Luftabgabe* und *Luftbedarf.* Jeder Ton hat eigene Gegebenheiten, die gehört und ertastet werden." (EDLER-Blasdr. 324)

Zum Blasdruck beim Querflötenspiel liegen verschiedene naturwissenschaftliche Untersuchungen vor (ROOS, BERGER, BOUHUYS-Lung, FLETCHER). Der Letztgenannte (Corr. 233) kommt zu dem Ergebnis, daß der Blasdruck in gerader Proportion mit der Tonhöhe ansteigt - siehe Abb.71. Die von den einzelnen Autoren gefundenen absoluten Druckwerte weichen z.T. erheblich voneinander ab und liegen zwischen den Grenzen 0,4 und 40 mb - ein Beleg dafür, wie individuell verschieden der Blasdruck gestaltet wird. Bemerkenswert - und jedem Flötisten geläufig - ist ROOS' Feststellung, daß die Töne E^3, Fis^3 und Gis^3 überdurchschnittlich hohen Blasdruck erfordern - verglichen mit den Nachbartönen. Der Grund ist in der Anordnung der Schallöcher zu suchen. Siehe dazu die Bemerkungen zur E-Mechanik unter 8.11.

Wenn auch ROOS' Berechnung der Strömungsgeschwindigkeiten (XII,10) - 18,65 bis 65,5 m/sec = 67 bis 235 km/h (!) - wichtige hemmende Einflüsse nicht berücksichtigt (wie von BOUHUYS-Lung 974 beanstandet), so dürfte doch feststehen, daß bemerkenswert hohe Windgeschwindigkeiten auftreten und ihm zuzustimmen sein wenn er konstatiert:
„Sollte dieses Resultat auf den ersten Blick überraschen, so verwundert es nicht, wenn man bedenkt, daß die atmosphärische Luftbewegung in einem Sturm oder Hurrikan bis zu diesem Betrag anwachsen muß, bevor das charakteristische Pfeifen zu vernehmen ist." (FZ 15) Auch NEDERVEEN (Res.17) weist darauf hin, daß der Mittelwert etwa bei 1/10 der Schallgeschwindigkeit liegt.

5.3.4.1. „Druckschwacher" Ansatz?

Die vorausgegangenen Erörterungen geben Anlaß, eine Frage anzuschneiden, die zunehmend in der Bläserpädagogik diskutiert wird: Soll und kann der Blasdruck auf ein Minimum reduziert werden? Die hier **für die Querflöte** zu gebende Antwort sei vorweggenommen: Eine generelle Zurücknahme des Blasdrucks ist bei unserem Instrument weder sinnvoll noch wünschenswert. Etwaige, für andere Blasinstrumente gefundene Ergebnisse lassen sich nicht auf die Querflöte übertragen.

Bei jedem Eingriff in die Spieltechnik eines Instrumentes sollte bedacht werden, ob er lediglich der Optimierung von Bewegungs- und sonstigen technischen Aktivitäten dient, ob er auch klangliche Konsequenzen hat - und ob diese erwünscht sind. Blasdruckgestaltung bei der Querflöte bedeutet immer einen Eingriff in den Klangcharakter. Es muß deshalb sehr kritisch geprüft werden, ob den Verfechtern der neuen Lehre durch die Faszination des vermeintlichen Fortschrittes nicht etwa der Blick dafür verstellt ist, ob sich negative Folgen - und welche - aus der Reform ergeben können. Im Falle des druckschwachen Ansatzes scheint diese Gefahr gegeben zu sein.

Nun ist aber nicht abzustreiten, daß die Umstellung auf druckschwachen Ansatz bei verschiedenen anderen Blasinstrumenten gute Resultate bringt. Es ist also durchaus legitim zu fragen, warum auf der Flöte nicht möglich sein soll, was sich bei den anderen Instrumenten bewährt hat. Die Antwort ergibt sich aus dem grundsätzlichen Unterschied in der Schwingungsanregung bei der Flöte auf der einen und den Instrumenten mit Rohr-, Blatt- und Kesselmundstück auf der anderen Seite

Dieser Unterschied kommt in der physikalischen Definition der Schwingungsanregung bei der Flöte als „strömungsgesteuert *(flow controlled)* im Gegensatz zur „Drucksteuerung" *(pressure control)* bei den anderen Blasinstrumenten zum Ausdruck. Um festes Material mittels Luftkraft in Schwingung zu versetzen, bedarf es eines mehrfachen Kraftaufwandes gegenüber der bei der Flöte gegebenen Notwendigkeit, die Turbulenz eines ungehindert strömenden Luftstrahles in geordnete Bahnen und damit in Schwingung zu bringen. Unterhalb eines bestimmten, konkret fühlbaren Blasenergie-Einsatzes gerät festes, elastisches Material - sei es Rohrholz oder (bei den Blechblasinstrumenten) Lippengewebe - überhaupt nicht in Schwingung. Diese Instrumente verlangen also einen bestimmten **Mindest**blasdruck, unterhalb dessen keine Schwingung aufkommt. Da der Ton bei diesen Instrumenten ohne Oktavloch-Hilfe nur sehr schwer überbläst, kann der Lippenwiderstand und damit der Blasdruck beinahe beliebig - bis kurz vor die Blockade des Blasstromes - vergrößert werden, ohne daß der Ton überbläst. Der Risikobereich liegt mithin unmittelbar beim Minimaldruck. Es ist verständlich, daß Bläser, die (noch) keine höheren Anforderungen an klangliche Finessen und Flexibilität stellen, sich ihrem Sicherheitsbedürfnis und einer gewissen Bequemlichkeit überlassen und den Blasdruck etwa in der Mitte zwischen den beiden Extremen, eher etwas höher, wählen. Gelingt es, den Blasdruck an die Untergrenze anzunähern, dann wird ein erweiterter klanglicher Spielraum gewonnen mit all seinen spieltechnischen Vorteilen und dem ästhetischen Gewinn, der sich u.a. dann einstellt, wenn bloße Kraft durch Geschicklichkeit ersetzt wird.

Das Vorhaben, den druckschwachen Ansatz auch für die Querflöte zu reklamieren, reiht sich ein in die große Zahl der Versuche, spieltechnische Kriterien und methodische Erkenntnisse von anderen Instrumenten auf die Flöte zu übertragen. Tatsächlich ergibt sich aber für die Querflöte ein anderes Bild: Ihre tiefe Lage gestattet einen praktisch drucklosen, gehauchten Ansatz; bei Druckerhöhung neigt sie zum Überblasen. Sicherheit bietet also in der tiefen Lage das Druckminimum. Die hohe Lage dagegen kann durch Druckerhöhung erzeugt werden. Wie bei den anderen Blasinstrumenten kann dabei - vor allem bei den höchsten Tönen - der Druck bis zu einem Maximum angehoben werden. Der Bläser wird in diesem Falle also seinen Sicherheitsbereich oberhalb des Druckminimums suchen, bei dem der überblasene Ton in sein tieferes Register zurückspringt.

Es ist danach leicht einzusehen, daß für eine Verfeinerung der Blasdruckverhältnisse bei der Querflöte nicht der einfache Weg einer allgemeinen Reduzierung eingeschlagen werden kann. Vielmehr kommt es darauf an, die auseinanderstrebenden Tendenzen der beiden Außenlagen einander anzunähern und so zu einem **Ausgleich der Register** zu kommen, wie es unter 5.2.8. behandelt wird. Die Alternative darf also nicht lauten „druckschwach oder nicht", sondern der Blasdruck muß **gezielt**als das **wirkungsvollste** Mittel zur Beherrschung und Gestaltung des Klanges eingesetzt werden.

Im - niemals ganz zu realisierenden - Idealfalle treffen sich die Blasdruckwerte bei der Größenordnung, wie sie sich für einen Ton der einfach überblasenen Mittellage anbietet. FLETCHER empfiehlt:„Wir sollten einen hohen Blasdruck benutzen, der kurz vor dem Überblasen liegt . . . Eine übernormal große Distanz, eine rundere Lippenöffnung und ein niedriger Blasdruck reduzieren alle miteinander die harmonische Entwicklung des Tones." (FZ 16) Das Beispiel hervorragender Flötenkünstler bestätigt diese Meinung. Deren Blasstil vermittelt den Eindruck von Kraft und brillanter Schärfe, was ohne einen gehörigen Blasdruck nicht zustandekommen könnte. Einzuschränken ist jedoch, daß der Empfehlung eines hohen Blasdruckes bezüglich der dritten Oktave nicht gefolgt werden sollte, sondern sogar eine Reduzierung angestrebt werden sollte.

Ein ausreichender Blasdruck ist bekanntlich auch die Voraussetzung für eine funktionierende Atemstütze und damit für die Ausbildung eines natürlich sich entwickelnden Vibratos. Im übrigen zeigt die pädagogische Erfahrung, daß ein am Anfang der Ausbildung etwas zu hoher Blasdruck leichter zu normalisieren ist als eine hauchige Atemführung.

Aus dem Vorausgegangenen dürfte hervorgehen, daß es verfehlt wäre, den Blasdruck auf eine bestimmte Größe festzulegen. Alle Extreme sind zudem schädlich, ob sie nun die Unter- oder die Obergrenze betreffen. FLETCHER (FZ 17): „Alle diese Aktivitäten können allerdings auch übertrieben werden: eine zu runde Lippenöffnung oder ein zu niedriger Blasdruck führen zu Stumpfheit, während ein zu enger Ansatz und ein zu hoher Blasdruck einen grellen Ton ergeben. Doch innerhalb dieser Grenzen ist Raum genug für feinste tonliche Abstufungen."

Der ideale Blasdruck ist in beträchtlichen Grenzen variabel und als eine lebendige, elastische **Kraft** zu fühlen, welche aus der Balance aller Atemkräfte hervorgeht und selbst eine ihrer wichtigsten Komponenten ist. Reduzierung um jeden Preis führt zu einer Situation, die der Fahrzeuglenkung ohne Steuerdruck ähnelt. Das Ergebnis ist in beiden Fällen eine Destabilisierung des Systems.

Kesselmundstück- und Rohrblattbläser verstehen übrigens den druckschwachen Ansatz weniger von der Blaskraft her, sondern auch als den Druck, mit dem sie das Mundstück ansetzen bzw. erfassen und festhalten. Allerdings besteht zwischen diesen (mechanischen) Ansetzkräften und dem (atmosphärischen) Blasdruck eine enge Verbindung: Ein Oboenrohr, welches der Bläser sehr fest mit den Lippen erfaßt, erhält einen höheren Durchströmwiderstand und verlangt infolgedessen mehr Druck. Insbesondere bei Kesselmundstücken ist es aber durchaus realisierbar, sehr leicht anzusetzen und den Strömungswiderstand trotzdem auf den erforderlichen Idealwert zu bringen, der sich am klanglichen Ergebnis bemißt. Aus dem Lager der Blechbläser kam denn auch der erste Anstoß zur Diskussion des druckschwachen Blasens.

Beim Querflötenansatz hängen der Andruck und der Blasdruck **nicht** zusammen, es sei denn als nervös oder psychologisch bedingte Mitinnervation. Insofern kann ein **andruck**schwacher Ansatz sehr positive Wirkung haben, indem er eine allgemeine Lockerung bewirkt. Wer vom druckschwachen Blasen redet oder es empfiehlt, sollte sehr kritisch prüfen, ob nicht **dieser** gemeint ist!

5.3.5. Die Anlege-Dimensionen

Wir sind bei der Beschreibung unseres Ansatz-Grundmusters davon ausgegangen, daß ein angemessener Blasdruck und eine sich natürlich ausbildende Form des Blasstrahles die beiden ausschlaggebenden Faktoren für die Entstehung eines Tones von mittleren Eigenschaften sind und daß es genügt, das Mundloch in angemessener Weise in den Luftstrom hinein zu plazieren. Das geschieht in der Praxis durch Ausprobieren, also empirisch. Wir indessen haben analytisch zu untersuchen, wie sich die Anlege-Dimensionen im einzelnen gestalten und auswirken. Dabei gehen wir hier noch immer vom Grundmuster aus. Erst daran anschließend können die Modifikationen besprochen werden, die für Töne der Außenlagen, für die Gestaltung von Lautstärke, Intonation und Klangfarbe maßgeblich sind. Als Anlege-Dimensionen erkennen wir:

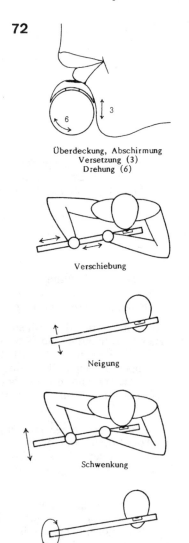

72
Überdeckung, Abschirmung
Versetzung (3)
Drehung (6)

Verschiebung

Neigung

Schwenkung

Drehung

1. Größe der freien Mundlochfläche (*Überdeckung* bzw. *Abschirmung*);
2. Anlegestelle in seitlicher Richtung (*Verschiebung*);
3. Anlegestelle in senkrechter Richtung (*Versetzung*);
4. Winkel zwischen Lippenspalt und Flötenlängsachse (*Neigung*);
5. Winkel zwischen der Frontalebene der Lippenpartie und der Flötenlängsachse (*Schwenkung*); ;
6. Winkel zwischen der Frontalebene der Lippenpartie und der Mundlochebene (*Drehung*);
7. Entfernung Lippenspalt-Mundlochkante (*Distanz*);
8. Andruck.

Bei den Winkeln Ziff.4-6 sollte beachtet werden, daß die relativ feinen Werte häufig überlagert werden von solchen, die aus dem großmotorischen Bewegungsverhalten herrühren. So deutet eine besonders große Abwärtsneigung des Fußendes meist nicht auf eine schräge Anlage der Mundlochplatte hin, sondern ergibt sich aus der allgemeinen Körperhaltung, an der auch der Kopf mit entsprechender Schräghaltung beteiligt ist. Diese zwar nicht allgemein zu empfehlende Haltung kann sich vorübergehend als durchaus natürlich aus der Ausdrucksmotorik ergeben. Das Gleiche kommt vor bei der Drehung um die Längsachse, die durch eine entsprechende Kopfneigung nur vorgetäuscht, aber auch verdeckt sein kann. Nur zu leicht verführt der grobe äußerliche Eindruck zu einer Verkennung der wirklichen Anlegeverhältnisse.

Feste Regeln, wo und wie das Instrument anzulegen sei, können auch hier nicht angeboten werden. Dazu sind die anatomischen Unterschiede von Kinnform und Kieferstellung, Form des Zahnbogens, Zahnstellung, Masse des Lippengewebes und auch das Verhältnis zwischen den Maßen von Unter- und Oberlippe zu mannigfaltig. Hinzu kommen physiologische und verhaltensbedingte Eigenheiten, wie z.B. die individuelle durchschnittliche Ansatzspannung oder die Blasrichtung, die wiederum mit dem Lippenbau und der Lippenstellung zusammenhängen können. Wenn man bedenkt, wie schon mitunter 10jährige Kinder recht gut mit dem Flötenansatz zurechtkommen, dann wird man einsehen, daß die Frage der Anlegestelle und des Ansetzwinkels sehr verschieden und höchst individuell gelöst werden muß. Das sollte sehr früh im Unterricht geschehen. Dem Lehrer fällt dabei die besondere und verantwortungsvolle Aufgabe zu, den Schüler vorsichtig zu leiten, ihn aber trotzdem so weitgehend wie möglich seinen eigenen Weg finden zu lassen, andererseits aber methodische Irrwege, sofern sie als solche erkannt sind, konsequent zu verlassen, statt sich auf Ansatzrezepte zu berufen, die bei anderen vielleicht einmal erfolgreich waren. (In einem Schulwerk sind gewisse regelhafte Anweisungen nicht ganz zu vermeiden, wie der Verfasser eingedenk seiner *Schule für die Querflöte* bekennen muß. Nur sollte der Lehrer auch angesichts „eingeführter" Lehrwerke überlegen genug sein, diese nach eigenen Vorstellungen auszulegen, abzuwandeln - oder auch abzulehnen.)

5.3.5.1. Gestaltung der freien Mundlochfläche *(Überdeckung und Abschirmung)*

Physikalisch gesehen ist die Wirkung des Mundloches hinsichtlich der Resonanzbedingungen des Flötenrohres identisch mit derjenigen der Finger-Seitenlöcher. Im Gegensatz zu diesen ist aber das Mundloch durch die Lippen-Überdeckung und -Abschirmung stufenlos veränderbar. Davon wird ein großer Teil der Toneigenschaften wesentlich und an der Quelle bestimmt.

Wir unterscheiden eine tatsächliche Überdeckung des Mundloches durch die Unterlippe von einer als Verkleinerung **wirkenden** Abschirmung durch die dem Mundloch sich nähernde Lippenfront. Daß das Mundloch nicht einfach in der vom Instrumentenbauer vorgegebenen Ausdehnung benutzt - bzw. von diesem a priori im „idealen" Querschnitt geformt wird, hat seinen guten und leicht einsehbaren Grund: Der Bläser wird genötigt, da er ein etwas zu großes Mundloch vorfindet, dieses von sich aus durch teilweise Überdeckung mit der Unterlippe auf ein optimales Format zu verkleinern. Auf diese Weise hat er Variationsmöglichkeiten nach **beiden** Seiten: Er kann die wirksame Mundlochfläche nicht nur verkleinern, sondern auch vergrößern.

Ein präzises Maß für die Überdeckung läßt sich nicht angeben; es richtet sich nach der vorgegebenen Konstruktion und nach den spezifischen, ansatztechnischen Erfordernissen. Ferner müssen Überdeckung und Abschirmung gegeneinander abgewogen werden. Das muß erprobt werden. Für unser Ansatz-Grundmuster kann eine Überdeckung von 1/3 bis 1/4 der Gesamtfläche **als Faustregel** gelten.

Das Maß der Überdeckung wird bestimmt durch die Anlegestelle, den Anlegewinkel sowie den Andruck in Verbindung mit der Gewebsmasse und Elastizität der Unterlippenpartie. Durch Veränderung einer jeden dieser Komponenten können die entsprechenden Verhältnisse modifiziert werden. Dabei verändern sich gewöhnlich auch der *Anblaswinkel* und die *Distanz*.

5.3.5.2. Anlegestelle in seitlicher Richtung *(Verschiebung)*

Diejenige Anlegeposition, die die geringsten Probleme aufweist, scheint die Ausrichtung des Mundloches zum Lippenspalt in seitlicher Richtung zu sein. Doch schon hier treten Komplikationen auf. Gewöhnlich wird nämlich davon ausgegangen, daß der Lippenspalt genau in der Mitte der Lippen sich bilde. Das ist aber nicht so selbstverständlich, ja noch nicht einmal unbedingt der Normalfall:

In der Mitte der Oberlippe befindet sich eine Rinne *(Philtrum)* ; diese geht bei den meisten Menschen im Bereich des Lippenrots in einen Höcker *(Tuberculum labii superioris)* über. Es erscheint unzweckmäßig, den Lippenspalt gerade dort bilden zu wollen, wo Ober- und Unterlippe den engsten Kontakt miteinander haben. Dagegen bietet sich die Bildung der Öffnung an einer der Seiten des Höckers an. Die Frage, welche Seite dafür die günstigere sei, findet ihre Antwort in der üblichen leichten *Schwenkung* des Rohres nach links. Dadurch wird auch das Mundloch gegenüber der geradegehaltenen Gesichtsfront

73 Exzentrische Lage des Lippenspaltes

etwas nach links ausgerichtet, und der Blasstrahl stellt sich zwanglos auf diese unsymmetrische Anordnung ein. Bei unserer positiven Beurteilung einer solchen möglichen, exzentrischen Lage des Lippenspaltes handelt es sich wohlgemerkt nicht um eine Empfehlung! Maßgebend allein ist der individuelle anatomische Befund der Lippenpartie, und es soll insbesondere niemand zu sorglosem, „schiefem" Blasen ermuntert werden! Auch für den mit einem ansehnlichen Lippenwulst bedachten Flötisten lohnt es sich, den Lippenspalt möglichst dicht zur Mitte hin zu orientieren. Aufschlußreich in dieser Beziehung ist der Bericht von MATHER (Emb.30), wonach von den führenden französischen Flötisten nicht wenige mit nach links versetztem Lippenspalt blasen (bzw. geblasen haben): Taffanel, Gaubert, Barrère, Laurent, Lavaillotte, Moyse, Rateau, Débost, Lardot, Marion und Rampal u.a.

Keinesfalls darf der Blasstrahl die Mundlochkante außerhalb der Mitte treffen. Bei entsprechenden Temperaturverhältnissen ist es übrigens möglich, die Richtung des Blasstrahls gegenüber dem Mundloch am Feuchtigkeitsniederschlag zu kontrollieren.

Eine seitliche Verschiebung kann auch durch eine ungewollte, verschieden starke Innervierung der beiden Gesichtshälften zustandekommen. Dies sollte durch geeignete Übung und Konzentration vermieden werden.

74

Seitliche Verschiebung des Lippenspaltes bei zwei Meisterflötisten (Moyse, Rampal)
(G.Scheck: Flöte und Flötenmusik. Mit frdl. Genehmigung des Verlages B.Schotts Söhne.)

5.3.5.3. Anlegestelle in der Vertikalebene *(Versetzung)*

Die Wahl der Anlegestelle in der vertikalen (Frontal-)Ebene ist zuallererst abhängig vom Ausmaß und der Gestalt der Kinnpartie. Jeder kann sich selbst ein Bild davon machen, wie die Anforderungen je nach den Größenverhältnissen wechseln, wenn er beobachtet, wie verschieden er das Piccolo oder eine der tiefen Flöten ansetzen muß.

Die Anlegestelle in der Vertikalebene wird ferner bestimmt durch die individuelle Blasrichtung sowie den - ebenfalls nicht eindeutig festlegbaren - Anlegewinkel, die *Drehung*. Ein nicht zu übersehender Faktor ist schließlich der Andruck. Je nach Masse und Beschaffenheit des Unterlippengewebes und dem Druck, der darauf von der Mundlochplatte ausgeübt wird, legt es sich mehr oder weniger weit über das Mundloch. Auch darauf muß der Platz der Anlegestelle ausgerichtet werden.

Überlegungen MATHERs (Emb.36ff.), wonach eine ziemlich tief liegende Anlegestelle - und ein entsprechend stark nach unten gerichteter Blasstrahl - gewählt werden soll, halten weder akustischen noch spieltechnischen Erkenntnissen stand - und die Berufung auf Vorbilder der französischen Bläserschule wird beispielsweise auch durch unsere beiden Abbildungen 74 nicht gedeckt. Grundsätzlich läßt sich feststellen, daß bei normal geformter Kinnpartie eines Erwachsenen die Mundlochplatte sich nicht in die Einwärtswölbung des Kinns einschmiegt, sondern etwas höher liegt - etwa so, daß der Andruck in der Höhe der Zahnwurzeln gefühlt wird.

5.3.5.4. Winkel zwischen Lippenspalt und Flötenlängsachse *(Neigung)*

Darüber, daß die Längsachse des Rohres - und mit ihr die Mundlochebene - sowie der Lippenspalt parallel zueinander verlaufen müssen, kann es keinen Dissens geben. Anatomische Notwendigkeit besteht nicht, und jede Abweichung hat zur Folge, daß der Blasstrahl nur teilweise ausgenutzt wird bzw. solche Stellen der Mundlochkasnte trifft, an denen weniger Ton als unerwünschtes Geräusch produziert wird. Gewarnt sei allerdings davor, die Neigung des Fußendes, also die Gesamthaltung des Instrumentes, mit dem hier in Rede stehenden Winkel im engsten Ansatzbereich zu verwechseln. Gewöhnlich gibt der Bläser der Rechtsneigung des Instrumentes mit dem Kopf nach. Eine übertrieben „korrekte" Waagerechthaltung ist dem Wesen der Spielmotorik nicht gemäß.

Keinesfalls sollte man sich durch das äußere Erscheinungsbild mancher hervorragender Bläser zu Unkorrektheiten verführen lassen. Wie am Beispiel von Marcel Moyse (Abb.74a) zu beobachten ist, gleicht er die Schieflage dadurch aus, daß er die linken Seiten beider Lippen mit der Mundlochplatte hochdrückt. Zur Nachahmung durch Lernende nicht empfohlen, denn: *Quod licet Iovis . . .* Immerhin möge dieser Hinweis auch der Erkenntnis dienen, daß der Flötenansatz seine „menschlichen" Seiten hat, will sagen, daß äußerliche Pedanterie nicht immer und unbedingt die Garantie für ein optimales Resultat sein muß.

5.3.5.5. Winkel zwischen der Frontalebene der Lippenpartie und der Flötenlängsachse *(Schwenkung)*

Hierfür gilt etwa das Gleiche wie für die Neigung: Der Kopf folgt zwanglos, wenn das Fußstück im Verlaufe von Atmungs- oder Ausdrucksbewegungen nach vorn oder rückwärts geschwenkt wird. Außerdem richtet sich dieser Winkel nach der - zentrischen oder ex-zentrischen - Lage des Lippenspalts.

5.3.5.6. Winkel zwischen der Frontalebene der Lippenpartie und der Mundlochebene *(Drehung)*

Der - von uns so genannte - Anlegewinkel ist eine der wichtigsten Anlegepositionen. Seine Veränderung aus der Normallage heraus trägt beinahe zu allen ansatztechnischen Handlungen bei. Aus- und Einwärtsdrehen beeinflußt entscheidend Stimmung, Überblasverhalten und Klangfarbe. Hier geht es jedoch noch um die Normalposition. Das ist gewöhnlich ein knapper rechter Winkel. Wichtiger als die Einhaltung eines bestimmten Gradwertes ist aber, daß der Blasstrahl die Mundlochkante so zwanglos wie möglich, d.h. ohne angestrengtes Verschieben der Lippen, trifft. Wohl zu beachten ist, daß beim Neigen oder Erheben des Kopfes das Instrument im gleichen Sinne mitgeht.

Ein häufiger und folgenreicher Fehler ist es, eine notwendige Innendrehung des Instrumentes durch Neigen des Kopfes zu ersetzen. Das geschieht entweder, weil das Instrument ängstlich in seiner Lage stillgehalten wird, oder als Folge der falschen Vorstellung, man müsse **in** das Loch hineinblasen statt **gegen** die Schneide. Durchaus positiv zu bewerten ist es, wenn manche Bläser den Kopf temperamentsbedingt sehr frei aufwärts-vorwärts richten und, um den Blasstrahl trotzdem frei strömen lassen zu können, die Mundlochebene etwas nach innen kippen. Dabei bleibt der Anlegewinkel unberührt; nur die Lage des Mundloches im Raum - nicht gegenüber der Mundpartie - ändert sich.

Gelegentlich wird empfohlen, das Kopfstück so aus der Linie der Klappenmechanik herauszudrehen, daß der gewünschte Anlegewinkel leichter realisiert werden kann. Das wird sich aber immer vermeiden lassen, wenn die Hand-Instrumenten-Haltung kontrolliert und in eine normale Lage gebracht wird.

5.3.5.7. Die Entfernung Lippenspalt-Mundlochkante *(Distanz)* reguliert sich bei Erwerb der individuellen Anlegepositionen von selbst. Sie wird mit wachsender Tonhöhe kleiner. Untersuchungen von FLETCHER (Corr.234) ergeben für die „jet-length" 8-9 mm beim tiefen C und 4-5 mm beim höchsten C - siehe Abb. 75. Hierbei - und auch bei anderen vom gleichen Autor erzielten Ergebnissen - muß allerdings berücksichtigt werden, daß er die Versuche mit jeweils mehreren, vorwiegend erfahrenen Versuchspersonen vorgenommen hat und diese angehalten wurden, einen möglichst „normalen" Ansatz (was unserem *Grundmuster* entspricht) zu wählen. Für stärkere Klangmodifikationen, Intonationskorrekturen und Lautstärkegrade können die Werte merklich abweichen.

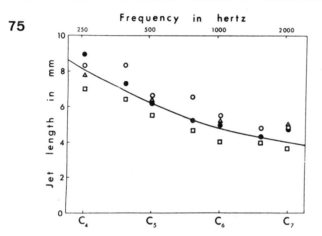

75

Air jet lengths l (in millimeters) measured from photographs for the players A, $\circ$; B, $\bullet$; C, $\square$; D, $\triangle$. The curve drawn is the relation $l = 1.8 + 100\,\nu^{-1/2}$.

Neville H.Fletcher: Acoustical correlates of flute performance technique. In: JASA LVII/1 (1975). Mit frdl. Genehmigung des American Institute of Physics.

Anfänger neigen - im Bemühen, mit dem Blasstrahl die Mundlochkante möglichst risikolos zu treffen - dazu, die Distanz äußerst klein zu halten. Aufgabe des Lehrers ist es, den Schüler zu einer normalen Anlegeposition zu ermutigen, auch wenn dies vorerst vermehrte Nebengeräusche zur Folge hat.

Geringe Distanz erhöht die Überblasneigung. Das wirkt sich beim Staccato so aus, daß schon bei einer geringen Verschärfung des Stoßes der Ton überschlägt. Um dies zu vermeiden, läßt sich der unerfahrene Spieler zu einer übervorsichtigen, verwaschenen Artikulation verleiten. Da ferner Distanzverringerung immer mit einer verstärkten Überdeckung und Abschirmung verbunden ist, vertieft sich die Intonation in unkontrollierter Weise. Im übrigen läßt eine extrem geringe Distanz den Ton „stokken", d.h. wegbleiben.

5.3.5.8. Andruck

Der Andruck der Mundlochplatte an der Anlegestelle ist ein gewöhnlich viel zu wenig beachtetes Mittel zur Gestaltung der Ansatztechnik. Für die hier behandelte Ansatznorm gilt, daß der Andruck gerade so hoch gewählt werden soll, daß er seiner ursprünglichen Aufgabe gerecht wird, den nötigen Halt an der Anlegestelle zu gewährleisten. Ferner kann der Andruck bis zu einem gewissen Grade zur Formung der Lippenpartie und des Lippenspaltes ausgenutzt werden. Auch für den Andruck gilt der Grundsatz, daß Extremlösungen oder unverrückbare Festlegungen weder empfehlenswert noch praktikabel sind. Es sollte zwar ein recht geringer Andruck angestrebt werden, doch dürfen dabei seine anderen nützlichen Funktionen nicht eingeschränkt werden. Zudem sollte auch hier wie bei der Mundloch-Überdeckung die Freiheit der Modifikation nach **beiden** Seiten gegeben sein, d.h. nicht nur in Richtung auf eine Verstärkung, sondern auch und gerade auf Verringerung als einem eleganten Mittel der Intonationserhöhung. (6.4.9.)

Zu hoher Andruck ist meist ein Symptom zu großer Allgemeinspannung bzw. Verkrampfung - und seine Minderung ein probates Mittel, von hier aus den gesamten Körper zu lockern.

5.3.6. Der Anblaswinkel

Eines der Grundprinzipien des Ansatzes ist es, daß der Blasstrahl die Mundlochkante trifft und sich dort teilt. Im Unterschied zur Blockflöte und den Orgel-Labialpfeifen ist der Winkel, unter dem der Strahl die Schneide trifft, konstruktiv nicht festgelegt und kann vom Bläser durch den Anlegewinkel und durch die Richtung, mit der die Luft ausströmt, modifiziert werden. Im Normalfalle soll der Blasstrahl die Mundlochkante genau frontal treffen. Er teilt sich dabei in zwei gleiche Hälften - siehe Abb. 76a - wobei das System optimal, d.h. mit bestem Wirkungsgrad, funktioniert.

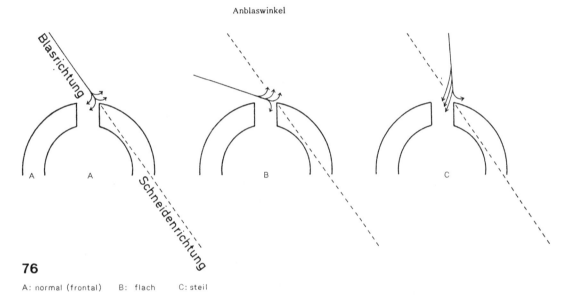

76

A: normal (frontal)   B: flach   C: steil

Wie dem Verfasser an Hand einer Versuchsanordnung der Phyikalisch-Technischen Bundesanstalt (Prof.Dr.J.Meyer und Dr.Bork) demonstriert wurde, überbläst eine künstlich angeblasene Querflöte, wenn der Blasstrahl durch Veränderung des Anblaswinkels in einen kleineren und einen größeren Teil aufgespalten wird, gleichgültig, nach welcher Seite dies geschieht - siehe Abb.76b und c. - In der bläserischen Praxis erfährt man das Gegenteil: Starkes Steil- oder Flachblasen erschwert das Überschlagen und stabilisiert so die tiefe Lage (5.3.13.). Das dürfte mit der gleichzeitigen Änderung anderer Parameter, wie der Distanz, Überdeckung, Abschirmung usw., zusammenhängen. Möglich ist es auch, daß der veränderte Anblaswinkel einem Stumpferwerden der Schneide gleichkommt und dies, wie RICHARDSON (Ac.38) und WACHSMUTH (473) nachgewiesen haben, die Überblasneigung reduziert.

5.3.7. Mundraum und Zungenlage

Die Bedeutung von Ausdehnung und Form des Mundraumes und seine Abhängigkeit von Form und Lage der Zunge lernten wir bereits bei der Behandlung der Artikulationslaute kennen. Wie wir von unseren physikalischen Erörterungen her wissen, ist die Tonentstehung bei der Flöte eine Kombination aus den verschiedensten akustischen Koppelungen - und eine davon diejenige mit der Resonanz des Mundraumes.

Die Resonanzfrequenz des Mundraumes beim Flötenansatz liegt nach COLTMAN (Mouth 417) normalerweise bei ca. 1000 Hz. Das entspricht in etwa dem C^3, gleichbedeutend mit der Formante des Vokals œ . Davon kann man sich durch Pfeifen mit dem Mund überzeugen. Zurückziehen der Zunge von der Wurzel her kann den Vokal zu U verdunkeln; dessen Formant liegt bei ca. 300 Hz, was etwa dem tiefen D entspricht. Daraus wird ersichtlich, daß die Eigenfrequenzen des Mundraumes recht gut mit dem Frequenzumfang der Flöte übereinstimmen. Das bedeutet aber nicht, daß immer Übereinstimmung herrschen muß. Mit Sicherheit wird aber die Ansprache durch eine günstige Mundraumresonanz gefördert, wogegen Abweichungen den Ton vor allem klanglich und intonationsmäßig beeinflussen können.

„Was man sehr leicht feststellen kann, wenn man mehrere Flötisten nacheinander hört: jeder hat seinen ganz persönlichen Ton. Erstaunlicherweise zeigt sich diese individuelle Eigenschaft von Anfang an . . . " (FLEURY - FZ 18). Von CASTELLENGO (Rôle) wurde experimentell bestätigt, was die allgemeine Erfahrung lehrt: daß klangliche Unterschiede weit mehr vom Bläser als vom Instrument abhängen. Der Mundraum, u.a. auch seine anatomische Anlage, wie z.B. das staturbedingte Raumvolumen und die individuelle Gaumenwölbung, dürften dabei keine geringe Rolle spielen.

Von wesentlicher Bedeutung für die Gestaltung des Mundraumes ist der Öffnungsgrad der Zahnreihen, der *Kieferwinkel*. Er entsteht und wird festgehalten durch das antagonistische Zusammenwirken des *Orbicularis* mit der Kaumuskulatur. Beide wirken derart gegeneinander, daß nicht nur die Lippen, sondern auch die Zahnreihen durch den Ringmuskel zwar aufeinanderzugezogen, gleichzeitig aber vom Unterkiefer her auseinandergehalten werden. Der Bläser spürt dabei neben dem Druck der Lippen(ränder) aufeinander eine Kraft, die den Unterkiefer nach unten zieht, ohne daß dieser aber merkbar nach unten ausweicht. Es ergibt sich ein isometrischer Spannungszustand, der auch auf die Lippen ausstrahlt und derStabilität des ganzen Bereiches zugutekommt. Wenn ein Anfänger überdurchschnittliche Schwierigkeiten mit der Tonbildung hat, der Lehrer aber trotzdem äußerlich keinen gravierenden Fehler bemerken kann, so sollte er einmal dem Kieferwinkel sein besonderes Augenmerk widmen. Es kommt gelegentlich vor, daß der Lernende in - wörtlich zu nehmen: „verbissener" - Bemühung die Zahnreihen einander viel zu weit nähert oder sie sogar schließt. Ein probates Mittel, die Innenverhältnisse des Mundes gesamtheitlich zu ordnen, nennt LE ROY: „. . . die Zähne öffnen und so tun, als bisse man gleich hinter den Mundwinkeln auf das Innere der Wangen . . . " (S.45 der dt. Ausg.)

- Mit dem nächsten Abschnitt erweitern wir die Behandlung der Ansatzgrundlagen über den begrenzten Tonbereich des Ansatz-Grundmusters hinaus.

5.3.8. Überblasregister, „Länge" der Griffe, Schallöcher

Mit den anderen Blasinstrumenten teilt die Flöte die Möglichkeit, daß ihr Tonumfang durch *Überblasen* beträchtlich erweitert werden kann. Sie ist aber das einzige Holzblasinstrument, bei dem der Überblasvorgang fast ausschließlich durch ein spezielles Ansatzverhalten und nur bei vereinzelten Tönen (z.B. D^2, Dis^2) durch ein Überblasloch bewirkt wird. Dies hat sie mit den Blechblasinstrumenten gemeinsam.

Theoretisch würden die Grundgriffe der tiefen Lage bis zum Cis^2 genügen, um den Tonumfang allein mit dem Ansatz auf über 3 Oktaven zu erweitern. Um auf diese Weise das höchste C zu erreichen, müßte allerdings das tiefe C **siebenfach** - über C^2, G^2, C^3, E^3, G^3, B^3 - überblasen werden, was ansatzmäßig schwierig (wenn auch mit hohem Aufwand machbar) und klanglich unbrauchbar ist.

Dank dem Einsatz von Schallöchern (2.5.4.) ist es möglich, die Zahl der Überblasregister auf drei zu beschränken. Mit Hilfe der Schallöcher gelingt es auch, die starken Unterschiede auszugleichen, die im Ansprache-, Überblas- und Intonationsverhalten zwischen „langen" und „kurzen" Griffen bestehen (vgl. 2.5.5.). Kurze Griffe, wie das Cis^2, haben eine geringe Überblasneigung und sind deshalb problemlos zu treffen. Die leichte Überblasbarkeit eines Tones mit langem Griff hat dagegen zur Folge, daß schon bei kleineren Blasdruck- und Ansatzänderungen ein anderer, unerwünschter Partialton anspricht. (Diese Komplikation macht übrigens die Schwierigkeit des Waldhorn-Ansatzes - und das gelegentliche „Kieksen" - aus, weil bei diesem Instrument Partialtöne bis zur 20.(!) Ordnungszahl ansprechen können.

5.3.9. Registerausgleich

„Vom Gesichtspunkt der reinen Klangfarben sind nach den Analysen wie den Synthesen die Verschiedenheiten zwischen den T o n l a g e n e i n e s I n s t r u m e n t e s zuweilen größer als die der Instrumente selbst. Die Klarinette ist in dieser Hinsicht kaum noch als e i n Instrument zu bezeichnen..." (STUMPF-Sprachl. 392)

Auch bei der Querflöte besteht eine deutliche Tendenz zur Gliederung in drei Klangregister. Was jedoch bei der Klarinette als wesensmäßig und bereichernd begriffen und ausgenutzt wird: die hohle, „unheimliche" Tiefe im „Freischütz", die samtene Mittellage, die helle, zuweilen grelle Höhe - wirkt bei der Flöte eher als Ergebnis mangelnder ansatztechnischer Überlegenheit, indem sich zu einer klanglich ausgeglichenen Mittellage eine matte Tiefe und eine spitze Höhe gesellen.

Der Grund für die qualitativ verschiedene Wirkung bei beiden genannten Instrumenten ist in den Besonderheiten ihrer Obertonspektren zu suchen. Bei der Klarinette ist der Instrumentenkörper mit seinen mannigfaltigen Eigenfrequenzen stärker beteiligt und verleiht dem Ton von Natur aus Vielfalt: reiche Obertönigkeit in der Tiefe und ebensolche Grundtönigkeit in der Höhe. Bei der Flöte ist hingegen das Rohr als solches nur gering beteiligt (siehe dazu auch 6.3.6.); die harmonische Struktur des Einzelklanges hängt in viel stärkerem Maße vom Bläser selbst ab. Wenn der Flötenspieler sich den Gegebenheiten - und vor allem den Unzulänglichkeiten - des Instrumentes zu passiv überläßt, treten klangliche Unstetigkeiten in der tonlichen Abfolge auf. Sie ergeben sich vor allem durch die zufälligen, wenn auch technologisch notwendigen Eigenheiten der klappenmechanisch bedingten Griffe. So stellt sich dem Flötisten die Aufgabe, die von Natur aus benachteiligten Grenzlagen durch seine eigene Aktivität anzureichern: die tiefe Lage mit vermehrten Obertönen, die Töne der dritten Oktave durch Hervorhebung der tieferen Komponenten ihrer Spektren.

Doch darf es bei der Bemühung um klangliche Ausgeglichenheit der Register nicht sein Bewenden haben. Zur homogenen Gestaltung des Tonmaterials in seiner Gesamtheit muß die Flexibilität des Einzeltones treten, so daß das klangliche Gesamtergebnis in größter Vielfalt besteht, die aber **beherrscht** und nicht als Zufallsprodukt hingenommen wird.

Die **Technik des Registerausgleichs** wurde schon unter 5.3.4.1. angedeutet: In der **tiefen Lage** Strömungswiderstand an der Obergrenze - Blasdruck hoch - Ansatz „scharf"; in der **hohen Lage** Strömungswiderstand verkleinern - Blasdruck reduzieren - Ansatzschärfe geringer. Die vermehrte Neigung zum Überschlagen der tiefen Töne und des Abfallens der hohen Töne ins tiefere Register muß durch entsprechendes Reagieren mit der *Distanz* und dem *Anblaswinkel* aufgefangen werden.

Die Anforderungen an die Ansatzschärfe verändern sich indes nicht stetig von Ton zu Ton, sondern im Verlaufe der Skala treten Brüche auf, die darauf zurückzuführen sind, daß jedes Register von unten her mit einem **langen** Griff beginnt, der entsprechend überblasen werden muß. Das hat allerdings auch den Vorteil, daß lange Griffe leichter überblasen und dadurch der Ansatzwechsel vom kurzen Griff des tieferen Registers zum langen des nächsthöheren gemildert ist. Zwischen dem zweiten und dritten Überblasregister (Cis^3-Dis^3) muß die Ansatzschärfe sogar nachgelassen werden.

An den beiden Register-Übergangsstellen (Cis^2-E^2 und Cis^3-Dis^3) sind (von uns so genannte) „Puffertöne" eingeschaltet. Es handelt sich

a) um die Töne D^2 und Dis^2: Sie gehören ansatzmäßig noch zu den unüberblasenen, akustisch aber wegen des als Überblasloch wirkenden Cis^2-Loches (linker Zeigefinger) bereits zu den **einmal** überblasenen Tönen. Ab E^2 handelt es sich dann um „echt" überblasene Töne.

b) Entsprechendes gilt für D^3: Es entsteht vom Griff her gesehen aus dem tiefen G, bei welchem - wie eine Oktave tiefer - das Cis^2-Loch als Überblasloch geöffnet ist. Diese Loch-Kombination wird **einmal** mit dem Ansatz überblasen, ein weiteres Mal aber mit dem erwähnten Überblasloch. Das folgende Dis/Es^3 ist dann der erste, mit dem Ansatz **zweifach** überblasene Ton, der dank seiner Länge besonders leicht anspricht.

Danach können wir hinsichtlich der Ansatzanforderungen von folgenden Kategorien ausgehen:

h - Cis² :	Grundgriffe - unüberblasen;
D² und Dis/Es² :	durch Schalloch einmal überblasen - ansatztechnisch unüberblasen;
E² - Cis/Des³ :	Grundgriffe - einmal überblasen;
D³ :	durch Überblasloch einmal, durch den Ansatz ein weiteres Mal - überblasen;
ab Dis/Es³ :	zweifach überblasen mit Schallöchern.

Während die Gruppe der Töne h - Cis², sowie auch die Töne D² und Dis/Es², auch mit geringer Ansatzschärfe ansprechen, muß innerhalb der höheren Gruppen der Ansatz sukzessive verschärft werden.

In der dritten Oktave erfordern die Töne Fis³, Gis³ und, falls eine E-Mechanik fehlt, das E³ erhöhte Ansatzschärfe. Bei E und Fis ist der Grund für die erschwerte Ansprache darin zu suchen, daß aus klappenmechanischen Gründen zwei Schallöcher nebeneinander geöffnet sind gegenüber nur einem bei den anderen Griffen. Dadurch wird die tiefere Quinte bevorzugt. Beim Gis ist die Kürze des Griffes für das erschwerte Überblasverhalten verantwortlich.

Aus des Verfassers *Schule für die Querflöte* (S.96): „Das tiefe Register spricht auch bei ganz laschem Ansatz an, klingt dann aber flach und verhaucht. Die dritte Oktave wird leicht spitz, dünn oder gar schrill infolge zu engen Ansatzes und übermäßigen Blasdruckes. Damit ist vorgezeichnet, wie sich der Bläser zu verhalten hat, um den Ausgleich zu erreichen: Die tiefe Lage muß unter bewußtem Einsatz von Spannung und Druck erzeugt werden. Natürlich ist jede Übertreibung zu vermeiden . . . Bei der höchsten Lage ist das Gegenteil anzustreben: der Ton muß weich und substanzreich sein. Technische Mittel hierzu: Lippenspalt im Rahmen der Möglichkeiten öffnen, Blasdruck relativ gering, dafür Annäherung der Lippen an die Mundlochkante oder besser: Mundlochkante durch Anheben des Kopfstückes näher an den Lippenspalt bringen. Diese Empfehlungen sind relativ zu verstehen: sie bezeichnen eine Tendenz, die gegen das normale, *bequeme* Bestreben gesetzt werden muß, um den Ausgleich zu erzielen. Besonderes Augenmerk ist dem Übergang vom einen zum anderen Register zu widmen. Jeder Sprung nach oben erfordert Lockerung in Blasdruck, Andruck und Spannung; Bewegung nach unten ist mit einer Zunahme dieser Größen zu verbinden. Faustregel: Nach unten aktiv - nach oben passiv! (Anfänger neigen zum Gegenteil!) "

5.3.10. Überblasen und „Unterblasen". Hysteresiseffekt.

Ein Ton überbläst, wenn

a) der Blasdruck erhöht
b) und/oder die Entfernung Lippenspalt-Mundlochkante *(Distanz)* verringert wird.

Dieses physikalisch eindeutig begründete Faktum möge zur Kenntnis genommen werden, soll aber keinesfalls zur Grundlage von irgendwelchen Überblas-"Rezepten" dienen! Unserer im vorigen Abschnitt aufgestellten Faustregel zufolge sollten überblasene Töne mit so wenig bewußtem Aufwand wie nur möglich erzeugt werden. Bei einem Anfänger darf von Anfang an keine Furcht vor den überblasenen Lagen aufkommen. Er muß vor allem davor bewahrt werden, den Übergang von der unüberblasenen zur überblasenen Lage als einen Bruch im Ansatzverhalten zu empfinden. Das kann auf die Weise erreicht werden, daß bei der Bindung Dis²-E² der linke Zeigefinger seinen Deckel beim E unbetätigt läßt und ihn erst nach Ansprechen des Tones schließt. Ebenso kann das E mit der dis-Trillerklappe überblasen und diese ebenfalls erst nachträglich losgelassen werden. Durch allmähliche Erweiterung des Tonraumes nach oben hin wird so das Gefühl für den wachsenden Blasdruck und die zunehmende Vorwärtsorientierung sich natürlich einstellen. Beides muß vom Atembereich, aus dem Bauch heraus, gesteuert werden. Die sich einstellende größere Strömungsgeschwindigkeit sorgt über die *Düsenwirkung* (5.3.3.1. - Abb. 70) für eine Verengung des Lippenspaltes und verhindert dadurch selbsttätig eine Zunahme der Luftmenge und damit der Lautstärke. Gleichzeitig wird das Lippengewebe etwas „vorgeweht" und dadurch die Distanz in erwünschter Weise verkleinert. Übrigens kann es durchaus angezeigt sein, einen Anfänger einfach zu kräftigerer Luftabgabe beim Überblasen zu ermutigen. Dieses zugegebenermaßen etwas grobe Verfahren verhilft jedenfalls dazu, Verkrampfung gar nicht erst aufkommen zu lassen. Der Erwerb einer kultivierten Überblastechnik wird jedenfalls auf diesem Wege unproblematischer sein als über ängstlich befolgte Ansatzregeln. Überhaupt ist es nicht ratsam, das Überblasen vom Ansatz her zu steuern. Bei Anfängern führt das unweigerlich zum Krampfen im Bauch und damit zusammenhängend zu einer **Öffnung** des Lippenspaltes - und damit zu einem *Teufelskreis*, wie er so häufig in der Flötentechnik vorkommt.

Im Zuge der Vorwärtsorientierung beim Überblasen sollte sich automatisch auch der *Andruck* verringern, dabei aber das Mundloch nicht nach außen, sondern eher eine Spur einwärts gedreht werden. *Andruck und Drehung* müssen so aufeinander abgestimmt sein, daß die Intonation korrekt bleibt.

Ganz andere Bedingungen gelten für das „Unterblasen", vor allem beim Übergang zur **untersten** Oktave. Hier ist ein markanter Ansatzwechsel geboten, besonders bei Oktavbindungen ohne Griffwechsel, also vom Cis³ bis zum E² nach unten. Dabei wird der Bläser mit einem physikalischen Phänomen konfrontiert, welches als *Hysteresiseffekt* bezeichnet wird. Dessen Wirkung besteht - vereinfacht ausgedrückt - darin, daß ein bestehender Zustand der Kraft, die eine Änderung herbeiführen will, einen bestimmten (Trägheits-)Widerstand entgegensetzt. Es ist „das Zurückbleiben einer Wirkung hinter der sie verursachenden physikalischen Größe." (MEYER-Lex.) Hysterese läßt sich am einfachsten an einem Beispiel aus dem Elektromagnetismus anschaulich machen: Ein Stück Eisen wird in die Nähe eines Elektromagneten gebracht, ohne daß es schon angezogen wird. Die Spannung wird nun allmählich erhöht. An einem bestimmten Punkt - er möge 100 Volt betragen - wird das Eisen angezogen und verbleibt am Magneten, wenn die Spannung weiter erhöht wird. Reduziert man nun die Spannung allmählich, dann fällt das Eisenstück nicht beim rückwärtigen Erreichen von 100 V wieder ab, sondern (wiederum als Beispiel) erst bei 80 V. Setzt man Spannung mit Ansatzschärfe, Anziehen mit Überblasen und Loslassen mit Unterblasen in Analogie, so versteht man die Verzögerung, die sich beim Registerwechsel der Flöte ergibt. Der Hysteresiseffekt wird vorwiegend in der Abwärtsrichtung wirksam, weil die Rohrresonanz die höheren Frequenzen bevorzugt. Ist erst einmal der höhere Ton eingeschwungen, dann entwickelt er großes Beharrungsvermögen, und es bedarf besonderer Ansatzbemühung, um den gewünschten tiefen Ton zu erzwingen. Der notwendige Ansatzwechsel besteht hauptsächlich in einem betonten Breitziehen der Lippenregion, wodurch vor allem die Distanz unmittelbar vergrößert wird. Eine Zurücknahme des Blasdruckes vom Atemapparat her empfiehlt sich weniger, weil dies zu träge und überdies verkrampfend wirkt.

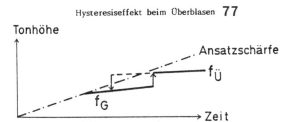

Hysteresiseffekt beim Überblasen 77

Bei geringstmöglicher Ansatzschärfe spricht der Grundton (f_G) etwas zu tief an und erhöht sich leicht mit zunehmender Schärfe. An einem bestimmten Punkt überschlägt er in das überblasene Register ($f_Ü$). Wird nun der Ansatz allmählich wieder nachgelassen, so fällt der Ton nicht genau an der vorhergehenden Überblasstelle in den Grundton zurück, sondern unterbläst erst bei markant geringerer Ansatzschärfe.

5.3.11. Die tiefe Lage

Die untere Hälfte der tiefen Oktave bietet dem Flötenspieler mannigfaltige Probleme. Sie beziehen sich auf

die Treffsicherheit,
die Lautstärke und
die klangliche Gestaltung.

Ihr Hauptproblem besteht darin, daß die wegen der Länge dieser Griffe bedingte enge Rohrmensur den Tönen nur einen sehr engen Ansatzspielraum läßt, so daß sie zum Überblasen in die höhere Oktave neigen. Das einfachste Mittel, dies zu verhindern, wäre eine Reduktion der Luftgeschwindigkeit durch Zurücknahme des Blasdruckes. Doch dieser ist hauptverantwortlich für die Lautstärke. Ein Ausgleich durch Erhöhung der Luftmenge, wie es nach der Energieformel denkbar wäre, ist nicht praktikabel, weil die Atemkapazität des Bläsers begrenzt und in der tiefen Lage ohnehin schon stark beansprucht ist. Hauchiges Blasen in der Tiefe ist ein verbreiteter Fehler. SCHLENGER (98) berichtet von einem jungen Musiker, der „das Flöteblasen aufgeben (mußte), da der in der tiefen Lage besonders starke und schnelle Luftverbrauch bei ihm ständig Schwindelanfälle hervorrief. . . . M.E. hatte daran die zu früh gewählte Zeit des Unterrichts und eine verhältnismäßig schwache Lunge schuld, denn der Betreffende besitzt einen schwach entwickelten Brustkorb. Wenn er trotzdem als Hornist ganz vorzügliches leistet, liegt dies darin begründet, daß Lippen und Zähne einwandfrei gebaut sind . . . und daß beim Hornblasen ein ‚Zurückhalten der Luft', also ein geringerer Luftverbrauch, allerdings unter Erhöhung des Luftdruckes im Brustkorb und in den Lungenbläschen, stattfindet." - Wir können dem Autor (der nach unserer Meinung ohnehin dem anatomisch-physiologischen Aspekt und vor allem die Bedeutung des Zahn- und Kieferbereiches weit überbewertet) in dieser Erklärung nicht folgen. Der Lernende litt vielmehr offensichtlich unter *Hyperventilation* (s.S.72), hervorgerufen durch zu offenes, hauchiges Blasen. Ihm wäre durch Umstellung auf einen engeren, stärker druckbestimmten Ansatz zu helfen gewesen.

Wie ist das Dilemma von Luftverbrauch, Blasdruck und Überblasneigung bei den tiefsten Tönen zu lösen? Die Antwort ist so vielschichtig wie die von den Bläsern angewandten Techniken und deren Ergebnisse: Nachdem sich herausgestellt hat, daß Strömungsgeschwindigkeit und -menge nicht so einfach austauschbar sind, muß auf weitere Ansatzkomponenten zurückgegriffen werden, die ebenfalls das Überblasverhalten beeinflussen. Das sind: die *Distanz* und der *Anblaswinkel*. Die Vergrößerung der Entfernung Lippenspalt-Mundlochkante und eine Abweichung des Auftreffwinkels von der genau frontalen Richtung erschweren das Überblasen und stabilisieren damit die tiefe Lage. Mit Hilfe dieser beiden Ansatzmodifikationen gelingt es, dem Blasdruck seine entscheidende Bedeutung für die zu produzierende Schallenergie zu erhalten. Höherer Blasdruck bewirkt in jedem Falle eine Bevorzugung der hohen Partialtöne eines Klanges. Solange aber dessen Grundfrequenz noch mitschwingt, wenn auch noch so schwach - d.h. wenn der Ton noch nicht überblasen ist - ‚wird er vom Gehör auf **dieser** Höhe lokalisiert. Die Lautstärke des Klanges hingegen bemißt sich an der Energiesumme **aller** seiner Partialtöne. Ein heller Ton der tiefen Lage ist also energiereicher und wird damit als stärker empfunden als ein dunkler. Dieser Effekt wird noch dadurch verstärkt, daß das menschliche Gehör für die hohen Frequenzen über 1000 Hz besonders empfindlich ist, aber trotzdem aus dem Spektrum der hohen Partialtöne den Grundton identifiziert. Damit ist der Weg gewiesen, wie ein Lautstärkeausgleich zwischen den tiefsten Tönen der Flöte und ihrer hohen Lage erzielt werden kann. Im übrigen dient die Aufhellung der tiefen Lage auch dem klanglichen Registerausgleich.

Durch die Abwägung von Blasdruck, Strömungsmenge, Distanz und Anblaswinkel verfügt der Bläser in der tiefen Lage über einen Reichtum an klanglichen Möglichkeiten, wie er den höheren Lagen nicht eigen ist.

Distanz und Anblaswinkel können in unterschiedlicher Weise auf die Anforderungen der tiefen Lage eingestellt werden. Dabei wird sich immer eine **Kombination** der verschiedenen Möglichkeiten als nützlich erweisen.

1. Ein sehr wirkungsvolles und flink zu realisierendes Mittel ist das **Breitziehen der Lippen** in die Mundwinkel hinein. Dabei wird durch Rückgang der Lippenmitten die Distanz vergrößert; außerdem verändert sich der Mundraum in die Richtung des Vokals Ä, was dem Ton einen helleren *Formanten* verleiht (6.3.2.1.).

2. **Vorschieben des Unterkiefers** vergrößert ebenfalls die Distanz und flacht zusätzlich den Anblaswinkel im Sinne von Abb. 76b ab.

3. **Zurücknehmen des Unterkiefers** macht den Anblaswinkel steiler, wie in Abb.76c gezeigt wird. Dieses Mittel sollte , wenn überhaupt, sehr vorsichtig eingesetzt werden, da es den Ansatz unruhig macht und zu einer Verspannung im Hals führen kann.

4. Die **Drehung** nach innen oder außen wirkt ähnlich wie das entsprechende Verschieben des Unterkiefers, erfordert aber weniger Bewegungsaufwand. Bei der Innendrehung muß gleichzeitig die Mundlochplatte etwas fallengelassen werden, um eine Distanzverminderung zu vermeiden.

Grundsätzlich muß darauf geachtet werden, daß der Blasdruck genügend hoch bleibt und seine Zurücknahme höchstens als letztes Mittel zur Erzielung einer Bindung nach unten eingesetzt wird, wenn die ansatztechnischen Aktivitäten nicht ausreichen.

Sehr akzentuierter Einsatz und scharfe Staccato-Linien in der tiefen Lage haben verständlicherweise eine verstärkte Überblasneigung zur Folge. Hierbei bewährt es sich, den Lippenspalt schon beim Einsatz relativ weit offen zu haben, um die Strömungsgeschwindigkeit niedrig zu halten und den Hauptteil der Blasenergie in Luftmenge umzusetzen. Dabei muß die Öffnung sehr fest geformt sein, damit der Lippenspalt nicht durch den Stoßimpuls verformt und vor allem nicht distanzmindernd vorwärts aufgeworfen wird.

Ein starker, am Lippenspalt nicht abgefangener, also ins Leere gehender Atemimpuls führt leicht zu einer krampfigen Gegenreaktion des Bauch- und Kehlkopfbereiches. Dem muß betont entgegengewirkt werden; außerdem muß die etwas überdimensionierte Lippenöffnung unmittelbar nach, beinahe **mit** dem Ansprechen des Tones auf normale Größe reduziert werden. Zu dieser Technik siehe 5.2.4.3.

Wie sich zeigt, hat unser Ansatz-Grundmuster, wonach der Lippenspalt dank elastischer Vorspannung erst von der durchströmende Luft endgültig geformt wird, zumindest für die tiefsten Töne keine Gültigkeit. Sie erfordern vielmehr über ihre ganze Länge hinweg eine beträchtliche Breit- und Formspannung. So gesehen, kann der Empfehlung SCHLENGERs (44), daß „das Blasen . . . in den tiefen Lagen eine Auslockerung der Muskulatur" erfordert, nicht beigepflichtet werden. Nicht zuletzt diese anfechtbare Ansatztechnik ließ zur Zeit des Erscheinens des Buches (1935) das *Reformmundloch* als eine notwendige konstruktive Verbesserung erscheinen. Eine neue, zweckmäßigere Ansatztechnik hat dieses Hilfsmittel inzwischen entbehrlich gemacht.

5.3.12. Nebengeräusche

Eine unerwünschte klangliche Erscheinung ist das Auftreten von *Nebengeräuschen* zum Ton. Das „Rauschen" ist ein flötenspezifisches Negativum; bei anderen Blasinstrumenten spielt es praktisch keine Rolle. Der Grund, daß es gerade bei der Querflöte vorkommt, ist darin zu suchen, daß der freie Raum zwischen Lippenspalt und Mundlochkante dem Blasstrahl mehr Abweichungsmöglichkeiten bietet als der am festen Material sich stützende Ansatz der übrigen Bläser.

Doch die Nebengeräusche entstehen nicht nur an der Mundlochkante, sondern teilweise bereits am Lippenausgang. Deshalb sollte beim Auftreten von „Nebenluft" auch geprüft werden, ob der Artikulations-„Laut" ϕ wirklich ganz geräuschfrei ist - vgl. 5.2.1.

Übrigens haben zahlreiche hervorragende Bläser einen leichten „Schleier" auf dem Ton. Das kann als durchaus reizvolles Timbre wirken, solange es in einem vertretbaren Rahmen bleibt. Oft ist es die Begleiterscheinung sehr engagierten Spiels und Zeichen für einen scharfen Ansatz mit weit freigegebenem Mundloch.

Kurze Distanz und geringer Blasdruck vermögen die Nebengeräusche weitgehend zu unterbinden. Ein solcher Blasstil wurde eine Zeitlang in Deutschland gepflegt - als Gegenreaktion auf die robuste Tongebung der alten Bläserschule. Die Nachteile einer solchen Tontechnik bestehen jedoch darin, daß der Ansatz äußerst festgelegt, die Zunge in ihrer Bewegungsfreiheit eingeschränkt, der Klang obertonarm und seine Tragfähigkeit gering ist. Infolge des geringen Blasdrucks kommt ein natürliches Vibrato nicht zustande. Da aber der substanzarme Ton einer Bereicherung bedarf, muß das Vibrato künstlich aufgesetzt werden. Der gravierendste Nachteil besteht darin, daß der Ton nur sehr träge einsetzt. Dadurch kommt es bei gestoßenen Tonfolgen zu rhythmisch wiederkehrenden Einsatzgeräuschen, die wesentlich mehr stören als der erwähnte, gleichmäßig wahrnehmbare Schleier. Inzwischen hat sich die natürliche, ökonomische, kraftvoll-helle Tongebung durchgesetzt, wie sie die französischen Bläser von Anfang an gepflegt haben.

Ein schöner Beweis für die Fortschritte in der Flötenmethodik ist darin zu sehen, daß das Problem der Nebengeräusche zunehmend an Bedeutung verloren hat. Noch SCHLENGER (154 und anderswo) räumt diesem negativen Aspekt einen großen Raum ein. Seine Erklärung für das Phänomen als vorwiegend „prädipositionell" bedingt, vermag nicht zu überzeugen, wenn man die große Zahl heutiger Flötenspieler betrachtet, die - bei verschiedenartigster Disposition - mit Nebengeräuschen kaum noch Probleme haben.

5.3.13. Zusammenfassung. Spezielle Ansatzfragen. Fehlervermeidung und -korrektur

Erst wenn die gesamtkörperliche Basis der Ansatztechnik erworben und befestigt worden ist, sollte und kann das Augenmerk auf Einzelprobleme gerichtet werden. Keinesfalls darf die Bemühung darum die empfindliche Balance der Ansatzaktivitäten gefährden.

Balance wird zu einem großen Teil durch **Abstützen** gewährleistet. So ist auch eine gute *Atemstütze* eine wichtige Hilfe zum sauberen Ansatz. Da die Atemstütze bekanntlich ohne einen angemessenen Strömungswiderstand am Lippenspalt nicht zu realisieren ist, besteht also auch hierbei eine enge Wechselwirkung. Ein zu hoher Widerstand ist jedoch ebenfalls für den Ton schädlich, sobald er sich dem „Quetschen" nähert. Zu offenes, hauchiges Blasen erfordert demgegenüber ersatzweise eine schädliche Anspannung des ganzen Rumpfes von innen her: Organe, die eigentlich dem Blasen dienen sollen, müssen zur Stützung eingesetzt werden, verlieren so ihre Flexibilität und Anpassungsfähigkeit und strahlen ihre Verspannungen auf den für alle Einflüsse empfindlichen Ansatzbereich aus. Auch hier wieder ist die Gefahr des *circulus vitiosus* gegeben. Ansatzfehler und -verspannungen an Ort und Stelle korrigieren zu wollen, ist dabei der falsche Weg; vielmehr muß das Übel an der Wurzel gepackt und zuerst der Bauchbereich gelockert und die notwendige Spannung als wohldosierter Blasdruck auf den Lippenspalt gerichtet werden, statt daß die Blasenergie schon an ihrem Ursprung oder am Kehlkopf abgefangen und vernichtet wird.

Oft läßt es sich nicht ganz vermeiden, daß der Hals bei starker Breitspannung - vor allem in der tiefen Lage - etwas mit-angespannt wird. Das muß aber auf ein Minimum beschränkt und so bewußt beherrscht werden, daß es nicht auf das Zungenbein oder den Kehlkopf übergreift - und man muß es augenblicklich wieder abstellen können, wenn die Notwendigkeit dazu entfällt. Ein vor allem von Sängern vorexerziertes Beispiel, wie Verspannungen zu begegnen ist, besteht in **Lächeln**, auch wenn es nur innerlich geschieht. Es wirkt sofort entspannend und normalisierend.

Die starke Inanspruchnahme der *mimischen Muskulatur* gefährdet durch *Mitinnervation* den Körpertonus in seiner Gesamtheit. Immer wieder muß in diesem Zusammenhange auf das *Zungenbein* hingewiesen werden, eine der Stellen, wo Ansatz-, Artikulations-, Atmungs- und Haltungsaktivitäten in Austausch miteinander treten - und zwar meist in negativer Hinsicht. Auf dem Weg über das Zungenbein wirkt insbesondere der Spannungszustand der Zunge auf den Ansatz und dieser umgekehrt wieder auf die Zunge zurück. Wenn sich bei Männern der Adamsapfel im Rhythmus des Stoßes auf- und abwärtsbewegt, so ist dies ein untrügliches Zeichen für Verspannungen von dieser Art.

Wichtige Wirkungen gehen auch von der Haltung des Kopfes auf den Ansatz aus. Die Kopfhaltung steht mit der Nackenmuskulatur und dem Schultergürtel in enger Beziehung. Eine aufrechte - „stolze, freudige" Haltung wirkt sich höchst positiv auch auf den Ansatz aus. Typische Fehler und unerwünschte Wirkungen sind ferner:

1. Das Kopfstück wird angepreßt, sobald irgendeine Schwierigkeit auftritt. Gerade auch die Ansprache der hohen Töne, bei denen dieser Fehler am häufigsten vorkommt, wird wesentlich erleichtert, wenn der Andruck verringert und das Instrument quasi „vom Mund weggeblasen" wird. Ohnehin muß es eine der wichtigsten bläserischen Fertigkeiten sein, hohe Spannung und absolute Lockerheit in unmittelbarster räumlicher Nähe zu vereinbaren.

2. Auch Nebengeräusche werden durch einen geringen Andruck erfolgreich bekämpft, weil sich der Ansatz flexibler auf die jeweilige Anforderung einstellen kann.

3. Vor allem Anfänger müssen beim Auftreten von Schwierigkeiten immer wieder davon abgehalten werden, daß sie beim Auftreten von Schwierigkeiten ins Mundloch hinein, statt gegen die Mundlochkante blasen.

4. Die Unterlippe darf, während der Atem strömt und der Ton klingt, nicht von innen durch die Zunge gestützt oder gar vorgeschoben werden.

5. Zum ungewollten *Flattern* der Lippen in der hohen Lage siehe S. 115.

6. Massereiche Lippen bieten in der tiefen Lage etwas erhöhte Schwierigkeiten, weil sie durch den Blasstrom stärker verformt, vor allem vorgeweht werden und auf diese Weise die Überblasneigung zunimmt. Andererseits gestatten sie eine flexiblere Intonationstechnik als schmale Lippen.

5.4. ARTIKULATIONSTECHNIK

5.4.1. Der Einschwingvorgang – physikalisch, psychoakustisch und flötentechnisch gesehen

Der Toneinsatz ist ein *Ausgleichsvorgang* im physikalischen Sinne. So bezeichnet man den „Übergang . . . eines Systems von einem stationären Betriebszustand in einen anderen, z.B. infolge eines Schaltvorganges. Dieser Übergang kann nicht plötzlich geschehen, sondern benötigt eine gewisse Zeit. Ursache dieser Übergangszeit ist die Trägheit der . . . gespeicherten Energie." (MEYER-Lex.) Diese Definition ist zwar auf elektrische Vorgänge bezogen, gilt aber auch für mechanische Schwingungen jeder Art: Man denke an den Aufwand, der nötig ist, um eine Schaukel in Schwingung oder wieder zur Ruhe zu bringen. Auch akustische Schwingungen unterliegen demzufolge der Trägheit. Einer der markantesten akustischen Ausgleichsvorgänge ist der **Einsatz** eines Tones, d.h. der Übergang aus dem Ruhezustand der Luft in einen gleichmäßig schwingenden.

Alle Flöteninstrumente weisen einen besonders langen Einschwingvorgang auf, d.h. die Zeit vom Beginn der Luftströmung bis zur Stabilisierung des Klanges auf der gewünschten Höhe ist länger als bei anderen Blasinstrumenten – siehe Tab. 78. Das ist aber kein Nachteil. WINCKEL (Phänomene 35): „Es ist erwünscht, daß die Einschwing- und Ausklingvorgänge bei Instrumenten nicht zu kurz und außerdem variabel erfolgen, weil sie weitgehend den Lautcharakter ausmachen. Ferner BACKHAUS (Ausgl. 40): „Das mühelose Erkennen der . . . Klänge . . . scheint mir . . . sehr dafür zu sprechen, daß das eigentliche Charakteristikum, an dem man gewöhnt ist, die Instrumente zu unterscheiden, weniger in der musikalischen Klangfarbe als vielmehr hauptsächlich in den Ausgleichsvorgängen zu suchen ist." Wie wir später noch ausführen werden, sind tatsächlich die Ausgleichsvorgänge das wichtigste Kriterium des *Klangbildes* (6.3.). Daneben ist die Wirkung der Ausgleichsvorgänge – vor allem des Einschwingens – auch psychologisch-ästhetisch bedingt: „Immer wird uns jetzt klar, daß die Geräusche so wichtig wie die Konsonanten zwischen den Vokalen sind. Sie sind physikalisch unvermeidbar, werden jedoch in der Musikpraxis über das Minimum hinaus gern benutzt. Geräusche sind bereits in den immerwährenden Ausgleichsvorgängen vorhanden, können das Klanggemälde profilieren oder auch verwischen und geben der Musik somit Aussagekraft – in Wesensanalogie zur Natur der Sprachlaute. Diese sind nämlich in gleicher Weise Ausgleichsvorgänge, nur bewegen sie sich in einem begrenzten Tonumfang." (WINCKEL-Phän. 138). „Sehr gleichmäßig gesungene Vokalisen . . . klingen langweilig. Erst die Einführung von Konsonanten zwischen den Vokalen erzeugen den spezifischen Lautcharakter und schaffen die Voraussetzung für eine ‚Aussage' – nicht nur im intellektuellen Inhalt des Worts, sondern bereits in der klanglichen Struktur, wie es ja auch der Inhalt der Musik beweist." (WINCKEL-Krit.239)

Die lange Einschwingdauer der Flöten ist, was für den physikalisch nicht Bewanderten paradox klingen mag, mit der **geringen Dämpfung** des tonanregenden Systems zu erklären. Ferner wird „die lange Einschwingdauer bei der Flöte . . . vielleicht dadurch verständlich, daß der Anblasemechanismus sehr labil ist. Die Tonhöhe ist hier von mehr Faktoren abhängig als bei anderen Instrumenten, da ja neben der Windgeschwindigkeit auch der

78 *Einschwingdauer bei verschiedenen Holzblasinstrumenten*

		c^1	c^2	c^3		c^1	c^2	c^3	c^4
weicher Einsatz	Piccolo			25	harter Einsatz			20	10
	Querflöte	180	60	25		110	50	20	
	Oboe	110	50	40		40	20	20	
	Klarinette	30	25	25		40	30	30	

Die Werte – in ms – wurden nach einem Diagramm von MELKA (113) geschätzt.

Abstand der Lippen des Bläsers von der Schneide hierfür maßgebend ist. Der Flötenklang ist an und für sich arm an Obertönen; es genügt daher, das Verhalten des Grundtones ins Auge zu fassen. Wir müssen aus diesem Befund schließen, daß das Einsetzen des Flötenklanges einen weniger bestimmten, verschwommenen Eindruck macht als bei anderen Instrumenten." (BACKHAUS-Ausgl.41) Der Vermutung, die BACKHAUS im letzten Satz ausspricht, widerspricht MEYER (siehe das nachfolgende Zitat) mit dem offensichtlich stichhaltigeren Argument, daß es hinsichtlich der Prägnanz des Einsatzes weniger auf die Stabilisierung des stationären Klanges ankommt als auf das Einschaltgeräusch.

Die Einschwingzeit der Flöte wird in verschiedenen Veröffentlichungen mit bis zu 0,3 Sekunden (300 ms) angegeben. Dabei scheinen aber die Untersuchungsergebnisse BACKHAUS' etwas pauschal übernommen worden zu sein. Dieser bemerkt nämlich (Ausgl. 41): „Sehr eigenartige Verhältnisse ergaben sich bei der Flöte. Die Einklangdauern betrugen nicht unter 200 msec, bei einzelnen Aufnahmen sogar bis 300 msec. Mehrfach trat ein früheres Einschwingen nach 50-60 msec ein, worauf der Klang aber noch einmal zurückging."

Daß die Ergebnisse von BACKHAUS, der die Versuche wahrscheinlich mit einer künstlichen Anblasvorrichtung bzw. einer Orgel-Labialpfeife durchgeführt hat, mit der instrumentaltechnischen Praxis nicht übereinstimmen, wird schon dadurch deutlich, daß die Einschwingdauer von 300 ms den Wert eines Achtels im Tempo 90 für das Viertel ausmacht. Spätere Untersuchungen ergaben denn auch kleinere Werte, wobei sich nebenbei - und erwartungsgemäß - herausstellt, daß hohe - (Grund-)Töne schneller einschwingen als tiefe, und weich angesetzte später als harte - siehe Tab. 78. MEYER-Ak.50f.: „Die Stärke der Vorläufer hängt naturgemäß von der Schärfe des Ansatzes bzw. von den verwendeten Artikulationssilben ab, sie ist jedoch keineswegs von vornherein als negative Eigenart des Klangbildes anzusehen, die es durch die Spieltechnik möglichst zu unterdrücken gilt. Sie fördert die Prägnanz des Einsatzes im Gehörseindruck, was wegen der verhältnismäßig langen Einschwingzeit des Flöten-*staccatos* (tiefe Lage um 100 ms, Mittellage um 30 ms . . .) besonders wichtig ist. Schließlich sind die Vorläufer-Töne sowie die durch den Anstoß erzeugten Geräuschkomponenten maßgeblich an dem Klangeffekt der Flatterzunge beteiligt . . . "

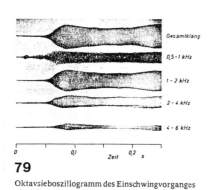

79
Oktavsieboszillogramm des Einschwingvorganges eines überblasenen Flötentones (g''').

(J.Meyer: Akustik und musikalische Aufführungspraxis. Mit frdl. Genehmigung des Verlages E.Bochinsky - Frankfurt/M..)

Die Vorläufertöne der Querflöte sind von verschiedener Art und Herkunft. In der tiefen Lage sind es (vorwiegend) **höhere** Obertöne. Der Hauptgrund dafür dürfte darin liegen, daß die Weitenmensur des Rohres die höheren Frequenzen bevorzugt (2.5.5.). „In der Mittellage schwingt der Grundton genau so schnell ein wie die nächsthöheren Klanganteile. Zusätzlich zu dem Vorläuferton . . . treten auch geräuschartige Komponenten unterhalb des Grundtones auf. Bei den hohen überblasenen Tönen schwingen schließlich die Unterresonanzen zuerst ein, bevor die Energie auf die eigentlichen Teiltöne übergeht." (MEYER-Ak. 50)

Auch die kürzeren Werte, wie sie von MELKA (Tab.78) und MEYER (Abb.79) ermittelt worden sind, liefern noch keine Erklärung für die Tatsache, daß in der Spielpraxis auf der Querflöte die gleiche rhythmische und Einsatzpräzision erzielt werden kann wie auf jedem anderen Instrument. Einen Teilaspekt bewertet BACKHAUS (Ausgl.40): „Man könnte glauben, daß durch diese . . . Ausgleichsdauer die Spielgeschwindigkeit begrenzt wäre. Das ist aber . . . nicht der Fall . . . Bei schnellem Spiel wird . . . meist so verfahren, daß der Klangerzeugungsmechanismus bei jedem einzelnen Ton aufs neue in Tätigkeit gesetzt wird. Es bleibt hier vielmehr die Schwingung gewöhnlich erhalten, nur wird die Tonhöhe . . . , z.B. durch Verkürzung von Luftsäulen, geändert. Es ist wohl anzunehmen, daß dann der Übergang in den neuen Schwingungszustand schneller erfolgt, als wenn der Klang aus der Ruhe heraus erzeugt wird." - Doch auch **freie** Einsätze lassen sich bis zur absoluten zeitlichen Präzision optimieren. Dazu verhelfen einige spieltechnische Kunstgriffe, die Akustikern gewöhnlich nicht geläufig sind, von guten Musikern aber empirisch-unbewußt angewandt werden:

1. Ein **weicher** Einsatz wird **vor** seiner Zeit artikulatorisch eingeleitet, so daß der Ton zur gewünschten Zeit „steht".

2. Für hohe Töne wird ein überscharfer Ansatz gewählt, der - u.a. unter Ausnutzung der *Hysteresiswirkung* (S. 128) - sofort nach dem Einsatz auf den Normalwert reduziert wird.

3. Beim Einsatz tiefer Töne werden alle Ansatzregeln für die tiefste Lage (*Distanz, Winkel, Lippenöffnung*) **über**betont und sofort nach dem Ansprechen des Tones normalisiert.

Eine besondere Art von Vorläufern sind die sog. *Fisteltöne*. Dabei handelt es sich um sehr schwache *Schneidentöne* (S.35), die (noch) nicht mit der Rohrresonanz gekoppelt sind. Bei einigermaßen korrektem Ansatz treten sie nicht störend auf. Gelegentlich werden sie als besonderer Klangeffekt eingesetzt - siehe 6.3.5.1.

Wenn auch von den verschiedenen Autoren auf die positive Wirkung eines „trägen" Einschwingvorganges in psychoakustischer und ästhetischer Hinsicht verwiesen wird, so sollte sich der Bläser doch nicht davon abhalten lassen, einen möglichst präzisen Toneinsatz anzustreben, denn auch bei perfektester Stoßtechnik bleiben immer noch genügend Vorläufertöne übrig, um dem Flötenton sein charakteristisches Klangbild zu belassen. Nur sollte man sich davor hüten, vor lauter Bemühung um einen „lupenreinen" Stoß andere spielerische Qualitäten zu vernachlässigen.

5.4.2. Die Artikulationskonsonanten

Die im „Integrierten Modell" (S. 112f.) empfohlene Methode der Tonauslösung mit b liegt zwischen dem gehauchten h- und dem üblichen d-Laut. Der gehauchte Einsatz ist in den Fällen angezeigt, wo ein quasi aus dem Nichts kommender Tonbeginn erwünscht und ein zeitlich präziser Beginn nicht primär wichtig ist. Üblicherweise ist es aber notwendig, daß der Ton zu einem genau festgelegten Zeitpunkt einsetzt. Dazu verhilft die Artikulation mit einem *Sprenglaut*, und zwar um b-p (*bilabial*), d-t (*alveolar-koronal*) und g-k (*velar-postdorsal*).

Nach phonetischem Sprachgebrauch besteht ein Explosivlaut aus *Anglitt, Verschlußhaltung und Abglitt.* „Den Anglitt bildet die I m p l o s i o n, d.h. der Verschluß des Mundraumes, der Haltephase entspricht die V e r s c h l u ß h a l t u n g, während der die Luft in den Mund strömt, den Abglitt bildet die E x p l o s i o n, d.h. die plötzliche Lösung des Verschlusses und das . . . Ausströmen der Luft." (SCHUBIGER 75). DIETH (159) zum gleichen Thema: „D i e D a u e r b e i d e n V e r s c h l u ß l a u t e n. Wenn ich apa sage, beginnt das p sicher nicht mit der Explosion, sondern mit dem Schließen der Lippen (Implosion); dann wird der Verschluß gehalten (Tenue), bis ich mit dem Knall die Lippen sprenge. Ein Verschlußlaut besteht somit normalerweise aus drei Phasen . . . :

        Schließung, Implosion   Halte Tenue   Lösung, Explosion
                                    . . . . .

Die dritte Phase ist nun allerdings augenblicklich, die mittlere aber ist beliebig dehnbar." Der gleiche Autor S. 219: „Im Gegensatz zur ersten und dritten Phase kann die mittlere nie ganz fehlen. Die Halte ist zwar stumm, hat aber in den meisten Fällen Pausencharakter und damit Zeichenwert . . . Der Satz ‚Peter ist da' beginnt mit der Explosion - fürs Ohr! - nicht aber physiologisch . . . (Die Halte) kann . . . im absoluten Anlaut vom Hörer . . . nicht empfunden werden." - **Man beachte die Koinzidenz mit unserer Verhaltepause!** (4.4.3.4. - S.93ff.))

Ist in der Sprache die Unterscheidung zwischen harten und weichen Konsonanten von essentieller Bedeutung (5.1.2.), so soll das spezifische Explosionsgeräusch in der (konventionellen) Artikulationstechnik gerade nicht vernehmbar sein. Dafür müssen aber die der Spieltechnik dienlichen Wirkungen voll ausgenutzt werden.

Der Vergleich der bläserischen Artikulationskonsonanten mit den sprachlichen zeigt einige grundsätzliche Unterschiede auf: Der **weiche** Sprachkonsonant (b,d,g) hat einen *stimmhaften* Anglitt, der **harte** (p,t,k) wird *aspiriert* (5.4.2.1.) ausgesprochen; d.h. zwischen dem Auslöseimpuls und dem Stimmeinsatz liegt ein h („Thüringen"). Beides ist hinsichtlich der Bläserartikulation unerwünscht bzw. unmöglich. Nachdem wir aber die Bedeutung des Anglitts und der „Halte" auch für die Flötenartikulation erkannt haben, können wir folgern, daß der bläserische Artikulationskonsonant dem weichen Sprachlaut näher steht als dem harten. Weichheit und Härte des Toneinsatzes beim Blasinstrument hängen im übrigen davon ab, wie schnell die ausströmende Luft ihre Endgeschwindigkeit und Durchströmmenge erreicht. Je plötzlicher dies geschieht, umso präziser ist der Einsatz und umso härter wirkt er. Dieser Unterschied zur Sprachartikulation möge immer in Rechnung gezogen werden, wenn wir im Folgenden die bläserischen Artikulationskonsonanten grundsätzlich mit ihren **weichen** Versionen benennen.

Wie unser „integriertes Modell" (5.2.1.) nahezulegen scheint, erfüllt der b-Laut die Forderung nach einem möglichst natürlichen und folgerichtigen Bewegungsverlauf beim Toneinsatz am idealsten. Die Flötentechnik (und noch mehr die Stoßtechnik der anderen Blasinstrumente) stellt aber Anforderungen, die mit b nicht zu erfüllen sind. Der Konsonant d hat gegenüber dem b den Vorteil größerer Einsatzpräzision. Dazu kommt, daß von der Zungenbewegung vitalisierende Einflüsse auf den Atemapparat ausgehen. Auf diese Weise sind - auch mit „einfacher" Zunge - schnelle Bewegungsfolgen möglich, die mit b oder h unausführbar sind. (Man überzeuge sich, welchen Aufwandes im Bauchbereich es bedarf, um eine schnelle Stoßfolge mit den letztgenannten Konsonanten zu produzieren; und dann beobachte man, wie der Gebrauch des d nicht einfach den gleichmäßig strömenden Blasstrahl unterbricht, sondern wie er den tiefen Atembereich entlastet und dessen Reaktionsschnelligkeit vervielfacht.)

Generell sollte angestrebt werden, daß in der mittleren und hohen Lage quasi eine Kombination der beiden Konsonanten b und d erreicht wird, derart, daß der d-Stoß nicht zu eigenwertig-prägnant gewählt wird, sondern mehr als Auslöser und Impulsgeber wirkt, während der von ihm ausgelöste Luftstrom den Lippenspalt mit einem b sprengt. Beide Konsonanten werden dabei praktisch gleichzeitig artikuliert (wie wenn man ein kleines Kernchen von der Lippenmitte wegblasen will), wobei die Organstellung ein wenig von derjenigen des normal gesprochenen d abweicht: Das d wird durch die Berührung des vordersten Teiles der gespannten Zunge vorbereitet, wobei die Zungenspitze selbst etwas in den freien Raum vor oder sogar zwischen den Zähnen hineinragt. Das dürfte gemeint sein, wenn RAMPAL empfiehlt, „die Zunge sehr nahe der Öffnung zwischen den Zähnen zu plazieren." (FZ 19) Damit redet der Franzose im übrigen der empfehlenswerten **Vorwärtsorientierung** das Wort. „Am weitesten vorn artikuliert der Franzose. Er berührt mit der Zunge die Hinterfläche der oberen Schneidezähne, oft gleichzeitig auch den Zahndamm." (SCHUBIGER 77f.) Der Bläser richtet bei diesem Artikulationsverhalten sein Augenmerk weniger auf die Zunge selbst als auf den Lippenspalt.

Die enge Zusammengehörigkeit von Artikulation und Ansatz bedingt, daß eine Beschreibung von Artikulationspositionen und -aktivitäten nicht erfolgen kann, ohne daß die im Einzelfalle vorliegenden Bedingungen der Tonbildung berücksichtigt werden. So kann die soeben beschriebene Artikulation uneingeschränkt und mit gutem Erfolg beim **freien** Anblasen von Tönen der mittleren und hohen Lage angewandt werden. Schon bei einer etwas schnelleren non-legato-Folge wird aber die Artikulationsstelle sich mehr zur Position des normal gesprochenen d verlagern, wobei die Lippen zwischen den Tönen nicht mehr in ihre volle Verschlußstellung zurückgehen. Bei markantem Einsatz der tiefsten Töne verbietet sich der Verschluß zum b von selbst; die Zungenspitze kann sogar ggf. etwas *retroflex* (zurückgebogen) am vorderen Gaumen anliegen. Das Umgekehrte gilt für die höchsten Töne: Hier kann ein pp-Einsatz durch eine ausgeprägte b ϕ -Artikulation (S.112) ohne d-Beimischung praktisch „aus dem Nichts heraus" erreicht werden.

Ohne Ausnahme gilt für alle Varianten des konsonantischen Toneinsatzes, daß er - abgesehen von einer **ganz kleinen** Bewegung der Zungenspitze - völlig ruhig bleibt. „Die Lippen dürfen nicht die geringste Bewegung machen, der Anstoß der plötzlich gegen sie strömenden Luft wirft sie ohnedies, besonders in der hohen Lage, immer etwas auf. Die Bewegungen der Zunge müssen klein und zweckmäßig nur mit der Spitze geschehen." (SCHECK-Weg 43)

Wie schon erwähnt (3.1.3.4.5.), macht man sich von Form und Lage der eigenen Zunge gewöhnlich eine falsche Vorstellung. Das trifft auch auf ihre Bewegungen zu: Sie zieht sich beim normalen Stoß nicht oder kaum zurück, schon gar nicht von ihrer Wurzel her. Vielmehr bewegt sich bei der Auslösung die Zungenspitze aus der gespannten Verschlußstellung in die entspannte Ruhelage hinein - siehe 5.4.2.1.

Die Artikulation mit g spielt nur beim *Doppelzungenstoß* eine Rolle.

Die Einteilung der Explosivlaute nach den Gruppen b, d und g kann leicht den Blick verstellen für die darüber hinausgehenden Möglichkeiten der Flötenartikulation. Hier eine Übersicht über die möglichen Varianten - ohne Diskussion ihres praktischen Wertes:

(Stellung der Artikulationsorgane vor der Auslösung:)

1. Beide Lippen gegeneinander ohne Beteiligung der Zunge: b *(bilabial)*;

2. Zungenspitze betont vorgeschoben zwischen den Lippen und von außen sichtbar: Wie wenn man versucht, ein Härchen von der Lippenmitte wegzublasen;

3. Zungenspitze in den „Trichter" unmittelbar vor dem Lippenausgang geschoben, diesen abdeckend;

4. der vordere Zungenrücken („Zungenblatt") am oberen Zahndamm, die Zungenspitze frei zwischen den Zähnen;

5. der vordere Zungenrücken (etwas weiter hinten als beim normalen d am vorderen Gaumen - Zungenspitze berührt leicht die Unterzähne;

6. Zungenspitze am Gaumen - dumpfes d, *retroflexe* Form der Zunge;

7. mittlerer Zungenrücken so weit wie möglich vorn am Gaumen: sehr weit vorn gesprochenes g , wie französisch „que";

8. normale (deutsche) g-Lage;

9. Zungenrücken am Übergang vom harten zum weichen Gaumen: hinten liegendes k mit Neigung zum Rachenlaut, wie in den schweizer oder tiroler Dialekten.

5.4.2.1. Feinheiten der d-Artikulation

Die Artikulation mit d läßt viele Varianten zu, die z.T. für gewisse Sprachen und Dialekte charakteristisch sind. Im größeren Teil des germanischsprachigen Sprachraumes (und nach den Regeln der deutschen Bühnensprache) wird das „weiche" d stimmhaft ausgesprochen, was selbstredend für die Flötentechnik nicht in Frage kommt. Das „harte" t wiederum empfindet der Deutschsprachige als einen Laut, der unmittelbar aus dem tiefen Atembereich heraus erzeugt wird und an den sich die Phonation des folgenden Vokals erst nach einem kurzen, gehauchten Zwischenlaut anschließt, z.B. „T(h)on". Man nennt diese Artikulationsart *aspiriert*. „Aspiration ist jene Modifikation der Verschlußlaute, bei der die Luft nach Lösung des Verschlusses . . . bis zur Artikulation des folgenden Lautes frei ausströmt." (BROCKHAUS.) Im Falle der sprachlichen Artikulation hat die *Aspiration* die durchaus einsichtige Funktion, daß sie den Konsonanten erkennbar macht, auch wenn ihm kein Vokal nachfolgt, zum Beispiel bei einem konsonantischen Silbenabschluß. Bei der Flötenartikulation bewirkt die Aspiration dagegen einen verzögerten oder verwaschenen Schwingungseinsatz.

Ähnliches gilt für die *Mouillierung* des t (von franz. *mouiller* = anfeuchten). Hierbei wird anstelle des Hauchlautes ein „feuchter" Zischlaut eingeschoben. Man begegnet dieser Variante als einer typischen Eigenart der englischen Sprache, aber auch im Dialekt des Ruhrgebietes. Hierbei wird „Ton" annähernd zu „T(sch)on", ähnlich dem italienischen „ciao" (tschau). Mouillierung kommt dadurch zustande, daß die Zunge relativ breit und mit weichem Zungenblatt verhältnismäßig weit hinten anliegt und sich nur träge aus der Verschlußlage löst. Verständlicherweise ist auch die mouillierte Artikulation für die Flötentechnik schädlich. Sie ist häufig bei Spielern mit allgemein und speziell im Ansatz-Artikulationsbereich niedrigem Tonus anzutreffen. Die Zunge liegt dabei schlaff im Mund, die Zungenspitze am **unteren** Zahndamm, die Artikulationsstelle zwischen dem (vorderen) Zungenrücken und dem Gaumen, ziemlich weit vom oberen Zahndamm entfernt.

Auch die Lippen sind ungenügend gespannt. Oft drückt sich die Zungenspitze, um das Spannungsdefizit auszugleichen, gegen die Unterzähne, was die Berührungsfläche zwischen Zungenrücken und Gaumen noch mehr erweitert und die Artikulation entsprechend verschlechtert.

SCHECK (Flöte 83) zu diesen beiden Fehlartikulationen: "Das deutsche aspirierte T, wie es in der Schreibweise des Wortes Thüringen zum Ausdruck kommt, ist ungünstig, weil der nachgeschobene H-Hauch Unpräzision und bei schnellen Wiederholungen Verlangsamung mit sich bringen kann. Das englische explosive T wie im Wort Totality, bei dem die Zungenspitze, weiter zurückgezogen, mehr als Blatt gegen den Gaumenwulst hin arbeitet, hat ähnliche Nachteile."

Seine Schärfe und Präzision bezieht der Artikulationskonsonant aus dem Druck, der sich hinter dem Verschluß aufgebaut hat, und der Flinkheit und Sauberkeit, mit der dieser sich löst. Das aber ist abhängig vom vorausgegangenen Tonus des Zungenkörpers - und dieser wiederum von der Höhe des Druckes. Von Wichtigkeit ist auch, daß die Zunge nach einer kleinstmöglichen Auslösebewegung dem Mundraum eine möglichst optimale Form beläßt. Der Präzision förderlich ist ferner eine möglichst kleine Berührungsfläche an der Artikulationsstelle. All dies ist gewährleistet, wenn sich die ziemlich spitz und gespannt gehaltene Zunge vor dem Stoß weit vorn am Zahndamm anlegt.

Der Unterschied zwischen germanisch- und romanischsprachiger Artikulation wird auch durch folgendes Beispiel belegt: Das t im Wort „Ätna" wird von Deutschsprachigen *aspiriert, mouilliert* oder stumm artikuliert. (Im letzteren Falle registriert der Hörer den Verschlußlaut **nachträglich** beim Einsatz des n.) Der Italiener schaltet dagegen - gleichsam zwanghaft - einen Vokal ein und spricht „Edd(ö)na". (Deutschsprechende Italiener erkennt man leicht daran, daß es ihnen nicht oder kaum möglich ist, ein auslautendes t zu sprechen, ohne noch ein kurzes ö anzuhängen: „Tat(ö), geht(ö)". Auch darin wird die starke Affinität der Romanischsprachigen zur Flötenartikulation deutlich. Bei den anderen Blasinstrumenten wirken sich diese Spracheigentümlichkeiten nicht so schwerwiegend aus, weil Zunge und Ansatzbereich viel stärker durch das Mundstück festgelegt sind.)

Nochmals sei eindringlich darauf hingewiesen, daß die Zunge bei der Tonauslösung nicht als Ganzes zurückgezogen wird. Vielmehr macht nur die **Zungenspitze** eine kleine Bewegung von der Verschlußlage in die Ruhelage, wobei sie sich in den Zungenkörper zurückzieht. Die Zungen-Außenmuskulatur tritt nur in Form des *Genioglossus* (Kinn-Zungenmuskel) in Erscheinung. Er zieht den Zungenkörper eine Kleinigkeit nach **unten** - ggf. sogar mit leichter Tendenz **nach vorn** - , während die hinteren Zungenränder bei und nach dem Stoß an den Backenzähnen fixiert bleiben und die Zungenwurzel sowie das gesamte auf das Zungenbein orientierte Muskelsystem nicht tangiert werden.

Die oben unter 2) und 3) beschriebenen Artikulationsarten, bei denen die Verschlußstelle **vor** den Zähnen liegt, unterscheiden sich im Zungenverhalten nach der Auslösung nicht grundsätzlich vom normalen d-Stoß. Auch bei ihnen begibt sich die Zunge nach der Auslösung in die Ruhelage. Stellt man dabei eine Rückwärtsbewegung des gesamten Zungenkörpers fest, so ist dies nur zu vertreten, wenn es als Reaktion auf eine vorausgegangene, aktive, stark vorwärts gerichtete Ausgangslage zustandekommt.

5.4.2.2. „Zungenstoß" - ein irreführender Terminus

Sprachlich irreführende Bezeichnungen sind häufig der Grund für Fehlhandlungen. Ein eklatantes Beispiel dafür ist der Gebrauch des Wortes „Zungenstoß" für die übliche konsonantische Artikulation des Bläsers. Der Schaden, den dieser Terminus bei Lernenden anrichtet, ist gar nicht hoch genug einzuschätzen: Der Grund für die falsche Formulierung ist wahrscheinlich, wie so oft, darin zu suchen, daß Begriffe und Vorstellungen aus der Methodik der Tasten- und Streichinstrumente unkritisch und undifferenziert für die Blasinstrumente übernommen wurden. Durchaus zutreffend spricht man beim Klavierspiel vom „Anschlag." Das bläserische Pendant hierzu, die naive Gleichsetzung von „Schlag" und „Stoß", verführt jedoch Lernende zu einer völlig falschen Einstellung gegenüber den artikulatorischen Aktivitäten bei einem Blasinstrument - nämlich zu einem viel zu **aktiven** Umgang mit der Zunge, einem Fehler, der nur sehr schwer wieder auszumerzen ist. „Die Bezeichnung ‚Zungenstoß' ist irreführend, weil bei seiner Ausführung als Anfangsbewegung nicht ein Vorstoßen, sondern ein Zurückziehen der Zunge erfolgt. Auch die vorwärts gerichtete Bewegung, die nach dem Zurückziehen die Zunge in ihre Ausgangsstellung bringt, ist weniger ein Stoß als vielmehr ein Zurückschnellen." (SCHLENGER 74/Fußnote). Verwunderlich, daß die Begriffsverwirrung auch Jahrzehnte nach Schlengers Darstellung allenthalben weiter fortbesteht!

Aus physikalischer Sicht ist „Stoß . . . der im allgemeinen nur kurz dauernde Zusammenprall zweier sich relativ zueinander bewegender Körper . . . " (MEYER-Lex.) Umgangssprachlich versteht man unter Stoß auch den - meist energischen - Impuls, der aus der Ruhelage auf einen Gegenstand ausgeübt wird. Beim Rippenstoß wird die Brust des Gegners mit der Faust attackiert, beim Kugelstoß wird die Kugel fortgeworfen; beim Zungenstoß?? . . . Es darf nicht verwundern, wenn Anfänger sich vom Sprachlichen her suggerieren lassen, daß sie die Zungenbewegung aktiv **gegen** die Artikulationsstelle richten, statt sie freizugeben, und daß sie dabei mehr Auftreffgeräusch produzieren als Ton. Die Zunge stößt weder, noch wird sie gestoßen, sondern sie hat die Aufgabe eines sehr empfindlichen und fein reagierenden Steuerorgans, bzw. eines Ventils, bei dessen Öffnung ein **Luft**-Stoß (identisch mit Windstoß) ausgelöst wird. Es ist also nichts dagegen einzuwenden, wenn allgemein von „Stoß" gesprochen wird. „Zungenstoß" aber sollte jedenfalls aus dem Sprachrepertoire der Bläser verbannt werden!

5.4.2.3.. Tonauslösung in den Grenzbereichen

Die zwei Grenzbereiche stellen besondere Anforderungen an die Tonauslösung: Die höchste Lage, etwa ab Fis^3 aufwärts, wenn sehr weicher Einsatz gefordert ist, und die tiefste Lage - unterhalb G - bei energischem Anstoß.

Hohe Töne neigen zur Ausbildung tiefer Vorläufer. Man könnte annehmen, daß dies allein durch Erhöhung des Blasdruckes korrigiert werden kann. Da aber der Blasdruck gleichzeitig die Lautstärke beeinflußt, erscheint es auf den ersten Blick als unmöglich, den Ton aus absoluter Stille heraus allmählich zu entwickeln. Den Ausweg aus diesem Dilemma weist die Energieformel, deren Faktoren bekanntlich (S.20) *Geschwindigkeit und Menge* sind. Ein Toneinsatz „aus dem Nichts heraus" kann also dadurch erreicht werden, daß mit dem für die betreffende Höhe notwendigen vollen Druck, aber mit der Strömungsmenge Null begonnen wird. Dann wird der Durchströmwiderstand äußerst vorsichtig und feinfühlig gelockert, so daß die Luft zu fließen beginnt, wobei darauf geachtet werden muß, daß der Druck nicht nachläßt, sondern in erforderlicher Menge nachgeliefert wird. Eine d-Artikulation oder ein anderer „Einschaltknack" dürfen dabei nicht zu hören sein.

Beim Anstoß der tiefsten Töne, vor allem wenn eine scharfe Artikulation erwünscht ist, findet der Bläser die umgekehrte Situation vor: Da die Rohrmensur der Flöte die tiefen Töne ohnehin benachteiligt (2.5.5.), neigt die Luftsäule zur Bevorzugung der hohen Partialfrequenzen und damit zur Ausbildung von höheren Vorläufertönen, und in Verbindung mit der *Hysteresiswirkung* zur Beibehaltung einer hohen Frequenz als Grundton. Markanter Toneinsatz ist gleichbedeutend mit energiereichem. Da größere Strömungsgeschwindigkeit (=höherer Druck) die Überblasneigung verstärkt, muß die notwendige, unverzüglich verfügbare Schalleistung in vorwiegendem Maße von der Strömungs**menge** getragen werden. Das wird erreicht durch einen relativ weiten Lippenspalt, der sich nicht, wie bei den hohen Tönen, allmählich öffnet, sondern in voller Größe vor dem Stoß schon geformt sein muß. Um einem Vorwehen der Lippenmitten und damit einer Verringerung der Distanz vorzubeugen, müssen die Lippen gut gespannt sein. Eine aerodynamische Formung des Lippenspaltes, wie wir ihn für das Ansatz-Grundmuster empfohlen haben, kommt demnach für markant angestoßene tiefste Töne nicht in Betracht.

Der plötzliche, starke Luftstoß kann nach Einzeltönen auf den Atembereich zurückwirken und zu einer krampfigen Reaktion führen. Dem kann vorgebeugt werden, indem man den Lippenspalt nach dem Stoß bewußt mit einem „okklusiven" (S.111), stummen p abschließt. Dadurch baut sich ein Rückstau auf, der die Bauchmuskulatur entlastet.

Für Staccatoketten in der tiefen Lage (z.B. in Mendelssohns Sommernachtstraum-Scherzo) eignet sich eine leicht *retroflexe* Haltung der Zungenspitze mit einer entsprechend (wenig) nach hinten verlagerten Artikulationsstelle. (S.137 Ziff.6) Die Auslösung des Tones erfolgt durch Rückgang der Zungenspitze aus der retroflexen in die **Ruhelage**. Staccato-Ketten sind auf diese Weise mit vollkommen ruhigen (wenn auch gut gespannten) Lippen zu bewältigen.

5.4.3. Die Artikulationssilbe

5.4.3.1. Verlauf der Artikulationssilbe

Ein Vergleich mit der sprachlichen Artikulation zeigt, daß nicht der Toneinsatz allein die Artikulation darstellt, sondern daß dies eigentlich erst auf die kleinste selbständige Einheit, die Silbe, zutrifft. Vor allem in der Musik bestimmt nicht die Härte oder Weichheit des Anfangskonsonanten in erster Linie die Artikulationsschärfe, sondern der Charakter der Silbe in ihrer Ganzheit, vor allem ihr Intensitätsverlauf zwischen Einsatz, Höhepunkt und Ende. Als bläserische Artikulationssilbe können wir uns einen einzelnen Ton oder eine kurze, gebundene Gruppe vorstellen. Eigentliches Kriterium ist der einmalige, abgeschlossene Atemimpuls.

Zum wiederholten Male muß hier darauf hingewiesen werden, daß auch in dieser Hinsicht die Betrachtungsweise anderer Instrumentaltechniken, vor allem der Tasteninstrumente, nicht einfach auf die Flötentechnik übertragbar ist. Für den Pianisten ist die Artikulation tatsächlich mit der Auslösung des Tones endgültig vollzogen und nicht mehr zu beeinflussen; für den Bläser erstreckt sie sich dagegen als Bogen über den gesamten Verlauf der Artikulationssilbe von deren Einsatz über ihre Entfaltung bis zum Ausklang.

Die Gestaltung der Artikulationssilbe erfolgt vorrangig mit Hilfe der Atemführung. So muß sie primär als in sich geschlossener **Atemimpuls** gesehen und als ein natürlicher, bogenförmiger Verlauf gestaltet werden. Je mehr die gesamtheitliche, und je weniger die auf Einzelheiten gerichtete Bemühung zum Tragen kommt, umso mehr ähnelt die bläserische Artikulationssilbe ihrem sprachlichen Pendant und wird damit ihrer Aufgabe als Aufbauelement eines größeren Zusammenhanges oder eines einzelnen Lautes gerecht.

Die Frage, ob ein einzelner, kürzerer Ton ein *Vibrato* erhalten soll, erledigt sich für uns dadurch, daß wir eine willkürlich aufgesetzte „Bebung" ohnehin ablehnen. Eine natürlich sich ausbildende Schwingung auf einer ausgedehnteren Artikulationssilbe darf als ein wilkommenes Zeichen guter Atemführung akzeptiert werden. Sehr kritisch muß aber geprüft werden, ob nicht etwa ein vermeintlich „schwingender" Einzelton nur ein **Zittern** widerspiegelt, welches als *Versteifungstremor* das Ergebnis einer Verspannung ist - siehe 7.8.

5.4.3.2. Das Silbenende

Der Abschluß eines (beliebig langen) Einzeltones oder einer Linie bietet insofern Probleme, als durch den gegen ihr Ende zwangsläufigen Abfall des Blasdrucks die Tonhöhe mitbetroffen wird: intonatorisch oder bezüglich des Überblasregisters. Zwar hat WINCKEL nachgewiesen, daß kurze Töne keineswegs Ausschnitte aus einer stationären Tonhöhe sind, sondern daß auch ihre Höhe eine Entwicklung aufweist und die korrekte Tonhöhe oft nur für einen kurzen Moment berührt wird, ferner, daß ein solches Klangverhalten vom Hörer akzeptiert, „zurechtgehört" und sogar einem perfekten Halten der Intonation vorgezogen wird. Das entbindet den Bläser aber nicht von seiner Aufgabe, die vorgesehene Tonhöhe so zu beherrschen, daß der gewünschte Gehörseindruck eines sauber intonierten Tones gewährleistet ist.

Einfachstes Mittel, einen nicht zu akzeptierenden Tonhöhenabfall am Silbenende zu vermeiden, wäre, den Blasstrom möglichst abrupt abzuschneiden. Dem stehen musikalische Bedenken entgegen, aber auch die bekannte physikalische Erkenntnis, daß es übergangslose Zustandsänderungen nicht gibt. Ein Abschneiden des Blasstromes, sofern es trotzdem versucht wird, ist darüberhinaus auch aus der Sicht der Blastechnik zu verwerfen. Plötzliche Blockierung des Atemstromes vom Zentrum, also vom Atemapparat als Ganzem her, kann zwar versucht werden; das Ergebnis ist indessen Hektik und Verspannung, was auf den ganzen Körper ausstrahlt. Fast zwangsläufig wird von einem solchen Fehlverhalten auch der Kehlkopf in katastrophaler Weise mitbetroffen.

Blockflötenspieler sperren die Luftzufuhr zum Instrument dadurch ab, daß sie den Kernspalt mit der Zunge, d.h. mit einem *Okklusivlaut* d, verschließen und somit etwa ein „död" artikulieren. Bei ihrem Instrument ist eine solche Hilfsmaßnahme kaum zu vermeiden. Die Notwendigkeit dazu ergibt sich aus der Unmöglichkeit, die verschiedenen Ansatzparameter zu modifizieren, wie es auf der Querflöte ohne weiteres möglich ist.

Nicht die Zunge also, sondern die Lippen sind am besten geeignet, das Tonende zu kontrollieren. Zwischen ihnen und dem Atemapparat kommt es zu ähnlichen Wechselbeziehungen am Tonende wie bei der Tonauslösung mit der Zunge. Nach dem Ausklingen des Tones sollte die Zunge völlig entspannt, ja unbeteiligt, in ihrer Ruhelage liegen und verweilen.

Bläst man mit dem empfohlenen, leichten Lippenwiderstand, so schließen sich die Lippen automatisch mit dem Nachlassen der Durchströmkraft, kurz bevor die Strömung ganz aufhört. So ist gewährleistet, daß der Innendruck annähernd aufrechterhalten wird und damit die Tonhöhe unbeeinflußt bleibt. Auf diese Weise kann der Ton durch automatische Dosierung der Strömungsmenge rund ausklingen. Wenn auch angestrebt werden sollte, daß die Lippenöffnung weitgehend automatisch-aerodynamisch geformt wird, so kann der Bläser durch leichten aktiven Verschluß etwas nachhelfen.

5.4.4. Tonfolgen

5.4.4.1. Gestoßene Tonfolgen

Wir haben bisher den Begriff der Artikulation vorwiegend auf den Einzelton bezogen. Artikulation spielt sich aber zum überwiegenden Teil im linienhaften Zusammenhang mehrerer Töne ab. Die für den isolierten Ton gewonnenen Erkenntnisse können nicht ohne weiteres auf eine Tonfolge übertragen werden, derart, daß man diese als eine Reihe von in sich geschlossenen, untereinander ähnlichen Einzelwesen versteht. Das wäre genauso unrealistisch, als wenn man die Tätigkeit des Gehens oder Laufens als eine Aufeinanderfolge von einzelnen in sich abgeschlossenen Schritten oder Sprüngen beschreiben wollte. Ebenso beruht auch die Artikulation einer Folge von Tönen auf dem Prinzip, daß der Impuls für jede neue Aktivität aus dem Energiepotential der vorangehenden gleichartigen gewonnen wird. So entsteht ein Auf und Nieder, welches aus sich selbst genährt wird und zusätzlicher Energiezufuhr nur insoweit bedarf, als damit Verluste und abgegebene Leistungen ersetzt werden müssen. Phonetisch ausgedrückt: Der *Abglitt* der einen Einheit wird in den *Anglitt* der nächsten verwandelt, genauso, wie beim Laufen die Landung nach dem Sprung federnd in den Abdruck zum nächsten Sprung übergeht. „Alles scheint in Bewegung; und scheint einmal ein Organ zu ruhen, d.h. an einer Artikulation ‚unbeteiligt' zu sein . . ., so ist sein passives Verhalten doch wesentlich und mitbestimmend." (DIETH 40)

Die Länge der einzelnen Glieder einer Artikulationskette reicht, um beim Geh-Lauf-Beispiel zu bleiben, vom schiebenden Aneinanderdrängen über entspanntes Schreiten bis hin zu kraftvollem, elastischem Springen, vom Trippeln bis zum Stampfen. Analog dazu kennt die Musik Anweisungen wie *tenuto, non legato, portato, staccato, martellato* usw. Diese Ausdruckswerte werden erzielt durch den Lautstärkeverlauf der Töne und ihren Abstand voneinander, vor allem aber durch ein entsprechendes Atemverhalten, welches eben nicht nur den Toneinsatz, sondern den ganzen Silbenverlauf bestimmt.

Abstand zwischen den Tönen erfordert eine Verkürzung des Einzeltones - und zwar an seinem Ende. Es scheint nicht unnötig, darauf hinzuweisen, daß der geschriebene Notenwert weniger die zeitliche Länge eines Tones repräsentiert als die rhythmische Abfolge der Toneinsätze. Nur in Ausnahmefällen wird ein Ton über seinen gesamten vorgeschriebenen zeitlichen Wert ausgehalten.

So genau fixiert der Einsatz eines Tones, so wenig festgelegt ist also sein Ende - zeitlich und in der technischen Ausführung. Letztere ist vorwiegend korrektiver Art bezüglich der Intonation und tonlichen Qualität. In gestoßenen Ketten muß sich die Aufmerksamkeit des Bläsers mit Vorrang auf den **nächsten** Toneinsatz richten, wiederum vergleichbar mit einem Läufer: Auch dessen Augenmerk ist **nach vorn** gerichtet, dem Abdruck zum nächsten Schritt bzw. Sprung gewidmet und nicht der Landung nach dem vorhergehenden. Wie Gehen und Springen ist auch die Realisierung einer musikalischen Linie ein Vorgang, dessen Balance durch **dauernde Bewegung** aufrechterhalten wird und dadurch Spannung und Dynamik erhält. Die verschiedenen, typischen Artikulationsfehler - so beispielsweise die unorganische Vernichtung der Atemdynamik durch gewaltsames Stoppen des gesamten Atemapparates, ebenso das mechanische Absperren durch Zungenverschluß rühren von ängstlicher, einseitiger Fixierung auf technische Einzelheiten und einer mangelnden Vorwärtsorientierung her.

Je enger die Glieder einer Tonfolge zusammenrücken, umso mehr stellt sich ein Problem des Zungenverhaltens: Um rechtzeitig in Verschlußstellung zu kommen, muß die Zunge sehr rasch aus der Ruhelage in die Verschlußlage des Explosivlautes gleiten. Wenn aber die Zunge mit hoher Geschwindigkeit an der Artikulationsstelle ankommt, entsteht ein Auftreffgeräusch. Je enger der Abstand der Töne ist, desto weniger wird sich diese unerwünschte Erscheinung vermeiden lassen. Sie kann aber gemildert werden, wenn der Bläser sich mit seinem Gesamtverhalten ganz auf die Stoß-**Auslösung** und nicht auf die Einzelheiten der Zungenbewegung einstellt, daß er also seine Aufmerksamkeit eindeutig dem nach außen gerichteten Luftstrom und der Phonation widmet und nicht vermeintlichen zungen- oder ansatztechnischen Problemen.

Je schneller die Stöße einer Artikulationskette aufeinanderfolgen, umso mehr nähert sich die Luftabgabe einem stetig fließenden Strom, und desto ausgeprägter übernimmt die Zunge die Funktion eines Steuerventils, welches - mit geringstem Aufwand bedient - das um vieles höhere Energiepotential der Atmung zuverlässig, flink und präzise kontrolliert und leitet. Einzeltöne und Einsätze sollten zwar durchaus mit aktiv beteiligter Atemmuskulatur praktiziert werden, Tonfolgen aber als Atem**bogen**, es sei denn, es soll eine im Wortsinn „nachdrückliche" Wirkung erzielt werden. Auf die Unzweckmäßigkeit dauernden forcierten Stoßens vom Bauch her wurde schon hingewiesen (S.105). Der sogenannte „Zwerchfellstoß" mag als Übung gelegentlich empfehlenswert und bei scharfen Akzenten angezeigt sein; als Artikulationstechnik für längere Tonfolgen ist er technisch und ästhetisch strikt abzulehnen. Er gleicht einer Fortbewegungsart, die sich nicht normaler Gehtechnik bedient, sondern aus lauter Sprüngen aus dem Stand besteht. Auch ein scharfes Staccato sollte sich aus einem wellenförmigen, stetigen Atemstrom entwickeln und nicht aus isolierten Atemimpulsen bestehen.

5.4.4.2. Legato, Portamento

Ideal des gebundenen Spiels ist das ununterbrochene und ebenmäßige Fortschreiten von Ton zu Ton. Was bei gezupften und angeschlagenen Tönen nur durch Überhalten vom einen in den anderen Ton angedeutet werden kann, wird vom Bläser dadurch realisiert, daß er den Atem weiterströmen läßt, während er durch Griff- oder Ansatzwechsel in einen anderen Ton übergeht. Bei Legatotönen, die im gleichen Überblasregister liegen, genügt gewöhnlich der Griffwechsel. Dabei kommt die gebundene Wirkung am deutlichsten zum Ausdruck. Ist ein Ansatzwechsel nötig, so muß dieser flink und energisch erfolgen, damit der Übergang rhythmisch präzise erfolgt. Das trifft besonders für Bindungen zwischen Tönen mit gleichem Griff, also vor allem Oktaven zu, doch auch auf solche, die akustisch miteinander verwandt sind, wie H^2-E^2, C^3-F^2, Cis^3-Fis^2, D^3-G^2 usw. Die Abwärtsbindung bietet dabei - wegen der *Hysteresiswirkung* (S.129)   etwas größere Schwierigkeiten. Gelegentlich kann nicht darauf verzichtet werden, auch mit der Atemführung etwas nachzuhelfen: durch einen Druckimpuls bei Bindungen nach oben oder durch Nachlassen bei einer Abwärtsbewegung. Doch sollte dieses Mittel erst in zweiter Linie und sparsam eingesetzt werden.

(J.S.Bach: Sonate A-Dur) **80**

Portamentostellen in der Flötenliteratur

(Franz Schubert: Introduktion und Variationen)

Ist bei Streichern und Bläsern auch im Legato eine scharfe Abgrenzung zwischen den Tonhöhen möglich, so muß der Sänger einen Legato-Schritt stufenlos - und damit beinahe glissandoartig - bewältigen. Seine Kunst besteht darin, den Übergang so zu gestalten, daß er nicht „verschmiert" klingt. Das ist bei der Bindung von größeren Intervallen schwierig. Die Kunst, dies geschmackvoll zu gestalten, wird *Portamento* genannt (nicht zu verwechseln mit *portato*!). „Im Unterschied zum Glissando, der vom Komponisten notierten kontinuierlichen Ausfüllung eines (größeren) Intervalls durch diatonische oder chromatische Tonleiterpassagen oder durch ‚gleitende' Tonbewegung, ist das P. ein im allgemeinen nicht durch den Komponisten festgelegtes und daher im Belieben des Vortragenden stehendes Ansingen (oder Anspielen) bestimmter Töne bzw. die mehr oder weniger gleitende Ausführung von Intervallschritten." (RIEMANN-Lex.)

In der Flötenliteratur gibt es Stellen, die als Nachahmung des Sänger-Portamentos gedeutet werden können - siehe Notenbeispiele 80. Ein dem Gesang vergleichbares Hochziehen ist auf der Flöte nicht zu realisieren. Das stufenlose Hochtragen der Stimme muß vom Flötenspieler ersetzt werden durch einen sehr zurückhaltenden, rhythmisch weichen, unbestimmten Einsatz des Vorhaltes und verzögertes Erreichen des oberen Tones. Das Atemverhalten entspricht demjenigen des Sängers: Der Druck wird zur Bindung zurückgenommen und kehrt erst beim Erreichen des Zieltones wieder.

Flötenspieler machen häufig einen bezeichnenden Fehler: Der Beginn eines Bogens wird zwar zeitlich präzis angesetzt. Durch den verzögerten Einsatz des ersten Tones rücken aber der erste und der zweite Ton eines Bogens zu eng aneinander, während die weiteren Töne pünktlich und rhythmisch korrekt einsetzen. Der Spieler empfindet von seinem Körpergefühl her zwar den richtigen Rhythmus; für den Zuhörer entsteht dagegen der unrhythmische Gehörseindruck. Abhilfe ist angezeigt durch einen bewußten, agogischen Nachdruck auf dem ersten Ton und eine kritische **Gehörs**kontrolle durch den Bläser -siehe Notenbeispiel 81.

81

 klingt wie  Abhilfe:

5.4.5. Sondertechniken

5.4.5.1. Doppel- und Tripelzungenstoß

Bei der Doppelzungentechnik wird die natürlich sich ergebende leichte Aufwärtsbewegung des Zungenrückens nach der Artikulation des d ausgenutzt, um sofort einen neuen Verschluß mit g zu bilden und diesen Impuls unverzüglich wieder in ein neues d zurückzuverwandeln. So entsteht eine Schaukelbewegung mit allen daraus sich ergebenden bewegungsökonomischen Vorteilen: Minimierung des Bewegungsraumes, Vermeidung von schädlichen Rückstoßkräften, Ausnutzen der Schwungenergie, fließende Übergänge.

Der Konsonant g hat infolge der geringeren Spannung des Zungenkörpers eine geringere Auslösepräzision. Es wäre aber verfehlt, diese durch eine besonders markante Artikulation des Gaumenlautes dem d-Charakter anzupassen versuchen. Man würde nur das Gegenteil erreichen: Das typische Konsonantengeräusch käme unerwünscht umso stärker zur Geltung. Richtiger ist es den Gaumenlaut möglichst weit vorn - wie beim französischen „que" (S.137 Ziff. 7) - und nicht *guttural*, zum Rachenlaut hin, zu bilden. Dazu gehört auch, daß der Kieferwinkel, wie es beim normalen Sprachverhalten sich ergibt, beim g nicht vergrößert wird. Empfehlenswert ist ferner, den Andruck möglichst gering zu halten, um ein dennoch auftretendes, geringes Wackeln an der Anlegestelle zu neutralisieren.

Die Annäherung der beiden Konsonanten muß auch vom d her unterstützt werden. Am besten eignet sich die zwischen Zahnblatt (also eine Kleinigkeit hinter der Zungenspitze) und dem Zahndamm liegende Artikulationsstelle (S.137 Ziff. 3).

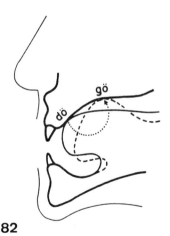

82
Artikulationsstellen beim Doppelzungenstoß

Doppelzunge dient der eleganten - und das heißt: mühelosen - Realisierung schnell gestoßener Tonfolgen und nicht, wie dies von Nicht-Bläsern oft verkannt wird, irgendwelchen gestalterischen Zwecken - und schon gar nicht einer besonders markanten, harten Artikulation. Schließlich kann der von SCHLENGER (75) vertretenen Meinung, daß „die Bewegungen des Zungenbeins ... bei der Ausführung der Doppelzunge gut zu beobachten" sind, gar nicht entschieden genug entgegengetreten werden. Das Gegenteil ist richtig:

Völlige Freihaltung des Zungenbeines von den Auswirkungen der Zungenbewegung ist das Merkmal für eine korrekte Zungentechnik.

Die *Tripelzunge* unterscheidet sich **in keiner Weise** von der Doppelzunge. Auch hierbei wechseln d- und g-Artikulation miteinander ab. Konsonantenfolgen wie dgd-dgd-dgd oder ddg-ddg-ddg, die in älteren Methoden empfohlen wurden, sind bei guter Beherrschung der Doppelzungentechnik weder notwendig noch sinnvoll. Kompliziertere rhythmische Bildungen verlangen ohnehin zwingend die einfache Abwechslung - siehe Notenbeispiele 83 a und b.

(Giacomo Puccini: „Madame Butterfly".
Mit frdl. Genehmigung des Ricordi-Verlages.)

(Felix Mendelssohn Bartholdy: Italienische Sinfonie)

5.4.5.2. Das „Einschlag-r" *(flap)*

Schnell aufeinanderfolgend punktierte Rhythmen, wie in Notenbeispiel 84, bei denen der Bläser schnell ermüdet, können mit einer interessanten Artikulationsvariante wesentlich erleichtert werden Dabei geht die Zunge nach normaler Auslösung des d-Stoßes nicht in die Ruhelage zurück,. sondern schlägt - mit der Zunge eine Kleinigkeit *(retroflex)* zurückgebogen im Rückgehen kurz hinter der ersten Artikulationsstelle noch einmal an, wobei der Atemimpuls weitergeht. Dadurch kommt der Eindruck eines rollenden r mit nur **einem** Anschlag zustande. „Das r mit nur einem Schlag kommt vor allem zwi-

(Giuseppe Verdi: „Die Macht des Schicksals")

schen Vokalen vor, im Englischen z.B. . . . nach Kurzvokalen (very, marry) . . ." (SCHU-
BIGER 90). Es ist ein ganz schnelles, flüchtiges d . . ., so in . . . (englisch) madam."
(DIETH 198f.) Phonetisch wird dieser Laut ɾ geschrieben und als „Einschlag-r" oder
„flapped r" oder einfach als „flap" (Klaps, Stoß) bezeichnet.

Kommt dieser Laut im sprachlichen Bereich meist zwischen Vokalen vor, so interessiert er in der Flötentechnik als Nachbar des normal artikulierten d. Sprecherzieher empfehlen das *flapped r* Schülern, die Schwierigkeiten mit dem *rollenden r* haben und lassen sie ebenso sinnlose wie nützliche Sätze sprechen wie „Bdaut und Bdäutigam tdocknen tdaurige Tdänen", wobei jeweils das d für einen *flap* steht.

Bezüglich der Flötentechnik muß beachtet werden, daß die metrisch **schwere Zeit den Hilfskonsonanten** trägt, während der kurze Ton mit normalem d und aktivem Atemimpuls artikuliert wird:

ɾ-d-ɾ-d   ɾ-d-ɾ-d   ɾ-d-

Schon Joh. Joach. QUANTZ erwähnt diese Technik: „Bey Noten mit Puncten ist dieses tiri unentbehrlich; denn es drücket die punctierten Noten viel schärfer aus, als keine andere Art des Zungengebrauches vermögend ist . . . Bey diesem Wörtchen tiri fällt der Accent auf die letzte Sylbe; das ti ist kurz und das ri lang. Das ri muß also allezeit zu der Note im Niederschlage gebraucht werden: das ti aber zu der Note im Aufheben. Das ri kömmt also in vier Sechzehntheilen allezeit zu der ersten und dritten; das ti aber zu der zweyten und vierten Note." (VI.Hauptst., II.Abschn.)

Diese Technik kann übrigens durch Verwendung des Gaumenlautes g anstelle des d noch effizienter gestaltet werden.

5.4.5.3. Weitere Sondertechniken

1. Die *Flap-Technik* kann mithelfen, einen oft vorkommenden rhythmischen Fehler zu vermeiden: Der sogenannte „Amsterdam-Rhythmus" wird häufig zu verfälscht. Das kann korrigiert werden, wenn, der immanenten Dynamik folgend, der **letzte** Ton der Gruppe mit dem *flapped r* artikuliert, die ganze Figur also mit zwei statt drei Atemimpulsen ausgeführt wird - siehe das folgende Notenbeispiel.

85

(Ludwig van Beethoven: VII. Sinfonie)

Auch zu dieser Technik äußert sich QUANTZ (a.a.O.): „Wenn im 3/4, 3/8, 6/8, 9/8, oder 12/8 Tacte, in einer Figur von drey Noten, die erste einen Punkt hinter sich hat, wie solches in Giquen vorkömmt: so haben die zwo ersten Noten ti, und die letzte ri..."

2. Ein genau gegenteiliges Verhalten ist nötig bei Rhythmen wie in Notenbeispiel 86. Hier besteht die Gefahr, daß der verlangte Rhythmus **punktiert statt triolisch** gerät. Das wird dadurch vermieden, daß man streng darauf achtet, die Auftaktnoten mit vollwertigem d und vollem Atemeinsatz zu artikulieren und selbst die Andeutung eines flapped r zu vermeiden.

86

(Paul Hindemith: Sonate für Flöte und Klavier.
Mit frdl. Genehmigung des Verlages B.Schott's Söhne.)

5.4.5.4 Die Flatterzunge ist keine eigentliche Artikulation im musikalischen Sinne, sondern ein **Klangeffekt**. Sie wird gewöhnlich als Zungen-r ausgeführt, „indem sich die Zungenspitze leicht an den oberen Zahndamm legt. Die Seitenränder der Zunge liegen satt am Zahndamm der Backenzähne. Jetzt wird die Luft durchgeblasen, und dies löst die Zungenspitze vom Zahndamm. Doch gleich darauf gleitet sie dank ihrer Elastizität wieder in die Berührungsstelle zurück. Dieser Vorgang kann sich so lange wiederholen, bis wieder Atem geschöpft werden muß. Wie häufig dies pro Sekunde möglich ist, hängt von der Zungenelastizität und der Stärke des Luftstromes ab." (SCHUBIGER 89)

Wer das gerollte r nicht beherrscht, kann sich mit dem „Zäpfchen-r" behelfen. Eine nähere Beschreibung dürfte sich erübrigen. Da das gerollte Zungen-r eine bestimmte Mindest-Durchströmgeschwindigkeit erfordert, können sich in der tiefsten Lage Schwierigkeiten ergeben, derart, daß entweder der Ton selbst oder das r nicht ansprechen. Das Zäpfchen ist leichter und weicher als die Zungenspitze und gerät schon bei langsamerem Luftdurchgang in Schwingung. Ältere Menschen haben dabei aber gelegentlich Schwierigkeiten, weil ihr Gaumensegel *(Velum)* schlaffer ist (was z.B. auch zum Schnarchen führt). Dadurch kann die Flatterbewegung träge und ungleichmäßig ausfallen. Eine Abhilfe besteht darin, daß man die Berührungsstelle etwas nach vorn, zum harten Gaumen hin, verlegt.

5.5. DIE TONERZEUGUNG - PÄDAGOGISCH GESEHEN

Aus unseren Erörterungen sollte sich ergeben haben, daß Tonbildung nicht darin bestehen darf, den Ansatzbereich zu einem starren Mechanismus zu machen, sondern ihn in das Körperganze und seine Vorgänge zu integrieren und ihn quasi zu einem Organ zu machen, das an die Stelle des Kehlkopfes tritt.

Mit starren Ansatzrezepten sind bisher sicherlich mehr angehende Flötenspieler in der Ausbildung eines natürlichen, soliden und flexiblen Ansatzes behindert als gefördert worden. Der sicherste Weg zu einer guten Tonbildung besteht darin, vorhandene Anlagen sich frei entwickeln zu lassen - unter Beachtung einiger weniger, unverzichtbarer Grundsätze. Erfahrungsgemäß sind Ansatzfehler, die gleich zu Anfang eingeübt worden sind, nur sehr schwer - und manchmal überhaupt nicht mehr - zu beheben. In den gar nicht so seltenen Fällen, wo ein Anfänger unbewußt und ganz von selbst zu einem guten Ansatz findet, sollte der Lehrer ihn nicht mit Theorie und Regeln belasten und auch nicht versuchen, sogleich zu verbessern und zu vervollkommnen, sondern ihn spielen und sich an seinem Erfolg freuen lassen. Wenn das Ansatzverhalten des Anfängers sich in der richtigen Richtung entwickelt, kann der Lehrer getrost für eine Weile einen etwas rauhen, ja rohen Ton hinnehmen und statt Ermahnungen zur Vorsicht den Schüler zu unbeschwertem Spielen und häufigem Wiederholen dessen animieren, was er schon besonders gut kann. Die Mehrzahl der heute erfolgreichen Flötisten dürfte in ihren ersten Anfängen nicht zu vorsichtigem, sondern zu **engagiertem** Spiel ermutigt worden sein! Selbst und gerade die Anforderungen an die Intonation sollte man - wieder einmal im Gegensatz zur Streicher-Methodik - nicht überstrapazieren. PUTNIK (FZ 20): „Angesichts der Intonationsschwierigkeiten von Anfängern (aber nicht bei anderen) ist eine tolerante Haltung anzuraten. Da die Tonhöhengestaltung vom Ansatz abhängt, wird sie sich mit der Entwicklung des Ansatzes weiterverändern. Der Lehrer sollte sich auf die Korrektur der elementaren Ansatzprobleme konzentrieren; dann wird er bald erfreut entdecken, daß sich die Tendenz, extrem hoch oder tief zu intonieren, weitgehend von selbst korrigiert. Im übrigen können die Intonationsprobleme dem Lehrer wertvolle Hinweise für die Lokalisierung und Korrektur von Ansatzfehlern geben."

Das Auffinden eines gleich von Anfang an guten oder entwicklungsfähigen Ansatzes ist oft reiner Zufall. Nichts wäre pädagogisch falscher, als einen solchen Glücksfall durch instrumentalpädagogische Seminarregeln auf ein Durchschnittsmaß zu reduzieren! Ansatzbegabung findet man vorwiegend bei unkomplizierten, positiv gestimmten, bewegungsfreudigen Charakteren. Bei ängstlichen, bemühten, womöglich zimperlichen Menschen sollte sich die pädagogische Arbeit am Ansatz zuerst auf eine allgemeine Lockerung und Ermutigung konzentrieren. Die sich dann einstellenden Erfolge können zu einer die ganze Persönlichkeit umfassenden, positiven Umstellung führen, aus der die Ansatzfortschritte sich beinahe von selbst ergeben. **Guter Flötenansatz ist von jedem zu lernen**, der nicht gerade unter pathologischen Defiziten leidet.

LITERATURHINWEISE

1. ARTIKULATION

Ästhetik: *Keller*

Spieltechnik: *Hauenstein, Kincaid, Rampal* sowie Schulen und Bücher lt. ARBEITEN MIT UMFASSENDER THEMATIK S. 10

Phonetik: *Dieth, Schubiger, Wängler(Atlas, Grundriß)*

Klangeinsatz, akustisch: *Backhaus(Ausgl.), Luce, Melka, Rakowski, Richardson(Trans.)* sowie verschiedene Arbeiten lt. SCHRIFTTUM B.

Anatomie und Physiologie: *Berger, Dieth, Schubiger*

2. ANSATZ

Akustik: *Coltman(Ac.1968 und 1972), Fletcher(Correl. und Princ.), Roos, Small, Waldrop*

Spieltechnik: *Edler(Blasdr.), Gray, Mather(Emb.),* sowie alle pädagogischen Arbeiten, die S.10 verzeichnet sind.

Anatomie und Physiologie: *Hahn, Porter(Emb.), Schlenger*

Einfluß des Mundraumes: *siehe 6.3. und 6.4.*

6. Tonbeeinflussung

Mehr als jeder andere Instrumentalist hat sich der Querflötenspieler mit der gegenseitigen Abhängigkeit seiner verschiedenen Aktivitäten und deren Wirkungen auseinanderzusetzen. Wie in einem gespannten Netz (daher auch der Begriff der *Vernetzung* - siehe 1.2. und Abb. 87) beeinflußt die Veränderung **einer** beliebigen Größe **alle anderen**: Es ist deshalb wichtig zu wissen:

1. *Was passiert, wenn ein **physikalischer** Parameter im Ansatzbereich verändert wird?*

2. *Was passiert bei einer einzelnen **spieltechnischen** Aktivität, wenn alle anderen unverändert gelassen werden?*

Das sind die beiden Fragestellungen dieses Kapitels. Vordringlich will aber der Spieler wissen, **was er zu tun hat**, um eine bestimmte klangliche Wirkung zu erzielen, also:

3. *Was muß geschehen, damit . . . ?*

Dieser letzten Frage, die nur unter Berücksichtigung aller Wechselwirkungen beantwortet werden kann, wird in den drei folgenden Kapiteln *Lautstärke, Klangbild* und *Klangfarbe* sowie *Intonation* nachgegangen.

6.1. WECHSELWIRKUNGEN IN DER ANSATZTECHNIK

6.1.1. Ansatzfaktoren aus physikalischer Sicht

Die folgenden Thesen sind Ergebnisse aus vorangegangenen Erörterungen. Sie werden hier nochmals aufgelistet, um ihre vielfältigen Wirkungen und Querverbindungen zu verdeutlichen.

Folgende physikalischen Werte können vom Bläser beeinflußt werden:

A. *Blasenergie ("Blaskraft"") und Strömungsenergie;*

B. *Durchströmwiderstand*

C. *Blasdruck mit Strömungsgeschwindigkeit;*

D. *Strömungsmenge;*

E. *Anblaswinkel;*

F. *Überdeckung des Mundloches;*

G. *Abschirmung des Mundloches;*

H. *Entfernung Lippenspalt-Mundlochkante (Distanz);*

I. *Breite der Ausströmöffnung;*

J. *Form und Volumen des Mundraumes (Mundraumresonanz);*

K. *Griff (Rohrresonanz).*

A. Als erste und ursprünglichste Größe wirkt im Ansatzbereich die *Strömungsenergie* der Blasluft. Ihre Quelle ist die Körperenergie des Bläsers.

*Die **Atemenergie** („Blaskraft") ist die Quelle der Strömungsenergie und bestimmt wesentlich die **Schalleistung** und damit die **Lautstärke**.*

B. Die Energie des Blasstrahles bedarf zum Wirksamwerden eines Widerstandes, der den Blasdruck bestimmt.

*Der **Durchströmwiderstand** am Lippenspalt ist das wichtigste Steuermittel im Ansatzbereich (5.3.4.).*

C. Die **Strömungsgeschwindigkeit** wird eindeutig und allein vom **Blasdruck** bestimmt.

*Der **Blasdruck** beeinflußt*

  *die **Intonation**,*
  *die **Klangfarbe**,*
  *die **Schalleistung** (Lautstärke) und*
  *das **Überblasverhalten**.*

D. Die **Luftmenge** bestimmt ebenfalls die **Schalleistung**, jedoch nur begrenzt (2.5.6.).

E. Der **Anblaswinkel** beeinflußt das **Überblasverhalten** und sekundär - über Abschirmung und Überdeckung - **Klangfarbe und Intonation**.

F. **Überdeckung** des Mundloches wirkt **vertiefend und verdunkelnd** (5.3.5.1.)

G. **Abschirmung** des Mundloches wirkt ebenfalls **vertiefend und verdunkelnd**.

H. Die **Distanz** bestimmt das **Überblasverhalten**. Als Sekundärwirkung werden die Überdeckung und Abschirmung beeinflußt.

I. Die **Lippenspaltbreite** beeinflußt den Durchströmwiderstand und damit die meisten Klangeigenschaften.

J. Der **Mundraum** beeinflußt **Intonation und Klangfarbe**.

K. Die **Rohrmensur**, bestimmt durch den **Griff**, beeinflußt das Überblas- und Intonationsverhalten sowie die Klangfarbe.

87   Klangeigenschaften in Abhängigkeit von physikalischen Faktoren

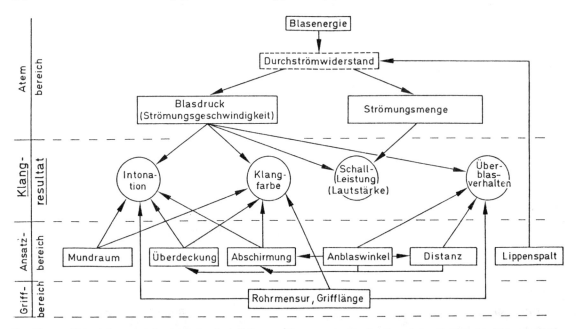

Das Klangresultat wird von drei Bereichen her beeinflußt: vom Atemapparat, dem Ansatz und dem Griffbereich (Rohrresonanz). Die einzelnen Parameter beeinflussen sich z.T. untereinander. Über die hier aufgezeigten Wirkungslinien hinaus wird die Klangfarbe auch in fast allen anderen Fällen mitbetroffen.

6.1.2. Spieltechnische Einzelaktivitäten und ihre Wirkungen

Im Folgenden werden einzelne, isolierte Aktivitäten untersucht, also noch einmal gefragt „Was passiert, wenn . . . ", nunmehr jedoch nicht aus physikalischer, sondern aus spieltechnischer Sicht.

A. Axiale *Drehung* des Instrumentes

einwärts:

stärkere Überdeckung und/oder Abschirmung	Intonation tiefer, Klang dunkler
geringere Distanz	Überblasneigung größer
Sekundärfolge: die Blasrichtung muß steiler gewählt werden	Überblasneigung geringer

(Es zeigt sich, daß bei der gleichen Handlung die Überblasneigung sowohl zu- wie abnimmt. Die Tendenz zum Überblasen ist aber größer.)

auswärts:

geringere Überdeckung und/oder Abschirmung	Intonation höher, Klang heller
größere Distanz	Überblasneigung geringer, Stabilisierung der tiefen Lage
Sekundärfolge: die Blasrichtung muß flacher gewählt werden	Überblasneigung geringer, Klang heller

B. *Verlagerung der Anlegestelle in der Senkrechten (Versetzung)*

Es verändert sich die Distanz. Sekundärfolge: der Anblaswinkel muß neu eingestellt werden

nach unten:	Überblasneigung geringer, Klangfarbe dunkler
nach oben:	Überblasneigung größer, Klangfarbe heller

C. Der *Andruck* beeinflußt die passive Überdeckung des Mundloches.

höher:	*Intonation tiefer*
geringer:	*Intonation höher*

D. *Horizontalbewegungen des Unterkiefers* erfordern eine Reaktion mit dem Anblaswinkel und führen beim Vorschieben zu einer Vergrößerung der Distanz. Die Auswirkungen sind durchweg sekundärer Art, aber sehr vielfältig und schwerwiegend. Der Umgang mit dieser Ansatzdimension muß durchweg sehr vorsichtig erfolgen.

zurück:

der Anblaswinkel wird steiler	Überblasneigung geringer, Tiefe stabilisert, Klang dunkler
stärkere Abschirmung und Überdeckung	Intonation tiefer, Klang dunkler
größere Distanz	Überblasneiguing geringer
vor:	durchweg gegenteilige Wirkungen

E. *Vorwölben und Zurückziehen der Lippen* ist eng mit ihrer Breitspannung verbunden (siehe F.)

vor:

Distanz geringer	Überblasneigung größer

zurück:

Distanz größer	Tiefe stabilisiert

F. Breitspannung der Lippen beeinflußt die Breite des Lippenspaltes.

stärker:

Luftband breiter

Sekundärfolge: Distanz größer
  Überdeckung geringer

Lautstärke größer

Klang heller, Tiefe stabiler
Intonation höher

schwächer:

umgekehrt

G. *Die Verschlußkraft der Lippen* bestimmt den Querschnitt des Lippenspaltes und den Durchströmwiderstand/Blasdruck und somit einen Großteil der Klangparameter.

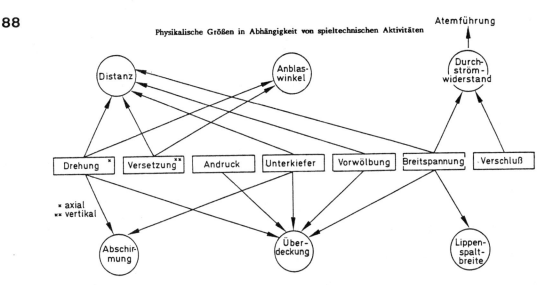

88 Physikalische Größen in Abhängigkeit von spieltechnischen Aktivitäten

6.2. LAUTSTÄRKE

6.2.1. Lautstärke als relative und subjektive Größe

Was wir als Lautstärke eines Tones oder Geräusches wahrnehmen, hat nur sehr wenig zu tun mit der Schalleistung, die von der betreffenden Schallquelle produziert, geschweige denn mit der Leistung, die in sie investiert wird - und ebensowenig mit dem Energiebetrag, der schließlich das Ohr des Hörers trifft.

Die vom Instrument abgestrahlte, physikalisch noch ohne weiteres meßbare Schallenergie unterliegt auf ihrem Weg zum Hörer mannigfaltigen Einflüssen und bewirkt bei ihm eine Menge von physikalischen, physiologischen und psychologischen Prozessen, so daß schließlich „Lautstärke" sich als ein subjektiver Eindruck erweist, der gefühlsmäßig, intellektuell und ästhetisch bewertet wird, durch exakte Messung aber nicht erfaßbar ist.

6.2.2. Physikalische und psychoakustische Meßgrößen

Nicht die vom Instrument abgestrahlte Schallenergie ist der kritische Wert, der die Lautstärkeempfindung beim Hörer hervorruft, sondern die Intensität, mit der sie sein Trommelfell zu mechanisch-elastischen Schwingungen und sein Nervensystem zu entsprechenden Signalen anregt.

Die Schallintensität kann man in *Watt* (dem allgemeinen Maß für eine Leistung) messen. Das Gehörorgan nimmt die winzige Schalleistung von 10^{-16} Watt/cm² gerade noch wahr - dies wird als *Hörschwelle* bezeichnet -, und es reagiert erst bei einer um den Faktor von einer Billion (!) höheren Intensität (1 W/cm²) mit Schmerz bzw. Beschädigung (*Schmerzschwelle*). Dazwischen liegt der Hörbereich.

Zur rechnerischen Vereinfachung hat man das Maß *Dezibel* (dB) eingeführt. Doch das Hörempfinden folgt den mathematischen Definitionen nur annäherungsweise. Seine Empfindlichkeit hängt wesentlich von der Tonhöhe ab und ist besonders ausgeprägt im Frequenzbereich zwischen 1000 und ca. 4000 Hz. Dies entspricht etwa dem Tonraum c^3-c^5 (und damit den beiden oberen Oktaven der Großen Flöte und des Piccolos.) Außerhalb dieses Tonraumes nimmt die Hörempfindlichkeit ab: Eine Tonschwingung wird, auch wenn die Schallintensität gleichbleibt, immer schwächer und schließlich gar nicht mehr wahrgenommen, je weiter sie von dem genannten Bereich entfernt liegt. Schwingungen unter 16 Hz (ungefähr das Subkontra-C, 4 Oktaven unter dem tiefsten Flötenton) werden nicht mehr als Ton, sondern als Folge von Einzelimpulsen gehört. (Dasselbe Phänomen ist - quantitativ beinahe identisch - bei der Bilderfolge von Filmen zu beobachten.) Töne über 20 000 Hz (20 kHz) sind vom Menschen im allgemeinen ebenfalls nicht mehr zu hören. Sie gehören zum *Ultraschall*, der trotzdem sehr energiereich sein kann. Die Hörgrenze wird im Laufe des Lebens bei jedem Menschen niedriger; sie sinkt bei 35jährigen schon auf 15 kHz und bei 60jährigen auf ca. 5 kHz ab. Hohe Töne werden also von alten Menschen leiser empfunden als von jungen.

Für den Musiker eines Instrumentes in der Sopranlage, wie dem unseren, ist es wichtig zu wissen, daß die hohen Töne einen geringeren, die tiefen Töne dagegen einen höheren Energieeinsatz erfordern, wenn sie als gleich stark empfunden werden sollen.

Kommt schon die Messung nach Dezibel dem subjektiven Gehörseindruck näher als die nach Watt, so wird mit einer weiteren Subjektivierung auch die je nach Tonhöhe unterschiedliche Lautstärke**empfindung** durch eine weiteres Maß, das *Phon*, erfaßt. „In der Musik kommen Lautstärken bis höchstens 100 Phon vor. Ein kleines Orchester erreicht ca. 50, ein Blasorchester 70, ein großes Symphonieorch. ca. 80 Phon. Das Verhältnis von geringster und größter möglicher Lautstärke eines Musikinstr. nennt man seinen dynamischen Bereich; er ist neben den absoluten Lautstärken wesentlich bezeichnend für die Ausdrucksmöglichkeiten eines Instr., da durch ihn die dynamischen Aufzeichnungen eine weitgehende Relativierung erfahren." (DRÄGER in MGG Art. Dynamik) „Der Dynamikumfang der Flöte ist relativ klein, er beträgt unterhalb a" etwa 25 phon und verengt sich bei den höheren Tönen bis auf etwa 10 phon"; aber: „Typisch für leise gespielte Flötentöne sind starke Intensitätsschwankungen in der zeitlichen Feinstruktur . . ., die jedoch vom Ohr nicht im einzelnen wahrgenommen werden, sondern nur als innere Fluktuation des Klanges empfunden werden." (MEYER-Ak. 50)

6.2.3. Musikalische Bewertung der Lautstärke

Der vorausgegangene Exkurs ins Grenzgebiet zwischen Physik, Physiologie und Psychologie konnte nicht mehr als einen flüchtigen Einblick in die Problematik der Lautstärke-Rezeption bieten. Es möge dem Musiker aber auch von dieser Seite her bewußt werden, daß die Beurteilungskriterien dieser Dimension subjektiv und unscharf sind, daß Musikalisch-Ästhetisches sich einer exakten Messung entzieht, und daß nicht absolute Werte zählen, sondern Relationen, Gehörseindrücke, Geschmack und Erfahrung. Was im Solo richtig ist, kann im Tutti falsch sein; ein Außenstehender hört oft besser, wie ein Instrument im Ensemble wirkt als der Spieler selbst. „Zum Beispiel ergibt das *ppp* auf dem Ton c^1 einer Solovioline ungefähr 39 dB, während der gleiche Ton mit der gleichen Vorzeichnung auf der Baßtuba ungefähr 69 dB ergibt, was wiederum auf der Geige beim selben Ton der dynamischen Vorzeichnung *fff* entsprechen würde." (BURGHAUSER 81f.) - Erfahrene Orchesterflötisten wissen zudem auch, daß ein vorgeschriebenes *piano* häufig ein Flöten**solo** avisiert und das Instrument somit aus dem Gesamtklang des Orchesters heraustreten muß. Der Grund für diese scheinbar widersprüchliche Notationsweise ist sicherlich darin zu suchen, daß der Komponist bei seiner Niederschrift den **Gesamtklang** vor seinem inneren Ohr gehabt hat und nicht die speziellen Anforderungen an den einzelnen Spieler berücksichtigt hat. Trifft diese Erfahrungstatsache hauptsächlich auf die Musik des frühen 19. Jahrhunderts zu, so notieren jüngere Komponisten gewöhnlich wesentlich objektiver und ausführlicher. Beispiele für extrem genaue Lautstärkeanweisungen findet man zum Beispiel bei *Max Reger und Gustav Mahler*.

Immer wieder ist zu beobachten, daß Anfänger ratlos sind, welche absolute Lautstärke denn nun bei einem bestimmten dynamischen Zeichen zu wählen ist. Hier kann ein sehr einfacher Rat nützlich sein: Man gehe aus vom *Mezzoforte*, als der Lautstärke eines unverbindlichen, entspannten Konversationstones. Diese „gemäßigte" Lautstärke kann jedoch sehr unterschiedlich ausfallen, je nachdem, wo und mit wem das Gespräch geführt wird: mit einem einzelnen Partner im intimen Rahmen, mit einer Gruppe oder mit einem größeren Auditorium. Maßgebend ist nicht die absolute Lautstärke, sondern die Situation und das Engagement, das in der Klanggestaltung zum Ausdruck kommt. So wirkt ein *pp* gewöhnlich eindringlicher als ein unverbindlicher *mf*-Erzählton. Man bedenke, daß es auch möglich ist, „laut" zu flüstern!

Dynamische Gestaltung hängt auch mit dem Körperverhalten zusammen: „Ohne Spannung kann man nicht leise sein . . . Lautsein ist meist nicht Kraftüberschuß, sondern Mangel an innerer Spannung . . . Viel eher kann man in schlaffem Zustande kräftig oder scheinkräftig aufs Klavier loshämmern als ein hauchzartes piano hervorbringen." (JACOBS 241) Lautstärke als sublime Spannungsäußerung, nicht als ordinäre Kraftentfaltung! So gesehen, umfaßt der Lautstärkebegriff mehr als die Abgabe von Schalleistung. Auch Klangliches ist an der Lautstärkegestaltung beteiligt: „Man vergesse nicht, daß die Lautstärke nicht viel bedeutet, sondern daß das Timbre ausschlaggebend ist." (FLEURY-FZ 21). Darüberhinaus können dynamische Akzente sogar durch den Rhythmus - mittels agogischer Stauung - ersetzt oder vorgetäuscht werden - ein probates Mittel der dynamischen Gestaltung beim Cembalo und anderen Instrumenten mit begrenzten dynamischen Möglichkeiten.

6.2.4. Tragfähigkeit, Schärfe und Durchsetzungsvermögen

Wenig bekannt, doch von nicht zu unterschätzender Bedeutung ist die Eigenschaft der *Tragfähigkeit* eines Tones. Jedem ist das Phänomen bekannt, daß von einer aus der Ferne heranmarschierenden Blaskapelle zuerst die „wummernden" Bässe der Großen Trommel, der Tuba usw. zu vernehmen sind und erst mit dem Näherkommen allmählich die höheren Instrumente, Klarinette, Piccolo oder Glockenspiel, hörbar werden. Die Erklärung ergibt sich aus dem im vorigen Abschnitt 6.2.2. Festgestellten: Die in ein tiefes - und damit durchweg umfangreiches - Instrument zu investierende und von ihm abgestrahlte Leistung ist bedeutend größer als diejenige bei einem kleineren, hohen Instrument. Für die **Reichweite oder Tragfähigkeit** eines Tones ist aber seine Energie - und nicht die vom Gehör wahrgenommene Schärfe - maßgeblich. Aus der Nähe übertönen dagegen die hohen Frequenzen auch bei geringerer Leistung die tiefen.

Auch im Klangspektrum des einzelnen Tones haben die tiefen Frequenzen die größere Tragfähigkeit. Für die Flöte bedeutet dies, daß die Töne ihres tiefen Bereiches weiter tragen, wenn der Grundton gut ausgebildet ist. Sie wirken aber in der Näher stärker, wenn die höheren Partialtöne dominieren. Dazu kommt ein raumakustischer Einfluß: Tiefe Frequenzen werden weniger absorbiert und damit stärker reflektiert als hohe; sie kommen daher von mehreren Seiten auf den Hörer zu, nicht nur von vorn. Es ist also durchaus sinnvoll, in einem großen Raum nicht zu hell zu blasen. Im kleinen Raum und vor dem Mikrofon kommen dagegen die hohen Frequenzen voll zur Geltung.

Das klangliche Durchsetzungsvermögen hängt darüberhinaus vom Vibrato und der Artikulation ab. Rhythmisch kurze Töne wirken durchweg lauter als lange; scharf angestoßene werden wegen ihrer oberschwingungsreicheren Vorläufertöne eindringlicher wahrgenommen als weich angesetzte. Die besondere, die Durchsetzungskraft des Tones unterstützende Wirkung des Vibratos hängt zusammen mit seiner vergleichsweise niedrigen Frequenz, die (nach WINCKEL) „ein Gefühl von Nähe" vermittelt.

6.2.5. Die Klangabstrahlung

Ein wesentlicher Faktor der Übermittlung der Schalleistung eines Instrumentes an den Hörer ist seine Abstrahlung in den Raum hinein. Jedes Instrument weist eine ganz spezifische *Richtcharakteristik* auf. Es liegt nahe anzunehmen, daß die Abstrahlung der Blasinstrumente mit der Richtung ihrer Rohrachse übereinstimmt. Das trifft auch im allgemeinen zu - jedoch nicht für die Querflöte. Abb. 89 zeigt deren besondere Verhältnisse bei verschiedenen Frequenzen. Die günstigste Aufstellung des Flötisten ist demnach diejenige mit der Körperfront zum Publikum. Dabei muß aber ggf. die Abschirmwirkung des Notenständers in Rechnung gezogen werden.

89

Hauptabstrahlungsrichtungen (0 ... –3 dB) der Flöten.

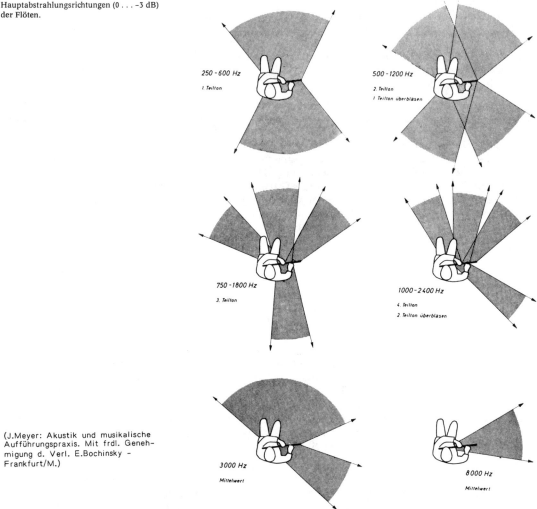

(J.Meyer: Akustik und musikalische Aufführungspraxis. Mit frdl. Genehmigung d. Verl. E.Bochinsky - Frankfurt/M.)

Die Besonderheit der Richtcharakteristik der Querflöte kann durch eine *Dipolwirkung* erklärt werden - siehe Abb.90.

6.2.6. Gestaltung der Lautstärke

Die Gestaltung der Lautstärke scheint eine der einfachsten Kunstfertigkeiten zu sein, die der Musiker zu beherrschen hat. Erhöhter Krafteinsatz, sei es ein Schlagimpuls, Tasten- oder Bogendruck oder die Blasenergie, ergibt größere Lautstärke; das scheint eine Binsenweisheit zu sein, die nicht weiter kommentiert zu werden braucht. Dem Flötenspieler stellt sich das Problem aber etwas komplizierter dar: Er hat die Einflüsse zu berücksichtigen, die von der Erhöhung des Blasdruckes auf Intonation, Klangfarbe und Überblasneigung ausgehen.

Hinsichtlich des klanglichen Ausgleiches ist es, wie auch aus FLEURYs Bemerkung (S.153) hervorgeht, vorteilhaft, wenn zumindest in der tiefen Lage der Klang bei einer Lautstärkeerhöhung heller wird. FLETCHER (Corr.236 - Abb.91) hat p- und f-Töne von vier Flötisten untersucht und festgestellt, daß in der tiefen Oktave der Grundton praktisch nicht an der Erhöhung der Schalleistung beteiligt ist, sondern daß der Zuwachs an Schalleistung durch eine Energiezunahme der Obertöne verursacht wird. Bei allen 4 Spielern ist beim tiefen C (C_4 nach der amerikanischen Bezeichnungsweise) im Forte der 2.Partialton (C^2) stärker ausgebildet als der Grundton, bei dreien auch der dritte (G^2) und bei zweien sogar noch der vierte und fünfte (C^3, E^3).

Dieses Ergebnis kommt dadurch zustande, daß die Energiezunahme vorwiegend in einer Erhöhung des Blasdruckes besteht. So ist es nebenbei auch möglich, höhere Lautstärke nur mit dem Faktor *Kraft* - ohne zusätzlichen Luftverbrauch - zu erzielen, was gerade in der tiefen Lage sehr erwünscht ist.

Wird der Blasdruck bis an die Grenze zum Überblasen erhöht, kann es sogar vorkommen, daß die Intensität des Grundtones innerhalb des Obertonspektrums **abnimmt**. Dabei wird der Eindruck der größeren Lautstärke nicht nur durch die Energiesumme des gesamten Spektrums hervorgerufen, sondern auch durch die uns schon bekannte besonders gute Hörbarkeit der höheren Frequenzen - siehe S.152.

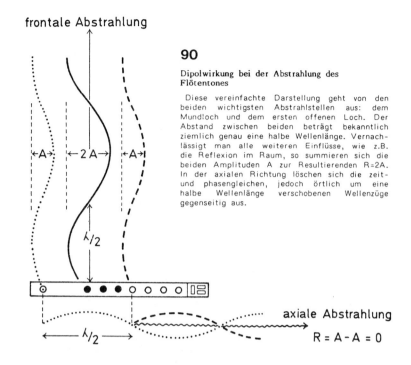

90

Dipolwirkung bei der Abstrahlung des Flötentones

Diese vereinfachte Darstellung geht von den beiden wichtigsten Abstrahlstellen aus: dem Mundloch und dem ersten offenen Loch. Der Abstand zwischen beiden beträgt bekanntlich ziemlich genau eine halbe Wellenlänge. Vernachlässigt man alle weiteren Einflüsse, wie z.B. die Reflexion im Raum, so summieren sich die beiden Amplituden A zur Resultierenden R=2A. In der axialen Richtung löschen sich die zeit- und phasengleichen, jedoch örtlich um eine halbe Wellenlänge verschobenen Wellenzüge gegenseitig aus.

In der dritten Oktave hat der Grundton durchweg deutliches Übergewicht. Auch dies ist vorteilhaft, weil damit einem Schrillwerden des Klanges vorgebeugt ist. Der Energiezuwachs wird hier mit der *Strömungsmenge* gesteuert. Da der Luftverbrauch in der hohen Lage grundsätzlich geringer ist, wirkt sich ein Mehrverbrauch an Atemluft nicht nachteilig aus.

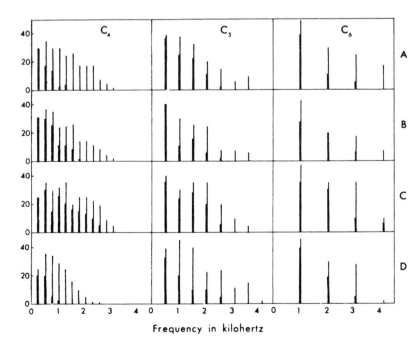

91

Harmonic analysis of *forte* and *piano* notes played by A, B, C, and D. Absolute sound-pressure levels were not determined and relative levels of partials are given in decibels consistently for each player separately.

Neville H.Fletcher: Acoustical correlates of flute performance technique. In: JASA LVII/1 (1975). Mit frdl. Genehmigung des American Institute of Physics.

Hinsichtlich des Einsatzes an Atemenergie sollte auch COLTMANs Feststellung berücksichtigt werden: „Die Abstrahlungsfähigkeit einer kleinen Schallquelle erhöht sich sehr rasch mit der Frequenz, und zwar mit dem Faktor 4 für jede Oktave. Dies ist einer der Gründe, warum die Flöte in den höheren Registern stärker zu hören ist." (FZ 22)

Das eigentliche spieltechnische Problem bei dynamischen Veränderungen ist ihr Einfluß auf die Intonation, der ebenfalls auf die Blasdruckunterschiede zurückzuführen ist. Darüber Weiteres in den Kapiteln 6.4. und 8.

Der dynamische Spielraum der einzelnen Töne wird im wesentlichen durch ihre Überblasneigung bestimmt. Die dritte Oktave bietet in dieser Hinsicht kaum Schwierigkeiten. Nach oben sind die dynamischen Möglichkeiten praktisch unbegrenzt, sollten aber aus geschmacklichen Gründen nicht überstrapaziert werden. Auch nach der pp-Seite hin besteht keine Begrenzung: Jeder Ton der dritten Oktave kann bei entsprechender Ansatzgeschicklichkeit bis zum vollkommenen Ausklingen zurückgenommen werden. Ein häufiger Fehler besteht jedoch darin, daß sich die dafür notwendige Ansatzspannung dem Bauchbereich mitteilt, was zu allgemeiner Verkrampfung führt.

Die tiefe Lage bietet keine Schwierigkeiten beim pp. Es empfiehlt sich aber, im Normalfalle nicht völlig drucklos zu blasen. - Die tieferen Töne der mittleren Oktave, vor allem E^2 und F^2, überblasen sehr leicht, was ihren dynamischen Spielraum etwas einschränkt.

6.2.7. Konstruktive Einflüsse

Neben den spieltechnischen Aktivitäten wirken Einflüsse von Material und Konstruktion des Instrumentes auf die Schallproduktion und -abstrahlung.

Ein massiverer Korpus mit größerer Wandstärke oder aus schwererem Material (Holz, Gold) erfordert höheren Energieeinsatz, strahlt dafür aber auch mehr ab. Auch die Schärfe der Mundlochkante spielt eine Rolle. Eine etwas stumpfere Kante führt zu einem massiveren Ton, wahrscheinlich, weil der Anteil des Blasstrahles, der verwirbelt wird, größer ist. Ebenso bringt ein größeres Mundloch höhere Abstrahlleistung, weil die Schneide breiter und die Abstrahlfläche größer ist.

Der Theorie nach müßte das energetische Verhalten auch von der Länge des Griffes beeinflußt werden, denn es hängt auch von der Masse der schwingenden Luftsäule ab. Aus der Praxis heraus kann keine Antwort darauf gegeben werden. In dieser Hinsicht sind die Querflöte und die Orgellabialpfeife nicht vergleichbar. Bei der Flöte müßten nämlich auch die besonderen Komplikationen berücksichtigt werden, die von den Schallöchern ausgehen.

LITERATURHINWEISE

Die meisten Arbeiten über die Physik des Schneidentones, der Orgel-Labialpfeifen und der Flöteninstrumente beschäftigen sich mit dem Thema der abgestrahlten Schalleistung. Der Zusammenhang zwischen Lautstärke und Intonation wird in der im Kapitel 6.4. aufgeführten Literatur behandelt.

Zur Abstrahlung speziell: Bouhuys(Sound), Levine, Meyer(Richtcharakt. und Ak.)

6.3. KLANGBILD, KLANGFARBE

6.3.1. Stationärer Klang und Klangbild

Unter Musikern gilt weitverbreitet die Meinung, ein musikalischer Klang sei umso positiver zu bewerten, je perfekter die Tonhöhe, Lautstärke und Klangfarbe gehalten werden. Das ist ein fundamentaler Irrtum!

Als *stationär* bezeichnet man einen Klang, der „nach dem Einschwingen oder sonstigen Veränderungen einen . . . zeitlich gleichbleibenden Wert erreicht hat."(WINCKEL-Phän.11) Das braucht keine Sinusschwingung zu sein; Bedingung ist vielmehr nur die ständige Wiederkehr von untereinander gleichen Perioden. STUMPF (Exp. 375f.) hat Versuche angestellt, bei denen verschiedene sachverständige Hörer derart in bereits klingende Instrumentaltöne „eingeschaltet" wurden, daß, während im Nebenzimmer ein Instrument mit einem so perfekt wie möglich gehaltenen Ton erklang, ein Durchgang geöffnet und geschlossen wurde, sie den Einsatz und das Ausklingen nicht, sondern nur den stationären Teil vernahmen. Ihr Urteil, welches Instrument sie gehört hätten, ergab beinahe 50% Fehldiagnosen, „darunter nicht bloß naheliegende Verwechslungen, wie Flöte mit Stimmgabel, Kornett mit Trompete, Posaune mit Horn, Klarinette mit Oboe, Fagott mit Cello, sondern auch solche zwischen Stimmgabel und Trompete bzw. Kornett, Violine und Waldhorn bzw. Fagott, Flöte und Fagott, Violine und Oboe." Noch eindrucksvoller kann die Bedeutung der Ein- und Ausklingvorgänge für das Erkennen eines Instrumentes demonstriert werden, wenn man ein Tonband mit Klaviermusik rückwärts laufen läßt. Das Ausklingen des Originaltones wird dann zu einem sehr weichen Einsatz und sein präziser Anschlag in ein abruptes Tonende verwandelt, so daß man ein harmonika-artiges Instrument zu hören meint. „Jeder einzelne Ton, der unser Ohr im Verlauf eines musikalischen Werkes erreicht, enthält eine Fülle von Informationen. Wir empfinden eine Tonhöhe, eine Lautstärke und eine Klangfarbe. Wir können aber auch Aussagen machen, ob die Tonhöhe sehr gleichmäßig steht oder durch ein Vibrato geprägt wird. Ferner bemerken wir Änderungen und Schwankungen in der Lautstärke sowie die Art des Toneinsatzes, ob er weich oder prägnant angesetzt ist; in ähnlicher Weise hören wir auch, wie die Note ausklingt. Alle diese Eigenschaften ergeben ein charakteristisches Klangbild, aus dem wir den musikalischen Gehalt schöpfen und auch erkennen können, was für ein Instrument diesen Ton erzeugt hat, wobei auch unsere früher gesammelte Hörerfahrung eine nicht unwesentliche Rolle spielt. Schließlich sind sogar Rückschlüsse auf Art und Größe des Raumes möglich, in dem die Musik erklingt." (MEYER-Ak.21) - „Das Aufbauen, das Werden des Klanges ist ästhetisch von Bedeutung, das Endprodukt des fertig aufgebauten (stationären) Klangs ist von geringem Interesse." (WINCKEL-Phän.8)

Doch nicht nur Beginn und Ende sind bestimmend für das Klangbild, sondern auch der voll präsente Ton. Die Flöte gehört zu den Instrumenten mit permanenter Anregung. Dabei ist es weder möglich noch wünschenswert, daß die Energiezufuhr mit äußerster Präzision erfolgt. Winckel vergleicht den unverändert gehaltenen, stationären Klang mit der Trägerwelle beim Rundfunk; sie enthält keinerlei Information und ist auch gar nicht hörbar. Das Gleiche schreibt W. auch einem über längere Zeit gehaltenen Sinuston zu. Erst die der Trägerwelle aufgeprägte Modulation bewirkt die Information.

Beim Bläser sorgen die unvermeidlichen, kleinen Druckschwankungen des Blasstromes für den erwünschten Eindruck von natürlicher Lebendigkeit. Eine veredelte Stufe dieser Schwankungen ist das *Vibrato*, dem wir im Folgenden ein ausführliches Kapitel widmen. Da das Flötenvibrato, wie in jüngerer Zeit herausgefunden wurde, zum größeren Teil aus *Pulsationen des Timbres* besteht, erweist es sich als wohl wichtigster Faktor der Klangfarbenwahrnehmung.

Die Wirkungen der Ein- und Ausschwingvorgänge bei der Querflöte wurden bereits auf S.134ff. dargelegt. So verbleibt hier die Aufgabe, die Vorgänge während des eingeschwungenen Zustandes zu beleuchten.

6.3.2. Klangfarbe

Die Klangfarbe *(Timbre)* läßt sich im Gegensatz zu den übrigen klanglichen Haupteigenschaften *Höhe, Stärke und Dauer* vom Gehör nicht eindeutig definieren. Der Hörer muß sich an Vergleichen mit optischen Farben und Helligkeitswerten, Instrumental- und Vokalklängen orientieren. Erst in den letzten hundert Jahren - und bis heute zunehmend - errang die Eigenart und Gestaltung des Timbres musikalisch eigenwertige Bedeutung.

Akustisch kann die Klangfarbe eindeutig durch die *Schwingungsform* bzw. durch das *Obertonspektrum* eines Klanges bestimmt werden (2.3.4.) Das Obertonspektrum stellt bekanntlich die Zusammensetzung einer komplizierteren Tonschwingung aus den ihr zugrundeliegenden *Partialtönen* vor. Jede seiner senkrechten Linien repräsentiert einen solchen Teilton. Die Länge der Linie entspricht der *Intensität (Amplitude)* des betreffenden Partialtones relativ zu den anderen. Die Zahl der Kombinationen von verschieden langen oder auch das Fehlen einzelner Spektrallinien ist praktisch unbegrenzt - und damit der Reichtum an Klangfarben, denn **jede** Abweichung schafft einen neuen Klangeindruck.

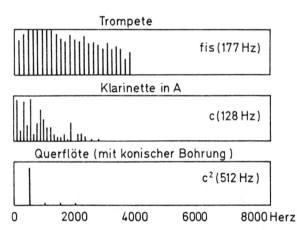

92 Obertonspektren von drei Blasinstrumenten

Die Intensität der Obertöne nimmt in den meisten Fällen nicht so gleichmäßig mit wachsender Ordnungszahl ab, wie in der idealisierten Abbildung angenommen. So überwiegen bei der Klarinette, da sie als gedackte Pfeife (2.4.5.) anzusehen ist, in der tiefen Lage die ungeradzahligen Partialtöne, während die Oktaven (II,IV) fehlen bzw. stark zurückgedrängt sind. So vermittelt der weite Abstand von einer Duodezime der Klarinette in der tiefen Lage einen „hohlen" Charakter. Das Gegenteil gilt für die Trompete: Die Häufung von hohen und stark ausgeprägten Obertönen bewirkt ihren dichten, hellen, schmetternden Klang. Ganz anders bei einer konisch gebohrten *Traversière*: Ihr sanfter Klang rührt daher, daß Obertöne fast völlig fehlen, das Schwingungsbild also einer *Sinuskurve* sehr nahekommt. Wird dagegen die Böhmflöte in der tiefen Lage *forte* gespielt, dann bekommt ihr Klang eine Nuance zum Trompetenton hin; man vergleiche das C_4 in Abb.91 mit dem in Abb. 92 dargestellten Trompetenspektrum.

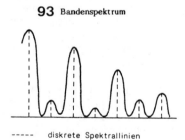

93 Bandenspektrum

----- diskrete Spektrallinien
——— kurvenförmige Verteilung der unmittelbar benachbarten Oberschwingungen

Tatsächlich beschränkt sich ein Obertonspektrum nie auf streng voneinander abgesonderte, *diskrete* Spektrallinien, sondern besteht aus einer Vielzahl von dicht um den „eigentlichen" Oberton gescharten Nachbarfrequenzen, deren Intensität mit zunehmendem Abstand abnimmt. So entsteht ein kurvenförmiges *Bandenspektrum*.

Nebenbei sei erwähnt, daß die Spektrallinien gewöhnlich nicht ganz präzis bei einem Vielfachen der Grundschwingung liegen, sondern um kleine Beträge davon abweichen - und zwar bei weiter Mensur mehr als bei enger. Das verleiht den Tönen mit kurzem Griff eine gewisse zusätzliche Schärfe.

6.3.2.1. Formanten

Formanten sind ein besonderer und wesentlicher Bestandteil des Klanges. Ihre Wirkung wird deutlich, wenn man sich vergegenwärtigt, daß sie es sind, die es einem Menschen ermöglichen, bei gleichbleibendem, individuellem, unverwechselbarem Klang seiner Stimme auf den unterschiedlichsten Tonhöhen die verschiedensten **Vokale** zu artikulieren. Bekanntlich wird ein Vokal so erzeugt, daß die Mundhöhle in eine bestimmte Form gebracht wird. Formanten sind Frequenzbereiche, in denen sich - unabhängig von der Höhe des Grundtones, ausgeprägte Resonanzmaxima im Obertonspektrum ausbilden.

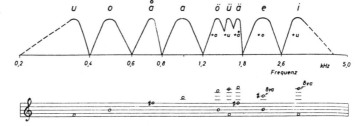

Frequenzlage der Formanten für die Vokale der deutschen Sprache (nach [153, 156, 165]).

94

(J. Meyer: Akustik und musikalische Aufführungspraxis. Mit frdl. Genehmigung des Verlages E. Bochinsky - Frankfurt/M.)

WINCKEL (Phän. 18) bezeichnet die Formanten als **wesentlichste** Kennzeichen des Klanges. Sie bestimmen auch die Instrumentalklänge. So ist der kräftige Klang der Trompete u.a. auch auf ein Vorherrschen des a-Formanten zurückzuführen, der näselnde Klang der Oboe auf das ä und der klagende Klang des Englischhorns auf das Vorherrschen des o (nach MEYER-Ak.) Die Flöte weist einen Formanten im i-Bereich auf, der aber nur schwach ausgeprägt ist. „Die ästhetische Wirkung der Formanten im Klang der Musikinstrumente beruht in erster Linie auf der Ähnlichkeit mit dem Gesang, weil hier der Mensch selbst gewissermaßen als Maßstab gesetzt wird." (MEYER-Ak. 26)

Ist die Formantlage der Flöte auch allgemein durch ihren Bau und die spezifische Anblastechnik bestimmt, so läßt sie sich doch in gewissem Umfange variieren und durch Ansatzmodifikationen, vor allem durch die Formung der Mundhöhle, in Richtung auf einen bestimmten Vokal beeinflussen. LEIPP weist diesem Einfluß eine sehr große Bedeutung zu. (Seine Experimente erfolgten mit einer Mundharmonika, einem Instrument, das in sich schon sehr stabil ist; für die Flöte kann man demgemäß eine noch größere Abhängigkeit annehmen.) LEIPP hat die „zone formantique de la cavité buccale" (Formantbereich der Mundhöhle) bei 500 bis 2000 Hz festgestellt und befindet sich damit in Übereinstimmung mit MEYER (Abb. 94). Während andere Untersuchungen dem Mundraum einen Einfluß hauptsächlich auf die *Intonation* attestieren (siehe 6.4. - „Literaturhinweise"), findet LEIPP ihn im Spektrum, und zwar bei den Formanten.

6.3.3. Geräusch- und andere Beimengungen

Wir können drei Arten von unharmonisch liegenden Klangbeimengungen unterscheiden:

das Anblasrauschen,
Stoßgeräusche,
Mitklingen „unbenutzter", tiefer Resonanzen.

Die *Nebengeräusche* wurden schon unter 5.3.12. erwähnt und beurteilt. Dabei wurde auch konzediert, daß ein leichter „Schleier" auf dem Ton durchaus reizvoll sein kann. Die starke Berücksichtigung, welche die Flöte auch im *Jazz* findet, hat einen Blasstil hervorgebracht, der geradezu durch ein typisches Anblasrauschen gekennzeichnet ist. So, wie manche Jazzsänger sich durch eine charakteristische Rauheit ihrer Stimme auszeichnen - man denke an *Louis Armstrongs* „mal canto" - so kann auch ein ausgesprochen geräuschhafter Flötenton einen eigenen, jazzgemäßen Reiz haben. Nur: eine solche Tongebung läßt sich nicht ohne weiteres absichtlich ein- und abschalten, sondern sie ergibt sich aus dem „Jazz-Feeling" des Bläsers. Versuche mancher „klassischer" Flötisten, dies nachzuahmen, sind denn auch aus jazz-stilistischer Sicht nicht sehr erfolgreich.

Eine flötentypische Klangbeimengung sind „tonal wirkende Komponenten. Sie treten bei überblasenen Tönen auf und kommen durch den fortwährenden statistischen Anstoß der ‚unbenutzten' Resonanzen zustande . . . (Ihre) Stärke . . . hängt in weiten Grenzen von der Qualität des Instrumentes und der Spieltechnik ab." (MEYER-Ak.49).

95

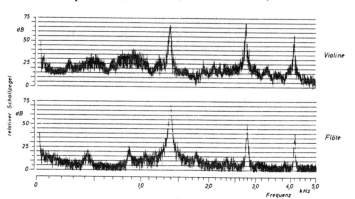

Klangspektren mit verschiedener Frequenzcharakteristik des Rauschuntergrundes (gespielter Ton: F³).
(J.Meyer: Akustik und musikalische Aufführungspraxis. Mit frdl. Genehmigung d.Verl. E. Bochinsky - Frankfurt/M.)
Unterhalb der Grundfrequenz von ca. 1400 Hz sind deutlich zwei weitere Maxima bei 900 und 450 Hz zu erkennen. Es handelt sich um die Töne B^2 und B^1, die beim Unterblasen des F³ ansprechen. Die Spitzen oberhalb des Grundtones sind die normalen Obertöne des F³.

Solche „unbenutzten Resonanzen" liegen z.T. durchaus unharmonisch zu dem angeblasenen Ton. Sie ergeben sich aus dem jeweiligen, durch Schallöcher bedingten Gabelgriff und sind identisch mit den Tönen, die sich vom (hohen) Normalgriff aus „unterblasen" lassen. Der Annahme MEYERs (Ak.49), in der dritten Oktave erklängen die Drittel- und Zweidrittelfrequenzen des hohen Tones, kann nur bedingt zugestimmt werden, da die Schallöcher nicht in jedem Falle an der „korrekten" Stelle liegen. Solche häufig recht nachteilig wirkenden, klanglichen Beimengungen können, da sie durchweg unterhalb der Grundfrequenz liegen, durch eine entsprechende Ansatzverschärfung weitgehend reduziert werden. Man kann sich aber dieses Phänomen auch zur Erzeugung von *Doppel- und Mehrfachtönen* nutzbar machen, indem man den Ansatz gerade so einstellt, daß benachbarte Frequenzen gleichzeitig und gleichwertig ansprechen (6.3.5.3.).

6.3.4. Spieltechnische Mittel zur Klangbeeinflussung

6.3.4.1. Blasdruck und Lippenspannung

Das wichtigste Mittel zur Klangbeeinflussung ist auch in diesem Falle wieder der *Blasdruck*. Da er gleichzeitig auch die Lautstärke steuert, liegt die Vermutung nahe, daß Lautstärkeabstufung **immer** mit einer Klangmodifikation verbunden ist. Das trifft zu, wird aber, wenn es im normalen Rahmen bleibt, nicht als Timbrewechsel empfunden.

In welchem Verhältnis sich eine Modifikation der Blasenergie in Blasdruck oder Strömungsmenge umwandelt, ist abhängig vom Lippenverschluß. Jeder Bläser hat seine Normalspannung, die eng mit seinem Temperament und seiner Tonvorstellung zusammenhängt. So sind auch aus dieser Sicht - und nicht nur wegen anatomischer Eigenheiten - die Unterschiede in der Tongebung der verschiedenen Bläser zu erklären.

96

Zusammenhang zwischen Luftmenge/Blasdruck und Lautstärke/Klangfarbe (RICHTER-Schule 44)

Luftmenge	+	Druck	=	Lautstärke	+	Farbe
groß		hoch		ff		normal
groß		mittel		f		dunkel
mittel		hoch		f		hell
groß		gering		mf		dunkel
klein		hoch		mf		hell
mittel		mittel		mf		normal
mittel		gering		p		hell
klein		mittel		p		hell
klein		gering		pp		normal

Lippenspannung drückt sich aus in *Verschlußkraft* (=Durchströmwiderstand) und *Formspannung*. Einfach liegen die Verhältnisse im ersten Falle: Stärkerer Verschluß = höherer Blasdruck = hellere Klangfarbe.

Unter *Formspannung* verstehen wir die isometrische Spannung der Ober- und Unterlippe - jede für sich einzeln - , welche den Lippen eine bestimmte Festigkeit gibt, die sie mehr oder weniger verformbar gegen die Einflüsse des Luftdurchganges macht. Ist die Spannung gering, dann geben sie den Blaskraftschüben nach, so daß die Blasdruckschwankungen relativ ausgeglichen werden. Ist die Formspannung dagegen sehr hoch - was auch bei weit geöffnetem Lippenspalt möglich ist - dann setzt sich jede Änderung des Blasdruckes ziemlich vollständig in eine entsprechende Modifikation des Blasdruckes und damit der Klangfarbe- bzw. qualität um.

Lediglich als Vermutung - wenn auch mit hohem Wahrscheinlichkeitsgehalt - sei hier angedeutet, daß bei sehr engem, druckreichem Ansatz in der tiefen Lage die Lippen gegeneinander zu schwingen beginnen und damit einen *Polsterpfeifen-Effekt* (S.115) bewirken. Dadurch wird dem Flötenklang eine Komponente des Blechbläseransatzes hinzugefügt, was die S.158 erwähnte Annäherung an den Trompetenton weiter verstärkt.

Extreme Blasdruckreduzierung - bis zum Hauchen - ist ohne Einschränkung nur in der unüberblasenen Lage möglich. Die Töne erhalten dabei einen substanzlos-flachen, säuselnden Klang, der evtl. von *Fisteltönen* (6.3.5.1.) begleitet sein kann.

6.3.4.2. Anblaswinkel

Über den *Anblaswinkel* kann der Klang beeinflußt werden durch

Überdeckung bzw. Abschirmung,
Auftreffwinkel,
Distanz.

Stärkere Überdeckung/Abschirmung wirkt bekanntlich als Verkleinerung der Mundlochfläche. Die Entfaltung von Obertönen wird dadurch behindert und der Klang somit dunkler. Da die Intonation zwangsläufig mit absinkt, besteht gewöhnlich nur die Möglichkeit, die Stimmung des Instrumentes generell zu erhöhen - durch Einschieben des Kopfstückes, sofern möglich. Besonders starke Verkleinerung des Mundloches nähert die Resonanz dem *gedackten* Charakter an. Das kann dem Flötenklang eine sehr eigentümlich „süße" Färbung verleihen, zumal, wenn ein solcher Ton zusätzlich durch ein entsprechendes - in diesem Falle künstlich herbeizuführendes - Vibrato „angereichert" wird. Vor einer Überstrapazierung solcher kosmetischer Eingriffe sei aber ausdrücklich gewarnt!

Die Annäherung an den „gedackten" Klarinettenklang durch Verkleinern der freien Mundlochfläche ist übrigens typisch und unvermeidbar bei den tiefen Versionen der Querflöte in der Alt- und Baßlage. Da die Mundlöcher dieser Instrumente nicht einfach relativ zu den Grifflöchern vergrößert werden können, nähert sich ihr Resonanzverhalten dem gedackten Charakter an. Das macht sich besonders in den hohen Lagen dieser Instrumente bemerkbar. Gegenteiliges trifft für das Piccolo zu: Seine tiefe Lage weist wegen des relativ großen Mundlochquerschnitts einen deutlichen ä-Formanten auf.

6.3.4.3. Der Einfluß des Mundraumes

Form und Volumen des Mundraumes sind neben dem Blasdruck diejenige Ansatzkomponente, welche den Klangcharakter am gleichmäßigsten über einen großen Teil des Tonumfanges zu beeinflussen vermag. Dabei kann dieser Einfluß permanent, durch die Anatomie des Bläsers bestimmt, zur Geltung kommen; ebenso kann er aber auch gezielt eingesetzt werden und schließlich spiegelt er auch allgemeine Verhaltenseigentümlichkeiten des Bläsers wider. Gleichzeitig mit der Gestaltung des Mundraumes wird gewöhnlich auch der Anblaswinkel beeinflußt. Seine Wirkungen überlagern sich den vom Mundraum bewirkten, und zwar gewöhnlich im gleichen Sinne: So läßt z.B. eine Färbung des Mundraum-Formanten zum ä hin den Lippenspalt breiter werden und einen entsprechend breiten Klang entstehen.

6.3.4.4. Sondergriffe

Die einschneidendsten Klangmodifikationen sind durch Griffvarianten zu erzielen. Das Repertoire der Normalgriffe ist bekanntlich so ausgewählt, daß nicht nur Intonation und Ansprache der Töne optimal sind, sondern auch ihr Klang weitgehend ausgeglichen ist. Dies wird u.a. dadurch gewährleistet, daß kein Ton mehr als zweimal überblasen ist.

Griffabwandlungen zur Klangbeeinflussung sind auf verschiedene Weise zu realisieren:

Durch Überblasen in Partialtöne höherer Ordnung,
durch gezielte Auswahl der Schallöcher,
durch Öffnung von Schallöchern, die von der exakten Position des Druckknotens abweichen.

Zu 1: Das besondere Kennzeichen eines mehrfach überblasenen Tones ist sein - restliches - Obertonspektrum. Überbläst man z.B. das tiefe C in seinen vierten Partialton C^3, dann ist, vom hohen Ton aus gerechnet, dessen nächster Oberton nicht die Oktave, sondern die große Terz E^3 und der darauffolgende das G^3. Es ist leicht einzusehen, daß das Gehör diese Obertonfolge registriert und entsprechend bewertet. Dazu kommt, daß - trotz der gegenteiligen Meinung vieler Theoretiker - die durch das Überblasen ausgeschalteten tieferen Partialfrequenzen doch durchzuhören sind. J. MEYER hat hier die längst fällige Klarheit geschaffen - vgl. 6.3.3.

2. Die Lage der Druckknoten kann dadurch lokalisiert werden, daß man sich überlegt, aus welchen verschiedenen Grundtönen der gewünschte Ton überblasen werden kann. Beim E^3 sind das beispielsweise: Das tiefe C - viermal überblasen -, das tiefe E - dreimal überblasen -, das eingestrichene A - zweimal überblasen - und das E^2 - einmal überblasen. Diese - vom Verfasser so genannte - *Grundtonreihe* (RICHTER-Griffw.) zeigt an, welche Seitenlöcher als Schallöcher geöffnet werden **können**. Für das E^3 sind dies also - mit dem tiefen C als Ausgangspunkt - das E-Loch (Ringfinger rechts), das A-Loch (Ringfinger links) und die dis-Trillerklappe (die tatsächlich näher am E- als am Dis-Knoten liegt.) Zwischen Öffnen und Geschlossenhalten der genannten Löcher sind alle Kombinationen möglich, welche die Klappenmechanik ermöglicht. Beim Durchprobieren aller Griffkombinationen wird man feststellen, daß nicht jede ein klanglich interessantes Resultat erbringt. Auch sind bei anderen Tönen wegen klappenmechanischer Koppelungen nicht alle denkbaren Schalloch-Kombinationen realisierbar. Eine Systematisierung und Klassifizierung solcher Sondergriffe ist deshalb nur schwer möglich. Von BARTOLOZZI, DICK, GÜMBEL, SCHÄFFER und dem Verfasser liegen Arbeiten zu diesem Themenkomplex vor.

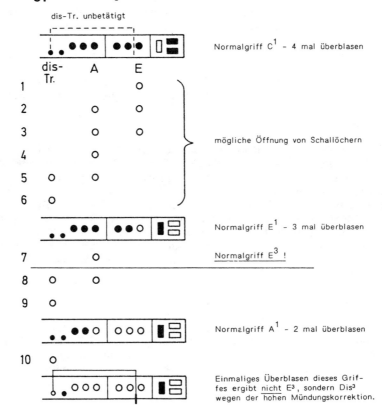

97 Sämtliche möglichen Griffe für E^3 bei korrekter Schallochlage

3. Besonders aparte Klangwirkungen kommen zustande, wenn Schallöcher geöffnet werden, die von der korrekten Resonanzstelle abweichen. Nehmen wir als Beispiel den Ton H^2: Ausgangspunkt möge das E sein. Vom linken Mittelfinger wird das B-Loch als Schallloch geöffnet (H-Loch ist wegen der Klappenmechanik nicht möglich). Klangliches Ergebnis ist ein auffallend „morbid" klingendes H^2 mit einem deutlich durchzuhörenden tiefen B, demjenigen Ton, der beim „Unterblasen" dieses Griffes entsteht. Da beide Töne nicht sehr stabil sind, können sie bei entsprechender Ansatzeinstellung leicht als *Doppelton* dargestellt werden. Überbläst man mit diesem Griff weiter, so erscheinen F^3 und D^4 als 1. bzw. 5. Partialtöne von B^1. Eine Spektralanalyse würde ergeben, daß sie - als höchst unharmonische Obertöne - auch im Klang von H^2 enthalten sind. Für eine systematische Ordnung solcher Sondergriffe gilt, was unter Ziff. 2 gesagt wurde: Es sind Klangprodukte, deren Struktur mehr oder minder zufällig durch die konstruktiven Gegebenheiten bedingt sind. Sie können als vereinzelte, gezielt eingesetzte Effekte durchaus sinnvoll sein; aus solchen Zufallsresultaten jedoch „Kompositionen" zu konstruieren, wie es gewissen „Avantgardisten" opportun zu sein scheint, sollte bedenklich machen!

6.3.4.5. Flageolett-Töne

Obwohl die überblasenen Töne des Normalgriff-Repertoires nach dem physikalischen Prinzip des Streicher-Flageoletts zustandekommen (2.4.4.), weisen sie nicht dessen typischen Klangcharakter auf. Bezeichnenderweise wird bei den Streichinstrumenten das Flageolettspiel auch durch *flautato oder flautando* verlangt. Zwar ist mit dieser Anweisung üblicherweise das Spiel „am Steg" gemeint; angestrebt wird aber jedenfalls ein **obertonarmer** Klang und damit eine Annäherung an den Flötencharakter. Der Klang der Flöte kann durch Reduzierung der ohnehin wenigen und wenig wirksamen Obertöne kaum noch ins Gewicht fallend verändert werden. Bei unserem Instrument ist also ein anderes Verfahren angezeigt, um den Ton in der gewünschten Richtung zu modifizieren. Es geschieht durch **mehrfaches Überblasen langer Griffe**. Damit wird nicht nur eine Veränderung des Obertonspektrums erreicht, sondern es werden auch **unter** dem Grundton zahlreiche **tiefere** Frequenzen angestoßen. Betrachten wir wieder den Ton E^3:

Beim Unterblasen des Normalgriffes erklingen die Töne A^2 und A^1, beim Überblasen des tiefen C dagegen C^3, G^2 und C^2. Damit wird der Klang zwar nicht obertonärmer - im Gegenteil -, aber er erhält eine Beimischung von tieferen Frequenzen und eine gewisse Unstabilität, die zwar physikalisch kein Analogon zum Streicher-Flageolett darstellt, klanglich aber einen ähnlichen Gehörseindruck erzeugt. ROOS (XIV,51): „Die Flageolett-Töne haben eine eigenartige Farbe, die bedingt ist durch eine große Anzahl von tiefen Sekundärtönen . . . Die Erzeugung des größten Teiles von ihnen erfordert ein Gutteil Übung, weil die Duodezime, zweite Oktave usw. nicht so leicht ansprechen und, wenn man sie schon getroffen hat, die starke Tendenz haben abzubrechen. Bezüglich dieser Instabilität stimmen sie mit den Flageolett-Tönen der Streichinstrumente überein." (FZ 23)

Man kann die Grenze zwischen solchen **langen** Griffen, die einen Flageolettcharakter ermöglichen und anderen, die zu kurz und stabil dafür sind, etwa zwischen E und F ansetzen. Das H^2, aus E überblasen, besitzt durchaus Flageolettcharakter, das C^3 aus F kaum noch. Umso eindringlicher aber ist der Flageoletteindruck, wenn das C^3 aus dem **tiefen** C überblasen wird. Es ist also ratsam, ab C^3 wieder zu den langen Griffen zurückzukehren und diese entsprechend um ein Register mehr zu überblasen - siehe Notenbeispiel 98.

98 Flageolett-Töne

1) Klangverfremdungen sind zwar mit den Trillerklappen möglich, ergeben aber keinen Flageolettcharakter.
2) Beide Griffe sind praktikabel. Siehe auch Tabelle 99.

Wegen des geringen Ansatzspielraumes zwischen den überblasenen Tönen eines langen Griffes ist es schwieriger, die gewünschte Stufe zu treffen als bei einem kurzen Griff. Man kann sich dabei durch Öffnung geeigneter Schallöcher helfen. Doch muß darauf geachtet werden, daß dadurch der Flageolettcharakter nicht verlorengeht. Deshalb muß man Schallöcher wählen, die im **unteren** Griffbereich liegen - siehe Tab. 99.

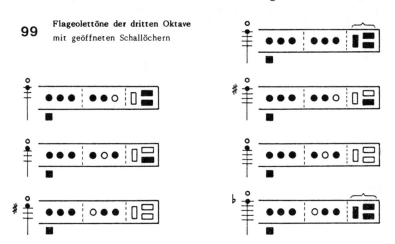

Die Flageolettstelle in Iberts Flötenkonzert läßt sich durch Verwendung der in dieser Tabelle für E^3 und Ges^3 angegebenen Griffe sowohl in der Ansprache, wie auch klanglich und intonationsmäßig verbessern.

Jacques Ibert: Concerto. Aus der Kadenz des III.Satzes.
(Mit frdl. Genehmigung von Alphonse Leduc, Editeurs de Musique, Paris.)

100

Übrigens wird der Flageolettcharakter, wie auch BARTHOLOMEW (Ac.100) feststellt, unterstützt, wenn der Ton vibratolos - und das bedeutet ziemlich druckschwach - gehalten wird. Es darf vermutet werden, daß dies auf den klanglichen Vergleich mit dem Streicherflageolett zurückzuführen ist, bei dem ein Vibrato infolge der notwendigerweise sehr leichten Fingerauflage kaum praktikabel ist.

6.3.5. Neuartige Klangtechniken

Es ist hier nicht der Ort, nach Wert oder Unwert gewisser Versuche zur Erweiterung - oder auch Denaturierung - der Klangmöglichkeiten unseres Instrumentes zu fragen; die Zeit und praktische Zwänge werden für eine gerechte und passende Auswahl sorgen. Auch würde eine ausführliche Darstellung den Rahmen unseres Themas sprengen, zumal inzwischen schon eine durchaus informative und seriöse Literatur vorliegt - siehe LITERATURHINWEISE am Schluß des Kapitels. Wir beschränken uns hier auf die Deutung von drei Erscheinungen, welche der konventionellen Klangtechnik noch relativ nahe sind.

6.3.5.1. Wisper- oder Fisteltöne (engl. *Whisper-* oder *Whistle Tones*) sind, wie auch schon ihre lautmalerische Bezeichnung assoziiert, feine, hohe, ziemlich unstabile Töne. Sie werden mit einem so geringen Energieeinsatz angeblasen, daß eine Koppelung mit der Rohrresonanz nicht eintritt und so deren stabilisierende und verstärkende Wirkung ausbleibt.

Trotzdem hat aber die Rohrresonanz insofern Einfluß auf diese Töne, als sie deren Höhe mehr oder weniger auf eine ihrer Partialfrequenzen festlegt. Bei der geringen Energie dieser reinen Schneidentöne genügen geringste Änderungen in Blasdruck und Anblaswinkel, um den Ton in eine neue, harmonisch liegende und immer sehr hohe Frequenz umspringen zu lassen. Die Produktion dieser Töne beschreibt DICK (132) wie folgt: „Die verschiedenartigen Wispertöne, wie sie durch einen bestimmten Griff gegeben sind, können so erzeugt werden, daß man bei einer sehr engen Lippenöffnung und minimalem Blasdruck den Anblaswinkel fortschreitend anhebt . . . Mit weiterer Anhebung des Anblaswinkels ertönen nacheinander immer höhere Wispertöne . . . Mit dem Griff für E können z.B. die Wispertöne vom dritten bis zum neunten Partialton von E erzeugt werden: H^2, E^3, Gis^3, H^3, D^4, und Fis^4 (FZ 24). Der scheinbare Widerspruch, daß so hohe Frequenzen ausgerechnet durch eine Distanzerhöhung entstehen (die sich zwangsläufig durch die Anhebung des Anblaswinkels ergibt), ist mit mehrfacher Wirbelbildung zwischen Spalt und Schneide zu erklären.

6.3.5.2. *Residualtöne* sind in gewisser Weise - physikalisch betrachtet - das gegensätzliche Pendant zu den Wispertönen. Es „sind geräuschhafte Resonanzen des Flötenrohres, die gewöhnlich aus einen schwachen Grundton und ein paar höheren Harmonischen bestehen und oft zusammen mit Flageolett-Tönen gehört werden. Sie können sehr leicht erzeugt werden . . . Residualtöne werden mit allen Griffen gespielt, indem man einen weiten Lippenspalt formt und einen relativ ungebündelten Blasstrom über das Mundloch hinweg richtet. Im Gegensatz zu den Wispertönen haben Residualtöne volle dynamische Möglichkeiten zwischen ppp und fff." (DICK - FZ 25) Bei den Residualtönen wird also die Ausbildung eines voll entfalteten Schneidentones ausdrücklich vermieden. Dafür werden durch eine allgemeine geräuschhafte Erregung der Luftsäule die tiefen Eigenfrequenzen des Rohres angestoßen (vorzüglich der Grundton, etwas schwächer die erste und - kaum noch wahrnehmbar - weitere Frequenzen, die beim Überblasen dieses Griffes entstehen - also nicht in jedem Falle harmonische Obertöne.) Die schon erwähnten *Klopftöne* (2.3.6.), ebenfalls ein „moderner" Effekt, beruhen auf den gleichen physikalischen Voraussetzungen.

6.3.5.3. Doppel- und Mehrfachtöne

Das Phänomen der *Doppel- und Mehrfachtöne* ist seit langem bekannt und wurde schon anfangs des 19. Jahrhunderts von BAYR in einem speziellen Lehrwerk behandelt. (Vgl. auch RICHARDSON-Ac. 43ff. und BROWN 502). Kompositorisch werden sie erst seit etwa 1960 genutzt: *Berio - Sequenza (1959)*. Spieltechnisch werden sie derartig realisiert, daß ansatzmäßig - durch entsprechende Wahl von Blasdruck, Anblaswinkel und Distanz - ein Zwischenstadium zu erzeugen versucht wird, wo der untere Ton **noch** und der überblasene **schon** ansprechen. Das erfordert Feingefühl, Geschick und Übung. Sehr richtig hat GÜMBEL beobachtet, daß „Mehrklänge . . . fast mühelos und ohne besonderes Zutun des Spielers entstehen . . ., wenn Griffe benutzt werden, bei denen eine mehrteilige Schwingung dadurch instabil gemacht wird, daß man ein Seitenloch an einer ‚falschen' Stelle öffnet, d.h. in einer solchen Entfernung von einem Druckknoten der bestehenden Schwingung, daß diese dadurch gerade noch nicht zerstört wird, aber durch Begünstigung der Knotenbildung in der Nähe des geöffneten Seitenloches zusätzliche Töne ansprechen." (Spielt. 14) Inzwischen gibt es Tabellen von geeigneten Griffen. HOWELL hat 1826 (!) „Multisonic"-Griffe zusammengestellt.

6.3.6. Der Einfluß des Rohrmaterials

Daß das Material des Flötenrohres einen wesentlichen Einfluß auf die Klangeigenschaften des Instrumentes habe, ist unter Praktikern unumstritten und durch jahrhundertelange Erfahrung - vor allem auf dem Gebiet des Orgelbaus - belegt. Umso mehr muß verwundern, daß in neuerer Zeit wissenschaftliche Untersuchungen zu gegenteiligen Resultaten geführt haben (FAJARDO, BACKUS, BONER-NEWMAN, COLTMAN u.a.). FAJARDO hat Versuche gemacht und Messungen angestellt, bei denen Köpfe und Korpusse verschiedenen Materials vielfältig miteinander kombiniert wurden. Er kam zu dem Ergebnis, daß allein das Material und die Wanddicke des **Kopfstückes** - besser gesagt: des **Mundlochbereiches** - der eigentlich relevante Faktor *(paramount influence)* der Klangeigenschaften einer Flöte sind und das übrige Rohr ohne Einfluß bleibt. (Mundlochgröße und -form, Kamingestaltung, der Innendurchmesser und seine Verjüngung nach oben hin bleiben hier - als nicht materialbezogen - außer Betracht.) F.'s ebenso einleuchtende wie einfache Erklärung: „ . . . der Flötenkorpus ist in erster Linie ein akustischer Resonator; er bestimmt, welche am Mundloch erzeugten Frequenzen verstärkt werden . . . Doch weil das Kopfstück bzw. der Mundlochbereich der Erreger bzw. Resonator ist, kann der Korpus keine Frequenzen verstärken, die der Kopf nicht bereitstellt." (FZ 26) FAJARDO geht soweit zu empfehlen, daß man künftig auf die Verwendung teurer Materialien verzichten und stattdessen dem Kopf und vor allem dem Mundlochbereich mehr Aufwand und Aufmerksamkeit zuwenden sollte. Indem er auf diese Weise an liebgewordenen Illusionen zu rütteln versucht, läßt er gewisse irrationale Momente außer Betracht: Eine gar nicht hoch genug einzuschätzende Wirkung ist wahrscheinlich psychologisch, und zwar zum großen Teil durch taktile Reize bedingt: Die Dicke des Rohres, sein Gewicht, die Vibrationen, die von ihm ausgehen, nicht zu vergessen die Formung der Griffteile und die Gängigkeit der Klappenmechanik sind Faktoren, die einen Spieler anregen oder auch dämpfen können. Ein positives Stimulans dürfte auch in dem Bewußtsein zu suchen sein, daß man über ein kostbares, von einem prominenten Meister gebautes Instrument verfügt. BATE (Flute 201) spricht in diesem Zusammenhang von der „persönlichen Beziehung"(*personal equation*). Es wäre interessant zu untersuchen, inwieweit solche Überlegungen auch auf den Umgang mit berühmten Meistergeigen zutrifft!

BACKUS (Eff.), der ironisch die Frage aufwirft, ob nicht vielleicht in der Steinzeit schon diskutiert worden sei, welche Knochen sich besser zum Flötenbau eignen: der menschliche Oberschenkel oder die Rippen des Säbelzahntigers, vertritt auf Grund umfangreicher Versuche mit Verve die Meinung, daß ein nennenswerter Einfluß des Materials weder auf die Ausbildung der Schwingungen noch auf deren Abstrahlung ausgehe. Aber auch er schließt nicht aus, daß edles Material einen Instrumentenbauer zu besonders sorgfältiger Arbeit motiviert. BENADE (Ac. 499), der im übrigen BACKUS' objektive Forschungsergebnisse akzeptiert, weist solchen subjektiven Einflüssen einen besonders hohen Rang zu. Indem er abgerundeten Kanten geringere akustische Störeinflüsse zuweist, kommentiert er: „ Die Beziehung zwischen scharfen Kanten an den Rändern eines Instruments und dem Material, aus dem es besteht, ist leicht zu finden: die Kanten fallen gewöhnlich schärfer aus, wenn Plastik oder Metall statt Holz verwendet wird. Es ist ein instinktives Bedürfnis des geschickten Handwerkers, seine Kunstfertigkeit durch scharfe und saubere Kanten bei allen Tonlöchern und Steckverbindungen unter Beweis zu stellen. Der Grad der Schärfe hängt aber ebenso von der Natur des Materials ab wie von den benutzten Werkzeugen.." (FZ 27) Ob die von BENADE den scharfen Kanten nachgesagten Verwirbelungen (*perturbations*) unbedingt einen klanglichen Qualitätsverlust verursachen, sei dahingestellt. Manche Bläser bevorzugen gerade einen schärferen Klang mit gewissen unharmonischen Beimengungen.

SCHECK, der sich vom Einfluß des Materials überzeugt zeigt, widmet diesem Thema einen größeren Abschnitt seines Buches mit detaillierten Angaben über Legierungen usw. (Flöte 47ff.) Mit Recht weist er dem **Gewicht** eine wichtige Rolle zu. Auch LINDE (14f.) gibt sich überzeugt davon, daß vom Material wesentliche Wirkungen auf den Klang ausgehen und weist besonders auf den Zustand der Rohrwandung hin. Schließlich sei noch erwähnt, daß LOTTERMOSER auch 1983 noch (Grundl.) die von ihm schon früher („Einfluß") vertretene Meinung bekräftigt und belegt, daß bei Orgelpfeifen ein Materialeinfluß nicht abgestritten werden kann, wobei nach seiner Meinung weniger die Eigenfrequenz des Materials direkt abgestrahlt als vielmehr in die Resonanzfrequenz der Luftsäule eingekoppelt wird. Absolut überzeugend ist seine Feststellung (S.116), daß rauhe Innenwandflächen einer Pfeige die höheren Obertöne dämpfen und damit einen dunkleren Klang bewirken. Bei den Flöten dürfte dieser Aspekt wohl ausschließlich für Holzkorpusse relevant sein.

Möge sich der Leser durch die geschilderten Meinungsverschiedenheiten nicht die Freude an einem kostbaren Instrument verleiten lassen, sondern mit Dayton C. MILLER an der Meinung festhalten: „Der Einfluß des Materials ist keine Fabel!" (FZ 28 - vgl. den Titel von SCHAFHÄUTLs einschlägiger Arbeit.)

LITERATURHINWEISE

Klangspektren: Benade(Rel.), Meyer(Geräusch.), Meyer-Buchmann, Raman, Stumpf(3 mal), Saunders, Strong

Ansatztechnik: Fletcher(Corr.), Mather(Emb.), Rockstro, Wye(Tone)

Griffweise: Pellerite(Guide), Richardson(ac.), Richter(Griffw.), Roos, Schäffer

Einfluß der Mundhöhle: Ph.Bate, Benade-French, Coltman(Mouth), Mather(Emb.), Mühle, Schlenger, Stauffer(Oral.)

Materialeinfluß: Adelung, Backus(Eff., Found., Wall), Ph.Bate, Benade(Fund.), Boner, Coltman(Eff., Mat.), Cooper, Fajardo, Glatter-G.(Einfl.), de Lorenzo, Lottermoser(Grundl., Material), Lottermoser-Meyer(Kunstst.), Mather(Infl.), Miller(Infl.), Nederveen(Blown), Rockstro, Schafhäutl(Lehre), Scheck(Flöte), Stumpf(Tromp.), White

Neue Klangtechniken: Siehe S.10 - ferner Backus(Multi.) und Bayr

Verschiedenes Castellengo(Rôle)

6.4. INTONATION

Die Begriffe *Intonation* und *Stimmung* stehen - befragt man die Nachschlagewerke - für die verschiedensten musikalischen Sachverhalte. Die gebräuchlichste Interpretation - was nämlich der normale Hörer und der praktisch Musizierende darunter verstehen - kommt meist, wenn überhaupt erwähnt, recht kurz. MOSER deutet Intonation u.a. als „die rechte und reine Tonhöhe". Was jedoch „recht und rein" ist, bedarf der näheren Erläuterung.

6.4.1. Intonation als variabler und subjektiver Wert

Unsere abendländische Musik beruht auf einem Tonvorrat von 12 Tönen im Halbtonabstand, die sich von Oktave zu Oktave wiederholen. Das ist weder selbstverständlich noch naturgegeben. Das RIEMANN-Lexikon („Intervall") führt 105(!) akustisch und damit musikalisch-logisch begründete Intervalle innerhalb einer Oktave auf und nennt diese Zusammenstellung ausdrücklich „beliebig erweiterbar". Daß wir trotzdem jeden musikalischen Höreindruck auf einen der 12 Halbtöne der temperierten Skala beziehen, ist nur sehr eingeschränkt naturgesetzlich begründbar. Eine große Rolle spielen jedenfalls psychologische Faktoren und eine Hörgewohnheit bzw. -erziehung, die jahrhunderteweit zurückreicht.

6.4.2. Stimmungssysteme

Die stufenweise Einordnung der Tonhöhen hat zur Bildung verschiedener **Tonsysteme** geführt:.

Die *pythagoreische Stimmung* beruht auf den Konsonanzen Oktave, Quinte, und Quarte. Im übrigen ist sie eindeutig **melodie**bedingt; d.h. sie bezieht sich auf zeitlich **nacheinander** erklingende Töne.

Die *reine Stimmung* beruht auf den Dreiklangstönen, die sich aus den einfachen, harmonischen Intervallverhältnisse der *Partialtonreihe* ergeben. Sie entspricht unserem **harmonischen** Empfinden und ist die Grundlage für jedes mehrstimmige Zusammenspiel. Strenggenommen hat jede einzelne Tonart ihre eigenen, von den anderen Tonarten abweichenden Tonstufen; d.h. ein C in C-Dur ist nicht unbedingt identisch mit einem C in As-Dur, usw. Die sich daraus ergebenden Komplikationen - insbesondere bei Modulationen - bildeten in den Jahrhunderten, als eine anspruchsvollere Mehrstimmigkeit aufkam, ein ernsthaftes und vieldiskutiertes Problem. Es wurde gelöst durch die

Temperierte oder gleichschwebende Stimmung. Sie wurde um 1700 definiert und stellt einen **Kompromiß** dar, bei dem **alle** Intervalle außer der Oktave eine Kleinigkeit von der **reinen** Stimmung abweichen, jedoch so geringfügig, daß sie vom Gehör toleriert werden. Auf diese Weise kann die Oktave in 12 genau gleiche Halbtöne geteilt werden, deren Schwingungsverhältnis zueinander jeweils $\sqrt[12]{2}$ beträgt. Auf diese Weise können Töne wie C und His, oder Cis und Des, „enharmonisch verwechselt" werden, und es werden Modulationen zwischen allen 24 Tonarten möglich, ohne daß es zu unvertretbaren Intonationsabweichungen kommt. J.S.Bach hat unter dem Eindruck dieser Errungenschaft sein „Wohltemperiertes Klavier" geschrieben.

Um kleinste Tonhöhenunterschiede messen und darstellen zu können, teilt man heute den Halbton nochmals in 100 gleiche, winzige Schritte ein. Sie werden als *Cents* bezeichnet. Die Oktave hat demnach 1200 Cents, der Ganzton 200 Cents usw. - siehe Tabelle 101.

Ist der Flötenspieler nun genötigt, sich genau an diese Stimmung zu halten? - Die Antwort kann nur ein dezidiertes **NEIN** sein. „Die gleichschwebende, 12-tönige Temperatur ist eine theoretische Fiktion. Die Orchesterinstrumente sind nicht gleichschwebend temperiert gestimmt. Die Streicher stimmen in reinen Quinten und Quarten. Die Blechblasinstrumente verfügen über die Überblasreihe mit reiner Quinte und reiner Terz . . . Auch der Klavierstimmer vermag auf einem Tasteninstrument die gleichschwebende Temperatur nach dem Gehör nicht exakt einzustimmen." (VOGEL 97) In unserer harmonisch bestimmten Musik ist die temperierte Stimmung kein **Ersatz** für die reine Stimmung, sondern das Mittel, um diese zu **ermöglichen**.

101 Vergleich verschiedener Stimmungen
(nach ROEDERER)

Intervall	Pythagoreische Stimmung		Reine Stimmung		Temperierte Stimmung	
	Verhältnis	Cent	Verhältnis	Cent	Verhältnis	Cent
Oktave	2,000	1200	2,000	1200	2,000	1200
Quinte	1,500	702	1,500	702	1,498	700
Quarte	1,333	498	1,333	498	1,335	500
Große Terz	1,265	408	1,250	386	1,260	400
Kleine Terz	1,184	294	1,200	316	1,189	300
Große Sexte	1,687	906	1,667	884	1,682	900
Kleine Sexte	1,580	792	1,600	814	1,587	800

6.4.2.1. Spezielle Stimmungsanpassung

Über die harmonischen Anforderungen hinaus muß der Musiker auch den melodischen Beziehungen gerecht werden. So werden Leittöne - ob nach oben oder unten - gewöhnlich ihrem Zielton angenähert, der Halbtonschritt zu ihm also verkleinert („geschärfter Leitton"). Ferner werden große Intervalle im allgemeinen etwas zu groß, kleine etwas zu klein gewählt, ohne daß dies als fehlerhaft empfunden wird. Das wird durch Untersuchungen (u.a. von LOTTERMOSER-BRAUNMÜHL) an Streicherensembles und Chören nachgewiesen - beide Gruppen von Natur aus mit Intonationsmöglichkeiten ausgestattet, die eine stufenlose Modifikation zwanglos erlauben. WINCKEL (Phän. 109f.) berichtet von einem Versuch, bei dem „am Beispiel von Haydn's Kaiserquartett die Intonationsgenauigkeit an sechs verschiedenen Quartett-Vereinigungen gemessen wurde ... Die Bestimmung der Abweichungen gegenüber den verschiedenen Stimm-Systemen ergab ein Minimum in bezug auf die pythagoräische Stimmung, dagegen ein Maximum auf die reine Stimmung." Die Intonation dieser Quartette war also stärker melodisch als harmonisch bestimmt, ohne daß dies ihre Qualität beeinträchtigt hätte. Doch auch der harmonische Zusammenklang fordert sein Recht: „Besonders der Bläser, der die Mittelstimmen zu blasen hat, weiß, daß innerhalb einer Akkordfolge liegenbleibende Töne nicht immer auf gleicher Höhe ausgehalten werden dürfen. Er muß sich den Führungsstimmen, der Baßführung oder der Melodiestimme, anpassen und in seiner Tonhöhe gegebenenfalls nachgeben. Es nützt ihm nichts, darauf hinzuweisen, daß der von ihm ausgehaltene Ton im ersten Akkord stimmte ... " (VOGEL 28).

Die Griffmensur der Blasinstrumente orientiert sich an der temperierten Stimmung. Doch abgesehen davon, daß diese aus konstruktions- wie aus ansatztechnischen Gründen nicht voll verwirklicht werden kann, besteht bei ihnen allen die Möglichkeit des *Ziehens*, d.h. der stufenlosen Intonationsänderung in einem begrenzten Bereich über und unter der Grundstimmung des einzelnen Tones. Intonationsbeeinflussung mit dem Ansatz dient also nicht nur dem Festhalten einer „korrekten" Stimmung, sondern auch der spontanen Anpassung an harmonische und melodische Notwendigkeiten.

6.4.3. Gute Stimmung durch Bereitschaft zum Kompromiß

„Stimmung - in diesem Falle möchte man das Wort auch im übertragenen Sinne gelten lassen - ist ... eine Sache der Gemeinschaft. Alle Beteiligten sollten zusammenwirken: der Musiker, der Instrumentenmacher und der Dirigent." (ROSBAUD) „Die meisten Bläser und Streicher bilden sich ihre Meinung zum Intonationsproblem beim häuslichen Üben, d.h. beim Musizieren in der Einstimmigkeit. Sie setzen dabei voraus, daß das Zusammenspiel im mehrstimmigen Satz die gleiche Intonation erfordere. Ebenso gehen fast alle bisherigen tonpsychologischen und akustischen Untersuchungen von der unbegleiteten Melodiestimme aus ... Für die musikalische Praxis wäre es viel wichtiger zu erfahren, wie im mehrstimmigen Satz zu intonieren sei." (VOGEL 31f.)

Neben dem dauernden, flexiblen Eingehen auf die wechselnden harmonischen und melodischen Anforderungen kommt als wichtiger Gesichtspunkt der Intonationskunst die Fähigkeit hinzu, eigenes und fremdes Intonations-(Fehl-)verhalten richtig vorauszusehen und nicht zuletzt Schwächen des eigenen wie der anderen Instrumente zu kennen und sich auf sie einstellen zu können. Nicht derjenige verfügt über die beste Intonation, der sich auf den Oszillographen berufen kann, sondern der im Zusammenspiel mit anderen Musikern am zuverlässigsten gute Intonationsverhältnisse herzustellen versteht. Korrekte Intonation kann nicht rechnerisch bestimmt, sondern muß subjektiv und ad hoc beurteilt und realisiert werden. Auch die vermeintlich „falsche " Intonation eines Partners kann aus dessen Sicht und im Gesamtzusammenhang durchaus richtig sein. Gut intonieren heißt auch, nachgeben zu können. Der schwerwiegendste Intonationsfehler ist Rechthaberei und Beharrenwollen! Zu vieles Reden oder gar Streiten über Stimmungsdifferenzen kompliziert die Situation, verkrampft die Partnere und beeinträchtigt damit ihre Fähigkeit zu spontaner und richtiger Reaktion. „Zu den Verschiedenheiten in der Stimmung der Streicher und Bläser kommt noch hinzu, daß im Orchester zwischen den einzelnen Instrumentengruppen und auch innerhalb jeder Gruppe selbst eine natürliche Rivalität besteht. Keiner gibt gern nach. Jeder ist davon überzeugt, daß seine Intonation die richtige ist. Ein gegenteiliger Hinweis wird von vielen sogar als ehrenrührig aufgefaßt . . . Eine wirklich befriedigende Intonation wird sich nur dann erzielen lassen, wenn ein jeder auf solistische Allüren verzichtet und sich dem bemeinsamen Ziel unterordnet." (VOGEL 36)

Übrigens müssen sich Flötisten damit abfinden, daß sie besonders häufig für Intonationsdifferenzen verantwortlich gemacht werden. Der Grund liegt offensichtlich darin, daß gewöhnlich der **tiefste** Ton eines Zusammenklanges als Meßpunkt akzeptiert und höchstens bei katastrophaler Abweichung beanstandet wird. Da aber die Flöte fast immer die **Oberstimme** innehat, werden Unstimmigkeiten mit Vorliebe ihrem Spieler angelastet!

6.4.4. Tonhöhen-Unbestimmtheiten

Kleine Intonationstrübungen, die sich durch lebendige Gestaltung ergeben, sind gewöhnlich nicht nur zu ertragen, sondern werden positiv registriert. Perfektionistisch konstante Stimmung wirkt starr, abstumpfend und langweilig. F.WINCKEL, besonders kompetent für „Schwankungserscheinungen in der Musik", geht von der Erkenntnis aus (Phän.8), „daß bei der Intonation von aufgezeichneten Intervall-Notenwerten auch noch weitere unbeabsichtigte Tonbestandteile zum Klingen kommen, die noch dazu unharmonisch zu den Grundbestandteilen des Klangbildes sein können", und daß „absolute Intonationsreinheit nur selten in der Musikausübung erzielt wird - und wohl auch gar nicht angestrebt zu werden braucht, um der Musik einen Erlebnisinhalt zu geben."

Obertonarme Instrumente, wie die Querflöte, neigen eher zu Frequenzschwankungen als obertonreichere. „Für den Querflötenton bekommt man . . . Frequenzschwankungen bis zu 4% des Sollwertes. Wenn gerade das Flötenspiel am schwierigsten völlig rein durchgeführt werden kann, so ist es bei diesem Instrument am wenigsten bedenklich, weil bei seinem geringen Obertongehalt eine leichte Verstimmung als günstiger Ausgleich wirken kann." (WINCKEL-Phän.112)

Interessante, vielfältige und beachtenswerte Auswirkungen hat das *Vibrato* auf die Rezeption der Intonation. Es wäre völlig verfehlt, die Unbestimmtheit, die der Tonhöhe durch das Vibrato vermittelt wird, als Inkorrektheit zu bewerten und die Erleichterung, die daraus für die Intonationsgestaltung innerhalb eines Ensembles resultiert, als „faulen Trick" zu verdächtigen. Die durch das Vibrato bewirkte intonatorische Unbestimmtheit ist vielmehr ein Positivum an sich. LOTTERMOSER-BRAUNMÜHL (97) stellen fest: „Es ist hinreichend bekannt, daß Klänge völliger Frequenzkonstanz überhaupt in der Musikausübung wegen ihrer Starrheit zu vermeiden sind. Man denke beispielsweise an die Darbietung eines Streichquartetts und suche sich den Eindruck vorzustellen, wenn alle Spieler ohne Vibrato musizieren würden. Eines ist sicher: Wenn eine solche Darbietung gefallen soll, müßten die vorkommenden Zusammenklänge mit äußerster Reinheit geboten werden. In dem Falle wäre es nicht mehr einerlei, ob in einem Dreiklang beispielsweise die große Terz rein oder temperiert gespielt würde. Die Anforderunbgen an die Spieler wären viel größer als bei üblichem Gebrauch, außerdem wäre es problematisch, ob die Zuhörer eine solche Musik auf die Dauer als angenehm empfänden. Auf Grund langjähriger Erfahrungen wird in Musikerkreisen immer mit Vibrato gespielt, womit die Empfindlichkeit des Gehörs gegen Unreinheiten herabgesetzt wird, andererseits dem Verlangen des Ohres auf eine leichte Bebung bzw. Frequenzmodulation nachgegeben wird." Daß die günstige Wirkung des Vibratos auf die Intonation aber auch physikalisch-physiologische Ursachen hat, begründet WINCKEL (Phän.82f.) damit, daß die „Trägerfrequenz" eines

Tones („um die herum" die Tonhöhe schwankt) bei üblicher Vibratofrequenz beträchtlich in den Hintergrund tritt gegenüber den beiden Randfrequenzen. - Im *Jazz* ist bekanntlich ein exzessives Vibrato durchaus üblich. Frans VESTER bewertet das so: „Weil der Ansatz diesen schnellen dynamischen Wechsel nicht entsprechend umsetzen kann, ergibt sich gleichfalls ein abwechselndes Höher- und Tieferwerden des Tones. Diese genannte Eigenschaft macht das Vibrato zu einem bequemen Mittel, um Stimmungsdifferenzen mit anderen Instrumenten zu regulieren. Der große Ausschlag des Saxofon-Vibratos z.B. ist die Ursache davon, daß Saxofonisten von Jazz- oder Tanzorchestern nahezu keine Stimmungsprobleme kennen.. Mit anderen Worten: das durch das Vibrato verursachte Hin und Her um die Stimmung schafft eine Scheinsicherheit, die nichtsdestoweniger häufig zur Auflösung besonderer Schwierigkeiten in intonationsmäßiger Hinsicht führt." (FZ 29 - vgl. 7.6.) - Eine weitere günstige Wirkung des Vibratos auf die Intonation hat psychologisch-physiologische Gründe: Häufig verkrampft sich der Bläser, wenn er eine intonationsmäßige Komplikation verspürt. Dann verschwindet sein Vibrato, und die Intonation leidet zusätzlich. In diesem Falle führt die Bemühung um eine Wiederanregung des Vibratos zu einer körperlichen Lockerung und bewirkt in zweifacher Weise die Wiedergewinnung einer guten Intonation. Bedarf es des Hinweises, daß die vorausgegangenen Ausführungen nicht als Freibrief für jede Art von unkorrekter, unbeherrschter Intonation dienen dürfen? Sie sind vielmehr als eine Relativierung des Qualitätsbegriffes der Intonationsgestaltung zu verstehen und als eine Bekräftigung unserer Forderung nach Flexibilität, Sensibilität und Toleranz, sowie dem Primat des geübten, unverbildeten Gehörs vor dem technischen Meßapparat.

6.4.5. Intonationshören und -kontrolle

„Eine Eigenart unseres Gehörs besteht darin, daß es die empfundene Tonhöhe nicht aus der Frequenz des Tones allein ableitet. Vielmehr hängt die empfundene Tonhöhe - wenn auch nur in geringerem Maße - auch von der Lautstärke und der Klangfarbe ab . . . Ähnlich wie beim Vibrato gibt es Spieler, die die Tonhöhe völlig unabhängig von der Klangfarbe empfinden . . . Andere Spieler lassen sich dagegen in mehr oder weniger starkem Maße durch die Klangfarbe beeinflussen . . . Dabei darf nicht verkannt werden, daß nicht immer die ‚richtige' Frequenz zu einer sauberen Intonation führt, sondern daß auch die manchmal von der Klangfarbe abhängige Tonhöhe maßgeblich sein kann . . . Das gilt vor allem für melodische Linien . . . Schließlich hat ein Musiker, wenn er relativ obertonarme Klänge spielt, leicht das Gefühl, daß er sich gegenüber anderen Stimmen nicht genügend durchsetzen kann. Die Folge davon ist der Versuch, sich durch eine etwas höhere Intonation - die einen ähnlichen Effekt wie eine brillantere Klangfarbe hat - aus dem Gesamtklang abzuheben." (MEYER-Geigenspiel 68ff.) Abgesehen von diesen nicht zu unterschätzenden subjektiven Einflüssen ist das menschliche Gehör in der Lage, in seinem empfindlichsten Bereich um etwa 1000 Hz noch Tonhöhenunterschiede bis zu 5 Cent (= 1/20 Halbton) aufzulösen. (Nach MEYER-Tonhöhenempf. 190)

Einfachere Intervalle wie die Oktave - 1:2 -, die Quinte - 2:3 - oder Quarte - 3:4 - werden kritischer gehört als kompliziertere. Das Verhältnis gleichzeitig erklingender Töne zueinander wird feiner registriert als dasjenige aufeinanderfolgender, sprunghafte Frequenzänderungen eher als kontinuierlich verlaufende. Im übrigen folgt eine Melodie bekanntlich anderen Intonationsgesetzen als ein harmonischer Satz (6.4.2.4.)

Die sich aus diesen Zusammenhängen ergebenden Unbestimmtheiten werden vom Hörer in einer durchaus sinnvollen Weise verarbeitet: „Bemerkenswert ist der Hinweis von L.Euler (1764), daß das Ohr weitgehend das hört, was es zu hören wünscht, auch wenn dem das akustisch gegebene Intervall nicht genau entspricht - was wohl recht zweckmäßig ist, weil in der praktisch niemals verwirklichten reinen Stimmung ein Musikgenuß nicht möglich wäre." (WINCKEL-Phän. 109)

6.4.5.1. Schwebungen

Das Zusammenspiel im Ensemble verlangt trotzdem gewöhnlich einen perfekten harmonischen Zusammenklang. Vor allem zwischen einzelnen Bläsern steht hierfür ein hochsensibles Kontrollmittel zur Verfügung in Form der *Schwebungen* (S.26f.) Bekanntlich zeigen Schwebungen Stimmungsdifferenzen an. Sie sind besonders gut hörbar zwischen obertonarmen Klängen, leisten also gerade dem Flötenspieler gute Dienste. An der Schwebung ist allerdings nicht die **Richtung** der Intonationsabweichung zu identifizieren: Gegenüber einer Frequenz von beispielsweise 500 Hz wirken sich 499 Hz genauso wie 501 Hz als eine Schwebung von 1 Hz aus. Der routinierte Musiker verändert bei Wahrnehmung einer solchen Schwebung seine Intonation ganz leicht in die **vermutete** richtige Richtung. Wird die Schwebung langsamer, hat er richtig reagiert und setzt die Veränderung fort bis zum vollständigen Verschwinden der Schwebung; wird diese dagegen schneller, kehrt er die Richtung um. Im Orchestertutti bei höherer Lautstärke ist der eigene Ton oft nicht mehr wahrnehmbar, eventuell aber die Schwebung zum Nachbarton, wenn eine Stimmungsdifferenz besteht. Manche Spieler intonieren durchweg zu hoch (übrigens eine typische Alterserscheinung!), um sich durchzusetzen. Häufig ist es demgegenüber geradezu eine Bestätigung für **korrekte** Stimmung, wenn man sich in einem solchen Falle selbst **nicht** hört.

6.4.5.2. Differenztöne

Ein vergleichbar sensibles, wenn auch nur sehr begrenzt einsetzbares Kontrollmittel sind die *Differenztöne* (2.3.3.). Wenn die beiden Töne eines konsonanten Intervalls in einem absolut harmonischen Zahlenverhältnis zueinander stehen, dann verhält sich der Differenzton ebenfalls konsonant zu ihnen, entweder als tiefere Oktave eines der beiden Töne oder als Ergänzung eines Dreiklangsbestandteiles. Sobald die beiden Ausgangstöne aber auch nur eine Kleinigkeit vom reinen Zahlenverhältnis abweichen, dann verstimmt sich der Differenzton ebenfalls, und zwar um ein relativ größeres Intervall. Das Kontrollmittel der Differenztöne ist allerdings nur zwischen obertonarmen Klängen anwendbar und auch nur, wenn nicht andere, stärkere Klänge den empfindlichen Differenzton zudecken. Besonders bewährt sich das Mittel deshalb im Duo.

6.4.6. Spezielle Einflüsse auf die Intonation der Flöte

Die Intonation und das Intonationsverhalten der Querflöte werden beeinflußt durch

konstruktive Eigenschaften des Instrumentes;
Zusammensetzung und Zustand der im Rohr befindlichen Luft;
Aus- und Einschieben des Kopfstückes;
Ansatz;
Griffweise.

6.4.6.1. Konstruktive Eigenschaften des Instrumentes

„Kein Böhmflötentyp, weder die vor etwa hundert Jahren gebauten, noch die heute mit so viel Selbstbewusstsein angepriesenen mit der ‚verbesserten' xy-Skala, können in ihrem ganzen Tonumfang zufriedenstellend gestimmt sein." (SCHECK-Gespr. 110) Aus den Bereichen des Orgelbaus und der Experimentalphysik liegen mannigfaltige Ergebnisse zum Intonationsverhalten von Labialpfeifen vor. Sie alle können die besonderen Gegebenheiten der Querflöte nicht vollständig erklären bzw. voraussagen. Tatsächlich unterscheidet sich unser Instrument in wesentlichen Punkten von den üblicherweise untersuchten Pfeifen. Die Hauptdifferenz - auch zu den anderen Blasinstrumenten - besteht darin, daß der größere Teil des Tonvorrates der Querflöte durch Überblasen erzeugt wird, und zwar mit Hilfe des Ansatzes und nur vereinzelt mit Überblaslöchern. Seitenlöcher - und zu ihnen gehört auch das Mundloch - bestimmen bekanntlich die Resonanzverhältnisse im Rohr. Bei der Querflöte als einzigem Blasinstrument wird also bei einer Ansatzänderung die Rohrresonanz in Mitleidenschaft gezogen.

Dazu kommt, daß die vom Griff abhängigen, sehr unterschiedlichen Ansatzanforderungen nicht eine mit der Tonhöhe sich stetig verändernde Kurve aufweisen, sondern z.T. sehr sprunghaft wechseln. All dies läßt es als unmöglich erscheinen, das Intonationsverhalten des Instrumentes rechnerisch genau vorauszubestimmen. Th.BÖHM hat dies in seinem „Schema" von 1862 versucht und damit - auch für andere Instrumente - erste brauchbare Anhaltspunkte geliefert. Sein Kommentator O.STEINKOPF korrigiert und relativiert die Werte BÖHMs in der Neuausgabe der Arbeit (1980), kommt aber schließlich auch zu dem Schluß, „daß die letzten Feinheiten beim Instrumentenbau auch heute noch empirisch gefunden werden müssen." (S. 245 - Unterstr. dch. Verf.)

Tatsächlich hat sich seit Böhm grundsätzlich wenig, in Einzelheiten aber durchaus Wesentliches geändert. Das betrifft vor allem die immer wieder diskutierte Verjüngung des Kopfstückes, außerdem die Lochgrößen und -abstände, die „Aufgänge" der Deckel, den Rohrdurchmesser und die Mundlochform. Bei hölzernen Blasinstrumenten spielt auch die Oberflächenstruktur der inneren Rohrwand eine gewisse Rolle. Dies alles kann hier, da es die Spieltechnik nur mittelbar berührt, nicht eingehend diskutiert werden; Interessierte seien auf die Spezialliteratur verwiesen.

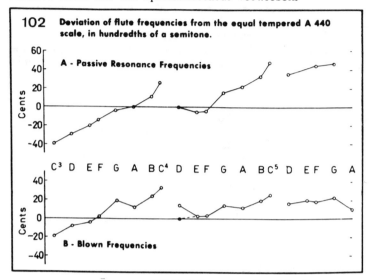

John W. Coltman: Acoustics of the flute. - © Jan. 1972 by the Instrumentalist Company. Nachdruck mit frdl. Genehmigung von The Instrumentalist (Jan. 1972.S.38, Fig. 2)

Im Diagramm sind die Resonanzfrequenzen einer Querflöte im unangeblasenen (A) und angeblasenen Zustand (B) aufgezeichnet. Man erkennt daran, daß die Intonationsqualität eines Blasinstrumentes nicht durch Laborversuch bestimmt werden kann, sondern nur, wenn es normal angeblasen wird. Trotzdem bleiben, wie auch aus dem Diagramm hervorgeht, Abweichungen, vor allem nach oben und dies vorzugsweise in der hohen Oktave. Doch wird dies gewöhnlich vom Ohr toleriert, und im übrigen können die Werte, die mit geringen Ausnahmen kaum über 20 Cent liegen, von Fall zu Fall auf die gewünschte Höhe *gezogen* werden.

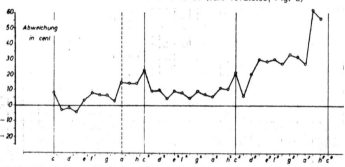

103 Stimmen einer Böhmflöte bei normalem Anblasen. — Tuning a Boehm flute when normally blown. — Accord d'une flûte de Böhm, souffle normal.

(J.Meyer: Üb. die Messung der Frequenzskalen von Holzblasinstrumenten. In: Das Musikinstrument 11.1962. Mit frdl. Genehmigung des Verlages E.Bochinsky - Frankfurt/M.

Das Ideal der perfekt und von allein stimmenden Flöte, wie es bei einem Klavier als selbstverständlich vorausgesetzt wird, ist also nicht zu verwirklichen, wohl aber das des perfekt intonierenden **Flötisten** - wobei zu hoffen steht, daß aus den bisherigen Erörterungen genügend klar geworden ist, was unter optimaler Intonation zu verstehen ist!

6.4.6.2. Zusammensetzung und Zustand der im Rohr befindlichen Luft werden durch den Blasvorgang gegenüber der Außenluft verändert. In einem 21° warmen Raum erhöht sich nach Untersuchungen COLTMANs (Ac. 1972 II, 39) die Temperatur am Mundloch auf ca. 26,5° und am Fußende auf ca. 25,8°. Das ergibt - unter weiterer Berücksichtigung des CO_2-Gehaltes der Atemluft und ihrer Wasserdampfsättigung - eine Erhöhung um 17,5 bis 19 Cent. Bis zur Erreichung dieses Endzustandes vergehen etwa 5 Minuten - ein Richtwert für die Mindest-Einspieldauer!

Mit der Ausdehnung des Rohres als Folge einer Temperaturerhöhung hat die Intonationsänderung nichts zu tun. Die dabei auftretenden Werte sind viel zu klein, als daß sie ins Gewicht fallen könnten. Wären sie dennoch bemerkbar, dann erbrächten sie im übrigen das Gegenteil vom tatsächlich zu beobachtenden Effekt, nämlich eine Vertiefung.

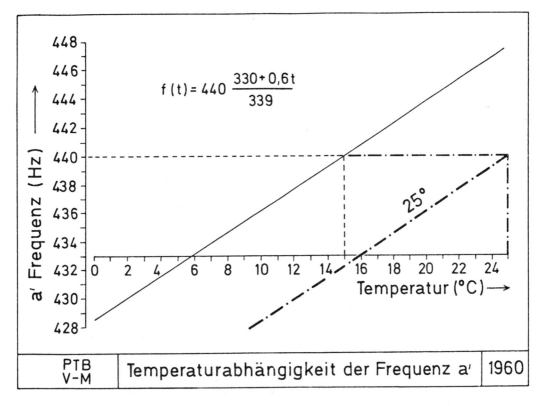

Die durchgezogene Gerade weist Werte aus, die für das a' = 440 Hz einer Orgel-Prinzipalpfeife bei der Raumtemperatur von 15° C ermittelt wurden. Wir können davon ausgehen, daß eine solche Intonationsänderung auch für eine Ausgangstemperatur von 25° C, wie sie etwa im angeblasenen Flötenrohr herrscht, zutrifft - siehe unseren gestrichelten Zusatz.

(Nach W.LOTTERMOSER: Die akustischen Grundlagen der Orgel. Frankfurt/M.: Bochinsky 1983 - mit frdl. Genehmigung von Autor und Verlag.)

Für das Zusammenspiel mit Streichinstrumenten ist es nützlich zu wissen, daß diese mit steigender Raumtemperatur infolge Nachlassens der Saitenspannung tiefer werden, ihre Intonation sich also umgekehrt wie die der Bläser entwickelt.

6.4.6.3. Ausziehen und Einschieben des Kopfstückes verändert die Maßverhältnisse zwischen dem Mundloch und den Seitenlöchern bzw. der unteren Rohröffnung. Wird das Rohr um 5 mm verlängert, so sinkt das A von 440 auf ca. 435 Hz und damit um etwa 20 Cents oder 1/5 Halbton. Zwar verändern sich bei dieser Manipulation die Streckenlängen um gleiche absolute Werte; doch weichen die für die Intervalle maßgebenden Strecken-**verhältnisse** ein wenig vom Idealwert ab. Verlängert man z.B. um einen Wert 0,1, dann wird aus dem Oktavverhältnis 1:2 die Proportion 1,1 : 2,1 , was offensichtlich keine reine Oktave mehr ergibt. Bei einer Verschiebung bis zu 5 mm liegt aber die Ungenauigkeit noch in einem durch den Ansatz ohne weiteres beherrschbaren Toleranzraum.

Streng vermeiden sollte man eine Veränderung der Korkposition. Die günstigste Entfernung zwischen dem oberen Abschluß und der Mundlochmitte ist empirisch mit 17 mm ermittelt worden. Die meisten Wischerstöcke tragen am unteren Ende eine Markierung an dieser Stelle. Damit kann die korrekte Lage des Abschlußkorks geprüft und korrigiert werden.

6.4.7. Einstimmen und Nachstimmen

Zusammenmusizieren erfordert Einigung auf eine gemeinsame, allgemeine Stimmung. Diesem Zweck dient das Einstimmen **vor** dem Zusammenspiel. Eine international gültige, einheitliche Stimmung wird durch die Norm des Kammertones A^1 = 440 Hz gewährleistet bzw. angestrebt. (Wenn gelegentlich von einer „880er-Stimmung" gesprochen wird, so ist die gleiche Stimmung - nur auf Halbschwingungen bezogen - gemeint.)

Leider besteht allgemein die Tendenz, die Stimmung, die im 19.Jahrhundert noch bei 435 Hz lag, allmählich immer weiter zu erhöhen - angeblich wegen der größeren Brillanz der Streichinstrumente. Dem sollte entgegengewirkt werden, nicht nur aus ökonomischen Gründen, sondern auch aus Respekt vor den Intentionen der Meister früherer Jahrhunderte und mit Rücksicht auf Sänger, die heutzutage die Partien älterer Werke wesentlich höher intonieren müssen als ihre Vorgänger zur Zeit der Werkentstehung. Die Flöte wird durch Einstellung des Kopfstückes eingestimmt. Aus diesem Grunde ist es durchaus legitim und wünschenswert, wenn die Blasinstrumentenbauer das Instrument eine Kleinigkeit höher als auf 440 Hz justieren, damit der Bläser durch Ausziehen oder Einschieben Korrekturmöglichkeit nach **unten und oben** hat.

Keinesfalls genügt es, wenn Bläser ihr A einmal am Anfang einregulieren und sich dann darauf verlassen, daß sie von da ab durchgehend über eine korrekte Intonation verfügen. Abgesehen von den akuten Intonationsproblemen, die während des Spiels auftreten, kommt ein isoliert angeblasenes A unter anderen Bedingungen zustande, als sie beim Musizieren bestehen. Gewöhnlich erhöht sich die Stimmung beim Musizieren. Der Bläser muß also dafür sorgen, daß er sich mit dem A unter Bedingungen auseinandersetzt, die der Spielrealität entsprechen. Er sollte deshalb - natürlich ohne die anderen einstimmenden Mitspieler ungebührlich zu stören - eine Weile frei präludieren, dabei immer wieder auf das A zurückkommen und auch das A^2 berücksichtigen. Dabei kontrolliert er nicht nur die Stimmung seines Instrumentes, sondern stimmt auch sich selbst ein, indem er seine Ansatzreaktionen aktiviert. Besteht die Möglichkeit zum Präludieren nicht, dann muß er die Einflüsse bedenken, die während des Spiels hinzukommen - und nach kurzer Zeit nachstimmen.

Wenn der musikalische Charakter sich ändert, sollte man neu einstimmen, und zwar vor langsamen, gebundenen Partien etwas höher, vor schnellen, scharf artikulierten tiefer. Solche Dispositionen müssen jedoch planvoll, überlegt und auf längere Sicht getroffen werden.

Das A^1, als Bezugston ohnehin willkürlich festgelegt, ist durchaus nicht der ideale Einstimmton der Flöte. Als kurzer Griff ist er ziemlich intonationsvariabel. Ein Bläser, der sich daran gewöhnt hat, reaktionsschnell akute Intonationsabweichungen zu korrigieren, entgeht auch beim Einstimmen nicht seiner Routine, den Stimmton - und nicht das Instrument insgesamt - flugs dem Kontrollton anzupassen. Auch aus dieser Sicht ist dem Präludieren unbedingt der Vorzug vor dem Vergleich von zwei stationären Klängen zu geben. Viel günstiger als Einstimmton ist bei der Querflöte das E^2. Dieser Ton zeichnet sich auf allen einigermaßen gut gearbeiteten Instrumenten durch eine sehr korrekte Tonhöhe aus - vgl. die Abb., 102 und 1o3. Ebenso wichtig erscheint, daß das E^2 als langer Griff äußerst stabil gegenüber Ansatzeinflüssen ist, d.h. nur wenig gezogen werden kann. Verfehlt wäre es, wollte man die untersten drei, gewöhnlich ziemlich tief intonierenden Töne als Ausgangspunkte nehmen. - Für die meist etwas zu hohe Stimmung der höchsten Töne in der dritten Oktave gibt es vielfältige Korrekturmöglichkeiten mittels Ansatz und Griff.

Selbstverständlich muß man, da es nun einmal üblich ist, auch nach dem A einstimmen können. Ganz allgemein sollte man nie vergessen, daß eine noch so penible Einstimmung auf den Kammerton die permanente Bemühung um einwandfreie Stimmung während des Spiels nicht ersetzt. Das A ist ein Orientierungspunkt, eignet sich aber nicht als Beweismittel in Streitfällen! „Es ist sinnvoll und aus künstlerischen wie aus wirtschaftlichen Gründen notwendig, eine Stimmtonfrequenz einheitlich festzulegen, die für die Einstimmung von Orchestern und Musikinstrumenten und für deren Nachstimmung während der

Darbietungen anerkannt und benutzt wird. Hiermit darf aber der eigentlichen Musizierstimmung *während* des Spiels, die aus künstlerischen wie aus physikalischen Gründen von der Normstimmung abweichen kann, keinerlei Beschränkung auferlegt werden." (LOTTERMOSER-v.BRAUNMÜHL 97)

Als durchaus dilettantisch ist es zu bewerten, wenn manche Orchesterleiter bei Intonationsproblemen der Bläser diese einzeln ihr A angeben lassen; mit gleichem (Miß-)Erfolg könnten sie dies auch von Sängern verlangen, die mangelhaft intonieren! Ebenso ist auch der Versuch zum Scheitern verurteilt, einen schlecht stimmenden Bläserakkord oder ein Unisono isoliert nachbessern zu wollen. Streicher können in einer solchen Situation durchaus ihren Fingerauflagepunkt in Ruhe lokalisieren; Bläser müssen die Intonation aus dem Augenblick und der Situation heraus finden. Das kann nur im gleichzeitigen Zusammenhang von Artikulation, Tempo, Lautstärke usw. überprüft und in Ordnung gebracht werden.

6.4.8. Spontane Stimmungsanpassung während des Spiels

Während des Musizierens wird die eingestellte Stimmung ständig - bei jedem Instrument und Spieler verschieden - durch mannigfaltige Einflüsse verändert und gefährdet: durch die Anforderungen der reinen, d.h. untemperierten Stimmung, durch Temperatur- und Lautstärkeänderungen, durch psychische Reaktionen, aber auch durch tatsächliche oder vermeintlich fehlerhafte Intonation von Mitspielern. Die notwendigen Korrekturen müssen spontan und so unverzüglich erfolgen, daß die Zuhörer weder die Intonationstrübung selbst noch deren Korrektur gewahr werden. Allgemeine Erfahrung und vorherige Absprache bzw. Probe können die Spieler befähigen, Komplikationen vorherzusehen und ihnen rechtzeitig vorzubeugen. Unabdingbares Ziel muß es sein, jederzeit und unter allen Umständen richtig zu stimmen. Die Entschuldigung mit einem angeblich oder tatsächlich ungenügend stimmenden Instrument steht dem Flötenspieler so wenig an wie dem Streicher: Auch dieser muß die unvorhergesehene Verstimmung einer Saite durch entsprechenden Fingeraufsatz so lange vorläufig ausgleichen, bis sich eine Gelegenheit zum Nachstimmen ergibt.

Eine äußerst häßliche Angewohnheit ist es, bei jeder sich bietenden Gelegenheit am Kopfstück zu manipulieren, womöglich als Reaktion auf vorausgegangene **hörbar** schlechte Intonation. Ein solches Verhalten dient nicht der Stimmungsverbesserung, sondern, sofern nicht nervös bedingt, höchstens dem Zweck, optisch anzuzeigen, daß es der Spieler selbst „auch gehört hat".

Das verbreitetste Mittel zur spontanen Intonationskorrektur besteht in der axialen *Drehung* des Rohres bzw. Mundloches. Eine Modifikation der Stimmung erzielt man aber bekanntlich auch durch eine Veränderung des *Andruckes*. Anfänger verstärken beim Übergang in die dritte Oktave häufig den Andruck in extremer Weise, was zu einer starken Vertiefung führt. Es sollte also auf eine drastische Lockerung hingewirkt werden. Als bewußt eingesetztes Korrektiv ist die Veränderung des Andruckes ein besonders elegantes, wenig Aufwand erforderndes und trotzdem wirksames Mittel zur Intonationsgestaltung.

Durch aktives Vorwölben bzw. Zurückziehen der Lippenmitten kann ein ähnlicher Erfolg erzielt werden. Energisches Zurückziehen der Unterlippe und Verstärkung ihrer isometrischen Spannung ist vor allem für eine Erhöhung in der tiefen Lage empfehlenswert. Dies kann durch eine Außendrehung unterstützt werden.

Daß die Intonation auch durch die Formung des Mundraumes beeinflußt werden kann, wurde schon erwähnt, ebenso, daß dies meist mit einer gleichsinnig wirkenden Änderung des Anblaswinkels einhergeht. COLTMAN (Mouth) hat ermittelt, daß auf diese Weise eine Tonhöhenänderung bis zu 10 Cents zu erreichen ist.

Für den im Ensemble Musizierenden ist es wichtig zu wissen, daß bei einer Lautstärkeerhöhung die Blatt- und Rohrinstrumente (Klarinette, Oboe, Fagott) zum Tieferwerden neigen, die Blechbläser dagegen, wie die Flöte, zum Höherwerden.

6.4.9. Auftreffgeschwindigkeit (Blasdruck) bei Staccato und Akzenten

Intonationserhöhungen durch den Einfluß der Strömungsgeschwindigkeit kommen hauptsächlich mit der Erhöhung der Lautstärke zustande. Zur Intonationskorrektur ist die Modifikation des Blasdruckes nicht geeignet, da er seinerseits vorrangig die Lautstärke beeinflußt. Scharfer Anstoß bei Akzenten und in Staccato-Partien wirkt sich in einer momentanen Erhöhung aus. Komplizierte physikalische und physiologische Prozesse bewirken, daß die Strömungsgeschwindigkeit unmittelbar nach dem Stoß kurzzeitig den Normalwert überschreitet, der Ton also zu hoch einsetzt und danach sofort auf die Normalhöhe bzw. sogar darunter abfällt. Ein solcher Ton hat deshalb überhaupt keine genau definierbare Höhe. Sie kann so variabel sein, daß bei einer Messung die eigentliche Frequenz kaum berührt wird. Bei Koloratursängerinnen sind Abweichungen bis zu einer kleinen Terz gemessen worden, ohne daß dies von den Hörern als falsch empfunden worden wäre. Es zeigt sich auch hier, daß bei jeder Intonationsbeurteilung das **subjektive** Hörempfinden den Vorrang haben muß. Grundsätzlich muß in den genannten Fällen der Ansatz etwas „tief" gehalten werden.

6.4.10. Griffabwandlungen und Sondergriffe

sind ein robustes, unkompliziertes und sehr wirksames Mittel zur Intonationsgestaltung. Bei ihrer Anwendung muß jedoch kritisch geprüft werden, ob der intonatorische Nutzen nicht vom klanglichen Schaden überwogen wird. Zu beachten ist auch, daß bei Sondergriffen, die der fingertechnischen Erleichterung dienen, die Intonation tangiert werden kann. So geraten Quintgriffe (8.9.) leicht etwas zu tief. Das muß mit dem Ansatz ausgeglichen werden. Andererseits können Quintgriffe bei *ff*-Tuttistellen ein Zuhochwerden in der dritten Oktave verhindern, ohne daß der Ansatz geändert werden muß. Vertiefende Wirkung haben ferner (als Beispiele) beim

C^2: rechter Zeigefinger zusätzlich;
Cis^2: Zeige-, Mittel- und Ringfinger rechts zus., ohne Dis-Klappe (gleichzeitig gute Griffverbindung zum benachbarten D^2);
E^2, F^2 ohne Dis-Klappe;
Fis^2: mit dem rechten Mittel- statt des Ringfingers;
Dis^3: der rechte kleine Finger drückt zusätzlich die Cis-Klappe;
E^3: ohne Dis-Klappe
F^3: zusätzlich rechter Ringfinger;
Fis^3: wie Fis^2;
Gis^3: Mittel- und Ringfinger rechts zusätzlich (gleichzeitig Anspracheverbesserung);
C^4: Mittelfinger rechts und dis-Trillerklappe zusätzlich.

Häufig ist auch eine Intonationsanhebung erwünscht, vor allem im *pp* oder am Ende einer Phrase, ebenso bei Sprüngen nach oben, besonders, wenn der hohe Ton nicht lauter oder evtl. sogar leiser werden soll. Da an dieser Stelle auch nicht annähernd die vielen Griffmodifikationen aufgeführt werden können, mögen einige Beispiele aus der Praxis einen Eindruck vermitteln. Im übrigen sei auf die Spezialliteratur verwiesen und eigenes Experimentieren angeregt.

1. *J.S.Bach: Partita a-Moll - Allemande.* Der Schlußton A^3 wird leicht zu tief. Abhilfe: Cis- statt Dis-Klappe.

2. *J.S.Bach: Sonate g-Moll - II.Satz.* Zwar sollte im Normalfalle die Stimmung des vier Takte langen Schlußtones mit dem Ansatz gehalten werden können. Im Notfall kann aber ein Tieferwerden durch **allmähliches, wohldosiertes** Niederdrücken der d- oder dis-Trillerklappe vermieden werden (Finger kippen!)

3. *Albert Roussel: Pan.* Der im Notenbeispiel 105a empfohlene Sondergriff erbringt neben der Erhöhung zusätzlich eine Ansatzerleichterung und eine interessante klangliche Variante.

4. *Giuseppe Verdi: Requiem - Lux - aeterna.* (105b) Bei dem für B^3 empfohlenen Griff muß die d-Trillerklappe entweder vom Mittelfinger **gleichzeitig** mit dem benachbarten Deckel oder vom Zeigefinger bedient werden. Eine grifftechnisch einfachere, aber weniger wirksame Lösung besteht darin, statt der d- die dis-Trillerklappe zu benutzen.

Albert Roussel: Joueurs de Flûte - Pan. (c) 1924 by DURAND S.A. Editions Musicales, Paris - mit frdl. Genehmigung des Verlages

105

Giuseppe Verdi: Requiem - Lux aeterna.
Bei dem Sondergriff für das B³ kann die d-Trillerklappe vom Zeigefinger oder vom Mittelfinger **gleichzeitig** mit dem benachbarten Deckel bedient werden.

5. Das Fis³ gerät allgemein wegen seiner etwas schwierigen Ansprache leicht zu tief. Dies kann - wie beim A³ (s.o.) - durch Betätigung der Cis- statt der Dis-Klappe vermieden werden.

6.4.11. Pädagogisches

Das große und wichtige Gebiet der Intonation ist pädagogisch gesehen ein getreues Abbild der gesamten Flötenmethodik. Kein Aspekt - seien es Gestaltung oder Technik, Physisches oder Psychisches - der nicht Auswirkungen auf die Intonation hätte. Seelische und intonatorische „Einstimmung" bedingen sich gegenseitig.

Unterrichtsmethodisch sollte bedacht werden, daß zu frühe und hohe Ansprüche an die Intonationsgenauigkeit sich ebenso schädlich auf die Gesamtentwicklung eines Lernenden auswirken können wie entsprechend frühe Anforderungen an die Tonqualität - vgl. das Zitat *Putnik* S. 148.

Auch in dieser Hinsicht wird die Flötentechnik meist an falschen Maßstäben gemessen: Für den **Streicher** gehört die Intonations-Treffsicherheit zu den ganz **primären Grunderfordernissen**, vergleichbar mit der Wahl eines richtigen Griffes beim Bläser. Demgegenüber stellt die notwendige Korrektur der vom **Bläser vorgefundenen**, meist jedoch keineswegs perfekten Intonation bereits eine Komplikation dar, die einen höheren Könnensstand voraussetzt und für die es bei den Streichinstrumenten keine Parallele gibt.

6.4.12. Unkonventionelle Techniken

Dient die traditionelle Intonationstechnik ausschließlich dazu, Abweichungen von der **reinen** - oder als rein empfundenen - Stimmung zu vermeiden bzw. zu korrigieren, so werden in neuerer Zeit ausdrücklich solche Abweichungen als künstlerisches Mittel eingesetzt. Man bezeichnet die so entstehenden neuen Tonhöhenverhältnisse als *Mikrointervalle*. Sie können erzeugt werden

    durch *Ziehen* mit dem Ansatz;
    durch *Sondergriffe;*
    durch *Teildeckung der Löcher* bei open-hole-Modellen.

Durch geeigneten Einsatz aller drei Mittel kann ein *Glissando* über beinahe den gesamten Tonumfang erzeugt werden. Siehe dazu die auf S. 10 mitgeteilte Spezialliteratur.

LITERATURHINWEISE

Spieltechnik: *Richter(Griffw.), Schaeffer, Scheck(Gespr.), Wye(Int.)*

Einfluß der Mundhöhle: *Ph.Bate, Coltman(Mouth), Leipp, Mather(Emb.), Mühle, Schlenger, Stauffer*

Temperatur-Einfluß: *Bak, Hall, Lorenz(Raumtemp.), Young(Depend.)*

Konstruktionseinflüsse: *Barcellona, Benade-French, Cooper, Meyer(Messg.), Young(Stimmg.)*

Perzeption: *Hensel, Meyer(Tonhöhenempf.), Roederer, Winckel(Musik, Ton, Phän., Psychoak.)*

Verschiedenes: *Ahrens, Castellengo(Probl.), Lottermoser-Braunmühl, Meinel(2 mal), Podnos, Rosbaud, Stauffer, J.B.Taylor, Vogel, Wogram-Meyer(2 mal)*

7. Vibrato

7.1. DEFINITION UND TERMINOLOGIE

Unter Vibrato versteht man die periodische Fluktuation einer oder mehrerer Eigenschaften eines musikalischen Tones - Höhe, Lautstärke, Timbre - mit einer Frequenz zwischen etwa 4 und 8 Hz, bei der sich der Eindruck einer natürlichen, harmonischen Schwingung einstellt. (Niedrigere Frequenzen wirken „jaulend", höhere „schnarrend".)

Bis in jüngere Zeit reicht der Dissens um die Terminologie „Vibrato - Tremolo". Dabei ist der Begriff *Vibrato* eindeutig besetzt, während dem *Tremolo* die verschiedensten, häufig auch negativ wertenden Bedeutungen zugewiesen werden. Wer sich mit älterer Literatur zum Vibrato befaßt, sollte zur Vermeidung von Fehldeutungen berücksichtigen, daß mit „Tremolo" sowohl das hier zu behandelnde Phänomen Vibrato gemeint sein kann, wie auch davon mehr oder weniger abweichende Funktionen, wie z.B. übergroße, besonders langsame oder schnelle Schwingung, unregelmäßige, unkoordinierte Form (z.B. das „Scheppern" alternder Sänger) oder - heute allgemein üblich - *Intervalltriller* (größer als ein Ganzton) bzw. rasch wiederholter *Bogenwechsel* auf einem liegenden Ton in der Streichertechnik. Andere, veraltete, Bezeichnungen für das Vibrato: *Bebung, Schwebung* usw.

7.2. VERZIERUNG, ZUTAT ODER NATÜRLICHER BESTANDTEIL DES MUSIKALISCHEN TONES?

Die Frage nach Herkunft, Wesen, Sinn und ästhetischem Wert des Vibratos wird seit Jahrhunderten gestellt und immer noch kontrovers diskutiert. Sie lautet - auf einen einfachen Nenner gebracht: *Ist Vibrato eine Verzierung bzw. Zutat oder ein natürlicher Bestandteil des musikalischen Tones?*

Es gibt zu viele diametral entgegengesetzte Meinungen von ernstzunehmenden Künstlern, Pädagogen und Wissenschaftlern, als daß man auf einer dieser Meinungen als der alleingültigen bestehen könnte, ohne sich mit den anderen ernsthaft auseinanderzusetzen. - Vorausgeschickt sei aber, daß an dieser Stelle einer **natürlichen, so wenig wie möglich künstlichen Entstehung bzw. Hervorbringung** das Wort geredet wird. Dafür können gewichtige und überzeugende Äußerungen bedeutender Künstler und Autoren angeführt werden.

An den Argumenten der Verfechter der Verzierungs- (Zutat-) Eigenschaft fällt auf, daß sie sich überwiegend auf die Streichinstrumententechnik beziehen. (Es wurde hier schon wiederholt auf die Fragwürdigkeit der Übernahme von pädagogischen Erkenntnissen anderer Instrumentallehren hingewiesen!) Auch wenn LINDE (69) noch in jüngster Zeit das Vibrato unter die Verzierungen einreiht, dürfte die Erklärung dafür und Berechtigung dazu in der Atemführung der **Block**flöte zu suchen sein, die durch das fest vorgegebene Mundstück mit einem sehr geringen und wenig variablen Blasdruck auskommen muß und ein so hochgespanntes Spiel, wie z.B. MOYSE es für die Ausbildung des Querflötenvibratos voraussetzt, nicht zuläßt.

Unsere Forderung nach einer so wenig wie möglich artifiziellen Hervorbringung des Vibratos begründen wir in erster Linie mit der engen Verwandtschaft der Querflötentechnik mit dem Gesang. Bei ihm braucht „der natürlichen Entwicklung des Vibratos . . . während der Ausbildung kaum nachgeholfen zu werden . . . (Es) entsteht . . . im allgemeinen von selbst, und zwar in einem Zeitpunkt, in dem die Koordinierung der an der Stimmbildung beteiligten vielfältigen Muskeln in einem solchen Maße erreicht ist, daß ein Minimum an Muskelkraft für die Phonation benötigt wird." (WINCKEL-Bedeutung 41) - Oder FUCHS (146): „Im Gesang gibt es keine Übungen, um ein vibrato zu lernen - es ist die letzte Folge eines auf richtiger Basis bestehenden Singens." Bezeichnend ist, daß viele Sänger von ihrem Vibrato nichts wissen und, wie KWALWASSER (99) experimentell herausgefunden hat - gar nicht in der Lage sind, es willkürlich abzustellen. In einem der jüngeren Standardwerke der Gesangspädagogik (HUSLER) wird bezeichnenderweise das Vibrato **mit keinem Wort** erwähnt!

Unsere Folgerungen daraus für das Flötenvibrato werden u.a. durch Äußerungen von Marcel MOYSE bekräftigt. Nach seinem Bericht (Unsolv. I,4) war in *Ph. Gauberts* Unterricht **niemals** die Rede vom Vibrato. Häufig wird von Gegnern des Vibratos TAFFANEL-GAUBERTs „Méthode" angeführt, wo es bei der Behandlung eines langsamen Bach-Satzes (Son. h-Moll) heißt: „Bei Bach, wie bei allen großen Meistern der Klassik, muß der Ausführende sich strengster Einfachheit befleißigen. Man enthalte sich deshalb unbedingt des Vibratos oder Meckerns, einer Künstelei, die mittelmäßigen Instrumentalisten und schlechten Musikern vorbehalten sein sollte." (FZ 30) Dieses Zitat wird nur zu oft (und gern) dahingehend fehlinterpretiert, als ob die Autoren eine Tonschwingung generell vermieden haben wollten. In Wirklichkeit wandten sie sich gegen das unschöne, **künstliche** „Meckern" *(Chevroter)* **mit dem Kehlkopf**. Gerade von *Philippe Gaubert* existiert eine Tonaufnahme aus dem Jahre 1915 (Beilage zu GÄRTNERs Vibratobuch), in welcher dieser Meister mit einem ganz „modern" schwingenden Ton beeindruckt. René LE ROY bemerkte später: „Das Vibrato übt man nicht. Man darf es vor allem nicht mit irgendeiner unnatürlichen Technik erzwingen wollen." (S. 74 der deutschen Ausgabe - Unterstr. dch. Verf. - FZ 31) Diese (und unsere) Meinung bestätigt P.L.GRAF (Gespr. 22): „Keiner meiner Lehrer hat mir Vibrato beigebracht. Moyse verlangte seine Tonübungen ausdrücklich ‚ohne Vibrato'. Aber in Wirklichkeit spielten wir schon damals . . . nicht ohne Vibrato. Es ergab sich fast von selber auf der Suche nach einem lebendigen Ton." Und er fährt fort:„ . . . Vibrato als Selbstzweck, als äußerlicher Klangeffekt, hat mit Musik nichts zu tun. Ich finde es grotesk, wenn man sich hysterisch durch die musikalischen Phrasen hindurchwiehert." (a.a.O - Unterstr. dch. Verf.)

Demgegenüber ist nicht abzustreiten, daß das Streichervibrato durch willkürliche, periodische Hand- bzw. Fingerbewegungen zustandekommt und gar nicht anders entstehen kann. Dabei handelt es sich zweifellos um eine **Imitation** der natürlichen Schwingungen des Gesangstones, dem Vorbild jedes musikalischen Klanges. So ist auch die Bemerkung C. FLESCHs (23) zu verstehen: „(Der Stimme) am nächsten stehen die Streichinstrumente, denen sie zum leuchtenden Vorbild geworden ist."

Hier wird wieder einmal ein fundamentaler Irrtum der Bläserpädagogik sichtbar: Statt das Vibrato **direkt** aus dem sängerischen Vorbild herzuleiten, ging (und geht) man den Umweg über die Streichertechnik, die ihrerseits ja ein - gutgemeintes und wohlbegründetes - Surrogat darstellt. FLEURY über den berühmten Flötenvirtuosen *Nicholson* (1795-1837): „Er wollte das *Vibrato* der Violine auf die Flöte übertragen, was nicht ohne Schaden für die Tonqualität und den Stil abging." (FZ 32)

Zweifellos gibt es auch Belege für das Vibrato als reine Verzierung. Man kann den italienischen *Trillo*, im 16./17.Jahrhundert als rhythmische Unterbrechung eines liegenden Tones praktiziert, dazu rechnen, ebenso die in der neuesten Musik gelegentlich verlangte bewußte Manipulation des Vibratos; letzteres hat aber mehr den Charakter einer Verfremdung als einer Verzierung oder Vitalisierung. Und schließlich impliziert eine bewußte Ausschaltung durch die Anweisung *non vibrato* ja gerade das Vorhandensein einer normalerweise ständig präsenten und unwillkürlichen Tonschwingung.

Damit dürfte genügend klargeworden sein, daß die anfänglich gestellte Frage nach dem Wesen des Vibratos von Instrument zu Instrument differenziert beantwortet werden muß. Eine - wenn auch nur psychologisch begründbare, nichtsdestoweniger aber einleuchtende - Erklärung findet die Beobachtung, daß eine künstliche Erzeugung des Vibratos und kalkulierter Umgang mit ihm umso weniger akzeptabel, weil aufgesetzt, wirkt, je näher die jeweilige Tonerzeugungs-Technik dem Gesang verwandt ist. **Und es gibt keine Instrumentaltechnik, die in dieser Hinsicht dem Flötenspiel gleichkäme!** Der peinliche Eindruck, den ein „tremolierender" Gesangvereins-Tenor macht, ist ein eindringlicher Beweis für unsere Behauptung!

Trotzdem dürfen als Konsequenz aus diesen Erkenntnissen gezielte Vibratostudien auch bezüglich der Flöte nicht so kompromißlos abgelehnt werden, wie dies aus den Äußerungen der zitierten französischen Flötenmeister gefolgert werden könnte. Doch sollte das französische Beispiel den Weg weisen, der aus einer gefährlich mißverstandenen Vibratodeutung und -lehre herausführt.

Mit der Entscheidung für die größtmögliche Annäherung an ein natürlich im Ton vorhandenes und sich der Situation anpassendes Vibrato erledigt sich die Frage von selbst, wo, wie und wann zu vibrieren sei, auch, wenn es etwas unterstützt oder geformt wird. „Expression" als Motor des Vibratos, ja als Synonym dafür, wie MOYSE nicht müde wird zu fordern, sorgt automatisch für die so oft beschworene Anpassung an den jeweiligen Ausdruckscharakter.

Unsere Betrachtungen mögen durch einige weitere Zitate beleuchtet werden - solche, die die hier vertretene Meinung unterstützen, und andere, die ihr widersprechen, wobei Gesangs- und Flötenvibrato in engster Nähe zueinander gesehen werden. Der Leser möge sich sein Urteil selbst bilden.

Zum Gesangsvibrato

SEASHORE: „Vibrato ist nicht ein Ornament, das auf eine Note aufgesetzt wird, sondern es repräsentiert unter normalen Umständen die Kondition des Organismus in seiner Gesamtheit." (FZ 33)

ders. (1936 über das Gesangsvibrato „der Zukunft"): „Ein ideales Vibrato wird wahrscheinlich in allen Tönen und Übergängen vorhanden sein, ausgenommen, wenn non-vibrato für spezielle Effekte verlangt wird." (FZ 34)

HOLLINSHEAD: „Das Violinvibrato kann als ein Mittel betrachtet werden, daß bewußt vom Willen des Künstlers reguliert wird; Gesangsvibrato ist dagegen ein charakteristischer oder inhärenter, qualitativer Faktor in der Stimme selbst." (FZ35)

SCHOEN: „1. Das Vibrato ist ein fundamentales Attribut der künstlerisch geführten Singstimme, für die es ein Medium zur Übermittlung der Emotion im stimmlichen Ausdruck ist. - 2. Das Vibrato ist die Manifestation der allgemeinen neuromuskulären Kondition, die den Gesangsorganismus charakterisiert." (FZ 36)

ZAY: „Das Vibrato ist die natürliche Pulsation oder rhythmische Vibration des Tones, und es braucht auch beim Versuch, die Stimme gleichmäßig zu halten, nicht verlorenzugehen; jegliche Kontrolle, die dieses natürliche Vibrato, oder den Lebenspuls, daran hindert, in die Stimme Eingang zu finden, ist schlecht." (FZ 37)

Zum Flötenvibrato

MOYSE: „Ich habe die Flöte immer mit der menschlichen Stimme in Verbindung gebracht - sie steht ihr weit näher als die Violine. Konsequenterweise habe ich nie die Vibrationen einer Phrase gezählt. Musik ist eine Sprache, die Flöte ist eines ihrer Ausdrucksmedien, und wenn ich spiele, versuche ich, den Eindruck von Lachen, Singen, Sprechen durch das Medium meines Instrumentes zu übermitteln auf eine so direkte Art, als ob es durch meine Stimme geschähe." (FZ 38)

ders.: (Ein abgemessenes Vibrato) . . . „ ist der letzte Strohhalm; es vibriert nicht, es verläuft wellenförmig. Es ist nicht Emotion, sondern organisierte Agitation. Dieses Pseudo-Vibrato mit 3, 4, 5, ja 7 [Hz] pro Sekunde ist fraglos dazu bestimmt, die expressive

Bedeutung einer musikalischen Phrase zu stören und sie blindlings kaputtzumachen, weil die Noten, von der sie gebildet wird, nicht alle die gleiche Länge und Wichtigkeit im Ausdruck haben." (FZ 39)

WUMMER: „Taffanel, Gaubert, Maquarre und Barrère haben alle darin übereingestimmt, daß Vibrato nicht „erzeugt" wird, sondern das resultierende Phänomen eines „geatmeten" Tones ist - und tatsächlich nicht als etwas zu Produzierendes gelehrt werden kann, sondern etwas ist, das aus dem musikalischen Gefühl des Einzelnen entsteht." (FZ 40)

GIRARD: „Zweifellos würde man viele Flötisten in Verlegenheit bringen, wenn man sie aufforderte zu analysieren, wie sie das Vibrato zuwegebringen. . . . Das Vibrato der Violine oder des Cellos ist in gewisser Weise ein Kunstgriff, der es erlaubt, einen Ton zu beleben, der sonst nichts Menschliches an sich hat, weil er mit Mitteln erzeugt wird, die nichts mit dem Künstler zu tun haben. Dagegen ist der Flötenton aus sich selbst heraus durch die Art seiner Erzeugung lebendig und schwingend. Einer der größten Reize des Flötentones ist der Eindruck von Leben, der sich beim Hören einstellt." (FZ 41)

RAMPAL: „Es ist sehr schwer, über das Vibrato zu sprechen, weil Vibrato etwas ist, das natürlich sein sollte. Wenn man es üben muß, ist es unnatürlich. Der Körper muß vollkommen einbezogen sein, wenn man Vibrato spielt." (FZ 42)

Gegenteilige Meinungen

LINDE (108): „Wichtig ist in jedem Fall die Erkenntnis, daß alle Vibrato-Arten dazu dienen sollen, Besonderheiten der musikalischen Struktur eines Werkes hervorzuheben. Der vibrierte Ton ist also nicht die Regel, sondern die Ausnahme."

THOMAS A. EDISON (der berühmte Erfinder - wahrscheinlich im Zusammenhang mit seiner Erfindung des Phonographen): „Die meisten Sänger können einen Ton nicht aushalten, ohne ihn in eine Reihe von schnatternden Tremoli aufzulösen . . .Wenn dieser Defekt eliminiert werden könnte, würde nichts die Schönheit der menschlichen Stimme übertreffen." (FZ 43)

SEASHORE (mit Bezug auf das Instrumentalvibrato): „Vermutlich findet man Beispiele des Vibratos bei jedem Instrument. Dieses musikalische Ornament [! - vgl. dagegen des gleichen Autors Zitat auf der vorhergehenden Seite] hat speziell bei den Streichinstrumenten besondere Bedeutung gefunden - vor allem bei der Violine. Wir werden deshalb unsere Beschreibung des Instrumentalvibratos von der Geige ableiten." (FZ 44)

SEASHOREs Kapitel über das Vibrato der Blasinstrumente ist bemerkenswert kurz und gipfelt in der Feststellung, man finde bei den Holzblasinstrumenten „einen äußerst seltenen Gebrauch des Vibratos als Kunstmittel." (FZ 45)

REEVES: „Fünf von sechs Sängern leiden an ihm." (FZ 46)

WAECHTER (Stud. - betr. Blockflöte): „Der fortgeschrittene Bläser . . . wird nach nicht allzu langer Zeit seinen Atemapparat und damit Atmung und Vibrato so unter Kontrolle haben, daß er sie [die Vibratoübungen] willkürlich und sinnvoll einsetzen kann."

HARTLIEB (Stimmb.) und Arnold H.WAGNER gehen von der Lehr- und Lernbarkeit des Sängervibratos aus.

Man beachte die Beziehung zwischen der nationalen Zugehörigkeit und der Meinung der verschiedenen Autoren!

Daß in den deutschen Flötenschulen des 18. und 19. Jahrhunderts durchweg (wenn überhaupt) das willkürliche Vibrato, sogar mittels Fingerhilfe, vertreten wurde, verwundert nicht, wenn man die überholten Vorstellungen in Betracht zieht, die zu jener Zeit über das Atemverhalten herrschten.

J.MEYER (Vibrato 589) orientierte sich 1968 an der damals noch sehr traditionsgebundenen *Wiener Bläserschule*: „Auch bei den Bläsern, insbesondere bei den Holzbläsern, ist das Vibrato in langsamen Passagen heute weit verbreitet, wenngleich es manche Spieler aus grundsätzlichen Erwägungen noch ablehnen: durch die periodischen Schwankungen des Tones werden feine Nuancierungen in der Dynamik verdeckt, so daß die ausdrucksmäßigen Möglichkeiten des Spielers eingeschränkt werden."

7.3. UNTERSCHIEDE ZWISCHEN DEM GESANGS- UND DEM FLÖTENVIBRATO

Wie später noch zu zeigen sein wird, kommen das Sänger- und Bläservibrato durch eine ganze Reihe von Wechselwirkungen zustande. Die wichtigste davon ist beim Sänger das Zusammenspiel zwischen dem Atemapparat und dem Kehlkopf. Daraus resultiert die überragende Bedeutung der *Atemstütze* für die Ausbildung des Vibratos.

Gehen vom Zwerchfell die Impulse aus, so erfolgt die eigentliche Formung des Gesangsvibratos am Kehlkopf. Anders wäre es nicht zu erklären, daß es in der Hauptsache durch eine Tonhöhenschwankung *(Frequenzmodulation)* geprägt ist.

Bei der Querflöte tritt als Phonationsort der Ansatzbereich an die Stelle der Glottis. So wird der beinahe einzige, doch schwerwiegende Unterschied zwischen dem Gesangs- und dem Flötenvibrato offenbar: Dem empfindlichen und beweglichen Kehlkopf steht der straff gespannte Lippenbereich des Bläsers gegenüber. Wird dieser bei Schwankungen des Betriebsdruckes passiv und in relativ geringem Maße verformt, so reagiert jener wesentlich intensiver auf die vom Atembereich her auf ihn wirkenden Kräfte; und darüberhinaus sind die klanglichen Veränderungen, die vom Kehlkopf des Sängers ausgehen, schwerwiegender.

Die Wirkungen im Ansatzbereich der Flöte sind rein physikalischer Art, nämlich solche, die sich allein aus einer Modifikation des Blasdruckes ergeben; am Kehlkopf sind dagegen sehr effektive physiologische Faktoren wirksam. Zwischen Kehlkopf und Zwerchfell bestehen bekanntlich biologisch bedingte Wechselwirkungen (S.50), die unbewußt und unwillkürlich ablaufen; das Zusammenspiel zwischen Ansatz- und Atembereich muß dagegen durch Übung erworben werden. Das führt dazu, daß sich beim Flötenspiel die Schwingung weniger spontan ausbildet, und es legitimiert eine gewisse Nachhilfe, ändert aber nichts an der Tatsache, daß eine grundsätzliche Schwingbereitschaft auch beim Bläser gegeben ist.

Der Kehlkopf ist zwar auch am Flötenvibrato beteiligt, jedoch in der völlig anderen Funktion einer sekundären Blasdruckbeeinflussung, die erst am Lippenspalt wirksam wird.

7.3.1. Vorläufige methodische Folgerungen

Die Realität des Flötenunterrichtes in der ganzen Welt hält den Idealverhältnissen, wie sie von den prominenten französischen Pädagogen vertreten werden, nicht stand. Der Grund liegt zweifellos darin, daß nur wenige Persönlichkeiten über die Ausstrahlungskraft eines *Marcel Moyse oder René Le Roy* verfügen - und nicht zuletzt nicht über deren Auswahlmöglichkeiten unter einer Weltelite von weit fortgeschrittenen Studierenden. Im Normalfalle wird eine konkrete Vibrato-**Lehre** notwendig und sinnvoll sein, und es wäre unrealistisch, diesen Sachverhalt zu negieren. Was an dieser Stelle bisher dazu gesagt wurde und was darüber weiterhin mitzuteilen ist, soll dazu dienen, die Grundlagen aufzuzeigen und die Grenzen zu ziehen für die Vibratomethodik, die den „normalen" Studierenden im Auge hat, welcher die Ansprüche der genannten und ihnen ebenbürtigen Meister weder erfüllen kann noch will. Prinzip jeder Vibratomethodik - welchen Anspruches auch immer - muß es sein, die bei **jedem** Spieler mehr oder weniger latent vorhandene Schwingbereitschaft freizusetzen und zu kultivieren.

Der Flötenpädagoge hat mithin die Möglichkeit, sich zu entscheiden innerhalb der Palette der Methoden zwischen den Polen einer gesamtheitlichen Konditionierung und einer Festlegung auf willkürliche, abgezirkelte Druckimpulse. Unter 7.7. wird dieser Fragenkomplex ausführlicher diskutiert werden.

7.4. THEORIEN DER VIBRATOENTSTEHUNG

Unserer Prämisse, daß Vibrato ein natürlicher Bestandteil des Flötentones sei, würde die Basis fehlen, wenn nicht schlüssige Überlegungen zu seiner spontanen Entstehung angestellt werden könnten. Dies wird hier versucht am Vergleich des Flötenvibratos mit dem Gesangsvibrato und dem *Tremor*. Dabei sollen aber die Unterschiede und Abweichungen dieser beiden Komplexe gegenüber dem Vibrato des Flötenspielers deutlich herausgestellt werden.

Elastische Gegenstände geraten in Schwingung, sie *vibrieren*, wenn sie in irgendeiner Weise aus ihrem Ruhezustand entfernt, angestoßen, werden. Auch Regelungssystemen ist eine Schwingung immanent. Auf Sänger und Flötenspieler treffen beide Voraussetzungen zu: Der Körper und seine Regionen, Organe, Gewebe usw. verfügen über Elastizität, und sie sind unter gegenseitiger Einregelung unmittelbar in den Vorgang der Tonentstehung einbezogen.

Wurde schon die *Atemstütze* - wichtigste Voraussetzung der natürlichen Vibratoentstehung - als ein kompliziertes Regelsystem erkannt, so trifft das verstärkt für den Gesamtkomplex der Atem- und Tonerzeugungsvorgänge zu. Sie beruhen auf physikalischen, physiologischen, psychologischen und den sie verbindenden kybernetischen Faktoren. Insofern bestehen gewisse Ähnlichkeiten und Querverbindungen zu einer anderen Schwingungserscheinung des menschlichen Organismus: dem *Tremor*.

7.4.1. Der Tremor als Vergleichsmodell

Der *Tremor* ist das gleichmäßige, anhaltende, mehr oder weniger bemerkbare Zittern von bestimmten Körperteilen und -regionen. Er kommt als ein natürliches, stetig wirkendes Wesensmerkmal des lebenden Organismus bei Mensch und Tier vor; er tritt auch speziell als Folge und Zeichen von Erregung, Kälte usw. oder als Krankheits- oder Alterssymptom auf. Wissenschaftliche Definition: *Der T. ist die unwillkürliche Bewegung eines Körperteiles, das um eine Gleichgewichtslage, annähernd sinusförmig, mit Frequenzen größer als 0,5 Hz schwingt.* (Frdl. Mitteilung von Herrn Dr. ZIPP - Inst. f. Arbeitswissenschaften an der TH Darmstadt.)

Das Vibrato kann wohlgemerkt weder als Abkömmling noch als eine Sonderform des Tremors interpretiert werden, wie SCHOEN annimmt und GÄRTNERs diesbezügliche Ausführungen (S.15) vermuten lassen könnten. „Tremor, beständig präsent in den Muskeln, ist keine Parallele zum Vibrato, da er schneller und unberechenbarer ist; und wenn er das gleiche wäre, dann müßte man erwarten, daß jeder ein Vibrato hat." (METFESSEL - FZ 47) Man kann indessen den Tremor und das Vibrato als Sprosse aus der gleichen Wurzel ansprechen und annehmen, daß die wissenschaftlichen Erkenntnisse zum Tremor (die zahlreicher vorliegen als solche zum Vibrato) manches Licht auch in unsere Fragen bringen.

Der Unterschied zwischen den beiden organischen Vibrationsformen scheint weniger in ihrer Frequenz zu liegen - der Tremor hat die wesentlich größere Spannweite von 0,5 - 30 Hz je nach der Masse des betroffenen Körperteiles - als in ihrem Anlaß: Das Vibrato entspringt aus momentaner, aktiver Tätigkeit des Atem-Phonationsbereiches, der Tremor dagegen aus einer allgemeinen physisch-psychischen Disposition. Gehört also der Tremor mehr zum Vegetativum, so das Vibrato zu den oberen Bewußtseinsschichten. Sieht man aber einmal von diesem Unterschied ab, so erkennt man deutlich die Gemeinsamkeiten.

Eine Zusammenfassung der Tremor-Forschungsergebnisse findet man bei SÄLZER u.a.: ZIPP faßt zusammen: „Entstehungsursachen: 1. Die mechanische Resonanztheorie. Demnach handelt es sich bei den Tremorschwingungen um die Oszillationen eines schwach gedämpften Schwingungssystems (Feder-Masse-Dämpfungs-System), das durch mechanische Stöße (Herzschlag, Muskelfaserzuckung) dazu angeregt wird, mit seiner Resonanzfrequenz zu schwingen. Dieses Modell ist gut untermauert: Vergrößerung der schwingenden Masse setzt die Frequenz herab. . . . 2. Reflexbogentheorie. Der Tremor wird als Ausdruck einer gewissen Instabilität des neuromuskulären Regelkreises gesehen.- - . Als besondere Form ist der Versteifungstremor anzusehen. Dabei werden Agonist und Antagonist abwechselnd innerviert. 3. Zentralnervöse Genese. Der Tremor spiegelt Rhythmen wider, die ihren Ursprung im Gehirn und Rückenmark haben. Da gezeigt werden konnte, daß der Tremor in den meisten Fällen mehrere Frequenzbänder aufweist, trifft wahrscheinlich eine Kombination der angeführten Theorien am ehesten zu."

Zumindest die beiden erstgenannten Entstehungsursachen sind mit Sicherheit weitgehend, Ziff. 3 dagegen wohl kaum für das Vibrato maßgebend. Dabei repräsentiert die Resonanztheorie den passiven Anteil des Organismus an der Vibratoschwingung, während zur Reflexbogentheorie beim Vibrato ein stärkerer, in der Willkürmotorik beheimateter neuromuskulärer Anteil hinzutritt. Dieser wird sicherlich u.a. durch die als positiv empfundene Wahrnehmung der Tonschwingung mitgetragen, die ihrerseits eine entsprechende seelische Einstimmung, günstigen Tonus und wohl auch aktive Entdämpfungsimpulse auslöst. (Siehe das Zitat Seashore S. .) Auch hierbei spielen Wechselwirkungen, also kybernetische Prozesse, eine wichtige Rolle. Zwar kann man das auch für den Tremor annehmen; doch ist dabei die Wirkung zwischen Psyche und Physis gerade umgekehrt: Zittern wird allgemein negativ empfunden, und der Versuch, es zu unterdrücken, mißlingt gewöhnlich und verstärkt meist noch die unerwünschte Wirkung. Ein gutes Vibrato wirkt dagegen stimulierend auf den Bläser zurück.

Wir können die Entstehungsursachen, die für den Tremor gelten, **entsprechend modifiziert** auf das Flötenvibrato übertragen, indem wir ebenfalls drei Faktoren annehmen, die miteinander die Schwingung in Gang setzen sowie ihre Frequenz und Form bestimmen. Dies sind:

> die Resonanz;
> der neuromuskuläre Einfluß;
> die kybernetische Verflechtung.

7.4.2. Die Resonanztheorie

FLETCHER (Corr. 237) mit Bezug auf die Flötentechnik: „In erster Linie stellen wir fest, daß der Lungenraum ungefähr ein Volumen $V \sim 10^{-2}$ m³ Luft, von einem elastischen Zwerchfell mit einer Ausdehnung von $A \sim 3 \times 10^{-2}$ m² unter einem Druck $p \sim 10^5$ Pa gehalten wird, der leicht über dem atmosphärischen liegt. Das Zwerchfell ist belastet durch die Masse $m \sim 10$ kg des Bauchinhaltes. Die Resonanzfrequenz dieses Systems ist $v = (1/2\pi)(pA^2/mV)^{1/2} \simeq 5$ Hz, was sehr gut mit der beobachteten Vibratofrequenz übereinstimmt. Danach ist es möglich, mit einem „geraden" Ton ohne Vibrato zu spielen, aber, wenn man dem Vibrato erlaubt, sich zu entfalten, tendiert es zu dieser Resonanzfrequenz." (FZ 48)

Wenn auch auf solche Weise die als „normal" errechnete Frequenz der von GÄRTNER nach neuromuskulären Gesichtspunkten ermittelten ziemlich genau entspricht, so besteht doch zwischen den Interpretationen der beiden Autoren ein eklatanter Unterschied. GÄRTNER (81) argumentiert, „daß ein ausgesprochen schnelles Vibrato wohl durch Muskeln mit kleinen motorischen Einheiten, wie sie die Kehlkopfmuskeln darstellen, hervorgebracht werden kann. Die Bauchdeckenmuskulatur dürfte demgegenüber dazu kaum in der Lage sein. Schon aus diesem Grunde kommt auch das Zwerchfell für die schnelleren Vibratobewegungen nicht in Betracht, ganz abgesehen davon, daß es für die Druckerhöhung während einer Vibratophase nicht verantwortlich gemacht werden kann, weil es infolge der Verkürzung seiner Muskelfasern bei der Kontraktion eher tiefer tritt, sich abflacht und im Sinne der Stütze ‚einstellt' . . . Die Bevorzugung bestimmter Frequenzen durch die einzelnen Muskelgruppen ist so typisch, daß man geradezu von einer ‚Frequenzcharakteristik' der in Frage kommenden Muskeln sprechen kann. Die Untersuchungen des Verfassers zeigten dann auch, daß die obere Grenze für ein thorako-abdominal erzeugtes Vibrato bei 5,5 bis 6 Hz liegt. (Schnellere Bewegungsfolgen würden zudem den biologischen Funktionen der betreffenden Muskeln nicht mehr entsprechen." Dies kann nach unserer Meinung nur dann als stichhaltig akzeptiert werden, wenn man von einer **ausschließlich** neuromuskulären Erzeugung ausgeht. Nach der Resonanztheorie kann dagegen die Schwingungsfrequenz des „thorako-abdominalen" Bereiches **theoretisch unbegrenzt** erhöht werden, indem der *Tonus* der Bauchregion entsprechend verstärkt wird. Dabei fällt dem Zwerchfell die Hauptrolle zu. Dessen *membranhafte Beschaffenheit* und Funktion prädestiniert es geradezu zum Schwingen: „Membran . . . ‚elast. . . . , nur am Rande eingespanntes Plättchen, das zur Übertragung von Druckänderungen geeignet ist . . . Sie stellt das zweidimensionale Analogon zur Saite dar (flächenhafter Schallgeber). Ihre Eigenfrequenzen sind von der Dichte, Form und Größe des M.Materials sowie <u>von der Spannung</u> abhängig." (MEYER-Lex. - Unterstr. dch. Verf.) Welche Frequenzen mit einer Membran von entsprechender Größe zu erzielen sind, kann leicht am *Paukenfell* demonstriert werden, das bekanntlich im **Tonbereich** und damit um ein Vielfaches schneller als die Vibratofrequenz schwingt.

Diese elastizitätsbedingte, passive Schwingfähigkeit, die oberhalb der durch angestrengte Muskelarbeit erreichbaren Frequenzen liegt, bewirkt darüberhinaus, daß die Schwingungen **rund** geraten, was GÄRTNER einer bewußt muskulär erzeugten Beschleunigung **zu Recht** abspricht: „Zwar sind von seiten der Bauchdecken her schnelle, hechelnde Bewegungen möglich, die auf das Zwerchfell einwirken und dieses passiv sich am Geschehen mitbeteiligen lassen. Sie haben jedoch mehr stufenartigen und nicht ‚sinusförmigen' Charakter, wie er dem schönen Vibrato eigen ist." (a.a.O.)

Beobachtungen an verschiedenen Typen von Flötenbläsern und Sängern erhärten die Stichhaltigkeit der Resonanztheorie. So ist es höchst beeindruckend gewesen, René Le Roy blasend zu erleben und zu beobachten, wie sein ganzer, kräftiger Körper bis in die Fingerspitzen hinein in die Schwingungen einbezogen und von ihnen regelrecht erschüttert wurde. Derselbe Meister, der postuliert hat: „On ne travaille pas le vibrato", lieferte den unüberhör- und unübersehbaren Beweis für die Herkunft des Vibratos aus Spannung und Elastizität der Leibesmitte. Daß sich eine solch intensive Beteiligung nicht aus bemühtem Hecheln - und schon gar nicht durch Steuerung vom Kehlkopf aus - ergeben kann, bedarf wohl kaum einer weiteren Bekräftigung.

Aus den Überlegungen zur Resonanzgenese des Vibratos fließt auch eine Erklärung dafür, daß kindliche Sänger gewöhnlich trotz geringeren Massen langsamer und flacher vibrieren als Erwachsene: Zeichen für den bei ihnen noch geringen Tonus, der entwicklungsbedingt, aber auch ein Indiz für den noch nicht ausgereiften Ausdruckswillen ist. Dagegen ist das häufig schnelle und leichte Vibrato von erwachsenen, aber zierlichen Sängerinnen (und Flötistinnen) offensichtlich auf ihre geringere Masse zurückzuführen.

Es sei nicht verschwiegen, daß für HARTLIEB nach seiner wichtigen Arbeit (*Stimmbildung als Wissenschaft*) „das Vibrato keine Resonanzerscheinung" darstellt. Doch geht aus seinen weiteren Ausführungen hervor, daß er damit **Klang**-Resonanzen der Oberkörper- und Kopfhohlräume meint, nicht jedoch die von uns mit Berufung auf FLETCHER und die Tremorforschung postulierten mechanisch-.elastischen Resonanzerscheinungen im Rumpfbereich. An anderer Stelle (49) erkennt HARTLIEB durchaus das Vorliegen einer Resonanzwirkung - mit Schwerpunkt im Bauchbereich - an, meint damit aber offenbar physiologisch-psychologische Wechselwirkungen: „Für die Stimme ergibt sich . . . , daß die Phonation des ‚geborenen' wie des ‚ausgebildeten' Sängers durch das sensitiv-motorische Zusammenspiel einer neutralen |sic! - „neuralen"?| Steuerung gebildet wird und die ‚introspektive' Kontrolle des Sängers in der Beobachtung der kinästhetisch erfaßbaren Bewegungen und Schwingungen besteht - also in der Beobachtung einer mechanisch-physiologischen ‚Resonanz' - und nicht in der Kontrolle einer akustischen Resonanz. Hier tritt nun vor allem das große Schwingungssystem der Atembewegung in Erscheinung, während die Bewegungen der kleinen Schwingungssysteme (Rahmen und Glottis) kaum empfunden werden. Daher hat auch bisher der Atem das Hauptproblem für die Untersuchungen der Sängerstimme gebildet. Die Reaktion des Sängers zur Steuerung der Frequenz- und Amplitudenmodulation . . . besteht in reflektorisch und halbautomatisch gelenkten, mehr oder weniger emotionell betonten Kontrollmaßnahmen. Zu dieser taktilen Steuerung kommt die auditive Kontrolle durch das Ohr . . . " Die Stellungnahme des Zitierten weist ihn eindeutig als einen Vertreter der **willkürlichen** Vibratosteuerung aus. Abgesehen davon stellt sie aber auch eine Bestätigung für unsere Einordnung der neuromuskulären Vorgänge in die Vibratoentstehung dar.

7.4.3. Der neuromuskuläre Anteil

Muß man bei der Reflexbogentheorie der Tremorforschung - wie überhaupt beim Tremor - von einer absolut außerhalb des Willens liegenden Funktion ausgehen, so deutet FLETCHER für das Vibrato des Flötisten das **Hinzutreten** eines mehr oder weniger willkürlichen Anteiles an - s.u. Wir können ihm hierin vorbehaltlos folgen, vor allem auch hinsichtlich der von ihm angedeuteten Rangordnung:

1. Resonanz,
2. unwillkürliche,
3. willkürliche neuromuskuläre Impulse.

Die Motorik der neuromuskulären Vorgänge beruht auf dem Prinzip des *Reflexbogens*. Sein Funktionieren ist - vereinfacht - so zu erklären, daß ein von einem Sinnesorgan oder einem Rezeptor aufgenommener Reiz als Signal an das Zentrale Nervensystem gemeldet, dort verarbeitet, als Befehl an das ausführende Organ (z.B. einen Muskel) gegeben und von dort an das ZNS zurückgemeldet wird, usw. Zwischen der Reizaufnahme und der motorischen Reaktion darauf liegt zwangsläufig eine mehr oder weniger lange Pause, die *Reflexzeit*.

Da der Blasvorgang eine dauernde Veränderung bzw. „Störung" der Spannungs- und Gleichgewichtsverhältnisse im Atembereich zur Folge hat, ist ein ständiges reflektorisches Eingehen darauf notwendig. Die *Reflexzeit* führt zwangsläufig zu einem periodischen Auf und Ab, und dadurch kommt es zur Schwingung. FLETCHER: „Die zweite Möglichkeit besteht darin, daß das Zwerchfell durch gegenwirkende antagonistische Muskelgruppen im korrekten Spannungszustand gehalten wird, die durch willkürlich ebenso wie unwillkürlich beeinflußte Rückkopplungsschleifen gesteuert werden. Die Schwingungsfrequenz solcher Schleifen liegt, wie bei verschiedenen nervlichen Störungen beobachtet, ebenfalls nicht weit entfernt von 5 Hz. Es ist in der Tat äußerst wahrscheinlich, daß beide Mechanismen miteinander verquickt sind." (FZ 49)

Willkürliche Aktivitäten können dazu dienen, Schwingungen, die durch Resonanz oder Reflexbogen nicht genügend ausgebildet sind, freizusetzen bzw. zu unterstützen, und zwar durch *phasengerechte Entdämpfung,* wie sie unter 2. 2.5. (S.24) beschrieben wurde. Im Falle des Bläservibratos besteht dies in der Abgabe willkürlicher, rhythmischer Atemschübe, die sich in die natürlich gegebene - und vom Bläser nach Möglichkeit erfühlte - Resonanzfrequenz des Atembereiches einfügen.

Auch wenn man GÄRTNERs Interpretationen folgt, wonach die neuromuskulär gegebene Obergrenze bei etwa 6 Hz liegt, muß doch offengelassen werden, ob eine durch Spannungserhöhung angehobene Resonanzfrequenz nicht auch einen höheren neuromuskulär bestimmten Wert **stimulieren** kann. (Sehr bedenklich stimmt die Untersuchungsmethode G.s: „Für den Nachweis eventueller Z w e r c h f e l l -Aktivitäten wurde eigens eine Sonde mit einer an ihrem Ende befindlichen bipolaren Elektrode konstruiert, die durch den Mund (in einigen Fällen durch die Nase) den Oesophagus [Speiseröhre] hinabgeführt und in der Weise plaziert wurde, daß der Meßkopf mit der Elektrode an der Durchtrittsstelle des Oesophagus durch das Zwerchfell liegenblieb, und so die Ableitungen gewährleisten konnte. Zur Fixierung des Meßkopfes im Oesophagus und besseren Kontaktgestaltung waren die Elektroden auf einem aufblasbaren Ballon angebracht." Eine **künstliche Produktion von Tonschwankungen** mag selbst unter solchen Umständen machbar sein, die Entfaltung einer natürlichen Vibratoschwingung, wie wir sie vertreten, mit Sicherheit nicht.

Übrigens muß für eine Entdämpfung der Vibratoschwingungen nicht unbedingt **jede** Periode durch einen Druckimpuls unterstützt werden. So genügt es ja z.B. auch, eine Schaukel nur bei jedem zweiten oder dritten Durchgang anzustoßen und sie zwischendurch ein- oder zweimal ausschwingen zu lassen. Wichtig ist nur, daß jeder Impuls wirklich *phasengerecht* erfolgt. Gleiches ist beim Vibrato möglich, vorausgesetzt, die resonanzbedingte Schwingfähigkeit ist nicht vorher durch abgezirkelte Produktion von **künstlichen** „Schwingungen" zunichte gemacht worden! Die von uns empfohlene Kombination von passivem Schwingenlassen und dosierter, phasenrichtiger Nachhilfe erlaubt eine bedeutende Beschleunigung des Vibratos (deren Notwendigkeit jedoch in Frage steht). So kann eine Frequenz von 8 Hz erzielt werden, indem man nur jede zweite Periode unterstützt, die Entdämpfungsfrequenz also bei 4 Hz liegt. Diese Methode, maßvoll eingesetzt, ist übrigens ein vernünftiges und probates Mittel planmäßiger Vibratoübungen.

Bei der eben genannten - wie auch bei jeder anderen Art der willkürlichen Vibratounterstützung - sollte versucht werden, sich weitgehend von übergeordneten, so wenig wie möglich *mechanistischen* Antrieben führen zu lassen. „Ist eine körperliche Entlastung durch Optimierung der Atemtechnik eingetreten, so kann sich ein labiler Zustand entwickeln, aus dem heraus auch willkürlich gefühlsbedingte Impulse die Modulation des Tones im Sinne des Vibratos steuern . . . " (WINCKEL-Psycho. 82 - Unterstr. dch. Verf.)

Spielerischer Umgang mit Schwingungen ist ein Grundbedürfnis höherer Lebewesen. Es zeugt von Wohlbehagen und erzeugt Befriedigung, wenn man schaukelt, mit den Füßen baumelt, einen Ball hüpfen läßt oder sonstwie der Elastizität seines Körpers oder eines Gegenstandes nachspürt und sie zum Ausdruck bringt. Jeder Radfahrer kann bestätigen, daß das Fahren von Schlangenlinien, jeder Skifahrer, daß das „Wedeln" lustvoll wirkt. In solchen Handlungen wird Befriedigung dadurch erzielt, daß man sich im Einklang fühlt mit einem natürlichen Bewegungsablauf, der aus vitaler Elastizität resultiert, und spürt, wie eine große Wirkung mit kleinem, aber gekonntem Einsatz zu erzielen ist. Dazu kommt die Stabilisierung, die ein labiles System durch eine Schwingung erfährt. Auch das Streichervibrato wird durch eine solche Einstellung vor einer maschinenhaften Ausführung und Wirkung bewahrt.

Auch der Raum, in dem musiziert wird, spielt bei der Vibratoformung mit. Dessen Reflektionswerte können die Vibratofrequenz und -form erheblich beeinflussen (SEYMOUR I und II), und zwar sowohl physikalisch - durch Rückkopplung - als auch psychisch - durch Stimulation.

7.4.4. Ein kybernetisches Modell

Aus den genannten physikalischen, physiologischen und psychischen Komponenten bildet sich ein Netzwerk der verschiedensten Beziehungen und Rückwirkungen heraus, welches die Versuche, das Vibrato vorwiegend oder ausschließlich neuromuskulär und als Resultat willkürlicher Aktionen zu deuten, entschieden in Frage stellt. Im übrigen verstellt die Rubrizierung nach „laryngealen" und „thorako-abdominalen" (GÄRTNER), oder „glottealen, subglottealen und periglottealen" Vibratotypen den Blick dafür, daß das Phänomen viel zu vielschichtig ist, als daß es sich durch prätentiöse wissenschaftliche Zuweisungen in den Griff bekommen ließe. Dagegen ist der Komplexheit des **Lebensvorganges** Vibrato beizukommen durch kybernetische Überlegungen

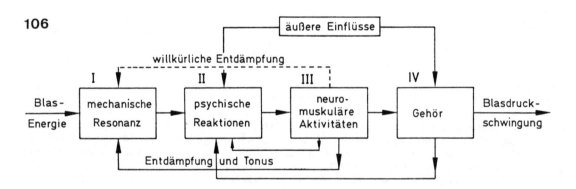

Primärer Schwingungsauslöser ist die durch die Luftströmung aktivierte Resonanz des Rumpfes (I), psychisch bedingte (II) oder willkürliche Reaktion darauf (-----) entdämpfen rückwirkend die Resonanzschwingung. Ferner werden der Tonus des Rumpfbereiches und damit seine Resonanzfrequenz beeinflußt. Psychische Reaktionen werden auch durch den Höreindruck stimuliert. Äußere Einflüsse sind bedingt durch

die Raumakustik: Resonanz zwischen der Vibratofrequenz und dem Hall des Raumes; stimulierende oder dämpfende Wirkung „guter" oder „schlechter" Akustik;

Resonanz und Stimulierung seitens der Mitspieler - psychisch und akustisch;

Stimulierung durch die Qualität des Instrumentes.

7.4.5. Das Problem Kehlkopf

Das Vibrato und der Kehlkopf: fürwahr ein heißes Eisen!

Maximilian Schwedler und Gustav Scheck, Repräsentant des traditionellen deutschen Blasstils der eine, erfolgreicher Verfechter einer umwälzenden Reform der andere, lieferten sich in den dreißiger Jahren eine Kontroverse, die sich heute ebenso symptomatisch ausnimmt, wie sie amüsant wirkt, und die - mit neuen Protagonisten - bis heute fortwirkt.

SCHWEDLER (Bebg.):„ . . . tatsächlich soll die Tonbebung auch nichts anderes sein als ein unhörbares, auf dem e- oder ä-Laute ausgeführtes Meckern . . . Es entsteht . . ein rasches Verengen und Erweitern der Stimmritze und dadurch ein dem Zungenstoße nicht unähnliches und fast wie mit diesem ausgeführtes Absetzen des Tones. Die in dieser r o h e n Gestalt anfänglich unschön wirkende Übung wird, je l e i c h t e r und l e i s e r (u n h ö r b a r e r) man die Stimmbandbewegung ausführen lernt, sich auch mehr der vom wohlgebildeten Gesangskünstler verwendeten Tongebung nähern und, mit der Zeit zu voller Blüte gebracht, auch denselben Zweck erfüllen."

Als Antwort darauf SCHECK (Flötenvibr.):„ . . . muß ich erklären, daß ich das Kehlkopfvibrato als Kunstmittel ablehne. Es ist nach meiner Ansicht sentimental und wird leicht zur leidigen, nicht mehr abstellbaren Gewohnheit. Es kommt nicht, wie Jean Paul so schön sagt, unmittelbar aus dem Herzen."

GÄRTNER (132) im Jahre 1975: „Diese Vibratoart [gemeint ist das Kehlkopfvibrato] ist, wie die Untersuchungen zeigen konnten, nicht nur häufig anzutreffen, sondern in ihrer Wirkung auch durchaus effektvoll . . . Mit Erfolg kann man dabei ohne weiteres auf die von Maximilian S c h w e d l e r angegebene Methode . . . zurückgreifen."

SCHECK (Flöte 81) 1975 - unter dem Eindruck von Gärtners Erkenntnissen: „Das glotteale (Stimmbänder-)Vibrato. Diese häufigste Art des Bläservibratos wurde durch Gärtner in ihrer muskulären Funktion durch elektro-myographische Versuche . . . einwandfrei erwiesen."

Dagegen SCHMITZ (1975 in einer Rezension zu Gärtners Buch): „ . . . die ins Allgemeingültige zielenden Schlüsse, die der Verfasser [Gärtner] im Sinne vermeintlicher Vorzüge des laryngealen [Kehlkopf-] Vibratos zieht, können nicht überzeugen . . . daß sich die Stimmbänder auch in entspanntem Zustand bei ausgeprägtem und gut ausgebildetem Zwerchfell-Vibrato ebenfalls entsprechend mitbewegen, versteht sich auf Grund ihrer Elastizität ebenso von selbst, wie man sicher sein kann, daß auch bei einem ausgesprochenen Kehlkopf-Vibrato die Druckänderungen der gesamten Luftsäule ein (wenn auch minimales und daher im Röntgen-Film nicht sichtbares) Mitschwingen aller elastischen Begrenzungsflächen der Lunge bewirken. Die entscheidende Frage ist eben nur, ob es für die Modulierbarkeit der Vibrato-Schwingungen in Frequenz und Amplitude, für die angestrebte Geräuschlosigkeit des Einatmens, ja für die notwendige Lockerheit der Zungenmuskulatur und nicht zuletzt auch für die Tragfähigkeit des Tons wünschenswert sei, die Kehlkopfmuskulatur überhaupt anzuspannen, oder ob der Spieler grundsätzlich nicht lieber versuchen sollte, die hier vielleicht nicht in allen Fällen zu vermeidenden Spannungen zum mindesten so gering wie nur irgend möglich zu halten. Besteht nicht ohnehin schon die große Gefahr, daß beim Bläser - sofern seine Atemstütze nicht richtig funktioniert - bereits ohne jede Absicht ein Zuviel an Kehlkopfspannung ‚passiert', oder sollte hier versucht werden, aus der Kehlkopf-Not eine Flöten-Tugend zu machen?"

Die Verfechter des Kehlkopfvibratos gehen von einer Steuerung des Atemstromes mit Hilfe der Stimmritze aus. GÄRTNER (76): „Alternierendes Öffnen und Schließen der Stimmritze führt zu rhythmischer Beeinflussung bzw. Unterbrechung der ausströmenden Luft. Die Annäherung der beiden Stimmlippen muß nun durchaus nicht zu einem totalen Glottisschluß führen. Vielmehr kann die periodische Hin- und Herbewegung so gesteuert werden, daß selbst im Augenblick maximaler Annäherung zwischen ihnen noch Raum bleibt zum Durchtritt des Atems." - Dieser Darstellung stehen schwerwiegende physikalische Einwände entgegen: Findet durch eine Röhre - als die wir uns den oberen Atemweg vorzustellen haben - eine Strömung statt, so kann man davon ausgehen, daß das, was am einen Ende, der Quelle, investiert wird, am Ausgang wieder herauskommt. Dies trifft uneingeschränkt für Flüssigkeiten zu und ist nach physikalischer Argumentation durch das *Kontinuitätsprinzip* begründet und im *Bernouillschen Gesetz* niedergelegt.

Welche Einflüsse auch immer auf den Strömungsweg wirken, darunter auch Querschnittsänderungen: der *output* entspricht nach Umfang und Form dem *input*. Dieses Prinzip erfährt allerdings bezüglich der Gase eine gewisse Einschränkung: diese können sich nämlich an Engstellen komprimieren. Das geschieht auch an der Glottis. Findet nun an dieser Stelle eine Umwandlung des Atemstromes in Tonschwingung statt - wie es bei der **vokalen** Phonation der Fall ist - so schlägt sich die Änderung des Betriebsdruckes in einer wesentlichen Klangmodifikation nieder. Anders aber, wenn die Luft **weiterströmt,** wie es beim Blasinstrumentenspiel der Fall ist: Der eventuell an der Stimmritze entstandene Überdruck entspannt sich im Mundraum und wird erneut erst wieder am Lippenspalt wirksam. Damit hat eine Querschnitts- bzw. Widerstandsänderung an der Glottis beim Bläser - physikalisch gesehen - **fast keine Wirkung** auf die Druckverhältnisse an der Ansatzstelle. Ein **gewisser,** wenn auch stark reduzierter Einfluß kommt jedoch durch die *Kompressibilität* der Luft und ihre Massenträgheit zustande. Eines ist jedoch sicher: Die klangliche Effektivität von Glottismanipulationen ist weitaus geringer, als die Verfechter des Kehlkopfvibratos meinen!

Nun ist aber nicht abzustreiten, daß periodische Veränderungen an der Glottis sehr wohl eine Vibratoschwingung bewirken. Dafür gibt es eine physiologische Erklärung: Der Stimmritzenwiderstand beeinflußt die Energieabgabe des Atemapparates durch *Mitinnervation*. Wie schon erwähnt (und bei GÄRTNER S.85 nachzulesen), sind die Muskeln des Zwerchfells, des Bauch- Thorax- und Kehlkopfbereiches entwicklungsgeschichtlich eng miteinander verwandt; d.h. sie hängen innervatorisch zusammen und neigen zu Mitinnervationen. So kann man an sich selbst wahrnehmen, wie der Bauch merklich reagiert, wenn man - stumm und in völliger Ruhe - die Stimmritze willkürlich schließt. Es ist also eine Steuerung des Atembereiches vom Kehlkopf her möglich. Doch auch das Umgekehrte trifft zu: Aktivitäten im Atembereich, vor allem am Zwerchfell, greifen auf den Kehlkopf über, und zwar aktiv, nicht nur passiv verformend. Das bedeutet, daß auch in diesem Falle Innervationspotentiale im Kehlkopf myographisch feststellbar sind. **Nicht** nachweisbar durch diese Meßmethode ist indes, woher der **erste** Anstoß kommt: vom Bauch, vom Kehlkopf oder aus der gesamtkörperlichen Resonanz. So machen es diese Wechselwirkungen zur mehr psychologischen - und damit auch zu einer methodischen - Frage, von wo aus der Bläser das Vibrato „steuert", zu steuern meint, bzw. wo er dessen Ursprung fühlt. Die plausibelste Antwort dürfte sein, daß man Zentrum und Quelle im Gesamtsystem zu suchen hat!

7.5. VIBRATOEIGENSCHAFTEN

7.5.1. Die Vibratofrequenz

Wie schon einleitend festgestellt, ist der Begriff des Vibratos mit einem bestimmten Frequenzbereich von etwa 4 bis 8 Hz verbunden. Im Falle. daß eine Schwingung ausschließlich die Lautstärke betrifft *(Amplituden- oder Intensitätsvibrato),* läßt sie sich als *Hüllkurve* um die Spitzen der einzelnen Perioden darstellen. Bei der *Tonhöhen- oder Frequenzmodulation* drückt sie sich als zeitlich gleichmäßig (periodisch) wiederkehrendes Auseinanderstreben und Zusammenrücken der einzelnen Perioden von im übrigen gleicher Amplitude aus. Dies läßt sich ebenfalls als ein der Hüllkurve analoges Schwingungsbild darstellen - siehe Abb.

Ganz überwiegend wird die Vibratofrequenz ausgebildeter Sänger im Bereich zwischen 5 und 6 Hz lokalisiert. Diese Schwingungszahl wird allgemein als ästhetisch befriedigend empfunden. Es besteht also Grund dafür, diese Größenordnung auch für die Flöte in Anspruch zu nehmen, zumal sie naturwissenschaftlich begründet ist - siehe die Zitate FLETCHER S.184 und 186 - und auch von GÄRTNER nachgewiesen ist. Beobachtungen in der Praxis lassen vermuten, daß höhere Vibratofrequenzen nicht nur mit einer stärkeren Beteiligung des Kehlkopfes einhergehen (wogegen grundsätzlich nichts einzuwenden wäre), sondern daß dabei der Bauchbereich entgegen einem natürlichen, locker-gespannten Verhalten zunehmend ausgeschaltet wird. Das führt gewöhnlich zum Meckern und zu einer oberflächlich-schnellen Schwingung, die mehr dem Tremor ähnelt und eine innere Beteiligung des Bläsers vermissen läßt. Die Vibratofrequenz als getreuer Spiegel der Kondition und Gestimmtheit des Spielers sollte nicht manipuliert werden. Wer überhaupt seine Vibratofrequenz revidieren zu müssen glaubt, sollte nicht an der Schwingungsfolge selbst arbeiten, sondern sich um eine andere innere Einstellung bemühen.

WINCKEL hat nachgewiesen, daß unter 4 Hz eine Tonhöhenmodulation besonders stark - und ästhetisch negativ - registriert wird, wogegen bei ca. 6 Hz Tonhöhenschwankungen als solche gar nicht mehr wahrgenommen werden, sondern der Eindruck einer schillernden Intensitätspulsation entsteht. (Psychophys. 183) Je kleiner aber die Tonhöhenausweichung ist, umso eher wird eine niedrigere Vibratofrequenz akzeptiert.

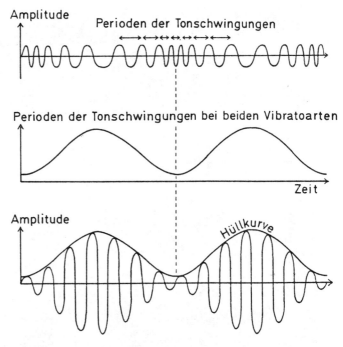

107 Vibratofrequenz bei Frequenz- und Amplitudenmodulation

Sie ist sogar günstig, wenn der Modulationsgrad schwach ist (WINCKEL-Krit. 247). BARTHOLOMEW (FZ 50): „Der Orgeltremulant erzeugt vorrangig eine Lautstärke- statt einer Tonhöhenvariation. Angesichts dieses Vibratotyps wird es evident, daß dessen ideale Geschwindigkeit langsamer ist als bei derjenigen, die die Tonhöhe betrifft. Deshalb liegen die Tremulantfrequenzen häufig unter 6 oder gar 5, ja manchmal sogar bei 2." Auch die früher von deutschen Flötisten bevorzugte „lange Welle" („langsam schwebendes, langphasiges" Vibrato nach Gg. MÜLLER) war nur vertretbar, weil es sich um eine Schwingung mit ganz geringem Frequenzhub (= Tonhöhen-Ausschlag) und einer sehr mäßigen Amplitudenmodulation handelte.

Wenn WINCKEL auch behauptet, daß ein zu gleichmäßiges Vibrato ebenso ermüdend wirkt wie ein perfekt stationärer Klang, so braucht der Bläser daraus keine praktischen Folgerungen zu ziehen: Die Atemführung bringt ganz von selbst die kleinen Unregelmäßigkeiten mit sich, die den Ton lebendig machen.

Die vielberufene Anpassung der Vibratofrequenz an den Ausdrucksgehalt eines Stückes sollte nicht willkürlich und geplant praktiziert werden, sondern sich aus der momentanen Gestimmtheit ergeben, in die sich der Bläser durch das musikalisch zu Gestaltende versetzen läßt. Gelassene Ruhe wird ganz von allein ein mäßigeres Vibrato zur Folge haben, als wenn eine affektgeladene Partie darzustellen ist. Hier liegt auch die Erklärung dafür, warum morgens in ausgeruhtem Zustande das Vibrato sich nicht so spontan und intensiv ausbildet wie in einer angespannten Stimmungslage am Abend.

7.5.2. Die Vibratoarten

Vibrato kann bestehen in der periodischen Fluktuation von

Lautstärke (Intensität, Amplitude),
Tonhöhe (Frequenz),
Klangfarbe (Timbre).

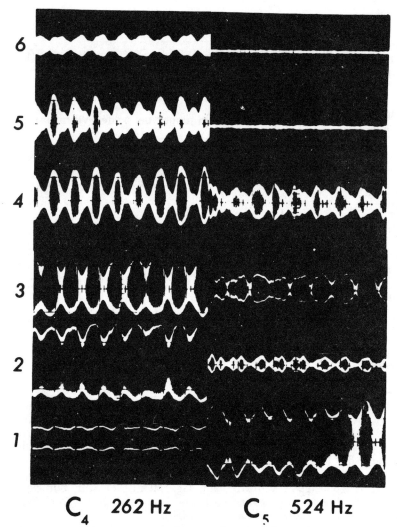

C_4 262 Hz C_5 524 Hz

Harmonic structure and vibrato on the notes C^4 and C^5. The relative amplitude and time variation of each of the first six harmonics is shown, the pulse of the vibrato being 5 per second in each case.

108 Neville H. Fletcher: Some acoustical principles of flute technique.
– © Feb. 1974 by the Instrumentalist Company. Nachdruck mit frdl. Genehmigung von The Instrumentalist (Febr. 1974. Fig. 5, S. 61)

GOLDHAN konstatiert als Variante des *Klangfarbenvibratos* eine *Formantmodulation*, die durch wechselnde Vokalfärbung gekennzeichnet ist. Für die Flötentechnik dürfte diese Abart aber kaum von Belang sein. Eine nicht zu unterschätzende Bedeutung - nicht unbedingt schädlich! - haben dagegen periodisch wechselnde Geräuschbeimengungen.

Sieht man einmal von absichtlichen Bewegungen mit den Lippen, den Fingern oder dem Instrument ab, so kommt jegliches Vibrato der Flöte - ob vom Kehlkopf oder dem Bauchbereich ausgehend - durch Blasdruckschwankungen zustande. Nach FLETCHER (Corr.) beträgt die Blasdruck-Pulsation etwa 10%; sie führt zu einer Frequenzabweichung von höchstens 1%. Das bedeutet aber nicht, daß das Flötenvibrato fast ausschließlich Lautstärkemodulation sei. Vielmehr schlagen sich die Energieschwankungen ganz wesentlich im Obertonspektrum nieder, und zwar so, daß die Grundfrequenz nur sehr wenig, der 2. Partialton und auch die weiteren Obertöne umso stärker betroffen sind. Es kommt sogar vor, daß der Grundton bei einer allgemeinen Intensitätszunahme **schwächer.** wird. Der Klang pulsiert also hauptsächlich zwischen hell und dunkel. Da aber der Lautstärkeeindruck von der **Summe** der Energie **aller** Teiltöne des Klanges abhängt, ergibt sich gleichzeitig eine Intensitätsschwankung von identischer Frequenz. Damit ist das Flötenvibrato - neben der relativ unbedeutenden Frequenzmodulation - in erster Linie eine **Kombination aus Lautstärke- und Klangfarbenmodulation**, wobei beide Komponenten nicht beziehungslos nebeneinander herlaufen, sondern sich gegenseitig bedingen, formen und vermischen. Nach BARTHOLOMEW (Ac. 23) „mag der Lautstärkewechsel markanter wahrgenommen werden, als es sich tatsächlich verhält. (FZ 52)

7.5.3. Die Vibratoform

Die allen Vibratoarten zugrundliegende, übergeordnete (Hüll-)Kurve (s. Abb. 107) zeigt durch ihre Form an, mit welcher Gleichmäßigkeit oder Abruptheit, Rundheit oder Eckigkeit die Pulsationen der Klangqualitäten verlaufen. Nur ganz selten wird man eine angenäherte Sinusform erreichen. Sie ist im übrigen weder erstrebenswert noch besonders schön. Stellen wir uns vor, daß im Extremfalle der Ton auf dem Intensitätshöhepunkt abbricht, dann erhalten wir eine *Kipp- oder Sägezahnschwingung* - siehe Abb. 109b. Eine solche Schwingungsform entsteht, wenn die Glottis sich im Moment der höchsten Kraftentfaltung plötzlich schließt. Klangliches Resultat ist das verpönte Meckern (Chevroter von frz. *la chèvre* = die Ziege). Zwischen den Extremen einer reinen Sinusschwingung (Abb. 109a) und der Sägezahnschwingung sind unzählige Varianten möglich, die die individuelle Tongebung eines Bläsers ausmachen. Dabei ist zweifellos eine runde Form die erstrebenswertere; doch liegt der Reiz und die Individualität eines Vibratos gerade in den Abweichungen.

Ein weiteres Formproblem, das allerdings nur Bläser mit hohem Frequenzanteil in der Schwingung betrifft, ist die Frage, ob sich die Tonhöhenmodulation gleichweit nach unten und oben, bzw. unter oder über dem Mittelwert abspielen soll - siehe Abb. 109 c-e. Es liegt nahe, der erstgenannten Form den Vorzug zu geben; doch kommt - vor allem bei Streichern - auch das Vibrato über oder unter dem Ton vor, wobei letzteres ausgesprochen sinnlich wirken kann, was sich Jazzsänger und -instrumentalisten zunutze machen. „Ursprünglich und weit bis ins 19. Jh. wurde das Vibrato [hier: der Violine] mit leichtem Abweichen von der Tonhöhe nach oben und unten ausgeführt, so daß von einem 'Vibrato auf 3 Noten' gesprochen werden kann. Seit Ysaye haben manche Geiger das Vibrato auf ‚2 Noten' vertreten (zwischen Hauptnote und ihrer Erniedrigung), da das Vibrato nach oben zu aufdringlich in der Klangfarbe und zu hoch wirkt; doch wird heute sowohl das Vibrato auf 3 Noten . . . wie das auf 2 Noten . . . empfohlen." BOYDEN)

Auf eine negative Erscheinung muß hier noch hingewiesen werden, welche die Lautstärkegestaltung beim Vibrato betrifft: Bei übermäßiger Bemühung, eine Schwingung zu erzwingen, wird leicht versäumt, nach dem Atemschub entsprechend nachzulassen. So wird der Ton immer lauter und seine Schwingungskurve zunehmend flacher - s. Abb. 109f. Der Klang wirkt fest, was den (Ver-)Spannungszustand des Bläsers getreu widerspiegelt.

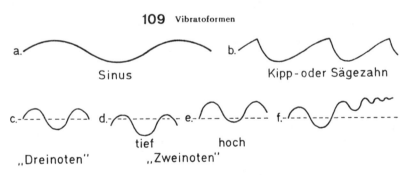

109 Vibratoformen

a. Sinus   b. Kipp- oder Sägezahn

c. „Dreinoten"   d. tief   e. hoch   f.

„Zweinoten"

7.5.4. Individuelle Vibratoqualitäten und deren Beeinflussung

Die Kombination der verschiedenen Vibratoarten kann eine sehr verschiedene Verteilung aufweisen. Das gilt für das Gewicht innerhalb des Gesamtklanges, besonders aber auch für die gegenseitige Phasenlage. GOLDHAN (15) gliedert dies auf an einem Beispiel der „Beziehung zwischen Tonhöhen- und Intensitätsvibrato: . . .

1. beide Arten laufen völlig synchron
2. beide laufen völlig konträr, d.h. auf einen Wellenberg des Frequenz-Hubs fällt ein Wellental des Intensitätsvibratos
3. in einen Wellenberg der einen Vibratoart fällt ein Ansteigen der anderen
4. in einen Wellenberg der einen Vibratoart fällt ein Fallen der anderen."

Daraus ergibt sich, daß die Zahl der möglichen Kombinationen schier unendlich ist, und es erhebt sich die Frage, ob eine absichtliche Beeinflussung in dieser Hinsicht möglich und wünschbar sei. Das kann zwar mit Einschränkung zustimmend beantwortet werden, wobei aber die Arbeit am Vibrato eine Optimierung der körperlichen Abläufe und nicht die Imitation irgendwelcher Vorbilder im Auge haben sollte.

Die Vibratoform wird vorwiegend durch das Wechselspiel Lippen-Kehlkopf-Bauch bestimmt. Es ist leicht einzusehen, daß der relativ träge Bauchbereich den Schwingungen eher Rundheit verleiht als die schnellen Kehlkopfreaktionen.

So, wie ganz allgemein der Lippenspalt beim Flötenspieler die Stelle des Kehlkopfes einnimmt, so entscheidet sich an ihm auch weitgehend die individuelle Vibratoeigenart. Souveräne Beherrschung des Ansatzes - gleichbedeutend mit Elastizität und Stabilität - verleiht auch dem Vibrato ebendiese Eigenschaften. Zu geringe Lippenspannung steht der Ausbildung eines weitgehend unwillkürlichen Vibratos generell entgegen, speziell aber einer genügend schnellen und nuancenreichen Schwingung. Die Blasdruckschwankungen setzen sich unter solchen Umständen vorwiegend in Lautstärke- und weniger in die interessantere Tonhöhen- und Timbremodulation um.

Bemerkenswert ist die Wirkung eines stark gespannten Ansatzes: Der Lippenspalt bleibt dabei gegenüber den Blasdruckschwankungen weitgehend unverändert, und dadurch setzt sich ein Energiezuwachs fast ausschließlich in Klangfarbenmodulation mit einem eventuell relativ starken Anteil an Geräuschen um, was dem Klang, wenn es im Rahmen bleibt, eine reizvolle Schärfe verleihen kann.

Inwieweit der Mundraum an den Schwingungen teilnimmt und seinerseits Einfluß auf die Klangmodulationen nimmt, wird von der individuellen Disposition des Bläsers, seinem ansatztechnischen Können und auch von anatomischen Gegebenheiten bestimmt. Lage- und Formveränderungen der Zunge dürften eine gewisse Rolle spielen. Je unabhängiger die Zunge von der Ansatzspannung ist, umso mehr kann sie passiv auf Druckschwankungen reagieren, so daß auch auf diesem Wege über die Mundraumresonanz die feineren Vibratoqualitäten beeinflußt werden können.

Temperamentsbedingt folgen manche Bläser den Vibratoimpulsen durch aktives - wenn auch unbewußtes - Reagieren mit der Ansatzspannung. Das kann zu **stärkerem** Verschluß im Moment des Druckmaximums führen. Dadurch wird die Wirkung multipliziert, und auf diese Weise kann es zu einer weiteren Verstärkung der Timbre- und Geräuschmodulation kommen. Inwieweit dies eine Bereicherung oder Beeinträchtigung darstellt, wird letztendlich durch den Geschmack entschieden.

Andere Bläser geben beim Druckanstieg mit dem Ansatz nach. Dabei wird der Energiezuwachs fast ausschließlich in Lautstärkegewinn umgesetzt, und das Resultat ist entsprechend weniger interessant. Es spiegelt aber recht getreu die Charakter- und Stimmungslage des Spielers wider.

Geringes Engagement oder gewisse Hemmungen, sich frei auszudrücken - auch übergroße Konzentration auf technische Anforderungen - schlagen sich leicht in einem geringen Tonus oder in Verspannung und damit in einer Verlangsamung und Abflachung des Vibratos nieder. Solche negativen Bedingungen können auch dazu führen, daß der Bläser nicht mit seinem ganzen Körper bei der Sache ist, sondern daß nur Teile des Leibes beteiligt sind - oder fast ausschließlich der Kehlkopf. Die geringere Masse schwingt dann zwar eventuell sogar schneller; dennoch ist die zustandekommende
Schwingung von geringerer Qualität gegenüber einer solchen, die aus hochgespannter Beteiligung und entsprechender Elastizität resultiert; ein derartiges Vibrato wirkt „obenhin, ohne Kern". WESTERMAN (49) weist mit Nachdruck auf den entscheidenden Einfluß der „emotionalen Spannung" *(emotional tension)* hin und stellt dieser die negative Wirkung von schlechter Haltung, Angst, Hysterie, einseitiger Anstrengung - kurz alles, was die Balance stört", entgegen. (FZ 53) Aus seinen Ausführungen wird auch das häufig zu beobachtende Phänomen erklärlich, warum bei schlechter Disposition zwar eine Schwingung aufkommt, diese aber eher ein aus Schlaffheit resultierender Tremor ist und deshalb eckig bis zittrig wirkt. Der Hörer registriert solche Feinheiten sehr empfindlich.

Dem Bläser - und vor allem dem Hörer - werden diese Vorgänge natürlich nicht in dem geschilderten analytischen Sinne bewußt. Man empfindet eine Schwingung als „rund, eckig, schillernd, stumpf" usw., und der Bläser ist auch nur im Rahmen seiner physiologischen und spieltechnischen Voraussetzungen in der Lage, einen bewußten Einfluß auszuüben. Auch bei noch so großer Bemühung wird es ihm nicht möglich sein, eine Klangvorstellung zu realisieren, die ihm von seinem Typ her nicht zugänglich ist. GRAY (12): „Wegen der Unterschiede in der individuellen körperlichen Charakteristik ist es durchaus unmöglich, die Tonqualitäten eines anderen genau zu kopieren oder zu duplizieren. Diese subtilen Differenzen in den tonlichen Qualitäten identifizieren in vielen Fällen einen bestimmten Künstler und gehören gleichzeitig zu unserem Musikgenuß." (FZ 54)

All dies schließt das Streben nach der Realisierung einer Idealvorstellung nicht aus. Nur sollte man sich vor gewollten Manipulationen hüten und sich stattdessen auf die gesamtheitliche Wirksamkeit von Zielvorstellungen verlassen, die bekanntlich die Aktivitäten und Reaktionen zentral und automatisch steuern. Voraussetzung dazu ist allerdings, daß die technischen Mittel überhaupt zur Verfügung stehen und daß ihr Einsatz so ökonomisch erfolgt, daß immer ein Spielraum für Modifikationen bleibt. Je umfassender alle an Atem und Ansatz beteiligten Körperpartien an den Druckwellen teilnehmen und sich von ihnen - im Rahmen des technisch Vertretbaren - verformen und beeinflussen lassen, umso reicher, farbiger, interessanter und aufschlußreicher wird das Vibrato sein. Je begrenzter und starrer dagegen Reaktionen und Verhalten, desto enger beschränkt sich das Vibrato auf eine uninteressante Lautstärkeschwankung.

7.6. WIRKUNGEN DES VIBRATOS

Die Frage nach den Wirkungen des Vibratos kann vielfältig beantwortet werden und bedarf der Erörterung nach psychologischen, gehörsphysiologischen, akustischen und nicht zuletzt geschmacklichen Gesichtspunkten.

Schwingungstests sind in der modernen Technik ein häufig praktiziertes Mittel zur Prüfung von Materialien und Apparaturen auf Zusammensetzung und Funktionieren. So werden beispielsweise Analysen von Schwingungsbildern zur Exploration tiefster, unzugänglicher Erdschichten verwandt. Der Kenner ist in der Lage, aus diesen Bildern, die durch genau dosierte Vibrationen gewonnen werden, Informationen über Art, Dichte usw. der ihn interessierenden Erdformation zu beziehen, die andernfalls verborgen blieben.

Vergleichbar ist die Wirkung des Vibratos auf den Hörer. Er erhält durch die Art der Schwingung Aufschlüsse über den Vorgang der Tonerzeugung, die Kondition des Musikers, über dessen Engagement, Gestaltungsabsichten und viele andere, sonst diskret bleibende Sachverhalte. Die Vermittlung dieser Informationen erfolgt auf beiden Seiten unbewußt, doch umso zwingender, je unmittelbarer und ungezwungener die Schwingung beim Absender zustandekommt. „Läßt man zwei Geiger, deren tonliche Eigenschaften die größten Verschiedenheiten aufweisen, hinter einem Vorhang auf dem gleichen Instrument dieselbe Tonfolge mit dem einem jeden eigenen Vibrato spielen, so kann man leicht und sicher den Spieler herausfinden." (FLESCH 22) „Im übrigen gibt es viele Geiger, deren Fähigkeit zu vibrieren aufs engste mit ihrer allgemeinen seelischen und körperlichen D i s p o s i t i o n verknüpft ist, also gewissermaßen ein Stimmungsbarometer darstellt." (ders. 25) SEASHORE (FZ 55): „Vibrato ist nicht ein Ornament, das auf die Note aufgesetzt wird, sondern es repräsentiert unter normalen Umständen die Kondition des Organismus in seiner Gesamtheit." - Die „Kondition des Organismus" ist nicht zuletzt von der seelischen Einstimmung abhängig - und diese beim Musiker zu einem wesentlichen Teil von seinem Gestaltungs- und Ausdrucksbedürfnis. Vibrato als wichtigstes und natürlichstes Ausdrucks- und Kommunikationsmittel!

Kinder reagieren auf eine vibrierende Gesangsstimme nicht selten mit Verlegenheit und Ablehnung - und auf das Ansinnen ihres Instrumentallehrers, selber zu vibrieren, regelrecht mit Scham. Der voll ausschwingende, bewußte oder gar exzessive Ausdruck eines potenten Künstlers kann auf den naiven Zuhörer durchaus zudringlich und indiskret, ja zuweilen exhibitionistisch wirken, wogegen der Erfahrene gerade aus der Vibration einer solchen Stimme aufschlußreiche Erkenntnisse gewinnt. „Es sind die Bewegungsvorgänge im gesamten Stimmapparat, die sich in den Nerven und Muskeln abspielen und daher eng mit der Individualität der stimmgebenden Person zusammenhängen, so daß also Sprache und Gesang unmittelbar ein Bild der Persönlichkeit geben." (WINCKEL-Krit. 248) So hat das Vibrato eine gleiche enthüllende, ja zuweilen entlarvende Wirkung wie die *Handschrift* . Die Schlußfolgerungen auf das künstlich produzierte, errechnete, berechnende Vibrato liegen auf der Hand . . .

Abgesehen von solchen im künstlerischen Bereich zu suchenden Wirkungen ist der positive Eindruck eines guten Vibratos auch physisch und psychologisch zu begründen: Schwingung spiegelt Elastizität wider; Elastizität aber ist das Resultat von und der Indikator für Gesundheit, Tatkraft und Ausdrucksvermögen. SEASHORE (FZ 56): "*Lächeln und Vibrato*. Im Lächeln haben wir eine gute Analogie. Es ist der natürliche Ausdruck für guten Willen, die Attitüde von 'Ich mag dich', 'ich mag es', 'ich bin gut beieinander'. Unter natürlichen Bedingungen kommt es spontan zustande und ist eines der hervorstechenden Merkmale im sozialen Umgang miteinander, oft treffender als Worte und Gesten. Aber nachdem es als wichtiges Ausdrucksmittel erkannt ist, wird es häufig nachgeahmt. Doch mag dieses imitierte Lächeln auch die äußere Form des Lächelns haben, der Kenner läßt sich nicht irreführen . . . Das echte Lächeln sagt immer die Wahrheit, weil es die Reaktion des Organismus auf Wohlbefinden und günstige Einstellung ist gegenüber einer Situation, einem Ereignis oder einer Person. Genauso verhält es sich beim Vibrato. Mit der Art, wie es schwingt, offenbart die Natur die Wahrheit. Es kann nachgeahmt werden, aber die Nachahmung ist erkennbar: Wir müssen jedoch unterscheiden zwischen Imitieren und Kultivieren . . . Die Analogie zwischen dem Lächeln und dem Vibrato ist fundamental."

Der Eigenwert einer Vibratoschwingung resultiert u.a. aus ganz konkreten Gegebenheiten der Lautperzeption: „Jeder Vorgang einer stimmlichen Mitteilung hat den Charakter einer Modulation . . . Ein konstanter Dauerton hat keinen Informationsgehalt, auch keine Wirkung im ästhetischen Sinn. Physiologisch hat der Dauerton die Konsequenz, daß sowohl bei der Stimmgebung wie beim Hören die Dauerbelastung einer einzelnen Nervenfasergruppe zu Ermüdungserscheinungen führt. Der physikalische Vorgang jeglicher Mitteilung beruht also in ununterbrochenen Änderungen des Tons in Bezug auf Frequenz und Amplitude . . . " (WINCKEL-Psychphys. 81) - Und: „ . . . es kommt nicht auf den Reiz, sondern auf den Reizwechsel an . . . " (WINCKEL-Musik 961). Winckel geht aber noch weiter und zweifelt den psychoakustischen - und damit auch den ästhetischen Wert eines zu perfekten Vibratos an. Die Wirkungen, die vom Orgeltremulanten, dem Vibraphon oder von elektronischen Instrumenten ausgehen, bestätigen diese Behauptung.

Daß Sinneseindrücke eindringlicher wahrgenommen werden, wenn sie pulsierend oder zerhackt beim Empfänger ankommen, ist eine allbekannte Erfahrung, die auch für Licht- und Tastreize gilt. Rhythmische Veränderungen der Schallintensität, Tonhöhe und Klangfarbe zur Verstärkung des Wahrnehmungseffektes werden spielerisch oder kaum bewußt von Kindern und Naturmenschen angewandt, wenn sie a-u-a-u-a rufen oder beim Schreien die Mundhöhle rhythmisch mit der Hand abdecken. Auch die durchdringende Wirkung der Trillerpfeife beruht auf diesem Effekt. Nach BACKUS (Found. 102) hat das Vibrato zudem den positiven Effekt aller *Ausgleichsvorgänge*: Erst durch sie wird eine endgültige Identifizierung der Klangquelle ermöglicht - siehe S. 133.

Als interessante Wirkung des Vibratos hat v.BEKESY „nachgewiesen, daß tiefe Frequenzen einer Schallquelle dem Ohr ganz nahe erscheinen, hohe Frequenzen dagegen entfernt, was mit Ausgleichsvorgängen an der Basilarmembran zusammenhängt. Da nun die größere Nähe eines Klangbildes dem Hörer einen stärkeren Kontakt zur mitteilenden Schallquelle vermittelt als ein entfernteres, so erzeugt das Vibrato als tieffrequentes Phänomen Kontakt zum Sender und Wärme." (zit. nach WINCKEL-Psychphys.83 - Quellenangabe dort: *Bekesy, G.v.: Akust.Z.3, 21, 1938*).

Schließlich ist für den im Ensemble Musizierenden die Erkenntnis höchst nützlich, „daß der mit Vibrato gesungene Ton nicht die Tonhöhenbestimmtheit hat wie ein reiner Ton. Das scheint vom musikalischen Standpunkt aus günstig zu sein, indem kleinere Intonations-Ungenauigkeiten unbemerkt bleiben." (WINCKEL-Bed. 44) - siehe auch S. 169. Dazu schon früher KOCK (24): „Wenn ein Akkord zu einem mit Vibrato versehenen Ton hinzutritt, wählt das Ohr diejenige Frequenz aus, die mit dem Akkord übereinstimmt, denn das Prinzip der Unbestimmtheit verhindert die Vorherrschaft einer bestimmten Frequenz. So kann ein Ton, der eigentlich in der Stimmung abweicht, akzeptabel gemacht werden, wenn ihm ein Frequenzvibrato hinzugefügt wird, vorausgesetzt, die beabsichtigte Tonhöhe ist im Vibratoausschlag enthalten und dieser ist nicht allzu groß." (FZ 57)

7.7. METHODIK DER VIBRATOLEHRE

7.7.1. Pädagogische Voraussetzungen

Akzeptiert man unsere Prämisse, wonach Vibrato nicht „produziert" wird, sondern in der Atemführung des Bläsers latent und permanent vorhanden ist, so daß es nur **geweckt** zu werden braucht, dann ist es die logische Konsequenz, daß die Arbeit am Gesamtverhalten des Lernenden anzusetzen hat. Erste und wichtigste Aufgabe des Lehrers ist es mithin, dem Schüler eine Kondition zu vermitteln, welche die Ausbildung der Schwingung ganz allgemein fördert. In der Mehrzahl der Fälle wird hier die erste, entscheidende und lange nachwirkende Sünde begangen: In den Vordergrund wird die „Beherrschung" des Instrumentes gestellt; der Lernende wird von Beginn an in ein Korsett gezwängt, dessen vorherrschende Aufgabe die Erzeugung eines „sauberen" und möglichst bald auch „schönen" Tones ist - was immer das auch heißen mag. Er wird darüberhinaus überfordert durch zu schwere Stücke und - besonders einschneidend - durch zu frühe Festlegung auf eine penibel einzuhaltende Intonation. Das Wichtigste an der Musikausübung rangiert an letzter Stelle und wird mehr oder minder dem Zufall überlassen: die Kunst und Lust, sich so eindringlich und frei wie möglich mitzuteilen, auch wenn dabei - vorläufig - einige technische Unvollkommenheiten in Kauf genommen werden müssen.

Wenn auch Bewohner weiter nördlich gelegener Breiten Schwierigkeiten damit haben, sollte der Pädagoge seinem Schüler eine Mentalität nahezubringen versuchen, wie es MARTIENSSEN (82) in Betrachtung italienischer Gesangsstudierender beschreibt: „Das größte Geschenk neben dem weltoffenen, optimistischen, ichfreudigen Temperament und der allgemeinen Gesangs- und Opernliebe des ganzen Volkes ist vor allem der Charakter seiner Sprache und - seiner Erziehung durch die Sprache. Die niemals durch Verbote eingeschränkte Lautstärke des täglichen Sprechens, die Vehemenz der Sprachgebung, der geballte Charakter der romanischen Konsonanten, die schallenden Vokale und Schleuderkraft des Zwerchfells wird in diesen beneidenswerten Menschen von Kind an durch die Lebensfülle ihrer Sprache hervorgebracht! ... Wenn man sieht, in welch schlapper, zusammengefallener, unsängerischer Haltung junge Menschen in anderen Ländern zum Gesangsstudium kommen, und wenn man die unbekümmerte Gehobenheit und die gelassene Spannkraft beobachtet, die die jungen italienischen Sänger charakterisiert, so ist das der beste Anschauungsunterricht für den Begriff der naturgegebenen Disposition."

Auch ein natürliches Flötenvibrato kommt nur zustande, wenn der Bläser mit Spannung und Engagement hinter seinem Spiel steht. Seine gesamte Orientierung muß nach außen, zum Zuhörer hin, gerichtet sein. In weitaus überwiegendem Maße hören und spielen aber Lernende - aber auch viele „Ausgelernte" - in sich und in das Instrument hinein, ähnlich, wie es THAUSING (48 - Fußn.) angesichts deutscher Gesangspädagogik beklagt: „Das Pianosäuseln, zu dem die armen Gesangsschüler veranlaßt werden, hat seinen Grund ... nicht etwa in der Beobachtung, daß daraus jemals ein ‚Forte' sich entwickelt hätte, sondern darin, daß so etwas Ähnliches wie ein ‚Piano' wenigstens möglich ist und der Hoffnung Raum läßt, der große Ton werde sich schon ‚entfalten'. Daß schon das Piano ... etwas ganz anderes ist als das verhauchte Säuseln des Stimmlosen, das bemerkt dieser natürlich nicht ... ". EDLER-BUSCH (49) - auf den Flötenunterricht sich beziehend: „Wer ... von seinem Lehrer stets viel zu schwere Stücke aufgetragen und beim geringsten Fehler eine Rüge erteilt bekommt, wagt es nie, einen musikalischen Höhepunkt anzuspielen. Es ist nicht zu verwundern, wenn dieser Flötist ein willkürliches Vibrato zuhilfe nimmt, will er sein Spiel nicht stumpf klingen lassen. Ohne echte Hingabe an die Musik jedoch, die ihr von innen heraus Glanz und Wärme gibt, ist eine noch so raffinierte Technik wertlos." Die gleiche Autorin findet überzeugende Worte zu dem, was wir mit einer allgemeinen Konditionierung zu umschreiben versucht haben: „Bei einem Flötenanfänger, der von vornherein mit feinem Gehör sein Flötenspiel gesanglich erfaßt und schult, kann der Flötenton bereits nach einem Jahr auf die gleiche und natürliche und unwillkürliche Weise schwingen wie ein Gesangston. Ausschlaggebend ist die Intensität, mit der geblasen wird . . . Überraschend ist die Tatsache, daß zierlich gewachsene Mädchen oftmals sehr viel früher einen intensiven, schwingenden Flötenton hervorbringen als große Jungen. Nimmt man die Lautstärke als absolute Gegebenheit, so ist es verständlich, daß ein Mädchen beim Forte alle vorhandene Kraft einsetzt, während ein großer kräftiger junger Mann noch beim Fortissimo mit halber Kraft bläst. Für zierliche junge Mädchen ist es selbstverständlich, daß das Flötenspiel anstrengend ist, während große junge Männer, wenn sie sich wirklich einmal zu einem sehr intensiven Flötenton aufschwingen, diese Anstrengung leicht als lästig empfinden. Ein schwingender Flötenton jedoch wird von allen angestrebt. Es ist nicht verwunderlich, daß manche Flötisten, bei denen sich ein unwillkürliches Vibrato nicht eingestellt hat, versuchen, es willkürlich zu erreichen." (47)

Damit stellt sich dieser allgemein-pädagogische Teil der Vibratovermittlung als eine schwierige und verantwortungsvolle Aufgabe des Lehrers dar. Sie besteht darin, das bei einem Schüler bereits Vorhandene zu erkennen und zu pflegen, „Wildwuchs" (Gärtner) nicht gleich zu beschneiden, sondern die darin vielleicht (und meist) zum Ausdruck kommende Vitalität dankbar zu akzeptieren, sie zu pflegen und in *expression* im Sinne von *Marcel Moyse* zu verwandeln. Vibrato bewußt zu formen und es womöglich zu manipulieren (was hier nicht unbedingt negativ zu verstehen ist), sollte - wenn überhaupt - dem körperlich, wesensmäßig, musikalisch und flötistisch Ausgewachsenen vorbehalten bleiben.

7.7.2. Verschiedene Methoden der Vibratovermittlung

Grundsätzlich sei festgestellt, daß alle im Folgenden vorgestellten Methoden auf ein gemeinsames Ziel hinlaufen: eine Integrierung der verschiedenen Muskelaktivitäten und Körperbereiche zu einer gesamtheitlichen Zusammenarbeit zu erreichen. Andere (hier nicht behandelte) Versuche, die Schwingung auf einen Teilbereich zu beschränken, seien es der Rumpf, der Kehlkopf oder die Lippen, sind nicht diskutabel, es sei denn, Vibrato soll als gewollter Verfremdungseffekt eingesetzt werden. Dissens besteht dagegen weithin über den Weg, der zu gehen ist, über den Ursprungsort der Schwingung und ob sie bewußt und gezielt eingesetzt und modifiziert werden darf.

Wir können bei der Kommentierung der verschiedenen Methoden nicht auf Wertungen verzichten; trotzdem möge der Leser sich die Freiheit nehmen, sich sein eigenes Urteil zu bilden.

1. Über die „Nicht-Methode" der großen Franzosen ist kein Wort mehr zu verlieren. Ihre eigenen und die Leistungen ihrer Schüler sprechen für sich. **An ihrer Schule muß jede andere Methode gemessen werden.**

2. GÄRTNERs „Vorstellungen über ein integrierendes Lehrverfahren" (143ff.) bilden in jeder Hinsicht den Kontrast dazu. Seinem Buch, das durch interessante Röntgenaufnahmen und myographische Messungen Beachtung verdient, erhält auch dadurch Relevanz, daß sich seit Erscheinen seines Buches zahlreiche andere Autoren und Pädagogen auf dessen Ergebnisse berufen. Bezeichnenderweise bezieht G. sich - neben *Maximilian Schwedler* - ausdrücklich auf die **Violin**pädagogik, vertreten durch Namen wie *Flesch und Milstein* Unsere abweichende Meinung dazu ist auf S. 179ff. nachzulesen. Auch Gärtner strebt eine den Gesamtorganismus umfassende Schwingung an. Seine Methode ist - verglichen mit der französischen Schule - ein Beleg dafür, auf welch verschiedene, ja diametral konträren Wegen versucht werden kann, ein insgesamt gleiches Ziel zu erreichen.

G. geht von der planmäßigen **Erzeugung** und allmählichen Beschleunigung eines „thorako-abdominalen" Vibratos aus: „Zunächst ist die Atmung und auf sie aufbauend die Stütze, dann das sogenannte Martellato und schließlich das eigentliche ‚Zwerchfell'-Vibrato zu erarbeiten. (148 - Unterstr. dch. Verf.) - Man erinnere sich des Ausspruches von *René Le Roy:* „On ne travaille pas . . ." Mit Recht weist G. darauf hin, daß das Vibrato „nach Überschreiten der bald offenbar werdenden Grenze - in den meisten Fällen liegt sie zwischen 5 und 6 Hz - . . . ‚nach oben' in den Kehlkopf (rutscht)".

Der vorrangigen Bedeutung gemäß, die G. dem Kehlkopf beimißt, entwickelt er Einzelübungen, die sich expressis verbis an *Maximilian Schwedler* orientieren, „vorausgesetzt, daß der Schüler schon weiß, wie die ‚meckernde Stimmbandbewegung', von der Schwedler bei seinen Übungen als Grundlage ausgeht, überhaupt zu bewerkstelligen ist." (152)

Wenn Gärtner auch - nach ausführlicher **getrennter** Behandlung der beiden Vibratotypen - zu einer Zusammenschau kommt, so ist sein Verfahren doch das extreme Beispiel für eine Methode, die das spieltechnische Ziel durch allmählichen Zusammenbau von Einzelfertigkeiten zu erreichen sucht. Unsere - stark abweichende - Meinung dazu haben wir bereits im Anfangskapitel über die *Regelungsvorgänge* (1.2.) niedergelegt.

Gärtner geht zu Recht davon aus, daß „Kehlkopf einerseits und ‚Zwerchfell' andererseits . . . sozusagen ein geschlossenes System dar(stellen), das der K o o r d i n a t i o n aller beteiligten Muskelgruppen bedarf." Doch auch seine myographischen Untersuchungsergebnisse können nicht davon überzeugen, daß der Kehlkopf das eigentliche Steuerorgan bei höheren Frequenzen ist, denn auch ein **mit**innervierter Muskel weist die gleichen elektrischen Potentiale auf wie ein unmittelbar angesteuerter. Zuzugeben ist, daß ein erhöhter Tonus, wie er zur Beschleunigung notwendig ist, zunehmend den Kehlkopf in Mitleidenschaft zieht. Ein Beweis, daß die Schwingung vom Kehlkopf initiiert wird, ist damit nicht erbracht. Wir jedenfalls suchen den Ursprung des Vibratos weder hier noch da, sondern in den Resonanz- und Regelungsvorgängen des Gesamtorganismus und des Gesamtverhaltens. Daß wir dabei Übungen bevorzugen, die sich auf den Rumpf richten und den Kehlkopf möglichst von willkürlichen Aktivitäten freihalten, ist eben durch diese gesamtheitliche Anschauungsweise begründet.

Gegen eine Primärfunktion des Kehlkopfes spricht ein weiteres Argument: Es könnte als gleichgültig gelten, ob man davon ausgeht, daß der Kehlkopf den Bauch und dieser wieder den Kehlkopf beeinflußt oder umgekehrt. Doch für den Primat des Bauches spricht - abgesehen von der ausführlich dargestellten *Resonanztheorie* - auch ein „mechanisch" zu begründendes Argument: Die Steuerung des massereichen und entsprechend trägen Atemapparates durch feine Kehlkopfaktivitäten stellt eine **Über**setzung dar. Das heißt: Unebenheiten an der Steuerstelle werden im Wirkungsbereich vergrößert wiedergegeben; es bietet sich der Vergleich mit dem Fernglas an: Bei starker Vergrößerung wirkt sich schon geringes Wackeln als starke Bildunruhe aus. Anders der umgekehrte Weg einer **Unter**setzung; auf das Vibrato bezogen: Der Bläser, sofern er überhaupt auf eine willkürliche Vibratoerzeugung angewiesen ist, kann die Schwingung aus einer größer dimensionierten, mehr peripher liegenden und damit leichter kontrollierbaren Aktivität entwickeln; Inegalitäten der Initialaktivität werden auf diese Weise verkleinert und geglättet - vgl. S. 64. Trotzdem verliert der Kehlkopf dabei nicht seine stimulierende und formende Wirkung. Typisch für G.s Vibratoverständnis ist seine Bewertung des Vibratos als eine „zarteste, sublimste Äußerung" (150). Wir dagegen denken mehr an die Kraft und Elastizität von Stimmen wie die der *Callas* den Flöte nton eines *Gaubert, Moyse und Le Roy* oder an die energische Tongebung von prominenten Violinsolisten.

3. EDLER-BUSCH berichtet (und A.N. hat es dem Verfasser bestätigt), daß „das willkürliche Vibrato in erster Linie der Aktivierung des Zwerchfells dienen solle , damit man im unmittelbaren Anschluß an die Vibratoübung das normale Spiel intensiv durchzuführen vermöge." (48) Das entspricht auch unserer Auffassung.

Die von den einzelnen Autoren empfohlenen Übungen weichen meist nur in Details voneinander ab. Eine Auswahl möge einige Varianten aufzeigen

James GALWAY vertritt überraschenderweise eine Meinung, die sich bemerkenswert von der französischen Schule entfernt. Dennoch läuft sie auf eine **gesamtheitliche** Konditionierung hinaus: „Die Intensität [des V.] sollte immer bewußt unter Kontrolle sein. Das Ziel ist letztlich, eine große Vielfalt von Vibratogeschwindigkeiten zu beherrschen, auf jeder Note und bei jeder Lautstärke . . . Die Arbeit mit diesem Ziel sollte früh beginnen, einerseits, weil es gut klingt und den Anfänger ermutigt, andererseits, weil es ihm dazu verhilft, den Ton dichter zu gestalten.

Was Vibrato ist und woher es kommt? Vibrato ist der Pulsschlag des Tones, hervorgebracht durch den Wechsel zwischen mehr und weniger kräftigem Blasdruck. Woher es kommt - d.h. welcher Teil des Atemapparates tatsächlich diesen wechselnden Blasdruck erzeugt - ich möchte es selber gerne wissen. Nach der anerkannten wissenschaftlichen Meinung ist die Muskulatur des Zwerchfells verantwortlich, aber ich glaube, das stimmt gar nicht, oder es ist zumindest nicht die volle Wahrheit. Probiere es selbst. Spiele deinen bevorzugten Ton und gib ha-ha-ha-Atemdrücke, langsam und voneinander getrennt. Wo im Körper hat man die deutlichste Empfindung? Wenn du ein wohlunterrichteter, gehorsamer, respektvoller junger Mensch bist, dann wirst du sagen, daß du es im Zwerchfell spürst. Aber ich wage den Befund deiner Sinne anzuzweifeln. Meine eigenen Sinne sagen mir, daß der Hals für die Blasdruckführung verantwortlich ist und das Zwerchfell in Übereinstimmung damit schwingt. Überdies glaube ich, daß Spieler, die ein weiter vorne liegendes Vibrato kultivieren, exzellente Ergebnisse erzielen.

So wollen wir also mit ha-ha-ha- beginnen . . . Blase einen einzelnen Ton und mache ha-ha-ha - deutlich und getrennt. Spiele nochmals mit einem schnelleren ha-ha-ha. Dann nochmals und noch schneller. Und so mit allmählicher Beschleunigung, bis es wirklich ganz schnell ist und du das „h" ausläßt, so daß die Töne in einer perfekt regelmässigen Wellenbewegung ineinander übergehen. Wenn du das so schnell wie möglich gemacht hast, stelle das Metronom einen Strich höher und beschleunige . . . In diesem Stadium ist perfekte Regelmäßigkeit wichtig . . . Später, wenn du mehr vom Flöteblasen verstehst, ist ein gewisser Spielraum erlaubt, in welchem du dein Vibrato zur Unterstützung der Gestaltung beschleunigen oder verlangsamen kannst. Vorläufig arbeite daran, dein Vibrato zu kontrollieren; laß es nicht irgendwie herauskommen. Bis heute durchlaufe ich diese drei Stadien des Vibratos vom ha-ha-ha bis zur ultraschnellen, ineinanderlaufenden Version in drei Minuten während des morgendlichen Übens."

Es mag verwundern, daß Galway, der u.a. auch bei Moyse studiert hat, diese doch recht „unfranzösische" Anschauung vertritt - und auch, daß wir sie hier so ausführlich zitieren. Letzteres scheint uns - angesichts des Gewichtes, das der Meinung dieses exzellenten Flötisten zukommt, ein Gebot der fairen Information und Auseinandersetzung zu sein. Denkbar ist es, daß Galway, der seine erste Berührung mit dem Flötenspiel wahrscheinlich in Irland hatte, durch seinen Anfangsunterricht zu dieser Einstellung gekommen ist. Sein geschildertes tägliches Übepensum läßt im übrigen keinen Zweifel daran aufkommen, daß er seine Vibratoübungen auf der Bauchaktivierung aufbaut und daß die erwähnten Beschleunigungsübungen in erster Linie der gesamtheitlichen Konditionierung dienen.

Eine interessante Methode schlägt Trevor WYE vor: „Wenn der Ton ganz gerade ist, spiele ein tiefes G und halte dabei die Flöte nur mit der linken Hand. Lege deine rechte Hand auf den Bauch und entlaste abwechselnd rhythmisch die Bauchdecke, so daß die Luftgeschwindigkeit zu- und abnimmt. Beginne mit etwa zwei bis drei Schwingungen in der Sekunde. Das ähnelt einer stummen Artikulation von ha-ha-ha . . . Wenn das gelingt, dann versuche, das gleiche Ergebnis zu erzielen, indem du die Flöte mit beiden Händen hältst und allein die Bauchmuskeln betätigst. Die Atemführung muß rund sein, nicht ruckartig."(FZ 59)

GÜMBEL (Lern. 54f.): „ . . . der ‚Schnüffel-Übung' und der ‚Lach-Übung' wenden wir unsere besondere Aufmerksamkeit zu. Die letztere wiederholen wir noch einmal gründlich und versuchen, die Zwerchfellschläge, die durch das fast tonlose Aussprechen von ‚ha-ha-ha' beim Ausatmen hervorgerufen werden, möglichst zu beschleunigen. Beherrschen wir diese Übung gut, nehmen wir die Flöte zur Hand. Wir atmen tief ein, blasen einen Ton in höherer Lage - etwa a" - an und versetzen nun diesem Ton kleine Atemstöße, indem wir das ‚ha-ha-ha' der ‚Lachübung' als Vorstellungshilfe benutzen. Zuerst geben wir diese Atemstöße etwas kräftiger und in ganz langsamem Tempo, dann versuchen wir das Tempo zu beschleunigen und die Atemstöße immer schwächer zu machen . . . Um einem gelegentlich anzutreffenden Mißverständnis vorzubeugen: Die Bewegungen der Bauchdeckenmuskulatur, denen wir zur Kontrolle bei unseren ersten Zwerchfellübungen nachgespürt haben, rufen das Vibrato nicht hervor. Es ist keineswegs so, daß man das Vibrato an den Bewegungen der Bauchdeckenmuskulatur ablesen könnte! Das wäre höchstens bei einem sehr groben und sehr weit ausschlagenden, also musikalisch unbrauchbaren Vibrato der Fall. Sobald wir es gelernt haben, durch die Vorstellung von ‚ha-ha-ha'unser

Zwerchfell willkürlich zu bewegen, bleibt beim Vibrato die Bauchdeckenmuskulatur völlig ruhig, die vibrierende Bewegung führt allein das Zwerchfell aus, dessen Bewegungen von außen nicht spürbar und nicht sichtbar werden. Die Betrachtung des beim Vibrato schwingenden Zwerchfells im Röntgenbild zeigt, daß beim richtigen Vibrato nur der oberste Teil der Zwerchfellkuppel ganz kleine, kaum sichtbare Schwingungen ausführt."

Unsere Meinung deckt sich am ehesten mit derjenigen von Hans-Peter SCHMITZ. Aus einem Brief an den Verfasser: „ . . . für mich (sollen) Schwingeübungen (zusammen mit Hechel- und Schnüffelübungen) immer und in erster Linie den Zweck erfüllen . . ., die Atemmuskulatur ganz allgemein zu aktivieren, die Atemstützfunktionen zu verbessern und damit das Auftreten einer freien (eben nicht willkürlichen) Schwingung zu erleichtern." Der gleiche Autor in seiner *Flötenlehre* (I,57): „Das schönste Vibrato ist, wie bei der Singstimme, das, das man als solches (hu-a-u-a, und ähnlich) gar nicht oder zumindest nur in seltenen Fällen wie bei dramatisch erregten Stellen hört; ein allzu deutliches, sozusagen zählbares Vibrato läßt immer auf Verspannung der Kehlkopfmuskulatur schliessen."

Die Methode des Verfassers - ausführlicher dargestellt in der *Schule für die Querflöte* (S.131ff.) zielt ebenfalls darauf ab, den Lernenden allgemein zu konditionieren. Als größtes Hemmnis, das sich einer natürlichen Vibratoentwicklung entgegenstellt, wird dabei angesehen, daß der Lernende bei einer Bemühung um die Tonschwingung zu früh und zu intensiv das klingende Ergebnis zu erzwingen versucht, statt den Komplex Atem- Ansatz überhaupt erst einmal in eine natürliche Schwingbereitschaft zu versetzen. Der Methode, die Schwingung von innen her künstlich zu formen und die daraus sich zwangsläufig ergebende Verfestigung (günstigenfalls) allmählich abzubauen, wird eine großmotorische, gesamtkörperliche Vitalisierung und Lockerung entgegengestellt. Das geschieht - in Übereinstimmung mit *Schmitz* - in Form von „Schwingeübungen". Sie bestehen zuerst in schwungvollen Kreisbewegungen des Flötenendes, die von den Ellenbogen geführt werden. Dabei wird einem ausgehaltenen Ton beim Vor-hoch-Schwingen ein starker Akzent aufgesetzt, der anfänglich bis zu mehrfachem Überblasen führen kann. Damit soll erreicht werden, daß die zum Vibrato führenden Aktivitäten von Anfang an als etwas lebendig Kraftvolles, Elastisches erlebt werden. Die *Untersetzung* der großräumigen Bewegung in den Ansatzbereich hinein bewirkt dabei, daß die an sich schon runde Bewegung zusätzlich geglättet wird. Auf Schönheit kommt es anfänglich bei diesen Übungen überhaupt nicht an, allein auf Effektivität. Wir können in dieser Hinsicht GÄRTNER (148) folgen: „Die Erfahrung bedenkend, daß jede neu zu erlernende Ausführung bislang ungewohnter Bewegungsfolgen dann besonders schnell sich aneignen läßt, wenn zunächst die Aktionen nachdrücklich und ‚kräftig' erfolgen, empfehle ich, auch im Interesse der raschen Aneignung eines guten Bewegungsgefühls, die Grundübungen anfangs überdeutlich zu studieren, zu ‚übertreiben'. Schönheit spielt im Anfang keine Rolle. Vielmehr ist diese *Arbeit am Körper . . . ungeheuer ernst zu nehmen. Sie bedeutet die erste der wichtigsten Aufgaben."(Zitat im Zitat: Martienßen-Lohmann, Franziska, Die Ausbildung der menschlichen Stimme, in :Hohe Schule der Musik, Band III, Potsdam 1935, S.82).* U.a. bewahrt die von uns empfohlene Bewegung den Lernenden vor dem sonst so verbreiteten Zusammensinken nach dem Atemschub und ist somit auch der Atemstütze förderlich. - Die geschilderte Schwingbewegung wird nun allmählich gemildert: Die starke Außenbewegung wird zurückgenommen, in den Ton hineinversetzt und gerundet. Damit parallel verlaufend wird der Schwingungsverlauf **leicht** rhythmisiert. Doch soll das so vorsichtig erfolgen, daß die zwanglos erreichbare Vibratofrequenz das Metrum bestimmt und nicht die Schwingung in ein bestimmtes Metrum gezwängt wird. Dabei werden jeweils mehrere Schwingungsperioden zu einer Gruppe zusammengefaßt, deren erster Ton jeweils einen leichten Akzent erhält, während die folgenden Schwingungen mehr passiv sich aus dem Impuls der ersten ergeben - gemäß unserer auf S. 187 vertretenen Meinung, daß Entdämpfungsimpulse nicht unbedingt auf **jede** Periode treffen müssen. Als Größeneinheit für die einzelne Gruppe eignen sich besonders Triolen, Quintolen und Septolen. Sie vermitteln wegen ihres rhythmisch unbestimmteren Charakters der Schwingung eher einen schwebenden Charakter als geradzahlige Rhythmen. - Als nächster Schritt kann die Schwingungsfrequenz erhöht werden. Parallel mit der Beschleunigung wird sich eine Zunahme der allgemeinen Körperspannung (*Tonus*) ergeben. Sie darf aber nur soweit erhöht werden, wie der Ablauf noch als natürlich und elastisch empfunden wird. - Später kann versucht werden, das Vibrato an feststehenden Rhythmen zu erproben und es bei komplizierteren Abfolgen nicht stocken zu lassen. Bei einem wirklich frei schwingenden Ton ist eine Kontrolle nicht nötig. Bei guter Beherrschung und lockerer Einstellung werden die Einteilung und Dosierung vom Unterbewußtsein und dieses von klanglichen und rhythmischen Vorstellungen gesteuert.

Wenn man bei einer Beschleunigung der Vibratofrequenz spürt, daß sich der Kehlkopf zunehmend einschaltet, so braucht das nicht als Fehler empfunden zu werden. Es sollte aber darauf geachtet werden, daß die Glottis nicht ein Eigenleben führt, sondern im Rahmen der gesamtheitlichen Spannungszunahme an der Schwingung teilnimmt.

Die Befolgung dieser Ratschläge kann, wie die Praxis erweist, den Lernenden sehr bald zu einer wirklich natürlich und unwillkürlich entstehenden Schwingung führen. Der Abbau der anfänglich äußerlich sichtbaren Schwing- oder Kreisbewegungen und ihre Verlagerung in den Körper und in den Ton hinein wird auch zur Folge haben, daß das Vibrato zunehmend weniger aufgesetzt wirkt. WYE: „Das Vibrato muß *im* Ton und ein Teil von ihm, nicht oben aufgesetzt sein." (FZ 60)

Von entscheidender Wichtigkeit bei allen Vibratoübungen ist es, daß der Blasdruck ganz auf den Lippenspalt konzentriert und nicht an der Glottis abgefangen wird. Auf diese Weise wirkt die Elastizität des Lippenspaltes an der Modulation von Tonhöhe und Klangfarbe mit.

Überhaupt sollte den Vorgängen im Rumpfbereich keine übertriebene Aufmerksamkeit gewidmet werden. „Das Problem besteht nicht darin, die Muskeln willkürlich in Bewegung zu setzen, als vielmehr, sie von selbst sich bewegen zu lassen. Der willkürliche Anteil des Vibratos soll bewirken, daß sie in ein bestimmtes Verhältnis zueinander kommen." (Metfessel - FZ 61) Unter diesem Aspekt können wir Frans VESTER nicht folgen, wenn er empfiehlt, die Bewegung des Zwerchfells sich bewußt zu machen, um es dann zu beherrschen - ganz abgesehen davon, daß, wie bekannt, ein direkter und bewußter Umgang mit dem Zwerchfell physiologisch nicht möglich ist.

7.8. ANDERE VIBRATIONSERSCHEINUNGEN

Übertriebene Anspannung eines Muskels kann zu einem *Versteifungstremor* (S.183) führen. Ein solches Zittern aus übermäßiger Anspannung, das man beispielsweise bei Ballen der Hand bemerken kann, kommt auch im Atembereich vor. Man darf es nicht mit einem Vibrato verwechseln; es unterscheidet sich von ihm durch ein eher zittrig wirkendes, flaches und unflexibles Schwingungsbild. Ein solcher Tremor ist gewöhnlich die Folge mangelnder Stützung und kommt deshalb besonders dann vor, wenn infolge zu weiter Öffnung des Lippenspaltes die Luft vom Bauch her zurückgehalten werden muß. - Lippenzittern - ebenfalls aus Überbeanspruchung oder aus Lampenfieber ist eine sehr unangenehme Erscheinung, die dazu die Tendenz zu immer weiterer Verstärkung hat.

Bei manchen Spielern überlagert sich dem Grundvibrato eine leichte und schnelle Kehlkopfschwingung, ähnlich wie kleine Kräuselungen auf einer Wasserwelle beobachtet werden können. Der Eindruck kann negativ sein und eine gewisse Verspannung anzeigen; es kann sich aber auch ein eigener, distanzierter Reiz einstellen.

7.9. *WEITERE EINFLÜSSE*

1. *Größere Lautstärke* geht durchweg mit höherem Blasdruck einher. Das bedingt höhere Körperspannung und führt zu einem schnelleren Vibrato. Umgekehrtes gilt für das Verklingenlassen eines Tones: das Vibrato wird langsamer und flacher, was sich dem musikalischen Charakter natürlich einfügt.

2. Gleiches gilt für die *Tonhöhe*. Die überblasenen Lagen verlangen bekanntlich eine Druckerhöhung. Die Schwingung wird also schneller sein. Für die tiefe Lage bedeutet dies, daß eine leichte Nachhilfe angezeigt sein kann.

3. Spezielle Schwierigkeiten kann die Einordnung des Vibratos in den musikalischen Rhythmus bieten. Die ideale Lösung besteht auch hierbei darin, daß das Vibrato automa-

tisch durch die musikalisch sich ergebenden Spannungen gesteuert wird. Bläser, die noch nicht souverän über alle technischen Mittel verfügen, werden aber noch Schwierigkeiten haben. Eine nicht genügend flexible Schwingung kann zu falschen Betonungen führen. Hier können bewußte rhythmische Übungen weiterhelfen. Ein natürlich entstandenes Vibrato wird sich aber jederzeit von selbst in den Rhythmus einordnen.

4. *Resonanzeinflüsse* des Raumes und von seiten der Mitspieler wurden schon erwähnt. WOLF u.a. (66ff.) haben herausgefunden, daß der Klang eines (aus geschulten, vibrierenden Stimmen bestehenden) Chores sich auf ein einheitliches Gesamtvibrato einschwingt - „unabhängig von den individuellen Stimmen." (FZ 62) Das gleiche ist für das Zusammenspiel des Flötisten mit anderen vibrierenden Bläsern anzunehmen.

LITERATURHINWEISE

Monografie: Gärtner

Sammlung: Seashore(Vibr.) - enth. 15 Aufsätze und eine Bibliografie mit weiteren 144 Arbeiten - siehe „Schrifttum".

Entstehung, Hervorbringung, Lehre: Bartolozzi, Brown, N.Chapman, Edler(Querfl.), Flesch, Fletcher(Corr.), Gümbel(Lernb., Spielt.), Harnest, Hartlieb(Stimmb.), Hirose, Kincaid, Le Roy, Linde, Moyse(Probl.), Gg.Müller, Porceljin, Putnik, Richter(Schule), Rieger, Scheck(Flöte, Flötenvibr., Natürl.), Schlenger, Schmitz(Flötenl.I, Rez.), Seidner, Sprenkle, Taylor(Vibr.), Thausing, Tiffin(Exp., Char.), Vagner, Vester, Vornholt, Waechter(2 mal), Wagner(Exp.), Weiss, Westerman, Wye(Inton.),Zantema

Eigenschaften, Ästhetik: Bartholomew(Ac., Male), Björklund, Borchers, Burghauser, Corso, Easley, Flesch, Fletcher(Princ., Qual., Corr.), Gibson, Goldhan, Linde, Luchsinger, Martienßen, Metfessel(2 mal), Meyer(Vibr.), Moyse(Probl.), Sacerdote, Scheck(Flöte), Seidner, Seymour, Shonle,(Pitch, Scal.), Sjöström, Thausing, Tolmie, Vester, Williams, Winckel(Krit.), Wolf, Wood

Perzeption: Kock, Kwalwasser, Rags, Seashore(3 mal), Tiffin(Asp.), Winckel(Bed., Krit., Psychphys., Physik., Phän.), Zwicker

Verschiedene kürzere Erwähnungen: Backus(Found.), Ph.Bate(234), Boyden, Butler, Fuchs(146), Graf, Hartlieb(Caruso), Hattwick, Hosmer. Kimbell, Kölbel(75), Opperman, Rampal(6), Sprenkle, Strolling, Wilkins (Speed, Flute)

Tremor: Linn, Klingspohr, Sälzer, Travis, Zipp

Eine **Bibliografie** älterer Arbeiten über das **Vibrato** findet man bei *Kwalwasser*.

8. Fingertechnik und Griffweise

8.1. DER ANTEIL DER FINGER UND HÄNDE AN DER SPIELTECHNIK

Ein Instrument spielen, heißt für den Beobachter ohne Blaserfahrung, dieses zu be„handeln" - „Traktieren" sagten die Alten. Behandeln verbindet sich - nicht nur etymologisch - eng mit dem optischen Eindruck der Tätigkeit der Hände und der sie führenden oberen Extremität von den Schultern bis zu den Fingerspitzen. Unter allen Musizierenden ist nur der Sänger von seinen Händen ganz unabhängig. Doch nur scheinbar besteht eine strenge Trennungslinie zwischen seiner Tätigkeit und der des Instrumentalisten. In Wirklichkeit ist der quantitative und besonders der qualitative Anteil der Handaktivitäten an der Spieltechnik der einzelnen Instrumente höchst unterschiedlich. Er ist von überragender Bedeutung bei den Tasten- und Zupfinstrumenten, andersartig aber von vitaler Wichtigkeit bei den Streichern; bei den Blasinstrumenten überwiegen bei weitem die Ansatz- und Atemaktivitäten.

Hände, Finger und Arme haben beim Bläser die Funktionen des Haltens und Greifens. Die Fingertechnik der Bläser dient ausschließlich der Auswahl der Tonstufen - und selbst diese werden bei der Querflöte hinsichtlich der Wahl der Überblasregister endgültig erst durch den Ansatz bestimmt. Intonation und Vibrato, bei den Streichern der linken Hand zugeordnet, werden beim Bläser ebenso von den beiden genannten Bereichen bestimmt wie die dynamische Gestaltung und die zeitgerechte Tonauslösung. So kann man davon ausgehen, daß die Blasaktivität absoluten Vorrang hat und die Fingertätigkeit weitgehend unabhängig und **untergeordnet** dazu verläuft. Selbst die notwendige Synchronisation zwischen den Impulsen, die vom Atemapparat und der Zunge einerseits sowie den Fingerbewegungen andererseits ausgehen, sind einander so zugeordnet, daß den erstgenannten die führende und der Fingertechnik eine sekundäre, ja, dienende Rolle zufällt. Diese Rangordnung wird auch nicht durch die Tatsache in Frage gestellt, daß die Bildung des Griffes zeitlich etwas **vor** der Tonauslösung liegt.

Lernende, die vor der Beschäftigung mit der Flöte schon intensiver ein Tasten- oder Streichinstrument erlernt haben, stehen mit der Fingertechnik der Flöte häufig auf Kriegsfuß, weil sie gewohnt sind, dieser die überragende Bedeutung zuzuerkennen, die bei der Flöte den **Blas**aktivitäten zukommt. So gesehen, stiftet die Empfehlung MATHERs (Breath 4 und 63) Schaden, wenn er verlangt, daß die Fingerbewegungen denen der Pianisten gleichen und „knackig" *(crispy)* sein und die Finger sich im Ruhezustand 2 cm über ihren Deckeln befinden sollen. Dagegen sehr richtig SCHLENGER (164ff.): „Es ist abwegig, die Tätigkeit der Hände des Bläsers vom Standpunkt des Klavierspielers oder Streichers anzusehen, auch nicht, wenn man Flötisten in Betracht zieht, deren Partien vor allen anderen eine Primärstellung der Hände beim Blasen vortäuschen ... Im Vergleich zu den Streichern und Klavierspielern liegen beim Flötisten fingertechnische Schwierigkeiten in dem Maße nicht vor, weil das Verharren der Hand in einer Ebene die völlige Einflußlosigkeit auf die Tonbildung und das Fortfallen jeder Treffsicherheit den Spielvorgang in dieser Beziehung erleichtert ...Abwegig ist es, die Fingertechnik

Abwegig ist es, die Fingertechnik primär im Verhältnis zum Ansatz anzusehen. E s
resultiert eine restlos ausgeglichene Fingertechnik
beim Bläser aus einwandfreien Ansatzgegebenheiten."

Ausgesprochene Fingergymnastik, etwa Übungen zur „Kräftigung" der betroffenen Muskulatur, sind nicht notwendig. Für manchen Lernenden aber, der Mühe hat, seine Bewegungsbefehle auf einen bestimmten Finger zu richten, der also ein mangelndes „Fingerbewußtsein" hat, können Konzentrationsübungen nützlich sein, wie SCHECK sie darstellt (Weg 8-12, Flöte 102). Im allgemeinen wird man aber auf solche Übungen verzichten können.

8.2. DIE AUFGABEN DER HÄNDE UND FINGER

Die Hände sind die vielseitigsten Bewegungsorgane des Menschen. Sie können - meist zusammen mit den Armen - eine Fülle der verschiedenartigsten Aufgaben bewältigen: anhalten, festhalten und loslassen, hinlangen, herholen und wegschieben, zeigen, greifen usw. Außerdem haben sie die Funktionen des (unwillkürlichen) Ausdrucks und der (mehr oder weniger willkürlichen) Gebärde; sie spiegeln Eindrücke wider und unterstreichen oder differenzieren eine Mitteilung. Die Finger verfeinern und vervielfältigen die Möglichkeiten der Hand. Schließlich sind die Hände und Finger den mannigfaltigsten Mitinnervationen, Fehlreaktionen, Ersatz- und Ausgleichsbewegungen unterworfen.

Die genannten Eigenschaften beeinflussen die Fingertechnik und können förderlich, vor allem aber schädlich sein. Es gilt, ihre Qualitäten richtig zu erkennen und sie der Spieltechnik entweder nutzbar zu machen - oder sie zu vermeiden.

Die Grifftätigkeit geht - im Gegensatz zur Haltefunktion - über die natürlichen Aufgaben der Hände und Finger hinaus. Gerade deshalb ist es wichtig, beides säuberlich auseinanderzuhalten, damit die Grifftechnik nicht die Instrumentenhaltung und diese rückwirkend die Grifftechnik in Mitleidenschaft zieht. Jedenfalls muß aber die Grifftechnik auf der Basis einer guten, ungezwungenen Haltung aufbauen.

Die Neigung zuzupacken oder zu klammern, beim Halten eines Gegenstandes eine natürliche und notwendige Sache, muß beim Flötenspiel von dem Moment an vermieden werden, wo das Instrument spielbereit am Mund anliegt. An die Stelle der Festhaltefunktion tritt eine ausgewogene Ausnutzung der Reibung, Hebel- und Widerlagerwirkung - siehe S. 84ff. Anderen natürlichen Verhaltensweisen kann und soll man sich dagegen ruhig überlassen. Ausdruckshandlungen schaden fast immer. Eine von ihnen besteht darin, mit zunehmender Lautstärke stärker auf die Griffteile zu drücken. Der Flötenspieler muß lernen, seine Fingertechnik von allen anderen Tätigkeiten und Empfindungen zu distanzieren. In dieser Forderung tritt der fundamentale Unterschied zur Klaviertechnik offen zutage. „Man verwechselt nur zu leicht die Klappen einer Flöte mit den Klaviertasten." (FLEURY - FZ 63) Werden beim Tasten- und Streichinstrumentenspiel die musikalischen Ausdruckswerte gerade von den Fingern, Händen und Armen auf das Instrument übertragen, so muß in der Bläsertechnik die Ausdrucksgestaltung diesem Bereich **entzogen** und dem Blasbereich übertragen werden. Damit verbleibt der Fingertechnik eine quasi „technologische" Aufgabe, d.h. sie hat lediglich die richtigen Resonanzverhältnisse im Rohr zu erzeugen - mehr nicht. Die Trennung von Griff- und Blastechnik stellt, so gesehen, eine schwerwiegende Ausnahme gegenüber unserer Feststellung und Forderung der dauernden gegenseitigen Einflußnahme aller Parameter der Spieltechnik dar! Lediglich die Notwendigkeit einer Synchronisation der Artikulation mit den Fingeraktivitäten bleibt davon unberührt.

8.3. GREIFEN UND ZEIGEN

Unser Postulat eines grundlegenden Unterschiedes zwischen der Fingertechnik der Flöte und derjenigen der Saiteninstrumente läßt sich durch einen Exkurs auf das Gebiet der Verhaltensforschung belegen. Über das Wesen des *Greifens* hat F.J.J.BUYTENDIJK ausführliche physiologisch-psychologische Betrachtungen angestellt, die sich vor allem auf Beobachtungen an kleinen Kindern gründen. Nach B. (186ff.) durchläuft der Umgang mit den Händen und Fingern eine typische Entwicklung: Legt man einem sehr jungen Säugling einen länglichen Gegenstand, z.B. den kleinen Finger, in die Handfläche, so schließt sich sein Händchen um ihn. Dabei handelt es sich um einen *Klammerreflex,* wie er z.B. auch Affen eigen ist, bei denen dem jungen Tier dadurch das Festhalten an der Mutter, und später das Klettern in den Bäumen ermöglicht wird. In einem etwas späteren Entwicklungsstadium des Kindes wird der erste, primitive Umgang mit der Hand dahingehend erweitert, daß ein Gegenstand *ergriffen* wird - eine erste Hinwendung zur Außenwelt. *Anfassen* ist die nächste Stufe; hier liegt schon eine „Frage an die Außenwelt" vor. Die Entwicklung geht weiter zum *Betasten, Hinlangen* und schließlich *Herholen* und *Sich-Aneignen.* Deutliche Parallelen zum Umgang mit der Flöte sind nicht zu übersehen!

Ein wichtiger Schritt ist getan, wenn das Kind einen Gegenstand *her-* und schließlich darauf *hinzeigt.* Hier liegt die erste *Aussage* vor. Das (Zeigen) „ist eine Leistung für sich, und zwar eine Tätigkeit höherer Ordnung . . . (Es) ist . . . eine der ersten Äußerungen der Sprachfunktion. Indem es auf etwas zeigt, will das Kind etwas andeuten, mitteilen und also mit einer Gebärde etwas ‚sagen'." (BUYTENDIJK 191)

Die Einschaltung unterschiedlich hoher Bewußtseinsschichten kann als ein Bewertungskriterium für die Fingertechnik der verschiedenen Instrumente dienen. Beim Klavier kann der Spieler mit Hilfe seiner Finger die musikalische Aussage aufs feinste differenzieren. Seine Finger *zeigen etwas an.* Anders bei der Querflöte: Die Finger *betasten* gleichsam die - für den Spieler nicht sichtbare - Griffmechanik; sie *greifen* nach ihr. Ist das *Zeigen* durch eine aktive, zielende Betätigung der Finger gekennzeichnet, so herrscht beim *Greifen* das Hingezogenwerden der Finger auf einen bestimmten, für jeden Finger eindeutig feststehenden Endzustand vor. Die Erfolgskontrolle erfolgt beim Greifen *taktil,* beim Zeigen und Zielen vorwiegend *optisch.*

Die Klavier- und Streichertechnik repräsentiert damit einen höheren Bewußtseinszustand als die Grifftechnik der Flöte. „Greifen (wird) viel unmittelbarer durch die Beziehungen des Organismus zum gesamten Umfeld bestimmt . . . als das Zeigen. (Es handelt sich um weit weniger mit Bewußtsein ablaufende als um unmittelbare Reaktionen . . . (Wir haben) es mit einem einfacheren, primitiveren Vorgang zu tun . . . (Es besteht eine) tiefe Verbundenheit des Greifens mit dem Gesamtorganismus."(GOLDSTEIN 453)

Wie schon im Anfangskapitel ausgeführt (S.16 Ziff.4), bringen Menschen mit sehr feingliedrigen, sensiblen Händen und Fingern günstige Voraussetzungen für eine gute Klaviertechnik mit. Demgegenüber weisen ausgesprochen großmotorisch orientierte, „handfeste" Typen, denen man den geschickten Umgang mit einem so „zarten" Instrument wie der Flöte kaum zutraut, häufig gerade eine bemerkenswert rasante und präzise Grifftechnik auf der Flöte auf. Auch auf diesem Gebiet also der unmittelbare Bezug der Flötentechnik zum Körperlichen! (Keiner, der den Vorzug feingliedriger, sensibler Hände hat, braucht jedoch an seinen Erfolgsaussichten als Flötist zu zweifeln!)

8.4. DER GRIFF ALS ZIELVORSTELLUNG

Das Wort *Griff* ist bezeichnenderweise auf die Spieltechnik der Blasinstrumente (und daneben auf die der Gitarre und verwandter Instrumente) beschränkt. Lage und Druck der Greiffinger haben bei der Flöte - jedenfalls bei den *covered-hole*-Instrumenten - keinen Einfluß auf Tongestaltung und Intonation. Die Bewegung der Finger wird durch die Zielvorstellung des Griffes als eines **Zustandes** gesteuert. Eine einfache Rechnung beweist, welchen Vorteil eine entsprechende innere Einstellung zum Greifen mit sich bringt: Für die chromatischen Töne zwischen C^1 und C^4 stehen 27 (Normal-)Griffe zur Verfügung; 10 Griffe - von E^2 bis Cis^3 - sind mit ihren Oktaven identisch. Von jedem der 27 Griffe gibt es 26 Bewegungsvorgänge zu den restlichen Tönen. Insgesamt sind also 27 mal 26 = 702 **verschiedene Bewegungen** zu bewältigen, die dadurch noch kompliziert werden, daß es sich nicht nur um Abwärts- (Druck-) Impulse handelt, sondern auch um Aufwärtsbewegungen. Empfindet man jedoch nicht die einzelne Bewegung, wie es bei den Tasten- und Streichinstrumenten unerläßlich ist, sondern den nächsten **Griff als Zielzustand**, dann reduziert sich die Zahl der Greifaktivitäten tatsächlich auf ganze 27. Die Bewegungen werden nicht als solche gesteuert, sondern ergeben sich aus dem **vorausgefühlten** Griff, so, als ob eine Federkraft die in Frage kommenden Finger zu ihren Griffteil ziehe. Das hat den weiteren Vorteil, daß die nicht beschäftigten Finger ruhend nahe über den Klappen schweben, im Moment der Aktivierung sich auf sie zubewegen und beim Verlassen **passiv** in den Ruhezustand zurückkehren. Eine Unterscheidung zwischen Drücken und Loslassen ist so nicht mehr nötig.

8.5. GREIFVERHALTEN

Greifen vollzieht sich in verschiedenartigen qualitativen Stufen. Sie reichen vom reflektorischen Handschließen bis zur sensibel tastenden Berührung. Auch die Grifftechnik der Blasinstrumente weist vom einen zum anderen Unterschiede auf. U.a. hängt das von der Art der Griffmechanik ab, von der Notwendigkeit, ein Loch mit der Fingerkuppe verschließen zu müssen oder ein kompaktes Griffteil zur Verfügung zu haben und schließlich auch von der Möglichkeit, den Griffbereich übersehen zu können oder nicht.

Der Grifftechnik der Querflöte wohnt ein Element des Tastens inne. Vielen Menschen fällt es schwer, ihre Finger einzeln zu fühlen und, ohne hinzuschauen, gezielt zu bewegen. Es kann sich als nützlich erweisen, dieses „Fingerbewußtsein" zu trainieren - siehe S. 205.

Vom einfachen Zugreifen unterscheidet sich der Bläsergriff durch eine größere Differenziertheit. Je nachdem, ob man etwas mit voller Hand angreift oder einen kleinen, zerbrechlichen Gegenstand mit Daumen und Zeigefinger hält, unterscheidet man den „Breitgriff" von dem uns schon bekannten „Spitz- oder Pinzettgriff". An letzterem können außer dem Zeigefinger auch die anderen dem Daumen gegenüberliegenden Finger beteiligt sein. (Siehe S.55f. und 85f.)

Das Greifverhalten des Flötisten steht dem Pinzettgriff nahe. Eine gewisse Annäherung an den Breitgriff ist dabei besser als ein zu vorsichtiger, zaghafter Umgang mit der Klappenmechanik und dem Korpus.

BUYTENDIJK, von dem die Klassifizierung der Greifarten stammt, unterscheidet außerdem noch einen *Daumengriff*, nämlich „ das Festklemmen eines Gegenstandes zwischen dem Daumen und der Seitenfläche des gebeugten Zeigefingers." Genau dies ist das Greifverhalten, das im Interesse der freien Beweglichkeit bei der Flöte unbedingt vermieden werden muß. Doch gerade dieser äußerst schädlichen *Klammerhaltung* unterliegen Anfänger und Spieler mit schwächeren Fingern nur zu leicht - siehe S.86 - Abb.59. In einem solchen Falle kann der überlegte und zeitlich begrenzte Gebrauch einer *Handstütze* vorteilhaft sein.

Die Bewegungen der Finger und Hände hängen eng mit der Armhaltung zusammen. Der Breitgriff „läßt . . . eine Bewegung des Gegenstandes nur durch Drehung in Hand-, Ellenbogen- und Schultergelenk zu. Beim Pinzettgriff oder beim viel verwendeten Halten zwischen Daumen, Zeige- und Mittelfinger können durch die Fingerbeugung feinere Bewegungen rasch und genau vollzogen werden." (BUYTENDIJK 187) Auch hieraus wird der Vorteil einer ausgewogenen Balance zwischen Breitgriff und Pinzettgriff für die Flöten-Fingertechnik deutlich. Auch der allgemeine *Tonus* und die Haltung des Bereiches Schultern-Ellenbogen-Hände-Instrument (Instrumentenhaltebereich) haben entscheidenden Einfluß auf das Greifverhalten. So wird der Handschluß durch eine aufrechte Haltung ebenso gefördert wie durch das Anheben der Ellenbogen.

8.6. AKTIVE UND BEWUSSTE FINGERBEWEGUNGEN IN BESONDEREN FÄLLEN

In speziellen Fällen kann es - entgegen unseren bisherigen Empfehlungen - angebracht sein, die Aufmerksamkeit auf **einzelne Bewegungen** zu richten. So kann es vorkommen, daß eine bestimmte, einfache Griffabfolge, die für sich allein keinerlei Schwierigkeit bietet, bei gleichförmiger, schneller Wiederholung zu einer solchen Verkrampfung führt, daß sie beinahe unspielbar wird. Das trifft auch auf bestimmte Triller und schleiferhafte Bewegungen zu, letztere vor allem dann, wenn sie im Aufheben der Finger, also in einer Aufwärtsbewegung bestehen.

1. Die nachfolgend wiedergegebene Stelle aus *Mozarts Zauberflöte* überrascht jeden, der erstmalig mit ihr konfrontiert ist. Die Ursache für die Schwierigkeit des wiederholten Wechsels G^3-D^3 hängt wahrscheinlich damit zusammen, daß Daumen und Zeigefinger sich **entgegen** ihrer Opponentenrolle gleichsinnig bewegen müssen. Abhilfe ist leicht möglich, wenn man in diesem Falle nicht auf die beiden **Griffe**, sondern die parallele **Schaukelbewegung** der beiden Finger konzentriert.

110 Allegro  W.A.Mozart: Zauberflöte – Finale I.Akt

2. *Triller* verlangen von ihrem Wesen her einen gleichmäßigen, gleichförmigen Griffwechsel. Auch bei ihnen empfiehlt es sich, die **Bewegung** der Finger im Auge zu haben. Interessantes kann man beim Triller H-C beobachten: Den meisten Spielern fällt die gleichmäßige Hin-und Herbewegung des Daumens gegen die übrigen, ruhenden Finger schwer. Dem ist abzuhelfen, wenn man mit dem linken kleinen Finger auf der Gis-Klappe „mittrillert". Die Bewegung des Daumens wird dadurch gelockert und harmonisiert, indem wiederum die Opponentenfunktion der beiden Handteile ausgenutzt wird. Daß gerade die Gis-Klappe als Gegenpart gewählt wird, hat einfach den Grund, daß ihre Betätigung in diesem Zusammenhang keinerlei tonliche Auswirkung hat. Man kann sich den Bewegungsablauf sehr leicht ohne Instrument deutlich machen: Es fällt schwer, den Daumen allein gleichmäßig und flink bei sonst stillgehaltener Hand hin- und herzubewegen; ohne Schwierigkeit gelingt das aber, sobald einer oder mehrere der anderen Finger mit- und zwar entgegenbewegt werden. Ganz allgemein muß bei den Trillern beachtet werden, daß die Bewegung zu den Klappen hin bewußter und aktiver empfunden wird als das Zurücknehmen. So bleibt der betreffende Finger eine Kleinigkeit länger in Verschlußstellung, wodurch der tiefere Ton etwas Übergewicht erhält. – Wenn aber beim Niederdrücken ein Loch geöffnet wird (Dis-, Gis- Trillerklappen), dann darf der Hebel nur angetippt werden. Unschön – auch in stilistischer Hinsicht – ist es, den Triller mit einem **auftaktig** vorausgenommenen Vorschlag von oben zu beginnen. (Nicht gemeint ist damit der akzentuierte Trillerbeginn von oben, wie er in der Barockmusik üblich ist.) Der beanstandete auftaktige Trillerbeginn wird hauptsächlich aus dem Bedürfnis heraus gewählt, einen „Anlauf" zu nehmen und den weiteren Verlauf der Trillerbewegung dem dadurch gewonnenen Schwung zu überlassen, statt ihn jederzeit unter Kontrolle zu haben. Hier helfen planmäßige Trillerübungen.

3. Sehr schnelle und kontinuierliche, schleiferhafte Passagen über einen größeren Bereich bieten Schwierigkeiten vor allem bei der Aufwärtsbewegung, wo die Finger aufgehoben werden müssen. Hier hilft eine Abrollbewegung durch entsprechende Rotation des Unterarmes. (Empfehlenswert für diese spezielle Technik sind die *Fingergymnastischen Studien von J.Lorenz – Musikverl. Zimmermann.*)

111

8.7. GRIFFVARIANTEN, SONDERGRIFFE

Die Auswahl der Griffe, wie man sie – ein Griff für jeden Ton – in den gängigen Grifftabellen vorfindet, wurde von *Theobald Böhm* getroffen. Sie geht von einfachstmöglichen, übersichtlichen akustischen Verhältnissen aus, erreicht dadurch größte klangliche Homogenität und ist bis heute unverändert gültig geblieben. Die Beschränkung auf eine Mindestzahl von Griffen ist die Voraussetzung für eine leichte und überlegene Fingertechnik. Es besteht aber kein Grund, nicht auch von anderen Anordnungen von offenen und geschlossenen Seitenlöchern, sogenannten *Sonder- oder Hilfsgriffen* Gebrauch zu machen, sofern diese in bestimmten Fällen Vorteile bringen. Derartige Abweichungen von der gebräuchlichen Griffweise können sein:

zufällige Varianten,
bewußt eingesetzte, mehr oder weniger abweichende Griffe zur Erzielung spezieller Wirkungen.

1. *Griffvarianten* dienen der Glättung komplizierterer Fingerbewegungen. Sie kommen gewöhnlich durch (mehr oder weniger nachlässiges) Liegenlassen von Fingern oder Nichtbetätigung von Klappen zustande, wobei es darauf ankommt, daß gewisse klangliche Einbußen im schnellen Tempo nicht wahrgenommen werden. Siehe Notenbsp. 112.

112

a) C-Kl. durchgehend gedrückt
b) Gis-Kl. bleibt liegen
c) linker Zeigefinger bleibt liegen. Dis-Kl. bleibt unbetätigt
d) Ais mit Trillerhebel - bleibt beim Gis liegen

2. *Sondergriffe* dienen

    der Vereinfachung *fingertechnisch* schwieriger Stellen;
    der Erleichterung der *Ansprache*;
    der Korrektur der *Intonation*;
    der Erzeugung besonderer *Klangfarben*.

Näher auf die vielfältigen Möglichkeiten einzugehen, würde den Rahmen dieser Ausführungen sprengen. Es sei auf die Spezialliteratur mit ausführlicheren Tabellen hingewiesen - siehe die Literaturhinweise am Schluß des Kapitels.

Eine streng systematische Übersicht über die Vielzahl von Sondergriffen ist nicht möglich, da sie letztenendes von den Zufälligkeiten der rein mechanisch bedingten Klappenkoppelungen abhängen. Jeder Bläser sollte sich sein eigenes Repertoire an Sondergriffen bilden, wobei weise Beschränkung in Anzahl und Art anzuraten ist.

Die Bedeutung von Sondergriffen für *klangliche* Modifikationen wurde schon S. 161ff. behandelt.

Mit Hilfe von *Quintgriffen* können manche schwierigen oder unausführbaren Partien in der hohen Lage dadurch spielbar gemacht werden, daß man die betreffenden Töne aus den eine Duodezime (= Oktave + *Quinte*) tieferen Normalgriffen **doppelt** überbläst. So wird aus dem tiefen G ein D^3, aus C^2 ein G^3 usw. Auf diese Weise wird die Abfolge der mehr oder weniger komplizierten Griffe der dritten Oktave auf die einfachen Verhältnisse der tieferen Lage reduziert. Die Quintgriffe neigen zum Zutiefwerden.- Das muß mit dem Ansatz ausgeglichen werden. Diese Eigenschaft macht sie aber auch geeignet zur Intonationskorrektur in *ff*- Partien - siehe S.176.

113   mit den Griffen

8.8. GRIFFDISZIPLIN, GRIFFEHLER, TIPS

Die sekundäre Rolle, die wir der Fingertechnik zugeschrieben haben, darf nicht dahingehend mißverstanden werden, als ob ihr nur geringe Sorgfalt gewidmet zu werden brauche. Das Gegenteil ist richtig. Der Spieler soll aber über sie so souverän verfügen, daß er beim Spielen keinerlei Konzentration für diesen Teil seiner Spielaktivität aufbringen muß.

Einigen Schwerpunkten sollte besondere Aufmerksamkeit gewidmet werden:

1. Die Sonderstellung der *beiden Daumen* wurde schon ausführlich diskutiert. Vor allem muß darauf geachtet werden, daß ihre Haltungen und Bewegungen vom **Grundgelenk** getragen werden, während das Mittelgelenk unbeteiligt und locker bleibt.

2. Der *linke Zeigefinger* wird häufig bei den Tönen D^2 und Dis^2 (und mit besonderer Vorliebe, wenn Es geschrieben ist) liegengelassen. Diese Nachlässigkeit beeinträchtigt die Töne klanglich und in ihrer Stabilität gegenüber dem Überblasen.

3. Der *linke kleine Finger* braucht **nicht** permanent über dem Gis-Klappenhebel postiert zu sein. Je deutlicher der Spieler die Tonartentwicklung vorausempfindet bzw. vorausliest, umso überlegener kann er den Finger entweder unbeachtet lassen oder ihn in Bereitschaftsstellung bringen. Anfänger sollten in dieser Hinsicht jedoch noch recht sorgfältig sein.

4. Der *rechte Zeigefinger* ist der geschickteste von allen Fingern. Das sollte hinsichtlich des Ais/B ausgenutzt werden, indem man den Ton häufiger mit dem „Zeigefingergriff" ausführt, anstatt dauernd zwischen einfacher und Doppelklappe zu wechseln. Auch hier verhilft ausgeprägtes Tonartempfinden zur notwendigen Sicherheit. Lernende sollten sich unbedingt geeignete Einzeichnungen machen und auf besondere Griffdisziplin achten.

5. Der *Ais-H-Trillerhebel* erleichtert nicht nur den Triller, sondern bietet darüberhinaus, überlegt eingesetzt, fingertechnische und akustische Vorteile. Sie ergeben sich daraus, daß nur das eine akustisch dafür vorgesehene Loch geschlossen und nicht auch noch andere einbezogen werden, wie dies beim Normalgriff mit dem Zeigefinger der Fall ist. Abgesehen von der leichteren Beweglichkeit und der Schonung der Mechanik ermöglicht dieser Hebel es, den rechten Zeigefinger bei bestimmten Bewegungen liegenzulassen.

114  Mit dem Ais-H-Hebel trillern. Er kann beim Nachschlags-Gis liegenbleiben.

6. Die *beiden Trillerklappen der rechten Hand* sind nach der Regel dem rechten Mittel- bzw. Ringfinger zugeordnet. Grundsätzlich spricht nichts dagegen, dafür auch Zeige- und Mittelfinger zu benutzen. Aus Gründen der Griffdisziplin sollte dies aber Ausnahmefällen vorbehalten bleiben.

Bei den mit diesen Klappen gegriffenen Trillern muß man sich sorgfältig an die vorgesehenen Griffe halten, sonst stimmen die Trillerintervalle nicht:

C^2-D^2 : mit d-Trillerkl.
Cis^2-D :   "
Cis^2-Dis^2 : mit dis-Trillerkl.
C^3-D^3 :   :   "
Cis^3-D^3 : mit d-Trillerkl.
Cis^3-Dis^3 : mit beiden Trillerkl.

Bei den Tönen B^3 und H^3 ist gelegentlich aus Intonationsgründen ein Austausch angezeigt.

7. Der *rechte kleine Finger* hat drei, bei h-Fuß sogar vier Hebel zu bedienen. Legatoübergänge zwischen diesen Tönen sind deshalb erschwert und Triller nicht möglich. Entsprechende Trillermechaniken sind zwar konstruiert worden, haben sich aber wegen ihres unverhältnismäßig großen konstruktiven Aufwandes nicht durchsetzen können. Bei Bindungen in diesem Bereich muß der kleine Finger **rutschen**; er darf nicht gesetzt werden, da sonst jeweils ein D als Zwischenton erklingt.

8. Die *Dis-Klappe* muß aus konstruktiven Gründen - damit ein dichter Verschluß gewährleistet ist - ziemlich stark gefedert sein. Das bringt für Spieler mit schwachen und kleinen Fingern Schwierigkeiten mit sich. Sie können erträglich gehalten werden, wenn darauf geachtet wird, daß der Finger nicht im oberen Gelenk durchgedrückt ist.

Eine wichtige Aufgabe des kleinen Fingers besteht darin, daß er nicht nur den Griff mitbestimmt, sondern auch als Gegenpart zum rechten Daumen für eine sichere Instrumentenhaltung zuständig ist.

9. *Die drei Fis* können auch mit dem rechten Mittelfinger anstelle des Ringfingers gegriffen werden. Beim Triller ergibt sich das von selbst. Eine Empfehlung an Lernende, diese Variante immer bei einer Verbindung mit dem benachbarten E zu verwenden, erweist sich erfahrungsgemäß als schädlich: Über kurz oder lang wird dieser Griff auch

in anderen Verbindungen bevorzugt, da er der bequemere ist. Da er jedoch etwas zu tief ist, muß jedesmal eine Stimmungskorrektur vorgenommen werden - oder der Spieler findet sich mit der Trübung ab. Aus diesem Grunde sollte der Griff nur sparsam und überlegt eingesetzt werden.

10. Die Schließung des Ringfinger-Deckels bei den drei Fis hat rein klappen-mechanische, jedoch keinerlei akustische oder klangliche Gründe. Das Fis erfährt sogar eine Aufbesserung in Ansprache und Intonation, wenn die Schließung dieses Loches dadurch vermieden wird, daß der Zeigefinger den - normalerweise unbesetzten - links benachbarten Deckel (G-Loch) drückt, also mit einer Griffkonstellation wie beim F. Manche Instrumente weisen einen Bügel auf, der von diesem Deckel aus in den Bereich der Normalposition des Zeigefingers hineinreicht - eine sehr sinnvolle Einrichtung, die keinerlei konstruktiven Aufwand erfordert - siehe Abb. 115.

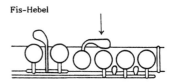

Fis-Hebel

8.9. WEITERE KONSTRUKTIVE VARIANTEN DER KLAPPENMECHANIK

Mehr oder weniger sinnvolle Verbesserungen sind schon bald nach *Böhms* Erfindung vorgenommen worden. Eine ausführlichere Darstellung solcher Versuche - auch bezüglich der Gestaltung des Mundloches und der Mundlochplatte - findet man bei Gg.MÜLLER.

Erfreulicherweise hat sich die Tendenz zu einer möglichst einfach gestalteten Mechanik durchgesetzt - mit den klanglichen Vorteilen, die ein geringes Gewicht des Instrumentes bietet, ohne daß die mechanische Stabilität dadurch beeinträchtigt wird.

Am Nutzen der *Daumen-Doppelklappe* kann es keinen Zweifel geben. Die Frage, ob die entsprechende Griffplatte links oder rechts liegen soll („B-links, B-rechts") müßte eigentlich - der Kontinuität der aufsteigenden Tonschritte entsprechend - zugunsten der rechten Seite entschieden werden. Nichtsdestoweniger hat sich „B-links" durchgesetzt. Grifftechnisch hat dies weder Vor- noch Nachteile, da ein direkter Übergang von der einfachen zur Doppelklappe und umgekehrt durch Rutschen ohnehin vermieden werden soll.

Die Frage, ob die *Gis-Klappe* im Ruhezustand offen oder geschlossen sein soll, ist ebenfalls durch die Praxis gelöst worden. „Geschlossen Gis" hat sich durchgesetzt, obwohl der kontinuierliche Fingerablauf bei der chromatischen Tonleiter durch diese Konstellation unterbrochen und umgekehrt wird. *Böhm* hat ein **offenes** Gis-Loch vorgesehen. Dies stellt ohne Zweifel auch die logischere und konstruktiv einfachere Lösung dar. Daß trotzdem die geschlossene Gis-Klappe überhaupt in Erwägung gezogen wurde, hatte ursprünglich den Grund, daß die Bläser in der Zeit der Umstellung von den alten, diatonisch disponierten Modellen die Griffe für G und Gis hätten **umlernen** müssen, was bei den damals schon sehr hohen spieltechnischen Ansprüchen als fast unmöglich, zumindest aber unzumutbar erscheinen mußte. Dazu ergab sich aber ein - anfänglich sicherlich gar nicht einkalkulierter - grifftechnischer Vorteil der geschlossenen Gis-Klappe: Der linke kleine Finger ist in diesem Falle bei den komplizierteren Griffen der dritten Oktave weit weniger an seinen Hebel gefesselt, wodurch die anderen Finger der linken Hand größere Bewegungsfreiheit erhalten - ein Gewinn, der die gestörte Kontinuität des Bewegungsablaufes mehr als wettmacht. Andererseits entsteht allerdings aus dieser Lösung eine akustische und damit ansprache-erschwerende Komplikation für das E^3. Sie besteht darin, daß innerhalb des Griffes für diesen Ton **zwei** nebeneinanderliegende Schallöcher offen sind statt nur einem. Das erschwert das Überblasen. Mit der *E-Mechanik* wird dieser Nachteil behoben. Das Fehlen dieser Zusatzmechanik sollte jedoch nicht vom Erwerb eines im übrigen als geeignet erachteten Instrumentes abhalten, zumal die gleiche akustisch bedingte Schwäche auch beim Fis^3 vorliegt und hierbei anstandslos akzeptiert und beherrscht wird.

Open-hole-Modelle. (Die Bezeichnung „Ringklappen" für die durchbrochenen fünf Deckel sollte vermieden werden und den *Brillen* der echten Ringklappenflöte, wie sie im Anfang dieses Jahrhunderts u.a. von der Firma *Bürger-Straßburg* gebaut wurde, vorbehalten bleiben.)

Grifftechnisch bieten die open-hole-Modelle insofern erhöhte Schwierigkeiten, als sie einen sehr präzise gezielten Fingeraufsatz erfordern. Daß sie infolge freieren Luftaustausches einen offeneren, helleren Ton ermöglichen, ist nicht nachzuweisen und sicherlich Wunschdenken. Jedenfalls ist keinerlei klanglicher Unterschied festzustellen, wenn man die Öffnungen verschließt, ohne die Deckel herunterzudrücken. Eine gewisse klangliche Veränderung ist denkbar - wenn auch nicht sehr wahrscheinlich - wegen der erzielten Gewichtsreduzierung. (Eine weitere Gewichtsminderung wird erzielt, wenn die Achse für die beiden Deckel für G und Gis in die Hauptachse einbezogen wird, wie es beim „französischen Modell" der Fall ist.)

Soweit Äußerungen über die open-hole-Modelle vorliegen, zeichnen sie sich durch bemerkenswerte Unschärfe aus. THOMAS antwortet auf die selbstgestellte Frage „What are those holes in the keys for?", daß die Finger beider Hände, vor allem der linke kleine Finger, zu einer korrekteren Haltung veranlaßt werden - eine nicht sehr überzeugende Argumentation, wenn man bedenkt, daß damit einer Disziplinierung der Grifftechnik durch **Fesselung** das Wort geredet wird! Th.'s Feststellung, daß ein etwas offenerer und brillanterer Ton erzielt werde, relativiert er selbst durch die Einschränkung, daß dabei das meiste vom Spieler abhänge. So bleibt sein Hinweis auf erweiterte Möglichkeiten der Tonfärbung, von Trillern und neuen Griffvarianten und schließlich das nicht sehr überzeugende Resümee: „The french model flute is marvelous and here to stay!"

Der Nutzen, ja die Notwendigkeit durchbrochener Deckel für besondere Wirkungen und neue Klangmöglichkeiten, Mikrointervalle usw. bleibt unbestritten. Davon kann jedoch nur eine ganz kleine Zahl von professionellen Flötisten wirklich sinnvollen Gebrauch machen. Kein Zweifel kann darüber bestehen, daß viele - die meisten! - Verfechter von open-hole der Mode folgen und nie in die Lage kommen, die eventuell gebotenen zusätzlichen Möglichkeiten auszunutzen und darüberhinaus sogar in der Entfaltung einer flüssigen Technik beeinträchtigt werden. Jedoch: Soll man einen Auto-Fan vom Kauf eines Rennwagens abhalten, auch wenn er nie in die Lage kommt, ein Rennen zu fahren?

Kritiker von Modetrends werden leicht der Rückständigkeit und Immobilität bezichtigt. Der Verfasser, der selbst jahrelang - ohne Schwierigkeiten - ein french model von *Johannes Hammig* geblasen hat, kann der Meinung von Ray FABRIZIO nur zustimmen: Dieser berichtet von Experimenten, wo Töne, die auf open- und covered-holeInstrumenten gespielt wurden, ohne Hinschauen zu beurteilen waren: Es wurde durchweg kein klanglicher Unterschied festgestellt, ja, die „Plateau"-Modelle schnitten sogar eine Kleinigkeit günstiger ab, was von diesem Autor weniger auf akustische Gründe zurückgeführt wird als auf die leichtere Spielbarkeit und die dadurch bedingte größere Ansatzsicherheit. Der Versuch ist von jedem leicht nachzuvollziehen . . . F. weiter (FZ 64): „Keiner hat je erklärt, *warum* es [das french model] besser ist, aber das hat nichts zu sagen; es fiel mir nicht ein, ein so wohlbekanntes Faktum anzuzweifeln. ‚French model' suggerierte Eleganz und Klasse; dagegen deutete 'Plateau' oder 'closed-hole' auf Schwerfälligkeit und Unbeholfenheit hin - eine Übungsflöte. Meine Einstellung grenzte an Snobismus. Ich fühlte mich denen überlegen, die closed-hole spielten, Leuten die der Herausforderung der offenen Deckel nicht gewachsen waren . . . Warum also erfreut sich das french model eines so hervorgehobenen Status? Die Antwort ist ‚Tradition'! Die Welt der Flötenspieler ist konservativ, und zwar in erheblichem Maße. Veränderungen an einem ohnehin verfeinerten Instrument sollen langsam und vorsichtig vor sich gehen. Böhm baute alle seine zylindrischen Flöten mit geschlossenen Deckeln . . . , bis Louis Lot die Lot-Flöte als den Standard höchster Qualität begründete, was dem Wesen nach von den meisten weltbesten Flötenbauern nachvollzogen wurde. Die Qualität der Lot-Flöten rührt jedoch nicht daher, daß sie offene Deckel aufweisen (was nicht für alle zutrifft), sondern von ihrer hervorragenden handwerklichen Arbeit und den Materialien. Nichtsdestoweniger hat die Gemeinde der Anhänger der Lot-Flöte mit offenen Deckeln das french model zu einer Tradition an sich erhoben. Das dürfte die Erklärung sein für die beharrliche Präferenz des professionellen Establishments gegenüber dem french model . . . Ein Argument [der Verfechter von open-hole] ist, daß das french model eine bessere Handhaltung erzwingt . . . Offene Deckel zwingen unbezweifelbar den Spieler dazu, die Löcher zu verschließen, aber nicht notwendigerweise durch eine Verbesserung der Handhaltung. Tatsächlich geht das Argument der ‚besseren Handposition' um die Frage herum, ob die offenen Deckel es wert sind, daß die Bemühung um ihren Verschluß an erster Stelle steht."

Schließlich der Flötenbauer Albert COOPER, dessen Meinung sicherlich auch durch seine Kontakte mit der Weltelite der Flötisten geprägt ist und entsprechendes Gewicht hat (FZ 65): „ Ich bin oft gefragt worden, welche Art von Flöte ich für die beste halte. Ich würde ein covered-hole-Instrument wählen mit vorgezogenen G- und A-Deckeln und E-Mechanik; das ist das beste für mich, aber ich akzeptiere, daß es nicht die Wahl der Mehrheit ist. Eine open-hole-Flöte mit G- und A-Deckeln in einer Linie passen jedenfalls nicht für meine linke Hand - ich finde die Haltung unbequem und würde mich überhaupt nicht locker fühlen, eine der Voraussetzungen, von denen ich glauben würde, daß sie notwendig für einen guten Vortrag sind. Immerhin bin ich nicht um jeden Preis gegen die open-hole-Flöte - wenn ich moderne Musik zu spielen hätte, die Vierteltöne, Glissando usw. erfordert, was allein auf der open-hole-Flöte möglich ist, dann würde ich natürlich eine solche benutzen, aber sie müßte mit vorgezogenen G- und A-Deckeln und einer E-Mechanik ausgestattet sein: Ich möchte, daß das Flötespielen so leicht wie möglich ist.

Ich ziehe eine Flöte mit einem C-Fuß vor und würde den h-Fuß nur benutzen, wenn erforderlich. Einige Flötisten, die ich kenne, sind der Meinung, daß ein h-Fuß dem Ton ein wenig mehr Gewicht gibt (genauso wie der Flöte). Das mag sein; ich weiß es nicht, aber ich bezweifle es."

Übrigens spielte auch *Marcel Moyse* lange Zeit auf Instrumenten mit geschlossenen Deckeln, wie FABRIZIO und SCHECK (Flöte 51) mitteilen.

LITERATURHINWEISE

Spieltechnik: Die auf S. 10 erwähnten pädagogischen Arbeiten, ferner *Drexler, Kincaid, Wye(Technik)*

Verhaltensweisen: *Buytendijk, Schlenger*

Akustik: *Benade(Math., End., Woodw.), Brindley(Method., Cross.), Hilton, Mahillon(Doigté), Ratz, Richter(Griffw.)*

Grifftabellen mit Erläuterungen: *Artaud-Geay, Bartolozzi, Cavally, Dick, Howell, North, Pellerite, Read, Richter(Griffw.), Szalonek, Voorhees*

Klappenmechanik: *Cooper, Fabrizio, Gg.Müller, Thomas*

...über Interpretation und den „schönen" Ton

Es gibt wohl kein Instrument, bei dem der „Schönheit" des Tones eine so große Bedeutung zugemessen wird, wie die Flöte. Allerdings ist es „recht schwierig, schlüssig zu definieren, was als ein schöner Ton bezeichnet werden kann. Leichter ist es, die Fehler zu benennen, die man vermeiden sollte." (FLEURY - FZ 66)

Wird der Tasteninstrumentspieler ausschließlich an seiner Fingertechnik und Interpretationskunst gemessen, so rangieren beim Gros der Zuhörer eines Flötisten Makellosigkeit, Timbre und klanglicher Reiz seines Tones an erster Stelle. Auch hierin steht das Flötenspiel dem Gesang nahe. Eine Mehrzahl der Hörer empfängt Musik lediglich als sinnlichen Genuß. Leider wird in der modernen Unterhaltungsmusik dieser Einstellung Vorschub geleistet durch die Überbewertung des „Sound" gegenüber der Dynamik und Logik des musikalischen Geschehens. Der Instrumentalunterricht ist in dieser Hinsicht nicht frei von Schuld. „Es liegt auf der Hand, daß man mit einzelnen schönen Tönen allein . . . nicht Musik machen kann. Jedoch auch diese Unterrichtsart wird gepflegt." (EDLER-B. - Querfl. 3)

Der Ton ist nicht Selbstzweck, sondern Transportmittel für geistige Inhalte. „Wir finden, daß mit Hilfe einer soliden Technik und eines substanzreichen und variablen Tones die genaue Beachtung der Wünsche des Komponisten die ideale Interpretation ergibt, indem das Instrument der Musik dient und nicht die Musik dem Virtuosen." (FLEURY FZ 67) Oder, wie der Gesangspädagoge HUSLER (128) es ausdrückt: „Stimme ist eines - und mit der Stimme etwas interpretieren ein anderes." Der Ton muß des musikalischen Inhaltes **würdig** sein - das schließt ohnehin nachlässigen Umgang mit ihm aus. Seine Schönheit besteht in Deutlichkeit und Sorgfalt, nicht in Parfümierung und kosmetischer Aufbereitung, womit bekanntlich im allgemeinen das Ziel des Verdeckens, wenn nicht gar des Verfälschens verfolgt wird. Hans v. BÜLOW hat dies in unübertrefflicher Weise ausgedrückt, als er sich „einmal darüber beklagt(e), daß die Geigenvirtuosen seiner Zeit über alle und jede Musik, die sie spielen, unterschiedslos die Soße ihres ‚schönen Tones' ausschütten." (GÜMBEL-Lern.55)

Bei keinem anderen Instrument ist auch die Unsitte so weit verbreitet, die als schön empfundene Tongebung eines anderen Bläsers **nachzuahmen** (was - wie schon gezeigt wurde - anatomisch und physiologisch unmöglich und widersinnig ist). Man erinnere sich, wie lächerlich die Versuche von weniger profilierten oder laienhaften Sängern wirken, einen *Caruso* oder anderen Großen zu imitieren. Carusos Genie bestand darin, **wie Caruso** zu singen und nicht wie irgendein Vorbild NN! Übrigens besaß Caruso, wie HARTLIEB (Caruso) berichtet, einige gesangstechnische „Schwächen", die jedoch seiner Stimme gerade ihre ganz besondere Individualität verliehen. - Unter den Flötisten der Weltklasse wird man vergeblich nach solchen suchen, die mit einem „raffinierten" (zu deutsch „verfeinerten") Ton zu imponieren versuchen. Hätten sie dies je getan, dann wäre ihre Karriere mit Sicherheit vorzeitig im Unterhaltungsgewerbe zu Ende gegangen.

Die Sängerstimme und der Flötenton sind schön, wenn sie im Hörer das Gefühl erwecken, daß sie natürlich geführt sind und daß Kraftaufwand und Klangvolumen in einem idealen Verhältnis zueinander stehen. „Nicht ‚schön' soll der Ton sein, sondern menschlich." (JACOBS 255) Auch für die Klangqualität gilt, was für die gesamte Flötentechnik und jedes einzelne ihrer Gebiete zutrifft: Nicht der Zustand, der *stationäre Klang*, ist Ziel und Merkmal der Technik, sondern - neben der selbstverständlichen Notwendigkeit sauberster Ausführung - eine lebendige **Beweglichkeit.** So ist auch und gerade die Artikulation ein wesentlicher und unverzichtbarer Teil des klanglichen Eindrucks. Nichts wirkt dilettantischer, als einen „schönen" Ton auf Kosten der artikulatorischen Qualität zu produzieren. Ein solcher Ton ist zwar vielleicht „sauber", aber steril und ohne Glanz. Wird ein solches Kunstprodukt dann auch noch durch ein künstliches Vibrato dekoriert, so ist der Gipfel (oder besser: Tiefpunkt) an klanglichem Krampf erreicht.

Wie weit eine bewußte Klangfärbung vertretbar und wünschenswert ist, muß dem Spieler und der von ihm angetroffenen Situation anheimgestellt bleiben. Es versteht sich von selbst, daß man *Debussy's „L'après-midi"* klanglich anders anlegen wird als eine Bach-Sonate. Das wird aber nur dann überzeugend gelingen, wenn es sich aus der empfundenen Stimmung von selbst ergibt, so wie wir es schon für das Vibrato forderten. Auch ein Sänger wird ein fröhliches Wanderlied klanglich anders gestalten als einen Trauergesang - dies aber nicht durch bewußte Klangmanipulation, sondern indem er sich dem Text und Geist des Liedes überläßt. Trotzdem soll eine etwas absichtsvollere Klanggestaltung nicht in Bausch und Bogen abgelehnt werden, sofern sie **interpretatorischen** Zwecken dient. Schließlich ist die Querflöte ein Stück Technologie und verträgt damit auch in dieser Hinsicht einen gewissen Anteil an **bewußter Spieltechnik.**

Anhang
Fremdsprachige Zitate (FZ)

1. FLEURY 1523: Entre le tube sonore, nulle interposition.

2. COLTMAN (Ac.1972/II, 39f.): ... pushing on a child's swing to sustain motion. There are two important parameters to measure the strength of the push, and the phase of the cycle in which it is applied. As we know from experience, it is neccessary to push on the swing when it is going away, preferably at the bottom of the cycle when it is moving fastest. To push when it is coming toward us will stop the swing, not keep it going.

Similarly, it is learned from experiments of the sort described above that the jet should be diverted into the flute during the half cycle when the vibrating air particles are on their inward excursion. When the jet does so, it adds energy to the vibration, sustaining it in the face of losses which would otherwise cause it to die away. If the jet push comes too early in the cycle, it will cause the frequency of vibration to rise - if it comes too late, it drags the frequency down. Now, early or late arrival depends on the jet velocity, i.e., on the blowing pressure.

3. BENADE (Ac. 492f.): The flute player has great flexibility in the tone production because there is a *range* of transit times that will suit the maintenance of each note of the scale. Furthermore, he has many optional ways in which he can attain the desired transit time, because he is free to trade off a larger or smaller stream distance ... against a smaller or larger flow velocity. He can control the thickness ... and the width ... of the airstream by altering the spacing between his lips as well as the angle at which he blows. All of these things ... give him an enormous (but seldom fully exploited) range of tonal possibilities.

4. COLTMAN (Ac. 1972/II, 40): There are two axes in the diagram. In the vertical direction we plot the effect of the jet on frequency - above the horzontal line it tends to make the instrument sharp, below it, flat. In the other direction we plot the vibration-sustaining effect, or force, of the jet. To the right this force increases - the farther to the right we go, the more intensely the vibrations are driven. In the left of the vertical axis, the effect is negative, i.e., a jet having this property would tend to bring an already-vibrating column to a stop, just as a person does in pushing on a swing that is coming toward him. Any single point in this diagram serves to display both the sustaining force and the effect on frequency.

The curves displayed here are drawn through points that were measured on a artificially blown flute and plotted on the diagram. Of the whole gamut of possible blowing conditions, we have restricted the display to a fairly small set. The lip aperture size and shape is fixed. Only two lip distances, one for each curve, are shown. Along the curves, the points represent chosen blowing pressures, measured in inches of water. An examination of the curves can be quite instructive. Looking first at the lower curve, where the lip distance was set at 7 mm, we find that a blowing pressure of 0.2 inch (first point) we are in the negative or arresting region - such a blowing pressure could not possibly sound the flute. At 0.3 inch, we have crossed over the axis, and could expect a weak sound, quite flat. But now looking at the other curve (corresponding to moving the lips forward to the 5 mm position), we see this same 0.3 in pressure can give a respectable sustaining effect, nearly on the „on pitch" axis. But on this same curve, increasing the pressure to 0.6 gives very little increase in loudness, its effect is largely to make the instrument very sharp. If we pull back the lips to 7 mm, the corresponding curve shows that at 0.6 mm [sic!] pressure we get a strong sustaining effect, at the natural pitch. Thus we see the importance of being able to change both the lip distance and the blowing pressure to achieve the desired musical effects.

5. GALWAY (68/77): I personally am not a member of the flute-playing school which instructs students that their first and last duty is to relax, for on duty muscular control is neccessary. But control doesn't mean you have to be rigid ... So you have threetings to aim at: stability, straightness, and suppleness.- .... I am moderately relaxed when not actually playing. But all physical activity involves the muscles to some extent and a relaxed muscle in action is about as much use as a broken spring."

6. BARTHOLOMEW (Paradox 446): Where art is concerned, more criteria than those of mechanical efficiency must be considered.

7. GALWAY (67): I like to stand with my feet slightly apart, the left pointing slightly left, the right pointing slightly right, at the angle of ten-to-two on the face of a clock, and with the right leg braced to carry my weight. My shoulders are not parallel with my hips but swivelled by aligning the hole ... with my left foot.

8. GALWAY (70/111): If you must sit to perform, you must sit to practise. - The solo of L'après-midi is played sitting down. So practise it sitting down ...

9. KUJALA (6): The most perfect embouchure will be utterly ineffective if the placement and support of the instrument is wrong. Therefore it may help to think of the flute as being *balanced* rather than merely *held*.
This balancing can be compared to a lever setup ... The left hand first finger is the *fulcrum*, the right hand little finger the *pressure*, and the lower lip the *resistance*. The pressure and resistance should be thought of as being in equilibrium. This implies that the right hand little finger is more important than the thumb (again, just the opposite of the oboe or clarinet), and this can be proved by playing an open C# without having the right thumb touching the flute.

The approximate direction of the pressure exerted by the right hand ... is a downward push combined with a slight forward deflection, resulting in a snug feeling of the embouchure plate on the lower lip and giving the lip an „uplifting" sensation. But care must be taken to prevent excessive pressure. Any feeling of discomfort or loss of suppleness in the lower lip can be taken as a distinct warning sign.

To clarify the „fulcrum" duty of the left hand first finger: This finger should never be thought of as a source of active pressure. Its role is a more passive one - a true pivot point, offering an appropriate amount of resistance to the downward directed pressure of the right hand. Regular attention to this idea will help reduce the pain so commonly experienced in the first finger.

10. ROCKSTRO (429): The head of the player first placed as directed ... let the flute be adjusted to the lower lip, *on no account lowering the head towards the flute.*

10. ROCKSTRO (429): The head of the player being first placed as directed ... let the flute be adjusted to the lower lip, on no account lowering the head towards the flute.

11. RAMPAL (3): I feel the sound in my lips when I play.

12. HOTTETERRE (2): ... de quelle manière on doit disposer les Levres ...

13. MATHER ((Emb. 14): .. the diameter of the tube is chosen as a compromise between the needs of its extreme notes. Thus, on each member of the flute familiy, most players obtain their best and most ready sound in and around its second octave.

14. FLETCHER (Princ. 60): ... the larger lip opening and the thicker jet simply produces a dull mf sound with little intensity. The reason for this is that the thicker jet is less responsive to the tube vibrations and so produces a tone with less harmonic development.

15. ROOS (XII,10): Should this result be surprising at first sight, it is not surprising after remembering that movement of the atmospheric air must increase into a storm or a hurricane, before the whistling sounds are observed, by which the storm and the hurricane are characterised.

16. FLETCHER (Princ. 60): ... we should use high air pressure, though stopping short of overblowing a longer than normal jet length, a rounder lip opening and a lower blowing pressure will all reduce the harmonic development of the sound.

17. FLETCHER (Princ. 61): All these adjustments can be overdone, of course, and too round a lip opening or too low a wind pressure leads to dullness, while too tight an embouchure and too high a blowing pressure gives a strident sound. Within these limits, however, there is room for quite a degree of subtle tone variation.

18. FLEURY (1523): Ce qui peut se constater facilement, lorsqu'on entend tour à tour plusieurs flûtistes, c'est que chaque exécutant possède une sonorité personelle. Chose curieuse, cette personnalité s'affirme généralement des le début.

19. RAMPAL (5): ... the tongue very close to the opening between the teeth.

20. PUTNIK (11): When considering intonation difficulties of beginning students (but no others) a tolerant attitude is advisable. Pitch, being so dependent upon embouchure, will vary considerably with students in the process of developing that embouchure. The instructor should concentrate on correcting problems of basic embouchure, and he will soon be pleased to discover that the tendency to play extremely flat or sharp has largely corrected itself. The intonation problems of the student, moreover, can be valuable guide to the instructor in locating and correcting embouchure faults.

21. FLEURY (1523): ... on n'oubliera pas que le volume est peu de chose et que le timbre est tout.

22. COLTMAN (Ac.1972 II, 43): The radiating ability of a small source rises very rapidly with the frequency, increasing by a factor of four for each octave. This is one reason why the flute in the higher registers becomes much more audible.

23. ROOS (XIV,51): The flageolets have a peculiar colour, which is caused by a great number of lower secondary tones ... The production of the greater part of them requires a good deal of practise since the duodecime, the second octave etc. does not sound easily and if they are hit, they have a great tendency to fall away. Concerning this instability they agree with the flageolet tones of the string instruments.

24. DICK (132): The various whisper tones yielded by a given fingering can be produced by maintaining the very narrow lip opening and minimum breath pressure and gradually raising the angle of the air stream ... As the angle of the air stream is raised, progressively higher whisper tones will sound ... When the fingering for $E\natural^4$ is used, for example, whisper tones can be played from the third to the ninth partial of E^4, sounding at $B\natural^5$, $E\natural^6$, $G\#^6$, $B\natural^6$, $D\natural^7$, $E\natural^7$, and $F\#^7$.

25. DICK (133): Residual tones are noise-like resonances of the tube of the flute, usually consisting of a very weak fundamental and a few higher partials, and are often heard with natural harmonics. They are very easily produced ... Residual tones can be played with all fingerings by forming a wide lip opening and directing a relatively unfocused air stream across the embouchure hole. Unlike whisper tones, residual tones have the full dynamic range of ppp to ff.

26. FAJARDO (Part. I, 49): ... the flute body is mainly an acoustical resonator; it determines which of the frequencies generated at the embouchure section will be reinforced ... But since the head or embouchure section is the energizer or tone generator, it follows that the body of the flute cannot reinforce a frequency that the head joint refuses to generate.

27. BENADE (Ac. 501): The connection between sharp edges on the corners of an instrument and the material from which it is made is not difficult to find: instruments normally come out with their corners sharper when plastic or metal is used than when wood is the material of choice. It is the instinctive tendence of a skilled craftsman to show his competence by producing crisp clean edges for all his tone holes and joints, and the degree of sharpness of these corners depends very much on the nature of the materials with which he works and the sort of tools he uses.

28. MILLER (Infl. 171): The effect of material upon the tone quality is not a fable.

29. Frans VESTER (111): Omdat het embouchure deze snelle dynamische overgangen niet in hun wisselende intonatie kan opvangen, ontstaat tevens een afwisselend hoger-en-lager worden van de toon. Deze laatste eigenschap maakt het vibrato to een gemakkelijk middel om stimmingsverschillen met andere instrumenten te reguleren. De grote uitwijkbeweging van het vibrato van de saxofoon bijvoorbeeld is er oorzaak van, dat de saxofoonsecties van jazzbands en dansorkesten vrijwel geen stemmingsprobleem kennen. Met andere woorden: het door het vibrato veroorzakte min of meer om de exakte intonatie van de toon heendraaien schept een schijnzuiverheid, die niettemin veelal tot oplossing van bijzonder moeilijke intonatiekwesties kan leiden.

30. TAFFANEL-G. (177): Chez Bach, comme chez tous les grands maîtres classiques, l'exécutant doit observer la plus rigoureuse simplicité. On s'y interdira donc absolument le *vibrato* ou chevrotement, artifice qu'il faut laisser aux instrumentalistes médiocres, aux musiciens inférieurs.

31. LE ROY (91): On ne travaille pas le *vibrato* et on ne doit surtout pas chercher à l'obtenir à l'aide d'une technique quelconque et anti-naturelle.

32. FLEURY (1522): ... (il) voulait appliquer à la flûte le vibrato du violon, ce qui nétait pas sans nuire à la qualité du son, et du style.

33. SEASHORE (Psych. 53): ... vibrato is not an ornament imposed upon a portion of a note, but under normal circumstances it represents a vibrant condition of the organism as a whole throughout the performance ...

34. SEASHORE (Psych. 156): ... an ideal vibrato ... will probably be present in all tones and transitions except where the non-vibrato is used for specific effects.

35. HOLLINSHEAD (281): The violin vibrato may be considered a device, the use of which is consciously regulated by the will of the artist; vocal vibrato, in contrast, is a characteristic or an inherent qualitative factor in the voice itself.

36. SCHOEN (253): 1. The vibrato is a fundamental attribute of the artistically effective singing voice in that it is a medium for the conveyance of emotion in vocal expression. 2. The vibrato is a manifestation of the neuro-muscular condition that characterizes the singing organism.

37. ZAY: The vibrato is the natural pulse or rhythmic vibration of the tone, and in the attempt to keep the voice steady this must not be lost. Any control which prevents this natural vibrato or life-pulse from entering the tone is bad ... (zit. nach SCHOEN S. 241)

38. MOYSE: I have always related the flute to the human voice - it is much nearer to it than the violin. Consequently, I have never measured the vibrations of a phrase. Music is a language, the flute is one of its mediums of expression, and when I play I try to convey the impression of laughter, of singing, of talking, through the medium of my instrument in a manner almost as direct as that expressed by my voice. (Zit. nach VORNHOLT S. 18)

39. MOYSE (How I Stayed . . . - zit nach TOFF): ... is the last straw, it is not vibrating, it is undulating - better yet, it is panting. This is no longer emotion, it is organized agitation. This pseudovibrato, measured at 3, 4, 5, even 7 per second is unquestionably destined to disturb, to blindly destroy the expressive significance of a musical phrase, since the notes which it comprises do not all have the same length and the same expressive importance.

40. WUMMER (in *Chapman: The manner* . . . - zit. nach TOFF): Taffanel, Gaubert, Maquarre and Barrere have all concurred in the idea that the vibrato is not „produced" but is the resulting phenomenon of the naturally „breathed" tone - and is, in fact, not to be thought of as something produced but as something resulting from one's own musical feeling.

41. GIRARD (32f.): Sans doute, embarrassait-on beaucoup de flûtistes en leur demandant d'analyser la manière dont ils produisent le vibrato . . . Le vibrato du violon ou du violoncelle est en quelque sorte un artifice qui permet d'animer un son qui n'a rien d'humain, puisqu'il sort en entier de matières totalement étrangères à l'artiste. Le son de la flûte, au contraire, est lui-même vie et frémissement, de sorte qu'il est presque naturellement vibré par le mode d'émission. L'un des plus grands charmes de la sonorité de la flûte est précisément l'impression de vie qui se dégage de son audition.

42. RAMPAL (6): It is very difficult to speak about vibrato because vibrato is something that should be natural. If you must practise it, it is unnatural. Your body must be completely involved when you play vibrato.

43. EDISON (zit. nach SCHOEN 241): Most singers can not sustain a note without breaking it up into a series of chattering or tremolos . . . If this defect could be eliminated, nothing would exceed the beauty of the human voice. . .

44. SEASHORE (Psych. 40): Probably one may find examples of the vibrato in every musical instrument. This musical ornament, however, has found special favor in the stringed instruments, and particulary in the violin. We shall, therefore, draw our illustrations of good instrumental vibrato from the violin.

45. SEASHORE (Psych. 90): . . . the most infrequent use of the vibrato as an artistic device.

46. REEVES (zit. nach SCHOEN): Five out of six modern singers are afflicted with it . . .

47. METFESSEL (117): The tremors constantly present in muscles are not a parallel to the vibrato because they are faster and more erratic, and if they were the same as the vibrato it would be expected that everyone would have a vibrato.

48. FLETCHER (Corr. 237): In the first place we note that the lung cavity contains a volume $V \sim 10^{-2} m^3$ of air maintained under a pressure $p \sim 10^5$ Pa slightly above atmospheric by an elastic diaphragm of area $A \sim 3 \times 10^{-2} m^2$. The diaphragm is loaded by the mass $m \sim 10$ kg of the contents of the abdomen. The resonant frequency of this system is $\nu \simeq (1/2\pi)(pA^2/mV)^{1/2} \simeq 5$ Hz, Hz, which corresponds closely to the observed vibrato frequency. It is therefore reasonable that one play with a „straight" tone without vibrato, but that, once vibrato is allowed to develop, it tends to run at the resonant frequency.

49. FLETCHER (Corr. 237): The second possibility is that the diaphragm is maintained in the correct state of tension by opposing sets of muscles which are controlled by both voluntary and involuntary neurological feedback loops, as observed in various nervous disorders, is also not far from 5 Hz. It is most likely, of course, that both mechanisms are involved . . .

50. BARTHOLOMEW (Ac. 25): . . . the organ *tremulant*... produces primarily a variation of the loudness of the tone rather than of its pitch. With regard to this type of vibrato there is some evidence that its ideal speed is slower than in the case of the type of vibrato which involves pitch. Thus, on the pipe organ, tremulant speeds are frequently lower than six, or even five per second...as even two per second.

51. - siehe Abb. 108

52. BARTHOLOMEW (Ac. 23): The loudness change may appear more marked that it is . . .

53. WESTERMAN (49): . . . poor skeletal posture, fear, hysteria, localization of effort - in fact, anything which will throw this balance out of alignment . . .

54. GRAY (12): Because of the differences in the physical characteristics of individual flutists, it is virtually impossible to copy or duplicate precisely the tone quality of another. These subtle differences in tonal quality will, in many cases, contribute to our enjoyment of music.

55. SEASHORE (Psych. 53): . . . vibrato is not an ornament imposed upon a portion of a note, but under normal circumstances it represents a vibrant condition of the organism as a whole throughout the performance . .

56. SEASHORE (Psych. 111): *The smile and the vibrato*.
We have a good analogy in the smile. The smile is nature's outlet for good will, the attitude of „I like you", „I like it", or „I am well disposed." Under natural conditions it comes spontaneously and is one of the conspicuous elements in the language of social intercourse, often more incisive than words or gestures. But being recognized as valuable in social intercourse, it is often imitated, and the imitation smile may take the form of the genuine smile, but somehow the social connoisseur is not misled . . . The genuine smile always tells the truth, because it is the organic response which represents well being and a favorable disposition toward a situation, event, or person.

So it is with the vibrato. The pulsating quality is nature's language which tells the truth. It can be imitated, but the imitation is discernible. We must, however, distinguish between imitating and cultivating . . . The analogy between smile and the vibrato is fundamental.

57. KOCK (24): If a chord accompanies the note to which the vibrato is imparted the ear will select that frequency which harmonizises with the chord since the particular frequency. Thus a note originally off pitch may be made acceptable by imparting a frequency to it, provided the intended pitch is included in the vibrato interval and provided the vibrato interval is not too wide to be objectionable.

58. GALWAY (106f.): . . . the intensity should always be intended and under control. The ultimate target is to master a whole variety of speeds of vibrato, on every note and at every volume level . . . That work towards this target should begin early . . . , partly because it sounds nice and so encourages beginners, partly because it helps them get the sound more in focus.

What is vibrato and where does it come from? Vibrato is the pulse of the sound brought about by the rapid alteration of more or less forceful pressure of the breath. Where it comes from - that is to say, what part of the breathing equipment actually operates this alternating pressure - I often wonder myself. The received wisdom is that the muscles of the diaphragm are responsible, but I think this is not true at all or at least not the whole truth. Try it for yourself. Play your favorite note, making ha-ha-ha pressure with your breath, slowly and separately. Where in your body do you feel most distinctly the sensation of pressure? If you are a well-taught, obedient, respectful kind of youngster, you will say you feel it in the diaphragm. But I take leave to doubt the evidence of your senses. My own senses tell me that the muscles of the throat are responsible for controlling the pressure, and the diaphragm is merely quivering in sympathy. Moreover I think that players who cultivate a forward vibrato get excellent results from it.

So let's begin with the ha-ha-ha distinctly - a sound made in every language of the world, so you should have no problems with it. Blow a single note, making ha-ha-ha by degrees of acceleration, until it is really fast when you drop the „h" and let the notes run together in a perfectly regular undulation of pressure. When you have done it as fast as you can, put the metronome up a notch and do it faster . . . At this stage of the game, perfect regularity is important . . . Later, when you know more about flute-playing, a certain latitude may be allowed you in speeding up or slowing the vibrato on a note to express your interpretation. Meantime, work to control your vibrato; do not let it come out anyhow. To this day I go through these stages of vibrato from the separate ha-ha-ha to the ultra-fast run-together version, for about three minutes in morning practice.

59. WYE (Int. 24): When your tone is straight, play a low G holding the flute only with the left hand. Place your right hand on your abdomen and push and relax your right hand alternately rhythmically to achieve an increase and decrease in air speed. Start at about two or three wobbles per second. It is similar to silently saying ha, ha, ha . . . When this is working, try to achieve the same result with the abdominal muscles only, holding the flute with both hands. The movement of the air must be continuous, not a series of jerks.

60. WYE (Int. 24): Vibrato must be *within* and inside the tone, not added on top.

61. METFESSEL (84): It is not a matter of voluntarily fluctuating the muscles, but of letting the muscles fluctuate themselves. The voluntary part of the vibrato is to put the muscles in a certain antagonistic relationship...

63. FLEURY (1523): . . . on confond volontiers les clefs d'une flûte avec les touches d'un piano.

64. FABRIZIO (3): No one ever really explaines *why* it is better, but no matter; it didn't occur to me to doubt such a well known fact. *French model* suggested elegance and class; whereas *plateau* or *closed-hole* suggested something dull and clumsy - a student flute. My attitude bordered on snobbery. I now felt superior to those who played closed-hole flutes, people who couldn't meet the challenge of open keys, of course . . . Why then does the French model enjoy such elevated status? The answer is tradition. The flute world is a conservative one, and properly so. Changes in an already refined instrument have to be slow and careful. Boehm made all his cylindrical flutes with closed-keys . . . until Louis Lot established the Lot flute as the standard of excellence, virtually copied by most of the world's best makers. The quality of Lot's flutes, however, was not due to their being open-keyed (not all of them were) but to their fine craftmanship and materials. Nontheless, the association of the Lot flute with open keys establishes the French model as a tradition in itself. This would explain the persistent preference for the French model by the professional establishment . . . One argument is that the French model forces a better hand position . .

Open keys force the player to cover the holes, undeniably, but not necessarily with a better hand position . . . Actually, the „better hand position" argument begs the real question of wether open keys worth the effort of covering in the first place.

65. COOPER (43): I have often been asked what sort of flute I think is best. I would chose a covered hole model with off-set G and A keys and a split E-mechanism; this is the best for me but I readily accept that it is not the choice of the majority. An open hole flute with G and A keys in line just does not suit my left hand - I find it uncomfortable to hold and would not feel all relaxed, one of the first essentials I would have thought necessary for a good perfomance. However, I am not in any way against the open hole flute - if I had to perform modern music which required quarter tones and glissandos etc. that only the open hole flute can offer, I would of course use one, but it would have to be with off-set G and A keys and a split-E mechanism: I would want flute playing as easy as possible.

I prefer a flute with a C foot joint and would only use a B foot-joint when required. Some flutists I know hold the view that a B foot-joint gives a little more weight to the sound (as well as the flute). This may be so; I do not know, but I doubt it.

66. FLEURY (1523): Il est, d'ailleurs, bien difficile de définir avec certitude ce qu'il est convenu d'appeler un beau son.Il est plus aisé de décrire les défauts à éviter.

67. FLEURY (1525): Il nous paraît, qu'avec une technique solide et une sonorité riche et variée, l'exacte observance des désirs de l'auteur conduit à l'interprétation idéale, celle qui met l'instrument au service de la musique, et non pas la musique à celui du virtuose.

Namen- und Werkverzeichnis

Armstrong, Louis (1900-1971) 159
Bach, Joh.Seb. (1685-1750)
    Wohltemperiertes Klavier 167
    Partita a-Moll BWV 1013 106, 176
    Sonate g-Moll (BWV 1020) 93, 176
    Sonate h-Moll (BWV 1030) 180
Barrère, Georges (1876-1944) 181
Beethoven, Ludwig van (1770-1827) 145
    VII.Sinfonie 145
Berio, Luciano (geb. 1925) 165
    Sequenza 165
Böhm, Theobald (1794-1881) 211
Bürger-Straßburg (Instr.-Bau) 211
Callas, Maria (1923-1977) 199
Caruso, Enrico (1873-1921) 214
Debussy, Claude (1862-1918) 215
    Prélude à l'après-midi d'un faune 82, 215
Flesch, Carl (1873-1944) 9
Galway, James (geb. 1939) 200
Gaubert, Philippe (1879-1941) 179, 181, 199
Goethe, Joh.Wolfg.v. (1749-1832) 73
    West-östlicher Diwan 73
Hindemith, Paul (1895-1963) 145
    Sonate 1936 145
Ibert, Jacques (1890-1962) 164
    Concerto 164

Le Roy, René (1898-1985) 182, 199
Lot, Louis (Flötenbauer) 212
Mahler, Gustav (1860-1911) 152
Maquarre, André (1875-1936?) 181
Mendelssohn Bartholdy, Felix (1809-1847) 144
    Italienische Sinfonie 144
Milstein, Nathan (geb. 1904) 198
Moyse, Marcel (1889-1984) 179, 182, 198f. 200, 213
Mozart, Wolfg. Amad. (1756-1791) 93, 207
    Konzert f. Fl., Harfe. . . 93
    Zauberflöte 207
Nicholson, Charles (1795-1837) 179
Puccini, Giacomo (1858-1924) 144
    Madame Butterfly 144
Reger, Max (1873-1916) 152
Roussel, Albert (1869-1937) 91, 176
    Joueurs de flûte 91, 176
Scheck, Gustav (1901-1985) 188
Schmitz, Hans-Peter (geb. 1916) 201
Schwedler, Maximilian (1853-1940) 188, 198f.
Taffanel, Paul (1844-1908) 181
Verdi, Giuseppe (1813-1901) 144, 176
    Requiem 176
    Die Macht des Schicksals 144
Ysaye, Eugène (1858-1931) 1931

Sachwortverzeichnis

Abdominalatmung 67
Abduktion 54
Abdeckung 33
Abglitt 135, 141
Abschirmung 32, 120f., 125, 148, 161
Absichtlichkeit 58
Abstand s. Distanz
Abstrahlung 156
Ächzlaut 111
Adduktion 54
Aerodynamik 115, 139
Agogik 143
Agonist **43**, 183
Ais-H-Trillerhebel 210
Aktionsbereitschaft **77f.**
Aktionseinatmung 64, 91, **96ff.**
Akzent **176**
akzessorische Atemmuskeln 71
Amplitude **23**, **158**
Amplitudenmodulation 189
Anblasrauschen 159
Anblaswinkel 88, 120f., 125, 127, 130, 135, 148, **161**, 164f.
Andruck 85ff., 120, **124f.**, **128f.**, 143, 175
Anfängerunterricht 17
Anglitt 135f., 141
Anlegen 113
Anlegedimensionen **120ff.**
Anlegestelle 85
Anlegewinkel 123
Ansatz (-bereich, -bildung) 37, 77f., 96, 98, **107ff.**, 182
- grundmuster 113, 131
- muskulatur **43**
Ansatzrohr 108f.
Ansatzschärfe 128, 134
- wechsel 129
Ansetzen 113
Ansprache 128, 209
Antagonist **43**, 183
Appoggio 101, 105
Arbeit 19ff.
Arme 55f., **84ff.**
Armhaltung 56
Artikulation **107ff.**
- sbereich 77f., 105, **108ff.**
- slaute **109ff.**, **135ff.**
- sorgan 108ff.
- sstelle 108ff.
- stechnik **133ff.**
Aspiration 136ff.
Atemapparat 77ff.
- **bereich** 67ff.
- **fehler** **105**
- feuchtigkeit 28
- impuls 131
- kapazität 130
- mechanik **67ff.**
- muskulatur 43, 67ff., 105
- pausen 76
- periodik 88, **91ff.**
- rhythmus 74
- ruhelage **75**, 92, 95
- spannung 76, 87
- steuerung 74
- stütze 69, 71, 74, 88, 94, **104**, 119, 132, 182f.
- technik **88ff.**, **105ff.**
- übungen 105f.
- zentrum 74

Atemzugvolumen 66
Atmungssystem **66f.**
Aufschaukelung 25
Aufsprengung 115
Aufstellung (d.Spielers) 153
Ausatemmuskel 67ff., 74, 96
Ausdrucksbewegung (-handlung) **61**, 77, 96, 120, 205
Ausgleichsbewegung **61**, 205
Ausgleichsvorgang 133f., 196
Ausklingen 133
Auslenkung 30, 96
Ausstellkraft 22
Autogenes Training 58, 65
Automatismus 58

Bahnung **45**, 97
Bandbreite 29
Bandenspektrum 158
Barockmusik 208
Bauchatmung **67ff.**
- decke 97, 184
- muskeln **46f.**, 69, 97, 104, 201
- presse 46
- raum 46
Bebung 159
Becken 46, **47**, 70, 79
- haltemuskeln 80
Bereitschaftsspannung (-haltung) 17, 58, 93
Bernouillsches Gesetz 189
Betriebsdruck 104
Bewegung **56ff.**
Bewegungsbauch 30
Bewegungsmuster 91
- rhythmus 64
- typus 16
Bewußtheit **58**
bilabial 112
Binnenmuskulatur (d.Zunge) 54
black box **12f.**, 108
Blasdruck 17, 21, 40, **117ff.**, **128ff.**, 139, 148, 160, 164, 176, 179, 182, 200, 202
Blasenergie 117, 131, 148
- phase 91, 95f.
- strahl **113ff.**
- teil 91ff., 96
Blechbläser (-blasinstr.) 53, 115, 126, 175
Blick 62, **90f.**
Blockflöte 17, 36, 117, 179
Breitansatz (-spannung) 116, 131
Breitgriff 207
Bronchien 66
Brustatmung 67
Brustbein 48, 70
- korb siehe Thorax
- muskulatur 104

Cent 167
Chevroter 179
Circulus vitiosus 12, 85, 129, 132
closed-hole-Modelle (auch covered hole) 206, 212
Costalatmung 67
Costodiaphragmalatmung 67
Costosternalatmung 67
covered-hole-Modelle 206, 212

Dämpfung **24f**, 133
Daumen **5f.**, **85f.**, 96, 208f.

Daumen-Doppelklappe 211
Daumengriff 207
dentolabial 112
Dezibel 152
Diaphragma siehe Zwerchfell
Differenztöne 26, 171
Dipolwirkung 153
Dirigent 60, 95
Dis-Klappe 86, 209
Diskontinuität 93
Distanz 34, 37, 40, 120f., **124ff.**, 135, 148, 151, 161
Doppeltöne 39, 160, 163, **165**
Doppelzungenstoß 137, 143
Drehung 88, 120, **123**, 129, 131, 175
Druck 21
- bauch 30-
- empfinden 104
- schwacher Ansatz 118ff.
- steuerung 35, 118
Durchsetzungsvermögen 153
Durchströmstelle 104
Durchströmwiderstand 96, 119f., 132, 139, 148, 151
Düsenwirkung 115, 128, 160
Dynamik 152

edge-tone s. Schneidenton
Eigenfrequenz 24, 32, 37
Eignung zum Flötenspiel 15, 55
Einatemmuskel 67ff., 74, 96
Einatmung **91ff.**
Einsatz 133
- geben 60, 95
Einschaltknack 139
Einschlag-r 144
Einschwingen **133ff.**
Einstimmen **174f.**
Elastizität
- physikalisch **22ff.**
- körperlich **57f.**, 183, 196
elektronische Instrumente 196
Elektromagnetismus 129
Elektromyographie **45**, 188, 198
Ellenbogen 84, 96ff.
Embouchure 113
E-Mechanik 39, 118, 211
Endloch **39**
Energie 19ff.
- formel 130
- potentielle 20
- kinetische 20
- verbrauch 21
Enharmonik 167
Entdämpfung 24
- phasenrichtige 24, 186, 201
Entfernung Lippenspalt-Mundlochkante s. Distanz
Entfernungseinstellung (des Auges) 90
Entspanntheit 57
Entspannungsbewegung 89
Epiglottis 109
Ersatzhandlung (-bewegung) 64, 205
Esse siehe Kamin
Explosion (Artik.) 135
Explosivlaut 111, 137
Exspiration 75
Extremität 45

220

Fagott 175
Fechterstellung 82
Federkraft 22
Fehlanpassung 24
Feinmotorik 55, 77, 88
Fersen 83
Finger **55f.**, **84ff.**
Fingergymnastik 205
Fingertechnik **204ff.**
Fingerübungen 17
Fingervibrato 181
Fisteltöne 135, 164
Flageolett (d. Saiteninstr.) 32
Flageolettöne **163f.**
Flankenatmung 67, 97, 104
flap(ped r) **144**
Flattern (d. Lippen) 115
Flatterzunge 134, **146**
Flötenschulen 181
flow control (siehe Strömungssteuerung)
Formant 130, **159**
Formantvibrato 192
Formkraft (-spannung) 115, 131, 160f.
franz. Klappenanordnung 86, 212
Frequenz **23**, 25
- verhältnis 25f.
- hub 191
- modulation (- vibrato) 182, 189, 192
Füllspannung **75**, 92ff.
Fußballen 83
- stellung **81f.**

Gabelgriff 160
Gähnen 98
Gaumen 109, 126, 137
- laut 145
- segel 97, 146
Gedackte Pfeife 33, 158, 161
Gegenbewegung **61**
Gegenkraft 21
Generator 24, 33
Geräusch 26, 133, **159f.**, 192, 194
Gesang 179
- svibrato **182f.**
Gesichtsmuskulatur (mimische M.) 43, **51f.**, 96
Gewicht (des Instr.) 166
Gewichtsverteilung **81**, 96
Gis-Klappe 211
Gleichschwebende (temperierte) Stimmung 167
Glissando 142, 177
Glocke (Glöckner) **24**, 34
Glottis 47, 50, 182
Greifen **204ff.**
Grenzschichtwirbel 35
Griff 148
- bereich 5, 77f.
- disziplin 109
- länge 126
- varianten 162, 176, 208f.
- weise **204ff.**
Großmotorik 55, 77, 113
Grundatmung 72, 105
- griff 128
- schwingung
- ton 19
- tonreihe 162
Gürtellinie 70
guttural 143

Haftkraft 85
Hals(region) 48, **50**, 71
- muskulatur 48
- wirbelsäule 50, 71, 79
Halte 135f.
- funktion **204ff.**
- muskel 43
Haltung **56ff.**
- aufbau **79f.**
- stypen 81

Hände **55f.**, **84ff.**
Handgelenk 55, 84, 86, 96
- rücken 55
- schrift 196
- stütze 207
Harmonische **26**
Hauchen 111
Hauptbewegung 59
Hebelwirkung 61, 63f., **85ff.**
Hemmlaut 111
Hemmung 45
Hertz 23
h-Fuß 213
Hiebton 35
Hilfsgriff 208f.
hohe Lage 156
Hohlkreuz 80
Hörbereich 151
- schwelle 151
Hüftgelenk 80
- streckmuskeln 80
Hüllkurve 189, 193
Hyperventilation 66, 72, 130
Hysteresiseffekt **128f.**, 135, 139, 142

Ideomotorik 60, 95
Imboccatura 113
Imitation 60
Impedanz 35
Implosion 135
Induktivität 35
Information 12
Initialreaktion 91
Innervation **43ff.**
Input **12f.**
Inspiration (Einatmung) 75
Instrumentenhaltebereich 45, **55f.**, 77f., **83ff.**, 207
Intensität 158
- smodulation 189, 191
Interferenz **29f.**
Interpretation **214f.**
Interpunktion 107
Intervall **25**, 167
- triller 178
Intonation 17, 38ff., 96, 117, 125, 133, 146, 151, 156, 159, **167ff.**, 196,f., 209
Isometrische Kontraktion **44**, 47
Isotonische Kontraktion **44**

Jazz 159, 170
Jiu-Jitsu-Prinzip 15

Kamin 32
Kammerton 174
Kapazität 35
Kaumuskulatur 51, 54, 126
Kehldeckel 109
Kehlkopf (Larynx) 45, **50f.**, 94, 105, 179, 182, 201
- vibrato **188f.**
Kesselmundstück 115, 117, 120
Kiefer 55
- winkel 109, 126, 143
Kilohertz 23
Kippschwingung siehe Sägezahnschwingung
Klammern 86, 206
Klang 19ff., 117, 133
- abstrahlung 153
- bild **157ff.**
- farbe **157ff.**, 209
- farbenvibrato 191f.
Klappenmechanik 162f.
Klarinette 33, 158, 161, 175
Klaviertechnik 12f., 18, 205f.
kleiner Finger 86, 209
Klopftöne 29, 165
Knie 80
Koloratursängerin 176
Kompressibilität (der Luft) 188
Konsonant 108ff., 133

Konsonantische Artikulation 111
Konstruktion (des Instr.) 156
Kontinuitätsprinzip 189
Kontraktion **43ff.**
Koordination (der Bew.) 58
Kopf 51
- haltung 80, 132
- stück 173f.
- wender 50
Koppelung 12, 24
Körperspannung 23
Kraft **19ff.**, 155
Krampf **56ff.**
Kreuzbein 82
kurzer Griff 127, 158
Kybernetik **12**, **183f.**, 187
Kyphose 79

Labialpfeifen 39
Labilität 12, 80
Lächeln 196
Lampenfieber 64, 85, 202
langer Griff 39, 126f.
Laschheit 56
Laufzeit (der Wirbel) 37
Lautfolge 112
Lautgang 11, 77, **108ff.**
Lautstärke 20, **25**, 117, 129f., 139, **151ff.**, 176, 202
Leerspannung **75**, 96ff.
Legato 142
Leistung 20
- satmung **75f.**, 91
Leitton 168
Lendenhöhlung (-lordose) 79
- wirbel 79
Lippen 51, **53f.**, 109
- bereich 104
- form 55
- höcker 121
- öffnung 40
- rot 53
-spalt 40, 54, 76, 114, 135, 139, 148, 151, 182
-spannung 151, 160
Lockerheit **56ff.**
Longitudinalwelle 30
Luftkraft 115
- menge 40, **117ff**, 128f., 131, 136, 139, 148, 155
- raumresonator 29
- verbrauch 21, 155
- widerstand 24
Lungenbläschen 66
- emphysem 72
- spitzen 46, 66

Manubrium 48
Martellato 141
Materialeinfluß 156, **165ff.**
Meckern 179, 188, 193
Mehrfachtöne 165
Membran 68, 184
Mensur 39, 158, 168
Meßfühler 41
Methodik **15**, 107
Metrum 201
Mikrointervalle 177
Mimische Muskulatur **52f.**
Mitbewegung (-innervation) **44**, 59f., 116, 120, 189, 205
Mitnahme-Effekt (siehe auch Zieheffekt) 24, 33
Mittelhandknochen 55
Modulation 167
- sgrad 191
Motiv(ation) 17, **58f.**
Mouillierung 137f.
Mundatmung 92
- boden 55
- höhle (-raum) 37, 51, 54, 109, 125, 148, 159, **161**, 175, 194
- loch 156
- lochkante 125, 156

221

Mundlochplatte 87
Mundringmuskel siehe M.orbicularis
Mündungskorrektion 31f.
Muskeln:
Musculus bizeps 44
M. buccinator 52f., 116
- cricoarytenoideus posterior (auch „Posticus") 51
- digastricus 48f., 55
- erector spinae 47, 50
- genioglossus 138
- geniohyoideus 48f., 55
- gluteus maximus 47
- hyoglossus 48f., 55
Mm. intercostales 69f.
M. latissimus dorsi 47
- mylohyoideus 48f., 55
- obliquus abdominis 46, 69
- omohyoideus 49
- orbicularis 52, 96, 116, 126
- pectoralis 71
- rectus abdominis 46
- risorius 53, 116
Mm. scaleni 50, 71
- serrati 70
M. sternocleidomastoideus 50, 71
- styloglossus 55
- stylohyoideus 48f., 55
- transversus abdominis 46, 69
- trapezius 43
- trizeps 44
Muskel-
- arbeit 44
- kraft 44
- zuckung 44
Muskulatur **43ff.**

Nachstimmen **174f.**
Nackenmuskulatur 80, 132
Nasenatmung 92
Nebengeräusche 17, **131f.**, 159
Neigung (d. Flötenrohres) 87, 96
Nervensystem **40f.**
- animales 40f., 66
- autonomes 40f.
- Regelung durch das N. 40
- Steuerung " " " 40
neuromuskuläres Vibrato 180, 183f., **185ff.**
non legato 141
non vibrato 179.f.
Notatemmuskeln 105
Nervus facialis 52
note-hole (s.Endloch)
Nutzleistung 20, 24

Oberkiefer 96f.
Oberkörper **69f.**
Oberlippe 96f., 106
Oberschwingungen 32
Obertöne 27, 32, 158
Obertonspektrumspektrum 26, 33, 37, 153, 155, 158f., 162, 192
Oboe 175
offenes Rohr 30, **31ff.**
Okklusivlaut 111, 139
Oktavbindung 129
open-hole-Modell 86, 177, **211ff.**
Orbicularis siehe M.orb.
Orgel(pfeifen) 39f., 165f.
Ornament (Vibr.) **179ff.**, 195
Os hyoideus siehe Zungenbein
Oszillogramm 26
output **12f.**

Pädagogik 17, **146**
Partialtöne **26**, 153, 158, 162
Partialtonreihe **26ff.**, 167
Paukenfell 184
Pendel 22, 96
Periode 23, 26
Periodik **21ff.**
Permanent-(Zirkulär-)Atmung 72, 105
Pfeife **25ff.**

Pfeifen (mit dem Mund) 11, 126
Pfeifenresonanz, passive 32
Phase(nlage) 23
- nverschiebung 23
- nwinkel 35
Philtrum 121
Phon 152
Phonation 51f., 66
Phonetik 93, **106g.**
Phrasierung 107
Phylogenese 51
Piccolo 161
Pinzettgriff 86, 207
Platysma 53
Pleuraspalt 68
Polsterpfeife 33, 115, 161
Portamento 142f.
Portato 141
Posticus 51
Präzision 64
pressure control (Drucksteuerung) 35
Prinzipal(register) 39
Psychomotorik 15
Pufferton 127
Pythagoreische Stimmung 167

Quintgriff 176, **209**

Rachenlaut 143
Rationalisierung **63f.**
Raumakustik 29, 153, 203
Reaktion 58
Reflex 58
- bogen 183, 186
Reflexion 153, 187
Reflexzeit 186
Reformmundloch 38, 131
Regelkreis (-system) **12ff.**, 104, 183
Regelung, Regelwirkung 12, 24, 36, 58,115, 199
Registerausgleich 119, 127
Reibelaut 111
Reibung 24
Reichweite 153
Reine Stimmung (s.a.Untemperierte Stg.) 167, 175
Reizaufnahme 42
- leitg. 42
- verarbeitung 42
Rektusgruppe 48f.
Reservevolumen 66
Residualtöne **165**
- volumen 67
Resonanz 24, **29**
- Pfeifenresonanz 31
Rohrresonanz 25f.
- frequenz 29, 172, 184
- körper 29
- selektive Wirkung 29
- stabilisierende Wirkung 29
- verstärkung 29
- theorie 183, **184f.**
Resonator 25, 33
respiratio muta 75
Respirationsstellung (d.Kehlk.) 51
respiratio phonatoria 75
retroflexe Zungenhaltung 136, 139 144
Rezeptoren 42
Rhythmische Einatmung 92, 105
Richtcharakteristik 153
Ringklappenflöte 211
Rippen 69
- atmung 67
- halter 50, 71
- heber 48
Rohrdurchmesser 32, 39
- innenwand 166, 172
- mensur 39, 129, 139
- resonanz 129, 135, 148, 164, 205
Romanische Sprachen 138

Röntgenaufnahmen 198
Routine 65
Rückenmuskulatur **47**
- streckmuskeln 80
Rückkopplung **12ff.**, 37, 186
Rückstellkraft 22, 58
Ruheatmung **75f.**, 91
- pausen 83
- teil 91ff.
Rührt-Euch-Stellung 56, 80

Sägezahn-(Kipp-)Schwingung 193
Saite 22
- nschwingung 30
Schalldruck 35
- energie 151
- fluß 35
- fortpflanzung 28
- geschwindigkeit 28, 30, 118
- leistung 20, 25, 151f.
- loch 33, **38f.**, 126, 128, 156, 160, 162, 164
- wellen **28**
Schlaffheit 56
Schließmuskel 52
Schlüsselbein 48
- atmung 67
Schmerzschwelle 151
Schnappatmung 91 Schneidenton 29, **35ff.**, 135
- frequenz 37
Schulter 71, 98
- blatt 48, 71
- gelenk 55, 84
- gürtel 46, 48 71, **84ff.**, 132
Schwebung (Synonym f. Vibrato) 178
Schwebungen (akust.) **26**, 170f
Schweißbildung 85
Schwenkung 87, 121
Schwerkraft 80
- punktlage 79, 89
Schwingeübungen 201f.
Schwingung 12, **21ff.**
- sbauch 30
- sbild 158
- sknoten 30
    gedämpfte 24
    selbsterregte 34
    wilde 25
- stest 195 195
- sweite siehe Amplitude
Schwung 22
Seitenlöcher **31ff.**
Selbststeuerung 12, 24, 34
Signalflußbild **104**
Sinnesorgane 42
Sinusschwingung (-ton) 26, 157f., 193
Sitzposition **82f.**
Skelettmuskel 43
Sondergriff 161, 176f., **208f.**
Spaltton 35
Spannbewegung 89, 96
Spannung **56ff.**
- sbalance 57
Speicheldrüse 53
Spektralanalyse 28
- linie 158
Spektrogramm 27f.
Spezialisierung **63f.**
Spielbein 56
Spracheinfluß 197
- laute **107ff.**, 133
- zentrum 108
Sprenglaut 111, 135
Staccato 131, 139, 141, 176
Standbein 56
Startatmung **91f.**
Stationärer Klang 107, 114f., 133, 157ff., 215
Stehende Welle **30ff.**
Steuerung 12, 37
Stimmlippen 50f.

222

Stimmritze (s.a.Glottis) 47, 50, 76
Stimmung **167ff.**
   temperierte 25, **167**
Stoßgeräusche 159
Streichinstrumente (-spieler, technik) 175, 177f., 180f., 204, 206
Strömungsgeschwindigkeit 37, 40, 117f., 129f., 131, 133, 139, 148, 176
Strömungsmenge siehe Luftmenge
Strömungssteuerung 35, 118
Stülpansatz 116
Stützapparat (-spannung) 77, 88, 95ff.
Synergist **43**
Synkinesie 60
System 12
   autonomes 12
   dynamisches 13
   gekoppeltes 24, 33
   Mensch-Maschine 24
   offenes 12
   relativ isoliertes 12

Tasteninstrumente 12f., 18, 204ff.
Teildeckung (eines Loches) 177
Teiltöne siehe Partialtöne
Temperaturabhängigkeit der Intonation 28, 172f.
Tenuto 141
Teufelskreis siehe Circulus...
thorako-abdominales Vibrato 184
Thermostat 12
Thorax 46, 67ff.
- apertur (-öffnung) 68ff.
Tiefe Lage **129f.**, 133, 175
Tiefgriff 98
Timbre 131, 153, 158ff.
Ton 19ff.
- erzeugung **107ff.**
- höhe **25**, 202
- höhenmodulation (-vibrato) 182, 189, 191
Tonischer Halsreflex 50
Tonschärfe 153
- schönheit **214f.**
Tonus 17, 22, **44**, 56, **57f.**, 138, 184, 199, 201, 207
Totalatmung **7of.**
- kapazität 66
Totzeit 12
Tragfähigkeit 153
Transversalschwingung 30
Traversière 158
Treffsicherheit 129
Tremolo 178
Tremor 183f., 191, 194
Tremulant (Orgel) 191, 196
Trennschärfe 25, 29
Triller 208
Trillergriff 208

- klappe 209
- pfeife 196
Trillo 179
Trompete 158f.
- rmuskel (M. buccinator) 52
Tuberculum labii superioris 121

Überbeanspruchung 57
Überblasen 33, 38ff., **125f.**, **128f.**, 133, 156, 162
Überblasloch **38f.**, 126ff.
- register 117, 126
Überdeckung 120f., 125, 148, 161
- druck 21
- setzung (mechanische) 199
- spannung (köperl.) 57
- steuerung 12
Ultraschall 152
Unbewußtheit 58
Untemperierte Stimmung siehe Reine Stimmung
Unterbeanspruchung 56
Unterblasen **128f.**, 163
Unterdruck 21
Unterkiefer 49, 51, **54**, 96f., 109, 116
Unterlippe 116
Untersetzung 64, 85, 199, 201
- Unterspannung 56
Ursprung (Muskel) **43**

Velum siehe Gaumensegel
Verformbarkeit (d.Lippen) 22, 58
Verhalten **56ff.**
- sforschung 205
Verhaltepause 76, 91, **93f.**, 135
Verkrampfung 23, 56
Verlegenheitsatmung 105
Verlustleistung 20
Vermaschung 12
Vernetzung **12**, 36, 148
Verschiebung 88, **120ff.**
Verschlußkraft (d.Lippen) 160
- laut 111
Versetzung (Ansatz) 88, 120, **123**
Verspannung **56**, 202
Verstärkung 25
Versteifungstremor 183, 202
Verwindung 83
Verzierung (s.a.Ornament) 178
Vestibulum oris 53
Vibraphon 196
Vibrato 119, 131, 153, 157, 161, 164, 169, **179ff.**, 215
- eigenschaften **189ff.**
- frequenz **189 ff.**
- übungen 186
Vitalkapazität 67, 74
Vokal 108ff., 114, 133, 159
Vokalische Artikulation 109f.
Vorläufertöne 134, 153

Vorschlag 208

Waldhorn 126
Wartepause 76
Watt 151
Wechselwirkungen 12f., 36, 78, 148, 180, 182, 184
Welle, stehende **30ff.**
Wellenlänge 23, 25, 28, 31
Weibliche Querflötenspieler 15
Weitenmensur 39, 134
Werkzeug 11, **63**
Wiener Bläserschule 181
Willkürlichkeit **58**, 183, 186
Wirbelsäule 46, 69ff.
Wirbelstraße 35
Wirkungsgrad 20, 125
Wispertöne **164f.**

Zahnblatt 143
- damm 109, 136ff., 143
Zähne 51, 55f., 116
Zahnlücken 55
Zahnprothese 55
Zäpfchen (-r) 109, 146
Zeigefinger **85f.**, 209
Zeigen **205ff.**,
Zentrales Nervensystem (ZNS) 42f., 186
Zieh-Effekt **24**, 33, 37, 168, 177
Zielvorstellung **58f.**, 63, 206
Zirkuläratmung siehe Permanentatmung
Zischlaut 94
Zitterlaut 111
Zunge 51, **54f.**, 125, 136f.
- naußenmuskulatur 55
- bein **48f.**, 105, 144
- beinmuskeln **48f.**
- binnenmuskulatur 54
- bändchen 55
- haltung 144
- muskulatur 49
- r 146
- rücken 97, 137, 143
- spitze 109, 136
- stoß 138
Züngeln 98
Zusammengesetzte Klänge 26
Zusatzatmung **71f.**, 91, 105
Zweckbewegung 59
Zwerchfell 22, **43f.**, **68ff.**, **97f.**, 104, 182, 184
- atmung 67ff.
- stoß 69, 94, 105, 142
Zwischenrippenmuskeln 50, 97

QUELLENNACHWEIS der Abbildungen und Notenbeispiele

Folgende Verlage haben freundlicherweise ihre Einwilligung zum Nachdruck von Abbildungen oder Notenbeispielen gegeben:

American Institute of Physics, New York - 71, 75, 91

E.Bochinsky, Frankfkurt/M. - 79, 89, 94, 95, 103, 104

F.A.Brockhaus, Wiesbaden - 16

Durand, S.A., Paris - 63

N.G.Elwert, Marburg/Lahn - 69

Gustav Fischer, Stuttgart (Voß-Herrlinger: Taschenbuch der Anatomie I und II) - 31, 33, 34, 35, 36, 37, 39, 42, 45, 46, 47, 50

de Gruyter, Berlin - 68

The Instrumentalist Comp., Northfield, Ill. - 26, 30, 102, 108

A.Leduc, Paris - 100

Ricordi, München-Mailand - 83a

B.Schott's Söhne, Mainz - 25, 74, 86

Gg.Thieme, Stuttgart - 40, 41

Urban & Schwarzenberg, München - 45

Die Zahlen hinter den Verlagsbezeichnungen beziehen sich auf die Numerierung in diesem Buch.

Schrifttum

Abkürzungen. JASA: Journal of the Acoustical Society of America
MGG: Musik in Geschichte und Gegenwart
- nähere bibliographische Angaben im folgenden Teil A -

A. Allgemeiner Teil

(speziell naturwissenschaftliche Arbeiten mit höherem mathematischem Anspruch sind in Teil B. aufgeführt.)

Adelung, Wolfgang: Einführung in den Orgelbau. Leipzig: Breitkopf & Härtel 1972. 243 S. + 32 Taf.

Ahrens, Alvin: Characteristic limitations of the internal tuning of selected wind instruments as played by amateurs. J. of Exp. Educ. 15 (1947) S. 268-290

Artaud, Pierre-Yves: 4 exercices pour la respiration circulaire, applicables à tous les instruments à vent. Paris: Ed.Musicales Transatlantiques 1981

ders. und Geay, Gérard: Flûtes au présent/Present day flutes./Traité des techniques contemporaines sur les flûtes traversières à l'usage des compositeurs et des flûtistes/Treatise on contemporary techniques of transverse flutes for the use of composers and performers. Paris: Jobert 1980

Babitz, Sol: The problem of vibrato teaching. International Musician 52 (March 1954) S.28f. Nach: L.Taylor: The vibrato, in: The Instrumentalist 11 (Nov. 1956) S. 35

Backhaus, H.: Über die Bedeutung der Ausgleichsvorgänge in der Akustik. Zs.f. techn. Physik 1 (1932) S. 31-46

ders: Musikinstrumente. Hdb. d. Experimentalphysik 17 (1934) 177ff. (enth. „B. Blasinstrumente" S. 231-246)

Backus, John: The acoustical foundations of music. London Murray 1970. 312 S.

Bak, N.: Pitch, temperature and blowing pressure in recorder-playing. Study of treble recorders. Acustica 22 (1969/70) 295-299

Barth, Ernst: Einführung in die Physiologie, Pathologie und Hygiene der menschlichen Stimme. Leipzig 1911

Bartholomew, Wilmer T.: A physical definition of „Good Voice Quality in the male voice. JASA 6 (1934) 25-33 25-33

ders.: The paradox of voice teaching. JASA 11(1940). 446-450

ders.: Acoustics of music. New York 1942. 242 S.

Barcellona, John: Flutes and their scales. Flute Journ. 1981 20f.

Bartolozzi, Bruno: Neue Klänge für Holzblasinstrumente. Mainz: Schott 1971. 81 S.

Bate, Philip: The flute. A study of its history, development and construction. London, New York: Benn (1969). 268 S.

Bayr, G..: Schule für Doppeltöne auf der Flöte. Wien (Anf. 19.Jh.)

Becker, E.: Führt die funktionelle Beanspruchung der Lungen beim Spielen von Blasinstrumenten zu Emphysem? Beitr. Klin. Tuberk. 19 (1911) 337-354

Beihoff, N.J.: Correct breathing for the instrumentalist. Minnesota Bandmaster 5 (1929). 17-19

Benade, Arthur H.: Fundamentals of musical acoustics. New York u.a.: Oxford Univ. Press 1976. 596 S.

ders.: Musik und Harmonie. Die Akustik der Musikinstrumente. München: Desch 1960. 304 S.

ders.: The physics of wood winds. Scientific American CCIII/4 (Oct. 1960). 145-154

Bergeijk, Willem A. van, Pierce, John R. und David (jr.), Edward E..: Die Schallwellen und wir. Wie und was wir hören. München u.a.: Desch 1960. 234 S.

Berger, Kenneth W..: Respiratory and articulatory factors in wind instrument performance. Journ. of Appl. Physiology. 20 (1965) 1217-1221

ders. und Hoshiko, M.S.: Respiratory muscle action of trumpet players. The Instrumentalist 19 (1964). 91-94

(Bibliographie:) Die mathematischen und physikalischen Grundlagen der Musik. Informationstheorie - Kybernetik - Computer und Musik. Musik und Bildung 10 (1972). 475-477

Björklund, Alf: Analyses of soprano voices. JASA 33 (1961). 575-582

Böhm, Theobald: Die Flöte und das Flötenspiel in akustischer, technischer und artistischer Beziehung. (Reprint der Ausgabe von 1871: Frankfurt/M.: Zimmermann 1980. 29 S. u. 4 Taf.)
Engl. Übersetzg.: The flute and flute-playing in acoustical, technical, and artistic aspects. Translated by Dayton C.Miller. With a new introduction by Samuel Baron. New York: Dover 1964. 197 S.

ders. Über den Flötenbau und die neuesten Verbesserungen desselben. München 1847

ders.: Schema zur Bestimmung der Löcherstellung auf Blasinstrumenten. (1862). Hsg. u. eingel. v. Karl Ventzke. Mit einem Nachwort v. Otto Steinkopf. Celle: Moeck 1980. 24 S.

Borchers, O.: The timbre vibrato. Univ. of Iowa Studies in Psychology of Music

Bouasse, Henri: Tuyaux et résonateurs. Introduction à l'étude des instruments à vent. Paris 1929. 492 S.

ders.: Instruments à vent. 2 Bde. ^{1}Paris 1929, ^{2}Paris 1930

Bouhuys, Arend: Lung volumes and breathing patterns in wind-instrument players. Journ. of Appl. Physiology 20 967-975

Boulton, John B.: A performance test of flute tone, production and dexterity. Diss. Univ. of Kansas 1974. 253 S.

Boyden, David: Violinspiel (III.Vibrato). MGG 13 (1966) Sp. 1779-1780

Brockhaus-Enzyklopädie. 25 Bde. 1966-1981

Brown, Andrew: A comprehensive performance project in oboe literature with a cinefluorgraphic pilot study of the throat while vibrato tones are played on flute and oboe. D.M.A.essay Univ. of Iowa 1973

Brüderlin, René: Akustik für Musiker. Regensburg: Bosse 1978. 141 S. + 9 Tab.

Bruns, P.: Minimalluft und Stütze. Berlin-Charlottenbg.1929

Burghauser, Jarmil und Spelda, Antonin: Akustische Grundlagen des Orchestrierens. Deutsch von A.Langer. Regensburg: Bosse 1971. 184 S. + 24 S. Beil.

Butler, L.S.: The singer's tremolo and vibrato. The Musician 13 (1908) S. 502f.

Buytendijk, F.J.J.: Allgemeine Theorie der menschlichen Haltung und Bewegung. Berlin u.a.:Springer 1972. 367 S.

Carse, Adam: Musical wind instruments. London 1939. 324 S.

Castellengo, Michèle: La flûte traversière. Bulletin du groupe d'acoustique musicale Université Paris M.35 (April 1968). 1-37

dies.: Le problème de la justesse des flûtes. 4th Conference on Acoustics. Budapest 1967

dies.: Rôle du musicien dans les signaux rayonnés par la flûte traversière. The 6th International Congress on Acoustics Tokyo, August 21-28, 1968. N 25 - N 28

Cavally, Robert: Comprehensive trill fingerings for flute. Elkhart, Ind.: Armstrong 1960

Chapman, F.B.: Flute technique. London u.a.: University Press 1969. 84 S. Reprint der 3rd Edition von 1958

Chapman, Norman C.: The manner and practics of producing vibrato in the woodwind instruments: a survey of the solo chair woodwind players of fourteen major american symphony orchestras. Ed.D.diss. Teachers College, Columbia Univ., 1953

Coltman, John W.: Material used on flute construction. Woodwind World 12 (1973). 20f.

ders.: Effect of material on flute tone quality. JASA 49 (1971). 520-523

ders.: Acoustics of the flute. The Instrumentalist XXVI/6 und 7 (1972). 6: S. 36-40; 7: S.37-43. (Erweiterte und vereinfachte Fassung der gleichnamigen Arbeit von 1968 - siehe Teil B.)

Cooper, Albert: The flute. London 1980. 47 S.

Corso, John F. und Don Lewis: Preferred rate and extent of the frequency vibrato. J.Appl.Psychol. 34 (1950) 206-212. Abstr. in JASA 22 (1950). 83

Cramer, W.F.: Blowing with ease and freedom. The Instrumentalist 10 (1955). 20f.

Cratty, Bryant J.: Motorisches Lernen und Bewegungsverhalten. Frankfurt/M.: Limpert 1975. 498 S.

Daubeny, Ulric: Orchestral wind instruments. London 1920

Dick, Robert: The other flute. A performance manual of contemporary techniques. London: Oxford Univ. Press 1975. 154 S. + 1 Notenbeisp. + 1 Schallpl.

Dieth, Eugen: Vademecum der Phonetik. Phonetische Grundlagen für das wissenschaftliche und praktische Studium der Sprachen. Bern-München: Franke 1950 445 S.

Drechsel, Friedr.Aug.: Kompendium zur Akustik der Blasinstrumente nach Victor-Charles Mahillon. (Nach der Ausgabe Leipzig 1927. Celle: Moeck 1979. 23 S.

Drexler, George: An interview . . . regarding technique as it releases to the flute. Flute Forum - s.d. - 19-21

Easley, E.B.: A strobophotographic study of vibratos in concert and opera voices. Thesis (Diss.) Univ. of Iowa 1929

Ebersbach, W.: Klinisch-experimentelle Untersuchungen bei Blasinstrumentalisten über Auswirkungen sagittaler Schubmomente auf die Paradontien von Frontzähnen einschließlich therapeutischer Folgerungen. Dtsch. Stomatol. 21 (1971). 398-401

Edler-Busch, Elli: Erstes Querflötenspiel. Handbuch. Wolfenbüttel-Zürich: Möseler 1971. 51 S.

dies.: „Blasdruck" oder „druckschwacher Ansatz"? Tibia 2 (1981). 319-327

Eisonson, Jon.: Diaphragmatic breathing. Symphony March 1981. S.8

Elder, S.A.: Edgetones versus pipetones. JASA 64 (1978). 1721-1723

Fabrizio, Ray: The french model flute: A dissenting view. The National Flute Association, Inc. Newsletter Vol VI, No. 4 Summer 1981. 3-6

Fajardo, Raoul: Tone properties of the flute head joint. The Instrumentalist 28 (1973) 46-49 und 28/3 (Oct. 1973) 44-49

Faller, Adolf: Der Körper des Menschen. Einführung in Bau und Funktion. 6. Aufl. Stuttgart: Thieme 1974. 416 S.

Feldenkrais, Moshé: Bewußtheit durch Bewegung. Frankfurt/M.: Insel (Lizenzausgabe Suhrkamp) 1978. 238 S.

Flesch, Carl: Die Kunst des Violinspiels. I.Bd.: Allgemeine und angewandte Technik (2.Aufl.) Berlin 1928. (S.22-26: Das Vibrato)

Flesch, J.: Berufskrankheiten des Musikers. Celle 1925

Fletcher, Neville H.: Acoustical correlates of flute performance technique. JASA LVII/1 (Jan. 1975). 233-237

ders.: Some acoustical principles of flute technique. The Instrumentalist 1974. 57-61

ders. und Sanders, Larry C.: Quality of violin vibrato tones. JASA 41 (1967). 1534

Fleury, Louis: La flûte. Encyclopédie de la musique et dictionnaire du conservatoire (Hsg. Alb. Lavignac, später L. de Laurencie) Bd. 2.3. 1482-1534

Flute Forum, The: A collection of educational monographs. Elkhart, Ind.: Armstrong (zw. 1971 u. 1981)

Foerster, Otfried: Die Mitbewegungen bei Gesunden, Nerven- und Geisteskranken. Jena 1903. 53 S.

Fouché, M.: Acoustique des instruments à vent. Centenaire de l'Association Ing. Congrès. Liège 1947

Franz, G., Ising, H. und Meinusch, P.: Schallabstrahlung von Orgelpfeifen. Acustica 22 (1969/70). 226-231

Friedrichs, Th.: Wer darf ein Blasinstrument erlernen? Med. Welt. Berlin 1933

Frucht, A.H.: Zur Physiologie des Blasinstrumentenspiels. Die Blechbläser. Arch. ges. Physiol. 239 (1937). 419-429

Fuchs, Viktor: Die Kunst des Singens. Kassel u.a.: Bärenreiter 1967. 192 S.

Gärtner, Jochen: Das Vibrato unter besonderer Berücksichtigung der Verhältnisse bei Flötisten. Historische Entwicklung, neue physiologische Erkenntnisse sowie Vorstellungen über ein integrierendes Lehrverfahren. Regensburg: Bosse 1974 (2. Aufl.). 168 S. + 1 Tonkassette

Galway, James: Flute. London-Sydney: Macdonald 1982 (repr. 1983) - Yehudi Menuhin Music Guides. 244 S.

Gibson, Lee: Physical characteristics of woodwind vibratos. CMI Music World VI (Winter) 12f. (Nach Merriman - s.d. -; konnte jedoch bibliographisch nicht näher ermittelt werden.

Girard, Adrien: Histoire et richesses de la flûte. Paris: Gründ 1953. 144 S. + 27 Taf.

Glatter-Götz, E.v.: Die Tonbildung bei Lippenpfeifen und die Folgerung aus diesen Erkenntnissen für die Mensuration und Intonation. Zs. f. Instr. Bau 57 (1936) 26-28 u. 63f.

ders.: Der Einfluß des Wandmaterials von Orgelpfeifen auf Klangfarbe und Lautstärke. Zs.f. Instr. Bau 1935

Globus, Rudo S. (Ed.): The woodwind anthology. New York: Woodwind Magazine 1952

Goldhan, Wolfgang: Untersuchungen zum Intensitätsvibrato der Sängerstimme. Berlin (Diss. Humboldt-Univ.) 1972 172 S. (Maschschr.)

Graf, Peter Lukas: (Interview). In: Gespräche mit Flötisten, hsg. v. Regula Müller. Bern: Salm 1983. 9-18

Gray, Gary: Tone production and resonance. In: Flute Forum (s.d.)

Gray, G.W.: An experimental study of the vibrato in speech. Quart. J.Speech.Ed. 12 (1926). 296-333

Gümbel, Martin: Lern- und Spielbuch für Flöte. Kassel: Bärenreiter 1958. 163 S. + 1 Tab.

Gümbel, Martin: Neue Spieltechniken in der Querflötenmusik nach 1950. Kassel: Bärenreiter 1974. 24 S.

Gutzmann, Hermann: Physiologie der Stimme und Sprache. Braunschweig 1928. 248 S.

ders.: Stimmbildung und Stimmpflege. München-Wiesbaden 1920

Haas, W. und Landeck, E.: Zur Frage einer stomatologisch-neurologischen Zusammenarbeit während der Diagnostik und Therapie von Funktionsstörungen im oralen und perioralen Bereich bei Blasinstrumentalisten. Stomatol. DDR 26 (4) 1976. 256-259

Hahn, Marcus: A comparison of the action of musculature involved in the flute, clarinet, and oboe embouchures. M.A.Thesis Univ. Kansas 1947

Hall, J. und Kent, E.: The effect of temperature on the tuning standards of wind instruments. Elkhart,Ind.:Conn

Harnest, Ulf: Fiberbronchoskopische Untersuchungen zum Thema Vibrato. Skript zur Sendung „Bilder aus der Wissenschaft" - I. Programm Deutsches Fernsehen am 26.10.83

Hartlieb, Karl: Wie sang Caruso? Folia Phoniatrica 4 (1952). 53-57

ders.: Stimmbildung als Wissenschaft. Beitr. z. Musikwiss. 2 (1960) (Ost-)Berlin. 41-59

Hattwick, M.: The vibrato in wind instruments. Univ. of Iowa Stud. Psych. Mus. 1 (1932). 276-280

Hauenstein, Nelson: The flute, tonguing and articulation. Elkhart, Ind.: Armstrong

Hävermark, I.O. und Lundgren, K.D.: Bidrag till kännedomen om förekomsten av lungephysem hos glasbläare och musiker. Svenska läkartidn 54 (1957). 3834-3846

Heiss, John C.: For the flute: A list of double stops, triple-stops, quadruple-stops, and shakes. Perspectives of New Music. Fall-Winter 1966. 139-141

ders.: Some multiple-sonorities for flute, oboe, clarinet, and bassoon. Perspectives of New Music 1968. 136-142

ders.: The flute: New sounds. Perspectives of New Music, Vol.11 No.1, 1972. 153-158

ders.: Contemporary techniques in flute playing. Flute Journ. Vol.I, Oct. 1981. 24ff.

Helmholtz, Hermann v.: Die Lehre von den Tonempfindungen (6. Aufl. Braunschweig 1913) Repr.: Darmstadt: Wiss. Buchges. 1968. 668 S.

ders.: Theorie der Luftschwingungen in Röhren mit offenen Enden. Leipzig 1896. 132 S.

Hensel, Herbert: Gehörphysiologie. MGG 4 (1955) 1540-1571

Hilton, Lewis: Acoustics and upper-register fingerings. The Instrumentalist 21(7). 1967. 60-63

Hirose, K.: An experimental study on the principal pitch in the vibrato. Jap.J.of Psychol. 9 (1934) 49-53

Hoffmann, K.F.: Gewerbliche Erkrankungen in der Mundhöhle. Zahnärztl. R. 63 (1954). 42

Hollinshead - siehe Seashore-Vibr.(Bibliogr.)

Hosmer, James B.: The vibrato question. Woodwind Mag. 2(2)1949

Hotteterre le Romain, Louis: Principes de la flûte traversière ou flûte d'Allemagne. De la flûte à bec ou flûte douce. Mit deutscher Übers. v. H.J.Hellwig. Kassel: Bärenreiter (ca. 1941). 47 + 48 S. + 6 Taf.

Howell, Thomas: The avant-garde flute. A handbook for composers and flutists. Berkeley u.a.: Univ. of Calif. Press 1974. 290 S. + 1 Schallpl.

Husler, Frederick und Rodd-Marling, Yvonne: Singen. Die physische Natur des Stimmorgans. Mainz: Schott 1965. 187 S.

Jacobs, Dore: Die menschliche Bewegung. Düsseldorf: Henn 1972. 437 S. + 14 Abb.

Jacoby, D.: Good breath control - the natural way. In: The Leblanc Bandsman 2 (1955)

Johannsen, Boller, Donges, Stein: Der Mensch im Regelkreis. München-Wien: Oldenbourg 1977. 255 S.

Journal of the Acoustical Society of America. Menasha 1929/30 - (lfd.)

Kalähne, Alfred: Schallerzeugung mit mechanischen Mitteln. e) Flüssigkeits- und Gassäulen. Pfeifen. 251-267 f) Tonerregung in Flüssigkeits- und Gassäulen. 267-285 In: Handbuch der Physik, hsg. v. Geiger-Scheel 8 (1927)

Keidel, W.D.: Prinzipien biologischer Regelung. In: Kurzgefaßtes Lehrbuch der Physiologie, hsg. v. W.D.Keidel. Stuttgart: Thieme 1973. 11f.

Keller, Hermann: Phrasierung und Artikulation. Kassel-Basel: Bärenreiter 1955. 92 S.

Kemler, Katherine: Teaching technique for the flute. Elkhart, Ind.: Armstrong. 3 S.

Kimbell, H.J.: Tremolo and vibrato. Missouri Musical Rec. 59 (1929)

Kincaid, William und Polin, Claire: The advanced flutist: a guide to multiple tonguing, vibrato, and sensitive fingering. Bryn Mawr, Pa.: Elkan-Vogel 1975

Klingspohr, H.J.: Elektromyographische Untersuchungen über den Tremor. Diss. Köln 1960

Kock, Winston E.: Certain subjektive phenomena accompanying a frequency vibrato. JASA 8 (1936). 23-25

Koepchen, Hans Peter: Atmungsregulation. In: Gauer-Kramer-Jung: Physiologie des Menschen Bd. 6: Atmung. München u.a.: Urban & Schwarzenberg 1972. 163-322

Kölbel, Herbert: Von der Flöte (2. Aufl.) Kassel-Basel: Bärenreiter 1966. 249 S.

Kofler, Leo: Die Kunst des Atmens. Kassel-Basel: Bärenreiter 1961. 58 S.

Kröncke, H. Zur Wirkungsweise der Lippenpfeife. Zs.f.d. physikal. und chem. Unterr. 47 (1934). 244-251

Kujala, Walfrid: The flute. Position and balance. The Flute Forum (s.d.) 6-8

Kurosczyk,A. und Lampert,F.: Darstellung des Ansatzes von Blasinstrumenten im Fernröntgenbild. ZWR 92 (1983) 46-51

Kwalwasser,J: The vibrato. Univ. of Iowa Studies in Psychol. No. IX, Psychol. Review, Series of Monogr. Supplements. 84-108

Kynaston, Trent P.: Circular breathing. Studio Publ./ Recordings 224, South Lebanon St. Lebanon 46052

Laurent, Georges: On playing the flute. Symphony (March 1950) S.10

Leipp, E.: La cavité buccale, paramètre sensible des spectres rayonné par les instruments à vent. Compte rendue du IVe Congrès international d'Acoustique, Kopenhagen 1962 P.51

Leonhard, Helmut: Innere Organe. Stuttgart: Thieme 1979 (3. Aufl. - dtv-Atlas der Anatomie Bd. 2. 354 S. mit 167 Farbtaf. in 609 Einzeldarstellungen.)

Le Roy, René: Traité de la flûte. Paris: Ed.Mus.Transatlantiques 1966. 103 S.
Deutsche Übersetzung dch. Christiane Nicolet-Gerhard: Die Flöte. Geschichte, Spieltechnik, Lehrweise. Kassel-Basel: Bärenreiter 1970. 86 S.

Linde, Hans Martin: Handbuch des Blockflötenspiels. (2.Aufl.) Mainz: Schott 1984. 131 S.

Linn, K.O.: Der physiologische Tremor: Auswirkungen eines Abtastregelkreises im Zentralnervensystem? Regelungstechnik 9 (1975). 327-331

Lohberg, Rolf und Lutz, Theo: Keiner weiß,was Kybernetik ist. Eine verständliche Einführung in eine moderne Wissenschaft. Stuttgart: Kosmos 1968. 188 S.

Lohmann, Paul: Stimmfehler, Stimmberatung. Mainz: Schott 1938

Lorenz, Johannes: Musikausübung und Körperschäden. Der Musiker 1957. 1-5

ders.: Über den Einfluß der Raumtemperatur auf die Holzblasinstrumente. Das Orchester 7 (1959) 71-76

Lorenzo, Leonardo de: My complete story of the flute. The instrument. The performer. The music. New York: The Citadel Press 1951. 493 S.

Lottermoser, Werner: Der Einfluß des Materials von Orgelpfeifen auf ihre Tongebung. Ak.Zs. 2 (1937) 130-134 und 3 (1937) 63f.

ders.: Akustik. Systematische Darstellung der modernen Probleme. Akustische Grundbegriffe. Akustische Meßmethoden. MGG 1 (1949-1951). 225-260

ders.: Die akustischen Grundlagen der Orgel. Frankfurt/M.: Bochinsky 1983. 153 S.

ders. und Braunmühl, H.J.: Beitrag zur Stimmtonfrage. Acustica 5 (1955). 92-97

ders. und Meyer, Jürgen: Die Verwendung von Kunststoffen bei Orgelpfeifen. Instr.Bau-Zs. 18 (1964). 194-199

Luchsinger, Richard und Arnold, Gottfried E.: Die Stimme und ihre Störungen (I.Bd.) Wien-New York: Springer 1970. S.16-20: Der Stützvorgang. S.238: Vibrato, Tremolo und Triller

Lullies, Hans: Stimme und Sprache. In: Gauer-Kramer-Jung Physiologie des Menschen, Bd. 12: Hören, Stimme, Gleichgewicht. München u.a.: Urban & Schwarzenberg 1972. 213-257

McCathren, Donald E.: An experiment in the overtones of woodwinds. Woodwind Mag. 3 (1950) 6f.

Mahillon, Victor: Etudes sur le doigté de la flûte Boehm. Brüssel 1882. 16 S. (Engl. Übersetzung: Hints on the fingering of the Boehm flute. London 1884)

ders.: Etudes expérimentales sur la résonance des colonnes d'air de forme conique, tronc-conique et cylindrique. Gand 1900. 47 S. (Engl. Übers.: Experimental studies on the resonance of air columnes. London 1901)

ders.: Notes théoriques et pratiques sur la résonance des colonnes d'air dan les tuyaux de la facture instrumentale St.Jean, Cap Ferrat 1921

Martienßen-Lohmann, Franziska: Der wissende Sänger. Gesangslexikon in Skizzen. Zürich-Freiburg: Atlantis 1956. 456 S.

Marx, Josef: The truth about vibrato, a musicologist views its development. Woodwind Mag. 4:4 (1951)

Mather, Roger: The art of playing the flute.
1.Bd.: Breath control. Iowa City 1980. 79 S.
2.Bd.: Embouchure. "   " 1981. 104 S.

ders.: The influence of tube material and thickness on flute tone quality. Woodwind World XI/4 (Sept. 1972) 6f.

Maxym, Stephen: The technique of breathing for wind instruments. Woodwind Mag. (Jan.-April 1953)

Meier-Pauselius Willy und v. Werlhof, Max: Flöten, die nicht klingen, und Geigen, die nicht klingen. Das Musikinstrument 5 (1962) 392 und 402-406

Meinel, H.: Zur Stimmung der Musikinstrumente. Acustica 4 (1954). 284-288

ders.: Zum Einfluß der Tonsysteme auf den Normstimmton. Acustica 5 (1955)

Melka, A.: Messungen der Klangeinsatzdauer bei Musikinstrumenten. Acustica 23 (1970). 108-117

Merriman, Lyle C.: Woodwind research guide. Evanston, Ill. 50 S.

Metfessel, M.: What is the voice vibrato? Psychol. Monogr. 37 (1928) No. 2, S. 126-134 und 39 (1928) No.2, S. 217-219

ders.: The vibrato in celebrated voices. Sci. Monthly 28 (1929). 217-219

Mette, A: Zahntechnik und Tonkunst. Berlin 1931 (Selbstv.)

ders.: Zahnerkrankungen der Holzbläser. Dt. Musikerzeitung 63. Jg. Nr. 20, Berlin 1932. S.231

Meyers Physik-Lexikon. Mannheim u.a.: Bibliogr.Inst. 1973. 864 S.

Meyer, Erwin und Buchmann, Gerhard: Die Klangspektren der Musikinstrumente. Sitzungsber. d. preuß. Ak. d. W. Jg

Meyer, Jürgen: Akustik und musikalische Aufführungspraxis. Frankfurt/M.: Das Musikinstrument 1972. 237 S.

ders.: Betrachtungen zum instrumentalen Vibrato. Instrumentenbau-Zs. 22 (1968). 588-591

ders.: Müssen Flöten immer falsch klingen? Tetra (Zs. f. d. Unterr. in Naturwiss. u.Mathematik). Stuttgart: Klett 1981-82) H. 6/82. 42f.

ders.: Geräuschanteile im Klangspektrum der Musikinstrumente. Das Musikinstr. 13 (1964). 685-690

ders.: Über die Messung der Frequenzskalen von Holzblasinstrumenten. Das Musikinstr. 11 (1962). 614-616

ders.: Physikalische Aspekte des Geigenspiels. Ein Beitrag zur modernen Spieltechnik und Klanggestaltung für Berufsmusiker, Amateure und Schüler. Siegburg: Verl. Instr.Bau-Zs. 1978. 83 S.

ders.: Die Richtcharakteristiken der Musikinstrumente und ihre Bedeutung für die klangliche Wirkung im Raum. Tagungsber. 34. Phys.-Tgg. Salzburg 1969. 418

ders.: Zur Tonhöhenempfindung bei musikalischen Klängen in Abhängigkeit vom Grad der Gehörschulung. Acustica 42 Nr. 4 (1979). 189-204

Miklos, I.: Die Rolle der traumatischen Überbelastung bei der Paradontalerkrankung der Bläser. Dt. zahnärztl. Z. 21 (1966). 653-656

Miller, Dayton C.: Catalogue of books and literary material relating to the flute and other musical instruments. Cleveland, Ohio 1935

ders.: The woodwind musical instruments (abstr.). JASA July 1931 S.4

ders.: The influence of the material of wind-instruments on the tone quality. Science 1909. 161-171

Möhl, Ulrich: Signalflußbild eines Modells der Querflöten-Atemstütze. Original-Beitrag zu diesem Buch.

Moritz, Camillo: Die Orchester-Instrumente in akustischer und technischer Betrachtung. Berlin 1942

Moser, Hans-Joachim: Musik-Lexikon (4.Aufl.), 2 Bde. + Nachtr. Hamburg: Sikorski 1955-1958

Moyse, Marcel: Enseignement complet de la flûte. Zahlreiche Bände. Paris: Leduc 1921-1935. Weitere Studienwerke bei McGinnis und Marx, New York sowie Southern Music Co., Inc., San Antonio, Texas

ders.: On flute playing. Symphony (June 1949 p.5, July 1949 p.7)

ders.: How I stayed in shape. Transl. Paul M. Douglas. West Brattleboro, Vt.: Marcel Moyse 1974

ders.: The unsolvable problem. Considerations on flute vibrato. Woodwind Mag. p.1 March 1950 S.4 und 14 p.2 April 1950 S. 5 p.3 May 1950 S. 7 und 15

Marcel Moyse profiled. Woodwind Mag. 2, No. 5 (1950)

Müller, Georg: Die Kunst des Flötenspiels. Handbuch des Flötenspiels. Teil I. Leipzig: Pro Musica 1954. 127 S.

Müller, Regula (Hsg.): Gespräche mit Flötisten. Bern: Salm 1983. 114 S.

Musik in Geschichte und Gegenwart (MGG). Allgemeine Enzyklopädie der Musik. 17 Bde. Kassel-Basel 1949-1986

Musil, R. und Demus, H.G.: Die orale Rehabilitation von Blasmusikern. (Behandlungsprinzipien und Versuche zur Objektivierung des Behandlungserfolges.) Dt. Zahn-, mund- und Kieferheilkunde. 49 (1). 1968. 248-263

Nederveen, Cornelis Johannes: Acoustical aspects of woodwind instruments. (Diss. Delft 1969). Amsterdam 1969. 110 S.

ders.: Blown, passive and calculated resonance frequencies of the flute. Acustica 28 (1973). 12-22

Nicolet, Aurèle: Pro musica nova. Studien zum Spielen Neuer Musik. Köln: Gerig 1973. 43 S. + Anh. 4 S.

North, Charles K.: Charts of fingering of the Boehm flute. Boston: Cundy-Bettoney

Obermair, Gilbert: Mensch und Kybernetik. München: Heyne 1975. 175 S.

Opperman, George: The vibrato problem, the Seashore study applied. Woodwind Feb./March 1950

Panitz, Murray: Tone and musicality. Elkhart, Ind.: Armstrong. 3 S.

Parma, C.: Berufsschäden im Bereich der Mundhöhle. Dt. zahnärztl. Z. 16 (1961). 873-876

Parow, Julius: Funktionelle Atmungstherapie. Stuttgart 1953. 126 S.

Pellerite, James J.: A modern guide to fingerings for the flute. Bloomington, Ind.: Zalo 1978. 29 S.

ders.: A handbook of literature for the flute. Rev. third ed. Bloomington, Ind.: Zalo 1978. 408 S.

Pellisov - siehe Schafhäutl

Pierreuse, Bernard: Flute litterature. Catalogue général des œuvres éditées et inédites par formation instrumentales. Paris: Jobert 1982. 670 S.

Pijper, Johannes: Physiologie der Atmung. In: Gauer-Kramer-Jung: Physiologie des Menschen, Bd. 6: Atmung. München u.a.: Urban & Schwarzenberg 1972. 1-61

Piperek, Maximilian (Hsg.): Stress und Kunst. Gesundheitliche, psychische, soziologische und rechtliche Belastungsfaktoren im Beruf des Musikers eines Symphonieorchesters. Wien-Stuttgart: Braumüller 1981. 84 S.

Platzer, Werner: Bewegungsapparat. Band 1 von: Kahle/Leonhardt/Platzer: Taschenatlas der Anatomie (4.Aufl.) Stuttgart: Georg Thieme Verlag 1984

Player - siehe Strolling

Podnos, Theodor: Woodwind intonation. Woodwind Mag. 2,4,7,11 (Jan. 1950)

Porcelijn, David: Flötenschule. (Deutsch von K.H.Sonius). Wormerveer-Holland: Molenaar. 61 S.

Porter, Maurice M.: Dental factors adversely influencing the playing of wind instruments. The rôle of artificial aids. British Dental Journ. Oct. 1953 XCV, No. 7. 152-160

ders.: The embouchure. London: Boosey (Repr. 1980) 144 S.

Putnik, Edwin: The art of playing the flute. Princeton, N.J.: Summy-Birchard 1973. 87 S.

Quantz, Johann Joachim: Versuch einer Anweisung die Flöte traversiere zu spielen. Faksimile-Nachdruck der 3. Auflage, Breslau 1789, hsg. v. Hans-Peter Schmitz (4.Aufl.) Kassel-Basel: Bärenreiter 1968. 352 S. + 24 Taf.

Rags, J.: Vibrato und Tonhöhenwahrnehmung. In: Anwendung akustischer Untersuchungsmethoden in der Musikwissenschaft. Moskau 1964. (in russischer Sprache - Titel hier übersetzt.)

Rainey, Thomas E.: Why the head start head joint. Elkhart, Ind.: Armstrong. 6 S.

Raman, C.V.: Musikinstrumente und ihre Klänge. In: Hdb. d. Physik hsg. v. Geiger-Scheel Bd. VIII. 354-424

Rampal, Jean-Pierre: The flute. A discussion . . . Elkhart, Ind. Armstrong. 6 S.

Read, Gardner: Contemporary instrumental techniques. New York-London: Schirmer. 259 S.

Reger, Scott. N. - siehe Seashore

Reinisch, Karl: Kybernetische Grundlagen und Beschreibung kontinuierlicher Systeme. Berlin: VEB Technik 1974. 384 S.

Rejsek, K., Navratil,M. und Glücksmann, J.: Zur Frage des Lungenemphysems bei Blasinstrumentenspielern. Arch. Gewebepathol., Gewebehyg. 18 (1961). 343-348

Richardson, E.G.: Wind instruments from musical and scientific aspects. (Cantor Lectures delivered before the Royal Society of Arts. Nov. and Dec. 1929 London)

ders.: The acoustics of orchestral wind instruments and of the organ. London 1929. (S.30-53: The flute.)

Richter, Werner: Schule für die Querflöte. Mainz u.a.: Schott 1980. 153 S.

ders.: Die Griffweise der Flöte. Kassel-Basel: Bärenreiter 1967. 104 S.

Rieger-Unger, R.: Das Querflötenspiel. 2 Bde. Leipzig ^{1}1965, ^{2}1966

Rieländer, M. (Hsg.): Reallexikon der Akustik. Frankfurt/M.: Bochinsky 1981

Riemann-Musiklexikon. 5 Bde. Mainz: Schott 1959-1975

Rockstro, Richard Shepherd: A treatise on the construction, the history and the practice of the flute. 1928. Reprint: London: Musica rara 1967. 664 S.

Roederer, Juan G.: Physikalische und psychoakustische Gundlagen der Musik. Berlin u.a.: Springer 1977. 218 S.

Roos, J.: The physiology of playing the flute. Archives Néerlandaises de Phonétique expérimentale. XII (1936) 1-26 (allg.) und XIV (1938) 49-57 (Flageolet tones)

Rosbaud, Hans: Das Problem der Stimmung im Orchester. Das Musikleben 6 (1953). 420-423

Röthig, Peter: Rhythmus und Bewegung. Eine Analyse aus der Sicht der Leibeserziehung. Diss. Tübingen 1966. 169 S.

Sacerdote, G.G.: Researches on the singing voice. Acustica 7 (1957) No. 2. 61-68

Sälzer, M., Schreiber, H.-J., Rohmert, W.: Tremor und Arbeitssicherheit - eine Dokumentation und Systematisierung der Literatur. Dortmund 1973, Forschungsbericht Nr. 103 (Institut für Arbeitswissenschaft an der TH Darmstadt)

Schafhäutl („Pellisov"), C.P.: Theorie gedeckter konischer und cylindrischer Pfeifen und der Querflöten. Jahrbücher der Chemie und Physik 8 (1833)

ders.: Ist die Lehre von dem Einfluß des Materials, aus dem ein Blasinstrument verfertigt ist, auf den Ton desselben eine Fabel? Allgemeine mus. Ztg.
XIX/38 (Sept. 1879) S. 593-599
XIX/39 (Sept. 1879) S. 609-616
XIX/40 (Okt. 1879) S. 625-632

Scheck, Gustav: Der Weg zu den Holzblasinstrumenten. Hohe Schule der Musik. Handb. d. ges. Musikpraxis Bd. 4 Potsdam 1938 - Reprint: Laaber-Verlag 1981. 353 S. S.23-50: „Die Querflöte".

ders.: Das natürliche Vibrato auf Holzblasinstrumenten, insbesondere auf der Flöte. Die Musikwoche 52 (1936). 2f.

ders.: Das Flötenvibrato. Antwort an Prof. Schwedler. Die Musikwoche 16 (1937). S.8

ders.: Die Flöte und ihre Musik. Mainz u.a.: Schott 1975. 263 S.

ders.: (Gespräch) in: Gespräche mit Flötisten, hsg. v. Regula Müller. Bern: Salm 1983

Schlenger, Kurt: Eignung zum Blasinstrumentenspiel. Beiträge zur Physiologie und Pädagogik des Blasinstrumentenspiels, unter besonderer Berücksichtigung der Flöte. (Schriften zur praktischen Physiologie Bd. 2) 179 S.

Schmale, Hugo und Schmidtke, Heinz: Der Orchestermusiker, seine Arbeit und seine Belastung. Eine empirische Untersuchung. Mainz u.a.: Schott 1985. 87 S.

Schmidt, Hans: Die physikalischen Grundlagen der Musik. München: Franzis 1956. 96 S.

Schmitz, Hans-Peter: Flötenlehre. 2 Bde. Kassel-Basel: Bärenreiter 1966 (2.Aufl.). Bd.1: 121 S. + 2 Tab., Bd.2: 116 S.

ders.: Rezension zu J.Gärtners „Das Vibrato...". Das Orchester 1 (1975). 571f.

Schneider, G.A.: Totaler Zahnersatz für Blasinstrumentalisten. Dt. zahnärztl. Z. 12 (1957). 1585-1589

Schoen, Max: An experimental study of the pitch factor in artistic singing. Psychol. Monogr. 31 (1922) Nr. 1 (Washington) 230-259 (The Vibrato: 241-259)

Schoettner, H.J.: Untersuchungen bei Musikbläsern. Dt.Stomatol. 21 (12) 1972. 931-936

Schubiger, Maria: Einführung in die Phonetik. Berlin: de Gruyter 1970. 158 S.

Schumann, Karl Erich: Akustik. Breslau 1925

Schwedler, Maximilian: Flöte und Flötenspiel. Ein Lehrbuch für Flötenbläser. (3. Aufl.) Leipzig 1923. Faks.-Neudruck: Zimmermann Frankfurt/M. 1984 164 S.

ders.: Ueber die Bebung (Schwebung) des Flötentons durch den Kehlkopf. Die Musikwoche 11 (1937). 4f.

Seashore, Carl E. (Hsg.): The vibrato. Univ. of Iowa Studies. Studies in the Psychology of Music Vol. I. Iowa City 1932. 382 S.

Enthält:

Seashore, Carl E.: Introduction. 7-13
Metfessel, Milton: The vibrato in artistic voices. 14-117
Tiffin, Joseph: Phonophotograph apparatus. 118-135
ders.: The rôle of pitch and intensity in the vocal vibrato of students and artists. 135-165
Wagner, Arnold H.: Remedial and artistic development of the vibrato. 166-212
Seashore, Harold G.: The hearing of the pitch and intensity in vibrato. 213-235
Lindner, Forrest E: Measurement of the pitch extent of the vibrato on attack, release, and transition tones. 245-249
Miller, Ray E.: The pitch vibrato in artistic gliding intonations. 250-268
Easley, Eleanor: A comparison of the vibrato in concert and opera singing. 269-275
Hattwick, Melvin: The vibrato in wind instruments. 276-280
Hollinshead, Merrill T.: A study of vibrato in artistic violin playing. 281-288
Reger, Scott. N.: Historical survey of the string instrument vibrato. 289-304
ders.: The string instrument vibrato. 305-338
Cheslock, Louis: An introductory study of the violin vibrato. 339-343
Tiffin, Joseph and Seashore, Harold G.: Summary of established facts in experimental studies on the vibrato up to 1932. 344-376
Bibliography (144 Titel). 377-382

Seashore, Carl E.: The natural history of the vibrato. Proc.Nat. Acad.Science 17 (1931). 623-626

ders.: Psychology of the vibrato in voice and instrument. (Univ. of Iowa Studies. Studies in Psychology of Music Vol. III). Iowa City 1936. 159 S.

Seidner, Wolfram: Die Sängerstimme. Phoniatrische Grundlagen für den Gesangsunterricht.(Ost-)Berlin: Henschel 1978. Lizenzausgabe für die BRD. Wilhelmshaven: Heinrichshofen 1978. 216 S.

Shonle, John I.: Perceived pitch of vibrato to tones.(abstr.) JASA 58 (1975) S.S(upplement) 132

ders.: Scaling the perceived width of vibrato tones (abstr.) JASA 60 (1976) S.S(upplem.) 42

Simbriger, Heinrich und Zehelein, Alfred: Handbuch der musikalischen Akustik. Regensburg: Habbel 1974. 286 S.

Singer, K.: Die Berufskrankheiten der Musiker (2.Aufl.). Berlin-Wunsiedel: Hesse 1960. 155 S.

Sjöström, Lennart: Experimentalpsychologische Untersuchungen des Vibratophänomens der Singstimme. Acta Otolaryngologica Suppl. (No.47). Stockholm 1948. Abstr.: Psychol. Abstr. 22 (Sept. 1948). 3839 Engl. Übers.: Experimental examinations of the vibrato phenomenon in song. Acta Otolaryngol. Suppl. (47), 225 (1948). Abstr.: Psychol. Abstr. 23 (May 1949). 2125

Sobottke, Volker: Zu Problemen des Instrumental- und Vokalunterrichts in heutiger Sicht - Leiblichkeit und Entfremdung. Das Orchester 5 (1980). 396-404

Sprenkle, Robert: Wind instrument vibrato. Symphony Feb. 1951. S.9

Stampa, Aribert: Atem, Sprache und Gesang. Kassel: Bärenreiter 1956. 120 S.

Stauder, Wilhelm: Einführung in die Akustik. Wilhelmshaven: Heinrichshofen 1976. 270 S.

ders.: Flöteninstrumente - A.Akustik. MGG 4 (1955). 311-319

Stauffer, Donald W.: Popular misconceptions about wind instrument theory and technique. In: U.S.Navy Band Clinic Handbook. Washington, D.C.: U.S.Navy 1960

Steinhausen, Wilhelm: Zur Kenntnis der Luftschwingungen in Flöten. Diss. Gießen 1914

ders.: Untersuchungen stehender Luftschwingungen (insbesondere in Flöte und Orgelpfeife). Annalen der Physik 48 (1915). 693-724

Steinkopf, Otto: Zur Akustik der Blasinstrumente. Ein Wegweiser für den Instrumentenbauer. Celle: Moeck 1983. 85 S.

Stevens, Roger S.: Artistic flute technique and study. Hollywood: Highland Music Co. 1967

Stokes, Sheridon and Condon, Richard: Special effects for flute. Culver City: Trio Ass. 1970

Strolling, Player (oder Player, Strolling?): The everlasting „vibrato". The Strad. 1908. 305-307

Stumpf, Carl: Trompete und Flöte. Festschrift H. Kretzschmar zum 70. Geburtstag. Leipzig: Peters 1918. 155-157

ders.: Die Sprachlaute. Experimentell-phonetische Untersuchungen. Nebst einem Anhang über Instrumentalklänge (S.375-410). Berlin: Springer 1926. 419 S.

ders.: Sprachlaute und Instrumentenklänge. Zs.f.Physik 38 (1926). 746-758

Szalonek, Witold: O nie wykorzystanych walorach sonorystycznych instrumentov detych drewnianych. In: Res facta. Polskie Wydanictwo Muzyczne 1973. 110-119. Überarbeitete deutsche Fassung durch den Autor: Über die unausgenutzten Klangeigenschaften der Holzblasinstrumente. - Als Schreibmasch.-MS bei dem Internat. Musikinstitut Darmstadt.

Taffanel, Paul - der gelegentlich unter diesem Autorennamen ausgewiesene Artikel in der Encycloédie de la Musique . . . stammt in vollem Umfange von L.Fleury (s.d.)

ders. und Gaubert, Philippe: Méthode complète de la flûte en deux volumes. Paris 1923. Zus. 219 S.

Taylor, J.B.: Control of pitch in wind instruments (abstr.) JASA 1932. S. 317

Taylor, Lawrence: Books for the flute library. The Instrumentalist XIII/3 (Nov. 1958) 70-72, XIII/4 (Dec. 1958) 64-66, XIII/5 (Jan. 1959) 81-83

ders.: Research for the flute: a list of theses. The Instrumentalist XIV/5 (Jan. 1960). 58-60

ders.:Graduate dissertations. The Instrumentalist IX/1 (Sept. 1954) 57 und 64, XI/2 (Oct.1954) 42f.

ders.: The vibrato. The Instrumentalist 11 (Nov. 1956)

Thausing, Albrecht: Die Sängerstimme (2.Aufl.). Stuttgart-Berlin: Cotta 1927. 200 S. + 15 Abb.

Thienhaus, Erich: Orgel. MGG 10 (1962). 228-247

Thomas, Mark: The open hole flute. In: Flute Forum (s.d.) S. 26

Tiffin, J.: An experimental study of variations in breath pressure in the vocal vibrato. Proc. Iowa Acad. Sci. 35 (1928). 297f.

ders.: Characteristics of children's vibratos. Thesis Univ. Iowa 1928

ders.: Some aspects on the psychphysics of the vibrato. Psychol. Monogr. 41 (1931). 152-200

ders.: (2 weitere Artikel - siehe Seashore)

Toff, Nancy: The flute book. A complete guide for students and performers. New York: Charles Scribner's Sons 1985. 472 S.

dies.: Perspectives on vibrato. The Flutist Quarterly, NFA Vol. XI(I) No.2 Winter 1985. 23-30

Töpfer-Smets: Lehrbuch der Orgelbaukunst. 4.-5. Aufl. 1955-60

Travis, L.E.: The relation of voluntary movement to tremors. J.Exp.Psychol. 12. 1929,6. 515-524

Trendelenburg, Ferdinand: Einführung in die Akustik. (3.Aufl.) Berlin u.a.: Springer 1969

Trendelenburg, Wilhelm: Zur Physiologie der Spielbewegung in der Musikausübung. Pflügers Archiv für die gesamte Physiologie. 201 (1923). 198-201

Trendelenburg, Wilhelm: Die natürlichen Grundlagen der Kunst des Streichinstrumentenspiels. Kassel: Hamecher 1974

Ulmer, W.T., Reichel, G. und Nolte, D.: Die Lungenfunktion. Physiologie und Pathophysiologie, Methodik. (2.Aufl.). Stuttgart: Thieme 1976

Vagner, Robert: The vibrato, how it is played and taught for woodwind instruments. The Etude 1942. S. 311

Vester, Frans: Flute repertoire catalogue. London: Musica rara 1967. 383 S.

ders.: Blazer en vibrato. Een historische en technische beschouwing. In: Mens en Melodie 16 (1961). 74-78 und 111-114

Vester, Frederic: Neuland des Denkens. Stuttgart: Deutsche Verlags-Anstalt 1980. 544 S.

Vogel, Martin: Die Intonation der Blechbläser. Düsseldorf: Ges. z. Förd. d. system. Musikwiss.. 1961. 103 S.

ders.: Die Orchesterinstrumente sind nicht gleichschwebend temperiert gestimmt. Das Musikinstrument 2(1962)96f.

Voorhees, L.V.: The classification of flute fingering systems of the nineteenth and twentieth centuries. Buren (Gld.), Niederlande: Knuf 1980. 98 S.

Vornholt, David: Vibrato. Flute Forum (s.d.) S.18

Voss, Hermann und Herrlinger, Robert: Taschenbuch der Anatomie. Bd. I: Bewegungsapparat. Stuttgart: Fischer 1971. 362 S.
Bd. II: Verdauungssystem, Atmungssystem, Urogenitalsystem, Gefäßsystem. Stuttgart: Fischer 1974. 383 S.

Wachholder, Kurt: Willkürliche Haltung und Bewegung, insbesondere im Lichte elektrophysiologischer Untersuchungen. München 1928

Waechter, Wolfram: Neue technische Übungen. Atemstudien, neue Instrumentalübungen für Fortgeschrittene auf der Blockflöte. Wilhelmshaven: Noetzel 1983. 40 S.

ders.: Studien und Übungen. Atmung, Artikulation und Grifftechnik für Fortgeschrittene auf der Altblockflöte. Wilhelmshaven: Noetzel 1978. 32 S.

Waggoner, Margaret: Acoustical action of the flute. M.A.thesis Univ. of Iowa 1948

Wagner, Arnold H.: An experimental study in control of the vocal vibrato. In: Psychol.Rev. Publ. Vol. XL, No.2 Whole No. 182 1932. (Psychol. Monogr.)

ders.: (siehe Bibliogr. Seashore)

Waldrop, William: Problems of tone production in flute playing: an experimental analysis. M.A.thesis Univ. of Iowa 1941

Walker, G.T.: The theory of the flute. Proc. of the Indian Ass. of Sci. IV/1920-21 (Calcutta). 114-120

Wängler, Hans-Heinrich: Leitfaden der pädagogischen Stimmbehandlung. Berlin: Marhold 1966. 102 S.

ders.: Atlas deutscher Sprachlaute. Berlin: Akad.-Verl. 1976. 55 S. + 29 Taf.

ders.: Grundriß einer Phonetik des Deutschen. Marburg: Elwert 1967. 250 S.

Weiss, Desider: Untersuchungen über das Vibrato. Wiener med. Wochenschr. 35 (1930). 1160-1162

Wellek, Albert: Gehörpsychologie. MGG 4 (1955). 1571-1609

Westerman, Kenneth: The physiology of vibrato. Music Educators Journ. March 1938. 48f.

Westphal, Wilhelm H.: Kleines Lehrbuch der Physik. Berlin u.a.: Springer 1958. 263 S.

Wetzger, Paul: Die Flöte. Ihre Entstehung und Entwicklung bis zur Jetztzeit in akustischer, technischer und musikalischer Beziehung. Heilbronn: Schmidt 1905. 55 S.

White, Joan Lynn: A spectral analysis of the tones of five flutes constructed of different materials. In: The National Flute Ass., Inc. Newslewtter Vol. VI, No.3, Spring 1981. 8f.

Wilkins, Frederick: Speed of flute vibrato. In: Connchord Jan. 1962

ders.: Flute vibrato. In Connchord Oct. 1961

ders.: The flutist's guide. Elkhart, Ind. 1957

Williams, H.M.: A note in regard to the extent of the vibrato. Psychol. Monogr. 38. 1928,4. 226-231

Wilson, Clayton: The acoustics of woodwind instruments; a selected and annotated bibliography of books and articles. The Instrumentalist IX/8 (1955). 14f.

Winckel, Fritz: Die Bedeutung des Vibratos in der Musik. Gravesaner Blätter 11 (1956),6. 40-46

ders.: Über die psychophysiologische Bedeutung des Vibratos. Folia Phoniatrica 9. 1957,2. 81-87

ders.: Phänomene des musikalischen Hörens. Berlin-Wunsiedel: Hesse 1960. 160 S.

ders.: Musik. MGG 9 (1961). A. Naturwissenschaftliche Grundlagen, 959-970. Die Intonationsgenauigkeit, 963-965

ders.: How to measure the effectiveness of stage singers voices. Folia phoniatrica 23 (1971). S.228

ders.: Acoustical cues in the voice for detecting laryngeal diseases and individual behavior. In: B. Wyke: Ventilatory and phonatory control systems. (Intern. Symposium 1972). London 1974, OUP

ders.: Ton. MGG 13 (1966). 488-500

ders.: Schall. MGG 11 (1963). 1547-1570

ders.: Psychoakustik. MGG 10 (1962). 1716-1729

ders.: Elektroakustische Untersuchungen an der menschlichen Stimme. Folia phoniatrica 4 (1952). 93-113

ders.: Physikalische Kriterien für objektive Stimmbeurteilung. Folia phoniatrica 5 (1953). 232-252

ders.: Kybernetische Prozesse der Musikerzeugung. MGG 16 (1979). 1077-1084

Wogram, Klaus und Meyer, Jürgen: Über den spieltechnischen Ausgleich von Intonationsfehlern bei Blockflöten. Tibia 2 (1985). 322-335

dies.: Zur Intonation bei Blockflöten. Acustica 55 (1984). 137-146

Wolf, S.K., Stanley, D. und Sette, W.: Quantitive studies on the singing voice. JASA 4 (1935). 255-266

Wood, A.: The physics of music. 7th ed. rev. by J.N. Bowsher. New York: Chapman & Hall 1975. 258 S.

Wupper, H.: Zahnersatz für Blasmusiker. Dent. Labor (Munch.), 22 (11). 1087-1090

Wye, Trevor: Practice book for the flute. 6 Bde. London: Novello 1980-85. Deutsch von W.Richter unter dem Titel „Flöte üben - aber richtig" bei Zimmermann/Frankfurt/M.

Vol.1 Tone (1980)	Heft 1 Ton
Vol.2 Technique	Heft 2 Technik
Vol.3 Articulation (1980)	Heft 3 Artikulation
Vol.4 Intonation (1983)	Heft 4 Intonation
Vol.5 Breathing and Scales (1985)	Heft 5: Atmung und Tonleitern
Vol.6	Heft 6:

Young, Robert W.: Dependence of tuning of wind instruments on temperature (abstr.). JASA 1946,3. 187-191

ders.: „Review" betr. Stauffer, Donald W.: Intonation (s.d.) JASA 27 (1955). 183f.

ders.: Die Stimmung von Musikinstrumenten. I. Die Stimmung der Flöte. Gravesaner Blätter VII/VIII/Mai 1957 87-91

Zantema, J.T. und van den Berg, J.W.: Zur Erzeugung des Vibratos. Zs. f. Phonetik 9 (1956). 336-343

B. Spezialarbeiten über akustische Einzelthemen mit höheren Ansprüchen an naturwissenschaftliche und mathematische Kenntnisse

Anderson, A.B.C.: Metastable jet-tone states of jets from sharp-edged, circulare pipe-like orifices. JASA 27 (1955). 13-21

ders.: Structure and velocity of the periodic vortex-ring flow pattern of a primary Pfeifenton (Pipe tone) jet. JASA 27 (1955). 1048-1053

ders.: Vortex ring structure-transition in a jet emitting discrete acoustic frequencies. JASA 28 (1956). 914-921

ders.: Dependence of the primary Pfeifenton (Pipe tone) frequency on pipe orifice geometry. JASA 25 (1953). 541-545

Ando, Yoshinori: Drive conditions on the flute and their influence upon harmonic structure of generated tone. Journ. of the Ac. Soc. of Japon. 26 (1970). 297

ders.: Influence of the air beam direction upon acoustical properties of flute tones. The 6th International Congress on Acoustics Tokyo, Japon 21-28 1968. N-21 - N 24

Backus, John: Effect of wall material on the steady-state tone quality of woodwind instruments. JASA 36 (1964), 10. 1881-1887

ders.: Wall vibrations in flue organ pipes and their effect on tone. JASA 39 (1966), 5 part 1. 936-945

ders.: Multiphonic tones in the woodwind instruments. (abstr.). JASA 62 (1977) S.S(upplem.). 43f.

Bate, A.E.: The effect of variation in the pressure of the air and dimensions of the mouth of a stopped organ flue-pipe. Phil. Mag. (7)8 (1929). 750-761

ders.: The end-correction of an open organ (flue) pipe. Phil.Mag. (7)10 (1930). 618-632

ders.: The end-correction of an unflanged pipe. Phil. Mag. (7)24 (1937). 453

ders.: Resonance in coupled pipes. Phil.Mag. 16 (1933). 562-574

Benade, Arthur H.: On woodwind instrument bores. JASA 31 (1959). 137-146

ders.: On the mathematical theory of woodwind finger holes. JASA 32 (1960). 1591-1608

ders.: Thermal perturbations in woodwind bores. JASA 35 (1963)

ders.: Relation of air-column resonances to sound spectra produced by wind instruments. JASA 40 (1966). 247-249

ders.: Flute headjoint cork position and damping of high modes. JASA 54 (1973). 310

ders.: Measured end correction for woodwind toneholes. JASA 51 (1970). 1609

ders. und Cuddeback, John K.: Quasi-turbulent damping at wind instrument joints and tone holes (abstr.). JASA 55 (1974). 457

ders. und French, J.W.: Analysis of the flute head joint. JASA 37 (1965). 679-691

ders. und Gans, D.J.: Sound production in wind instruments. Proc.Conf.Sound Prod. in Man. Acad.Sci. New York 1966

ders. und Worman, W.E.: Search-tone measurements in blown wind instruments. JASA 42 (1967). 1217

dies.: Schematic representation of wind instrument oscillation (abstr.). JASA 49 (1971). 127

Benton: On edge tones. Proc. of the Physical Society London 38 (1926). 109-126

Boehm, W.M.: A determination of the correction for the open end of a cylindrical resonator. Phys.Rev. 31 (1910). 332

Boner, C.P. and Newman, R.B.: The effect of wall materials on the steady state acoustic spectrum of flue pipes. JASA 12 (1940). 83-89

Bouhuys, Arend: Sound-power production in wind instruments. JASA 37 (1965). 453-456

Brindley, Giles: A method for analyzing woodwind cross-fingerings. Galpin Soc. Journ. 22 (1969). 40-46

ders.: The standing wave-patterns of the flute. Galpin Soc.Journ. 24 (1971). 5-15

Brown, Burniston G.: The vortex motion causing edge tones. Proc.Phys.Soc.London 49 (1937). 493-507 (Forts. siehe nächsten Titel)

ders.: The mechanism of edge tone production. Proc. Phys.Soc. London 49 (1937). 508-521

Carrière, M.Z.: Harmoniques supérieures des tuyaux à bouche de flûte par vent très faible. Journ. de Physique et le Radium. 7 (1926) (Paris). 7-12

Coltman, John W.: Acoustics of the flute. Physics Today 21 (1968). 25-32. (Eine vereinfachte Fassung unter gleichem Titel siehe Teil A.)

ders.: Resonance and sounding frequencies of the flute. JASA 40 (1966). 99-107

ders.: Sounding mechanism of the flute and organ pipe. JASA 44 (1968). 983-992

ders.: Mouth resonance effects in the flute. JASA 54 (1973). 417-420

ders.: Jet drive mechanism in edge tones and organ pipes. JASA 60 (1976). 725-733

Cremer, L. und Ising, H.: Die selbsterregten Schwingungen von Orgelpfeifen. Acustica 19 (1967), 8. 143-153

Dänzer, H.: Über die stationären Schwingungen der Orgelpfeifen. Zs.f.Physik 162 (1961). 516-541

ders. und Kollmann, W.: Über die Strömungsverhältnisse an der Lippenöffnung von Orgelpfeifen. Zs.f.Physik 144 (1956). 237-243

ders. und Müller, W.: Zur physikalischen Theorie des Orgelspiels. Ann.d.Physik (6) 13 (1953). 97-109

Fletcher, Neville H.: Nonlinear interactions in organ flue pipes. JASA 56 (1974). 645-652

ders.: Transients in the speech of organ flue pipes - a theorical study. Acustica 34 (1976). 224

Franz, G., Ising, H. und Meinusch, P.: Schallabstrahlung von Orgelpfeifen. Acustica 22 (1969/70). 226-231

Gabriellson, Alf und Sjögren, Hakon: Detection of amplitude distortion in flute and clarinet spectra. JASA 52 (1972). 471-483

Guittard, J.: Tuyaux et résonateurs, calcul et mesure de quelques résistances acoustiques. Acustica 5 (1955).

Herman, R.: Observations on the acoustical characteristics of the english flute. Amer.Journ.of Physics 27 (1959). 22-29

Ingard, Uno: On the turbulence limit for sound through apertures. JASA 22 (1950). 680ff.

ders. und Ising, Hartmut: Acoustic nonlinearity of an orifice. JASA 42 (1967). 6-17

Ingerslev, F. und Frobenius, W.: Some measurements of the end-correction and acoustic spectra of cylindrical open flue organ pipes. Trans.Danish Acad. Tech.Sci. 1 (1947). 71

Jones, Arthur T.: Edge tones. JASA 14 (1942). 131-139

King, L.V.: On the electrical and acoustical conductivities of cylindrical tubes bounded by infinite flanges. Phil.Mag. 21 (1936). 128-144

Klug, Heinz: Experimentelle Untersuchungen zur Schneidentonbildung. Ann.d.Physik 5.Folge, Bd. 11 (1931) 53-72

Krüger, F. und Caspar, H.: Über die Wirbelbildung bei Schneidentönen. Phys.Zs. 37 (1936). 842-849

ders. und Schmidtke, E.: Theorie der Spalttöne. Ann.d.Phys. (4) 60 (1919). 701-714

Kühn, K.Th.: Klangfarbe und Wirbelform einer Lippenpfeife in Abhängigkeit von der Bauweise. Diss. TH Berlin

Lenthan, J.M.A. und Richardson, E.G.: Observations on edge tones. Phil.Mag. (7) 29 (1940). 400

Levine, H. und Schwinger, J.: On the radiation of sound from an unflanged circular pipe. Phys.Rev. 1948. 393ff.

Louden, M.M.E.: Untersuchung von Reflexvorgängen in Rohren mit Hilfe akustischer Impulse. Diss. Braunschweig 1964

Luce, D. und Clark, M.: Duration of attack transients of nonpercussive orchestral instruments. Journ.of the Audio Engeneering Soc. 13 (1965). 194

Lüpke, Arndt: Untersuchungen an Blockflöten. Akust.Zs. 5 (1940). 39-46

Lutz, P.: Über die Tonbildung an den Lippenpfeifen. Diss. Berlin 1921

Marschner, E.: Die Tonbildung bei Pfeifen durch periodische Ablösung von Kreiswirbeln. Diss. Greifswald 1922 (masch.)

Mercer, Derment M.A.: The voicing of organ flue pipes. JASA 23 (1951) 45-54

ders.: Organ pipe voicing adjustments as a guide to theories of the mechanism of the pipe. 5e Congrès Internat. d'Acoustique, Liège, paper M 52

Meyer, Jürgen: Über Resonanzeigenschaften und Einschwingvorgänge von labialen Orgelpfeifen. Diss. TH Braunschweig 1960. 65 S. + 37 S. Abb. und Tab.

ders.: Über die Resonanzeigenschaften offener Labialpfeifen. Acustica 11 (1961). 385-396

Michelson, L.: Theory of vortex whistles. JASA 27 (1955) 930f.

Mokhtar, M. und Youssef, H.: Observations on edge tones. Acustica 2 (1952). 135-139

Mühle, Christof: Untersuchungen über die Resonanzeigenschaften der Blockflöte. Diss.TH Braunschweig 1966 sowie Frankfurt/M.: Verl. Das Musikinstrument 1966. 53 S. + 30 Abb.

Nyborg, W.L., Burkhard, M.D. und Schilling, H.K.: Acoustical characteristics of jet-edge-resonator systems. JASA 24 (1952). 293-304

Nyborg, W.L., Woodbridge, C.L. und Schilling, H.K.: Characteristics of jet-edge-resonator whistles. JASA 25 (1953). 138-146

Oncley, Paul B.: Acoustics of the singing voice (abstr.). JASA 26 (1954). 932

ders.: Frequency vibrato as a factor in the loudness and quality of musical tones (abstr.) JASA 23 (1951). 147

Powell, Alan: Aspects of edgetone experiment and theory. JASA 37 (1965). 535f.

ders.:On edge tones and associated phenomens. Acustica 3 (1953). 233-243

ders.: Vortex action in edgetones. JASA 34 (1962). 163ff. 6

ders.: On the edge tone. JASA 3 (1961). 395-409

Rakowski, A.: Opening transients in the tones of the flute Bulletin de la Societé des amis des sciences et des lettres de Poznań. Ser. B-XIX (1966). 157-161

Ratz, Erwin: Über den Einfluß von Seitenlöchern auf die Vorgänge im Inneren einer zylindrischen Pfeife. (Diss. Gießen). Ann.d.Phys., IV.Folge Bd. 77 (1925). 195-215

Redfield, J.: Certain anomalies in the theory of air behavior in orchestral wind instruments. JASA 4 (1934). 34-36

Richardson, E.G.: The amplitude of sound waves in resonators. Proc. of the Royal Soc. of Arts. Nov. and Dec. 1929. London

ders.: Edge tones. Proc.Phys.Soc. 43 (1931). 394-404

ders.: The transient tones of wind instruments. JASA 26 (1954). 960-962.
(Abstr. in JASA 26.1954. 931)

Sato, H.: The stability and transition of a two-dimensional jet. J.Fluid Mech. 7 (1960). 53-80

Saunders, F.A.: Analyses of tones of a few wind instruments. JASA 18 (1946). 395

Savic, P.: On acoustically effective vortex motion in gaseous jets. Phil.Mag. 32 (1941). 245

Schlosser, E.-G.: Tonerzeugung und Toncharakteristika bei Labialpfeifen. Acustica 43 (1979). 177-187

Schmidtke, E.: Zur Hydrodynamik der Schneidentöne. Ann.d.Phys. 60 (1919). 715-733

Schumacher, R.T.: Self-sustained oscillations of organ flue pipes. An integral equation solution. Acustica 39 (1978). 225

Seymour, J.: Acoustic analyses of singing voices. Acustica 27 (1972). I.: Sound samples and room responses 204-208; II. Frequency and amplitude vibrato analyses. 209-217; III. Spectral components, formants and the glottal source. 218-227

Shadle, Christine H.: The acoustics of whistling (abstr.) JASA 70 (1981) S.S(upplem.) 12

Shields, F.D., Lee, K.P. und Wiley, W.J.: Numerical solutions for sound velocity and absorption in cylindrical tubes. JASA 37 (1965) 724-729

Sivian, L.J.: Acoustic impedance of small orifices. JASA 7 (1935) 94-101

Small, A. und Waldrop, W.: An analysis of tone production factors in flute playing. JASA 12 (1941) 472

Stauffer, Donald W.: Intonation deficiencies of wind instruments in ensemble (Diss.) Washington: The Catholic Univ. of America Press 1954. (Siehe auch R.W.Young: „Review")

ders.: Rôle of oral cavities in the support of the tone production in wind instruments (abstr.) JASA 44 (1968). 367

Strong, W. und Clark, M.: Perturbations of synthetic orchestral wind-instrument tones. JASA41 (1967). 277-285

dies.: Synthesis of wind instrument tones. JASA 41 (1967). 39-52

Sundberg, Joh.: Mensurens betydelse i öppna labialpipor; with an English summary. Uppsala: Acta Universitatis Upsaliensis 1966. 233 S.

Tischner, H.: Über die Fortpflanzung des Schalles in Rohren. El. Nachr.Technik Berlin 1930. 192-236

Tolmie, J.R.: An analysis of the vibrato from the view point of frequency and amplitude modulation. JASA 7 (1935). 29-36

Trimmer, J.D.: Resonant frequencies of certain pipe combinations. JASA 11 (1939). 129-133

Voots, R.J.: Report on an investigation of certain flute „blow-hole" parameters. JASA 31 (1959). 1565

Wachsmuth, R.: Labialpfeifen und Lamellentöne. Ann.d.Phys. 14 (1904). 469-505

Wirz, Paul: Eigenschaften von ein- und mehrfachen zylindrischen akustischen Resonatoren. Helvetica Physica Acta 20 (1947). 3-26

Young, Robert W. und Loughridge, D.H.: Standing sound waves in the Boehm flute measured by the hot wire Probe. JASA 7 (1936). 178-189

Zahradnizek, J.: Zur Tonbildung in Lippenpfeifen. Phys.Zs. 34 (1933). 602-604

Zwicker, E. und Spindler W.: Über den Einfluß nichtlinearer Verzerrungen auf die Hörbarkeit des Frequenzvibratos. Acustica 3 (1953). 100-104

Nachwort

Allen, die am Entstehen dieses Buches Anteil haben, gilt mein herzlicher Dank:

- zuallererst meiner lieben Frau, deren eigene flötenpädagogische Erfahrungen mein Urteil entscheidend geprägt haben, für ihre nie erlahmende Geduld und die Ermutigung, die von ihr ausging - und fürs Korrekturlesen!

- den Schülern aus beinahe 4 Jahrzehnten für ihre Fragen und ihr kritisches Interesse,

- meinem Freunde Dr.rer.nat. Horst Dürschner sowie meinen ehemaligen Schülern und hervorragenden Bläsern Dr.-Ing. Ulrich Möhl und Dr.med. Norbert Pfeiffer, die mir mit ihrem Fachwissen zur Seite standen,

- der Landes- und Hochschulbibliothek Darmstadt für jederzeit persönliche und bereitwillige Hilfe auch bei schwierigen Beschaffungsproblemen,

- den zahlreichen Verlagen, die dem Nachdruck von Abbildungen oder Notenbeispielen zustimmten.

Besonderen Dank schulde ich schließlich Frau Doris Schäfer für eine ideale, freundschaftliche Zusammenarbeit bei der Realisierung meiner grafischen Ideen sowie

Frau Maja-Maria Reis, der Verlegerin und charmanten Chefin des Hauses Zimmermann - Frankfurt am Main, ohne deren Vertrauen und Tatkraft dieses Vorhaben nicht hätte realisiert werden können.

Roßdorf bei Darmstadt, im Oktober 1986

Werner Richter

DER AUTOR

wurde 1924 im sächsischen Erzgebirge geboren.

Nach Abitur, Kriegsdienst und Nachkriegsjob

Studium der Musik in Stuttgart *(Fritz Jungnitsch, Philipp Dreisbach, Alfred Kreutz, Georg v. Albrecht)*;
Musikwissenschaft und Physik an der Universität Frankfurt/M.
Wichtige Anregungen durch *René Le Roy*.

Soloflötist an den Städt. Bühnen Kiel,
am Staatstheater Darmstadt und
beim Bach-Orchester Mainz (u.a. Aufnahmen des gesamten Oratorien- und Kantatenwerkes mit *Diethard Hellmann* durch den Südwestfunk zwischen 1962 und 1978.

Kammermusik- Rundfunk- und Schallplattenaufnahmen.

Dozent an der Städt. Akademie für Tonkunst Darmstadt,
Dr. Hochs Konservatorium Frankfurt/M. und der
Hochschule für Musik Frankfurt/M. (Prof.).

Autor und Herausgeber bei verschiedenen deutschen Musikverlagen - siehe Bibliographie.

* * * * *

Bibliographie der Arbeiten des Verfassers (Originalarbeiten, Editionen, Übersetzungen)

Bärenreiter, Kassel

Die Griffweise der Flöte. 1967. 104 S.

C.F.Peters Nachf., Frankfurt/M.

J.S.Bach: Flöten-Repertoire. (Sämtliche Solopartien der Passionen, Oratorien und Kantaten.) 3 Bde.
A.B.Fürstenau: 26 Übungen für Flöte allein op. 107. 2 Bde.
W.A.Mozart: Konzert für Flöte, Harfe ... Ausg. f. Fl. und Kl.
Franz Schubert: Introduktion und Variationen über „Ihr Blümlein alle" op. 160

B.Schott's Söhne, Mainz

Schule für die Querflöte. 1980. 153 S.
Gg.Phil.Telemann: Concerto D-Dur f. Fl., Viol., Va.da.g. (oder Vc.) und BC
"   : Sonate A-Dur   "   "   "   "   " "

W.Zimmermann, Frankfurt/M.

(Betreuung mehrer Reihen mit Flötenmusik)

Flöte und Klavier:

J.S.Bach: Sinfonia aus der Kantate 209 und Arie aus dem Weihnachts-Oratorium
    "   : Sonaten und Partiten für Violine solo nach der Ausgabe mit Klavierbegleitung von Robert Schumann
Christoph Willibald Gluck: Zwei Stücke aus der Oper Orpheus und Eurydike
Jos. Haydn: Flötenpartien aus den Sinfonien
Franz Anton Hoffmeister: Sonate D-Dur
Ignaz Pleyel: Concerto C-Dur
L. van Beethoven: Sonate B-Dur
Friedr. Kuhlau: Drei Fantasien op. 95
Carl Maria v. Weber: 6 Sonaten
A.B.Fürstenau: Konzert D-Dur in Form einer Gesangsszene op. 84 (auch Orch.-Mat.)

W. Bernhard Molique: Introduktion, Andante und Polonaise op. 43
Franz Lachner: Flötenkonzert d-Moll (1832)
G. Bizet: Flötensoli aus L'Arlésienne und Carmen
Joach. Andersen: Miniaturen op. 55 (2 Bde.)
    "   " : Moto perpetuo op. 8
Ernesto Köhler: Schwalbenflug op. 72
Paul Juon: Sonate op. 78
Walter Niemann: Vier Stücke aus einem alten Patrizierhaus (Thomas Manns "Buddenbrooks" op. 121a
Theod. Blumer: 10 Walzer op. 56
Karl Hoyer: Sonate op. 31

Zwei Flöten und Klavier

Joh. Rud. Zumsteeg: Konzert D-Dur

Zwei Flöten und Harfe (Klavier):

Hector Berlioz: Trio aus dem Oratorium *L'enfance du Christ*

Flöte allein

C.Ph.E.Bach: Sonate a-Moll

Zwei Flöten

J.S.Bach: Inventionen
W.R. Graf von Gallenberg: Eine kleine Ballettmusik
(2. Flötenstimme zu E. Köhlers „Lusterweckende Übungen")

Drei Flöten

L. van Beethoven: Trio nach op. 87

Orchester-Studien (bisher)

Beethoven
Gluck-Haydn
Mozart
Brahms (in Vorb.)
Bruckner-Reger
Mahler

Übersetzungen von Lehrwerken von Trevor Wye

Johann Sebastian Bach

Repertoire der Flötenpartien aus dem Kantaten- und Oratorienwerk

Herausgegeben von Werner Richter

Band I EP 8203 a
Kantaten BWV 8–102, Matthäus-Passion,
Oster-Oratorium

Band II EP 8203 b
Kantaten BWV 103–198, Messen h-Moll / A-Dur,
Magnificat D-Dur

Band III EP 8203 c
Kantaten BWV 201–215, Johannes-Passion,
Weihnachtsoratorium

Band IV EP 8203 d
Blockflötenpartien (H. Strebel/W. Richter)

Die Zusammenstellung, die erstmals sämtliche Flöten-Soloparts und obligaten Stellen aus dem Bachschen Kantaten- und Oratorienwerk enthält, stellt eine unerläßliche Studienausgabe für Ausbildung und Berufspraxis eines jeden Flötisten dar. In numerischer Folge, nach dem Urtext, bietet die Sammlung mit den vollständig wiedergegebenen Flötensoli und charakteristischen Ausschnitten aus den Ensemble-Sätzen mit obligater Flöte alles Material, das der Flötist benötigt, um sich auf Kantaten- und Oratorien-Aufführungen sorgfältig vorzubereiten.

C. F. PETERS · FRANKFURT
NEW YORK · LONDON

Unterrichts- und Studienliteratur für Flöte

RICHTER, Schule für die Querflöte mit einem Anhang:
Kleines Flöten-ABC, weiterführende Studienliteratur, Grifftabelle, Trillertabelle, ED 4777, DM 26,-

FLÖTEN-SPICKER, Grifftabelle - Trillertabelle
(in Plastik verschweißt), MF 1014, DM 5,80

BOEHM, 24 Caprices-Etudes, op 26 (Delius)
Reprint der Schott-Originalausgabe von 1852, FTR 117, DM 15,-

DROUET, 25 Etüden (Delius)
Reprint der Schott-Originalausgabe von 1827, FTR 118, DM 15,-

GENZMER, Neuzeitliche Etüden: Band 1, 2, FTR 87/88, je DM 10,-

HOTTETERRE, JACQUES LE ROMAIN, 48 Préludes in 24 Tonarten aus op. 7 (1719) (Doflein/Delius), OFB 126, DM 11,-

REICHERT, Tägliche Übungen, op. 5, FTR 102, DM 10,50

STRAUSS, Orchesterstudien aus seinen Bühnenwerken (Prill)
Heft 1, Guntram - Feuersnot - Salome, AF 6416, DM 20,-
Heft 2, Elektra - Rosenkavalier, AF 6417, DM 20,-

TERSCHAK, Tägliche Übungen, op. 71, ED 998, DM 9,50

ZACHERT, Melodische Übungen, FTR 99, DM 17,-

ZEHM, Neue Duettstudien, FTR 98, DM 11,-

MODERNE ORCHESTER-STUDIEN (Karlheinz Zöller)
Band 1, ED 5901, DM 20,-
Debussy: Prélude à l'après-midi d'un faune - La mer - Ravel: Daphnis und Chloé-Bolero - Strawinsky: Feuervogel - Petrouchka - Chant du rossignol - Le sacre du printemps - Le sacrifice - Bartók: Konzert für Orchester - Prokofieff: Peter und der Wolf - Kodály: Marosszéker Tänze - Tänze aus Galanta - Hindemith: Sinfonie „Mathis der Maler" - Nobilissima Visione - Sinfon. Metamorphosen - Blacher: Orchestervariationen - Britten: The Young Persons's Guide - Fortner: Sinfonie - Henze: Des Kaisers Nachtigall - Drei Dithyraben

Band 2, ED 5902, DM 20,-
Debussy: Trois Nocturnes - Jeux - Ravel: Ma mère l'oye - Alborada del gracioso - Strawinsky: Pulcinella Suite - Kuß der Fee - Capriccio - Jeu de cartes - Concerto in Es „Dumbarton Oaks" - Symphony en ut - Symphony in three movements - Agon - Prokofieff: Klassische Sinfonie - Schönberg: Pierrot lunaire - Variationen für Orchester - Kodály: Der Pfau - Variationen über ein ungarisches Volkslied - Hindemith: Konzert für Orchester - Philharmonisches Konzert - Symphonia serena - Hartmann: Symphonien No. 2 - No. 3 - Symphonie concertante (No. 5) - Blacher: Concertante Musik - Boulez: Le marteau sans maître

Fachliteratur

Gustav Scheck
DIE FLÖTE UND IHRE MUSIK

Der Autor behandelt bis ins Detail nahezu alle Aspekte des Instruments und seine Musik: die akustischen Phänomene, die Geschichte der Block- und Querflöten, Physiologie der Blastechnik, Tonbildungsmethoden, Artikulationspraktiken, Haltung- und Fingertechnik sowie Fragen der Interpretation. Ganz besonderen Wert besitzen die hier einmalig gegebenen Analysen der wichtigen Flötenkompositionen von BACH bis BERIO, die durch Marginalien bedeutender zeitgenössischer Werke komplettiert werden. Die 49 interessanten bildlichen Darstellungen und 196 Notenbeispiele erhöhen optimal den Informationswert des Textes.
264 Seiten mit Notenbeispielen und zahlreichen Abbildungen
Best.-Nr. ED 6364, gebunden, DM 54,-

Hans-Martin Linde
HANDBUCH DES BLOCKFLÖTEN-SPIELS

In gründlich überarbeiteter Auflage liegt dem Blockflötenspieler das universale neue Handbuch vor.
Der Autor handelt in drei großen Themenkomplexen die grundlegenden Fragestellungen zu diesem Instrument ab und gibt sachlich fundierte Antworten:
- über das Instrument selbst
- über die Spielweise der Blockflöte mit Informationen zur Atmung, zum Klang
- über die Wiedergabe von Musik für Blockflöte seit der Zeit des frühen Mittelalters über das Barock bis zu den Aufgabenstellungen des 20. Jahrhunderts.

131 Seiten mit zahlreichen Abb. und Notenbeispielen
Best.-Nr. ED 4846, broschiert, DM 24,80

Raymond Meylan
DIE FLÖTE
Ihre Entwicklung in Vergangenheit und Gegenwart
Inhalt:
Einleitung - Typen - Herkunft - Die ersten Querflöten - Dokumente aus dem Mittelalter - Die Flöte der Renaissance - Einiges über die Barockflöte und die Art, sie zu spielen - Mechanisierung der Flöte - Von der gestrigen zur heutigen Flöte - Schlußfolgerung - Literaturverzeichnis - Nachweis der Tonbeispiele

(Unsere Musikinstrumente, Band 4) 115 Seiten mit 8 farbigen und 16 schwarz-weiß-Bildtafeln sowie zahlreichen Abbildungen im Text.
1 Schallplatte als Beilage.
Best.-Nr. ED 8868, gebunden, DM 29,80

Preisstand: 10/86

SCHOTT

– SERIEN –
Herausgegeben von Werner Richter

Flauto principale
7 Ausgaben
Bach – Bizet – Gluck –
Haydn – Mozart –
Mendelssohn

Flöte im Salon
9 Ausgaben
Andersen – Briccialdi –
Doppler – Hünten – Köhler
Kummer – Rossini – Suppé

Flöte romantisch-virtous
22 Ausgaben
Andersen – Berlioz –
Donizetti – Kuhlau –
Lachner – Lindpainter –
Molique – Paggi – Popp –
Reissiger – Rheinberger –
Spohr – Tulou – Weber

Flöte zwischen Rokoko und Romantik
14 Ausgaben
Abel – Beethoven –
Berbiguier – Campagnoli –
Chelleri – Devienne –
Graeff – Hoffmeister –
Kraus – Pleyel – Schmittbauer – Vogel – Zumsteeg

Spätromantik
5 Ausgaben
Andersen – Blumer –
Hoyer – Juon – Niemann

Orchesterstudien
3 Ausgaben
Beethoven – Gluck –
Haydn – Mozart

Nähere Informationen über Ausgaben dieser Serien finden Sie in der Bibliographie auf Seite 235 ff.

 ZIMMERMANN·FRANKFURT